KB143601

동아시아 삼국의 경학 인식

경전의 수사학

대동문화연구총서 35

동아시아 삼국의 경학 인식

경전의 수사학

유민정 지음

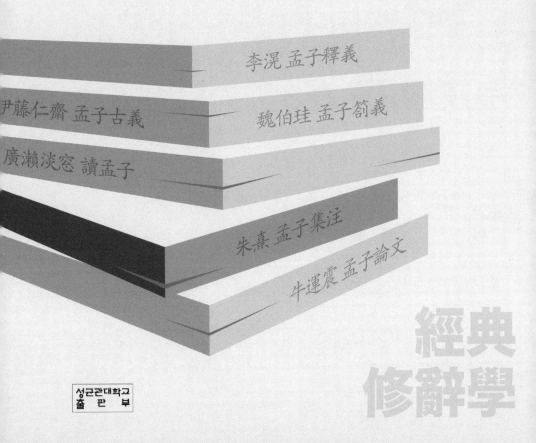

李滉 孟子釋義

尹藤仁齋 孟子古義

魏伯珪 孟子箚義

廣瀨淡窓 讀孟子

朱熹 孟子集注

牛運震 孟子論文

經典
修辭學

성균관대학교
출판부

절강대학교 유민정 교수가 『경전의 수사학』을 생애 첫 저서로 출간하면서 나에게 서문을 부탁하였다. 유가 경전의 깊은 세계를 다룬 저술이라 서문을 쓸 안목이 부족하다고 여겨 망설였으나 곧바로 수락하였다. 이 책이 나오기를 오래 기대한 터에 반갑고 기쁜 마음이 앞섰기 때문인데 여기에는 그럴 만한 이유가 있다.

5년 전에 유 교수의 박사학위 논문을 심사하면서 주제와 방법론에 크게 흥미를 느끼고 적극적으로 지지하였다. 경학에는 문외한이나 그래도 경서를 공부하고 가르치면서 그 문학성의 해명에는 관심을 놓지 않고 있었다. 유 교수는 바로 그 주제에 착안하여 수사학적 경전 해석이란 새로운 접근법으로 동아시아 세 나라의 주요한 『맹자』 주석서를 분석하였다.

논문이 통과된 뒤에 나는 18세기 조선의 학자 정양흠鄭亮欽의 『고금집주신교화식전古今集註新校貨殖傳』 등 몇 종의 『사기』 「화식열전」 주석서를 발굴하여 논문을 쓰면서 수사학적 해석이란 개념을 활용하여 분석한 일이 있다. 논문의 주석에서도 밝혔듯이 그 개념과 발상은 유 교수의 논문에서 가져온 것이었다. 고대 역사서를 문학적 텍스트로 해석하려는 일련의 경향을 해명하는 데 매우 효과적인 접근법임을 새삼 인정하는 계기였다. 더욱이 연구를 진행하면서 경전은 물론 역사서, 도가서 등 비문학적 텍스트를 문학적 관점에서 해석하려 할 때 그 개념과 접근법은 매우 효과적이고 유용한 도구라고 믿게 되었다.

그 뒤에도 유 교수를 가끔 만나면 종종 학위논문의 참신한 주제를 화제로 올리면서, 수사학적 해석의 방법론을 더 폭넓게 연구하여 일반론으로 정립하고, 또 깊이를 더한 성과를 한 권의 저술로 출간할 것을 권유하였다. 여러 나라의 더 많은 연구자와 관심을 공유하고 토론할 만한 주제라고 생각해서였다. 대동문화연구원의 연구총서로 이 책을 출간하게 된 데에는 그런 독려도 힘이 되었을 듯하다.

첫 저서의 교정지를 읽어보니 5년 전 논문과는 크게 달라졌다. 중국으로 건너가 연구한 몇 년 사이에 연구가 더 깊어졌다는 인상을 받았다. 특히, 수사학의 시각에서 경전을 해석하는 일반론을 다룬 2장은 더 도전적이고, 더 확신에 차서 서술하여 유교 경전의 수사학을 논의할 수 있는 탄탄한 이론적 근거를 만들어 놓았다. 유 교수에게 기대하였던 학문적 성과가 충실하게 구현되었음을 확인할 수 있었다.

이 책이 경전 연구 분야에서 신선한 시각을 제공하여 새로운 담론을 이끌어내고, 또 유 교수에게는 더 도전적이고 더 큰 시야의 연구를 추동하는 디딤돌이 될 것이라 의심하지 않는다.

2024년 7월
성균관대 문과대학 학장
한문학과 교수
안대회 쓰다

『주역周易』「건괘乾卦・문언전文言傳」은 구삼九三을 풀이하며 "군자는 덕을 진전시키고 업을 닦는다. 충과 신은 덕을 진전시키는 방법이요, 그 참됨을 바로 세워 말을 닦는 것은 업에 거처하는 방법이다[君子進德修業, 忠信, 所以進德也, 修辭立其誠, 所以居業也]"라는 공자의 말을 인용하였다. 『논어論語』「요왈堯曰」편은 "『시경』을 배우지 않으면 말할 수 없다[不學『詩』, 無以言]"라는 공자의 말을 기록하였다. 나아가 공문사교孔門四教의 "문文・행行・충忠・신信"은 '문'을 맨 앞에 거론하였다. 『시경』과 문文, 그리고 수사修辭는 범위의 차이가 있지만, 수사가 그 기초이자 핵심이다. 따라서 수사학修辭學은 유학의 지식 기반이자 핵심 기술이라고 단언할 수 있다.

"그 참됨을 바로 세워 말을 닦는 것은 업에 거처하는 방법이다[修辭立其誠, 所以居業也]"에서 "업에 거처함[居業]"은 앞 문장의 "덕을 진전시킴[進德]"과 서로 대응된다. 이는 "수사"와 덕의 진전에 주력하는 "충신忠信"이 서로 다르다는 점을 여실히 보여준다. 충신은 인간의 덕성과 인격의 함양에 치중하는 반면, 수사는 인간의 지식과 기술의 연마에 중점을 둔다. 『중용中庸』의 "참됨은 하늘의 도요, 참됨을 행함은 사람의 도이다[誠者, 天之道, 誠之者, 人之道]"라는 해석에 따르면, "수사입기성修辭立其誠"의 참됨[誠]은 진실한 자연이며, 사람의 도는 실제로 사람이 진실한 자연을 깨닫고, 그 진실한 자연을 따르며 삶을 진정성있게 펼치는 과정을 의미한다. "말을 닦는 것[修辭]"은 이러한 삶의 전개 과정을 실현하는 수단이 되면서 동시에 삶이 스스로를 완성하는 과정 그 자체를 구성한다. 달리 말하자면 수사는 목적과 수단을 하나로 결합한 존재인 것이다. 사람은 언어 속에 살아가며, 언어와 사람은 서로 표리 관계를 이룬다.

　그럼에도 불구하고 수사는 매우 두드러진 도구적 특성을 가지고 있다. 따라서 「문언전」에서 수사를 충신과 대조하여 각각의 기능을 밝힌 것처럼, "수사"는 "업에 거처함"에 중점을 둔다. 후대에 이르러 거업居業이 과거 제도와 같이 점점 제도화됨에 따라, 말 닦기는 그 참됨을 세움[立其誠]이라는 초심을 점차 잃고 목적과 분리되거나 심지어 목적에 반하는 도구로 쉽게 변질되었다. 이는 참됨을 세우는 것은 고사하고, 오히려 거짓을 세우는[立其僞] 함정에 빠질 우려가 있었다. 따라서 후대의 유학자들은 이를 과도하게 바로잡으려고 하였으며 글이 도를 해칠 수 있다고 여기기도 하였다. 이에 경전을 연구할 때 명물名物의 고증과 의리義理의 설명에 중점을 두고, 수사를 무시하는 경우가 많았다. 비록 문文과 도道의 관계에 비교적 객관적이고 중립적인 견해를 가진 경우에도 ― 예를 들어 청나라 유학자 황백가黃百家가 "문과 도는 서로 분리되지 않으며, 문이 드러나면 도는 희미해진다. 비록 그러하지만 도가 사라지지 않은 것은 오히려 다행이다[夫文與道不相離, 文顯而道薄耳. 雖然, 道之不亡也, 猶幸有斯]"(「북산사선생학안北山四先生學案」, 『송원학안宋元學案』 권82)라고 말한 것처럼 ― 문이 도에 필수적임을 강조했다곤 할지라도, 결국 "문이 드러나면 도가 약해진다"는 집념을 버리지 못 하고 수사학을 군자의 부차적인 일로 여겼다.

　나는 일전에 스스로의 학문을 되돌아보는 글에서, '의리義理 · 고증考證 · 사장辭章'을 화두로 내세운 적이 있었다. 이 부분에서 서규徐規 선생님의 "글은 간결하고 내실 있게 써야 한다. 괜스레 덧없는 문장을 보태거나 글재주를 자랑하며 뽐내듯이 써서는 안 된다[寫文章要樸實直簡, 不虛浮 · 不矜才 · 不使氣]"라는 가르침을 인용하면서 사장의 의미를 간략히 언급한 바 있다.

"이후에 나는 연구와 일을 하면서 이 가르침을 자주 떠올리곤 했다. 의리·고증·사장을 모두 중시하면서도 사장에서 시작하는 것이야말로 매우 유익하고 중요하다고 생각한다. 사상사 연구에서 의리를 중시하는 것은 당연한 일인데 반해, 고증과 사장은 종종 소홀히 여겨지기 일쑤이다. 중국 근세 사상사에서 가장 중요한 연구 대상은 신유학新儒學의 부흥과 발전인데, 신유학의 중심은 청대의 고증학이 아니라 송명 시대의 의리학에 있다. 송명 유학자들 중에는 고증과 사장에 뛰어난 이들도 있었지만, 이들은 대개 관념적으로 고증과 사장을 경시하는 경향이 있었다. 현대 연구자들도 그 영향을 받아 의리를 중시하고 고증과 사장을 가볍게 여기는 경향이 있다.

고증과 사장 중에서는 고증이 사장보다 더 중시되는 듯하다. 철학사나 사상사에서는 언제나 역사학적 요구가 있기 때문에 고증은 적어도 존중하지 않을 수 없다고 여긴다. 반면에 사장은 완전히 경시되는 것은 아니지만, 어릴 때부터 독서와 글쓰기 훈련을 기본적으로 받아왔기 때문에 이를 당연하게 여기기 쉽다. 게다가 오늘날의 학문은 서양 학문의 영향을 많이 받아, 연구자들이 의식적으로든 무의식적으로든 서양 번역서의 언어를 사용하여 중국의 철학과 사상을 논하는 경우가 많다. 서양의 학문에도 물론 수사학의 전통이 있지만, 우리 동양인은 그 심오한 의미를 완전히 이해하기 어렵다. 서로 다른 두 언어를 적절히 접목시키는 것도 어렵기 때문에 학술적인 글쓰기가 어정쩡한 상태에 빠지기 쉽다. '의리·고증·사장' 세 가지 중에서 의리와 고증의 학습과 체득은 실제로 사장보다 더 어렵기 때문에 사장의 공부부터 시작하는 것이 적절하다.

서 선생님은 글쓰기[辭章]는 박실하고 간결해야 한다고 강조하셨다. 이 일은 듣기에는 쉬워 보이지만, 막상 말씀대로 글을 써보는 것은 매우 어렵다. 박실함을 추구하려면 허황된 표현을 제거하고, 모든 표현에 실질적인 내용이 담겨야 한다. 간결하게 쓰려면 의미를 명확히 하고 선택과 집중에 정밀해야 한다. 이를 달성하려면 학문과 글 자체가 매우 높은 수준에 도달해야 한다. 또한 사상사를 서술할 때는 독특한 어려움이 있다. 사상은 형체가 있는 사물이 아니기 때문에 '질실質實'이라는 두 글자를 실현하기가 녹록치 않다. 그러나 이러한 요구를 이해하는 것은 매우 필요한 일이다. 이는 자신이 최대한 그 방면에 노력하도록 이끌어주고, 적어도 글을 쓸 때 자신이 무엇을 표현하고자 하는지 명백히 하게 하며, 혼란스럽고 무절제한 표현을 피할 수 있게 도와준다.

학술적 글쓰기는 종종 개인의 성향과 관련이 있으며, 자신이 읽은 텍스트의 영향을 크게 받기도 한다. 선현先賢들은 각각 독특한 글쓰기 스타일을 가지고 있는데, 글을 읽는 와중에 이를 체득하고 자신과 잘 맞는 글을 선택하여, 세밀하게 그 문장을 음미하는 것은 좋은 방법이 될 수 있다. 전목錢穆 선생께서 여영시余英時 선생에게 보낸 학문을 논하는 서신에서 사장학辭章學의 공부법을 일러주었는데, 이는 우리에게 많은 영감을 줄 수 있다. 전목 선생은 다음과 같이 말씀하셨다.

학술적인 글은 정성을 다해 다듬는 것이 매우 중요하다. 최근 인물 중에서 문체만을 놓고 보면 장병린章炳麟이 가장 좋다. 그의 글은 헛되지 않고 결코 장황하지 않으며 단순하고 직설적이다. 생소한 단어와 고어古語를 많이 사용하는 것만 제외하면, 장태염의 문체는 가장 본받을 만하며 학술적 글쓰기의 모범이라 할 수 있다. 그 다음으로는 양계초梁啓超가 있다. 양계초의 학문을 논하는 글은 내용면에서는 부족한 점이 많지만, 그의 문체는 장강長江과 황하黃河처럼 한번에 쏟아져 내려오는 생동감과 웅장함이 있어, 장병린과는 각기 다른 장점이 있다. 예를 들어 양계초의 『청대학술개론淸代學術槪論』은 내용을 떠나 그 책의 체제만 보면 본받을 만한 점이 많다. 요즘 사람들은 양계초의 저서에 매우 비판적인 입장을 취하고 있지만, 사실 5·4 운동 이후 양계초가 쓴 학술 서적과 글은 읽을 만한 가치가 있다. …… 그대(여영시 선생을 가리킴)의 재능과 성향을 볼 때 문체는 구양수에 가까우며 한유나 유종원과는 가깝지 않다. 나는 구양수의 글을 많이 읽고 항상 깊이 교감하였지만, 한유와 유종원의 글 또한 결코 소홀히 하지 않았다. 구양수를 공부하는 데 한유로부터 입문하지 않으면 결코 구양수를 이해할 수 없다. 청대의 문체는 『비전집碑傳集』을 읽는 것이 가장 좋다. 그대의 글쓰기 스타일은 『길기정집鮚埼亭集』에 가깝다. 전조망全祖望 위로는 황종희黃宗羲 『명유학안明儒學案』에 있는 각 서序의 문체가 가장 탁월하므로 참고하길 바란다. 황종희와 전조망을 종주로 삼고 다시 청대 각 대가들의 비전碑傳을 참조하면, 그대가 학문을 하는 것은 물론 사상사를 다루며 글을 쓸 때 큰 도움이 될 것이다. 학문은 반드시 자신의 성향에 맞추되, 학문의 왕도를 알고 터득해야 한다. 일전에 나는 섭적葉適과 왕부지王夫之 두 대가를 예로 들며 참고할 것을 제안하였는데, 글쓰기에 있어서 이 두 분을 따르는 것은 그대(여영시)에게 적합하지 않은 것 같다.(출처: 여영시余英時(1991), 「전빈사선생논학서간錢賓四先生論學書簡」, 『유기풍취수상린猶記風吹水上鱗: 전목여현대중국학술錢穆與現代中國學術』, 대북臺北: 삼민서국三民書局, pp.253~253)

사장학은 이와 같이 시작해야 하며, 고거와 의리 역시 이전 학자들의 저작著作을 진지하게 학습하고 이들의 작업을 체험함으로써 출발해야 한다. 때로는 학습 과정에서 알게 모르게 암호를 해독하는 느낌을 받기도 하겠지만, 앞에서 살펴 본 전목 선생의 '학문을 논한 서신' 등 선배 학자의 논술뿐만 아니라, 그 저술에서 작업 방식을 직접 살피고 탐구하는 것이 중요하다. 그러므로 사장학에서 출발하는 것은, 단순히 어휘 선택과 문장 구성 등을 가리키는 게 아니라, 저자의 사유와 분석 및 그 근거 등을 이해하는 것을 포함한다. 이렇게 해야 고거와 의리의 학문으로 나아갈 수 있다."(출처: 하준何俊(2023),「중국근세사상사적연구방법中國近世思想史的研究方法」,『망천집望川集』, 사천四川: 사천인민출판사四川人民出版社, pp.23~26)

나의 시야가 한정되어 있어서 그런지 모르지만, 중국 철학이나 사상사, 그리고 최근 몇 년 사이 중시되고 있는 경학의 동향을 볼 때, 여전히 고증학과 의리학 연구가 주류를 이루고 있으며, 수사학 연구는 그다지 주목받지 못하고 있다. 수사학은 현재의 분과 학문에 구속되어 순전히 문학 연구의 대상으로만 남게 된 것일까? 만약 그렇다면, 수사학이 연구되지 않는 것보다는 낫지만, 경학과 철학, 그리고 사상사 연구에 있어서는 결국 큰 결점이 될 뿐만이 아니라 깊이 있는 연구에 지장을 줄 수 있다.

유민정 교수의『경전의 수사학: 동아시아 삼국의 경학 인식』은 독창적인 시각을 가지고 있다. 경전 수사학의 관점에서 접근하여 경문의 어휘 배열, 문장 구조 및 표현 기술 등 구체적인 요소를 분석함으로써, 경전의 문학적 가치를 충분히 드러내고 있다. 특히『맹자』라는 웅건한 기세와 거침없는 전개, 그리고 간결한 표현 속에 풍부한 의미가 담긴 경전을 분석 대상으로 삼고, 12세기에서 19세기 중국, 한국, 일본의 대표 저작을 비교하며, '경전 수사학'이라는 매우 구체적인 방법론을 통해 동일한 한자문화권 내의 서로 다른 민족과 국가에서 어떠한 공통점과 특징을 지녔는지를 상세하게 탐구하였다. 유교 경전의 수사학은 이를 통해 풍부하면서도 체계적인 방식으로 제시되고 있다. 이 연구서는 한국 대동문화연구원의 대동문화연구총서에 포함되어 성균관대학교출판사에서 출간될 예정이며, 경학 및 유교 철학, 특히 한자문화권의 전체적인 문명文明 연구에 중요한 의의를 가질 것임을 결코 의심하지 않는다.

2019년 유민정 교수는 한국 성균관대학교에서 박사 학위를 취득하고, 2020년 1월부터 중국 복단대학교 철학대학에서 박사후연구원으로서 연구를 시작하였다. 처음에는 중국어를 자유롭게 구사하지 못했지만, 최종적으로는 우수한 성적으로 연구원 생활을 마치고, 2022년 8월에는 나의 지도교수인 심선홍沈善洪 교수가 항저우대학교의 총장으로 있을 적에 창립하고 직접 초대 소장을 맡았던 현재의 절강대학교 한국연구소에 임용되었다. 이러한 결실은 그녀의 노력을 상징할 뿐만 아니라, 경전 수사학의 연구가 그녀의 학문적 성장에 있어서도 충분히 중요한 역할을 발휘한 것임을 나는 깊이 믿는다.

갑진甲辰년 하지夏至 하루 지나

중국 서어항西魚巷에서

복단대 철학대학 특빙교수特聘教授

하준何俊 쓰다

I

서론

1. 경전經典과 수사학修辭學

전근대 학문 장은 지금의 분과 학문과 달리 통합적 사유를 기반으로 성립한다. 흔히 문文·사史·철哲이라고 하듯이, 문학과 사학, 그리고 철학을 서로 분리하지 않고 유기적으로 바라보는 것은 오랜 전통이자 시각이었다. 오늘날 경학經學은 유교 경전을 연구한다는 점에서 철학 분과에 속하지만, 전근대 학술에서는 하나의 분과로 정의할 수 없는 학술의 총체며 모태였다.

그런데 유교 경전도 학술적 측면 외에 문장의 전범이자 문예 창작의 기준으로 삼을 수 있다는 논의가 지속적으로 존재하였다. 이를테면 고문을 주장하는 당송고문가唐宋古文家들이 경전을 중시한 것이나, 철리시哲理詩와 같이 경전의 내용을 시로 창작한 것에서 알 수 있다. 오래전부터 경전을 시문詩文의 범주에서 진작 인식하고 문화적 사유를 경학에 결합함으로써 학술적 상상력과 함께 참신한 경전 해석의 자양분으로 삼은 바 있다.

이러한 문학과 경학의 접맥接脈은 명대 중기부터 더욱 주목받기 시작하였다. 학술 영역에서 문학의 역할이 강조되면서 수사학적 접근은 시나 역사서 외에도 경전을 읽는 데까지 직접 영향을 미치게 되었다. 경전이 문장의 전범이 되었듯이 문학 또한 경전 해석의 한 방법론으로 고려하는 일은 한대漢代부터 존재하였으나, 명청대明淸代에 와서 당시 학술 풍조와 함께 맞물리며 더욱 활기를 띠게 되었다. 이처럼 경전 읽기에 문학적 측면을 결합한 경우를 '경전經典 수사학修辭學'으로 정의할 수 있으며, 여기에 학적 의미를 부여할 수 있다.

'경전 수사학'은 경전을 글쓰기의 전범으로 삼고 그 수사 이론과 기법을 연구하는 것을 말한다.[1] 유교 경전의 수사 이론은 종경론宗經論이나 문이재도文以載道 등을 거론할 수 있고, 유교 경전의 수사 기법은 경문經文의 어휘 선택, 문장 구조, 표현 기교 등을 이른다. 경전의 문학적 측면에 주목한 경우, 서양에 성경[Bible] 수사학이 존재했던 것처럼, 전근대 동아시아 유교 문화권에서는 '경전 수사학'을 유사한 의미로 언급할 수 있다.

17세기 전후 동아시아에서 경전 수사학은 일국을 넘어 동아시아 삼국을 넘나드는 하나의 현상으로 부상하였다. 이론 전개에 그치지 않고 실제 비평에 이르기까지 더욱 확산하여, 수사학으로 경전을 바라보려는 경향은 새로운 경전 해석 방법의 하나로 자리매김하였다. 이처럼 17세기 이후 한국과 중국, 그리고 일본에서 수사학과 경전의 만남은 동시에 일어난 바, 본서는 여러 경전 중에서 『맹자孟子』를 수사학으로 독법한 사례에 집중하여 동아시아 지식인들이 어떠한 논의를 펼쳤는지 살펴보는 것이 목적이다.

경전 수사학은 명청대 주요 학술 담론과 접속하며 함께 호흡하였다. 이러한 경전과 수사학의 접속은 우선 육경개사六經皆史와 육경개문六經皆文의 논리에서 확인할 수 있다. 청대 장학성(章學誠, 1738~1801)의 『문사통의文史通義』가 대표적이다. 장학성의 '육경개사'는 "육경은 사관이 작성했다"는 경학의 관점으로 당대 역사를 논한 것이다. 육경개사[육경은 모두 역사이다]라는 언명은 이미 왕양명의 『전습록』에도 보이며, 주안점은 상이하지만 명대 후기 조정길(趙貞吉, 1508~1576), 이지(李贄, 1527~1602), 호응린(胡應麟, 1551~1602) 등도 이를 거론한 바 있다.

'육경개문[육경은 모두 문학이다]'은 갑자기 제기된 담론이 아니라 일찍이 원대元代 정옥(鄭玉, 1298~1358)의 언급에서 확인할 수 있다. 이후 명대의 몇몇 학자들이 이러한 논의를 제기하였고, 원매(袁枚, 1716~1797)는 이를 환골換骨하여 '육경개문'이라고 입언立言하며 청대 학술계에 큰 반향을 불러 일으켰다. 나아가 현대의 전종서(錢鍾書, 1910~1998)는 '육경개시六經皆詩[육경은 모두 시이다]'를 주장하기도 하였다.

학술적으로 '육경개문'은 유교적 문학론에서 자주 언급하는 "문질빈빈文質彬彬"과 일정한 관련이 있다. 공자가 『논어論語』「옹야雍也」편에서 언급한 "문질빈빈"은 글쓰기의 시각으로 환원하면, 미사美辭[꾸밈, 문채]와 논리論理[내용]가 어우러지는 문장을 말하지만, 여기에는 미사 역시 논리와 대등하다는 입장을 내장하고 있다.

'육경개문'과 '육경개사'는 이론적 맥락이 동일하다. 이 두 담론은 경전을 역사서나 문학 작품과 동일한 위치에 놓고 경전을 탈성화하는 입장을 지향한다고 볼 수도 있지만, 그 지취旨趣는 본디 다른 곳을 향하고 있다. 경학은 여러 학술 분과와 동일 선상에 있다는 것을 넘어, 경학은 여러 학문 분과와 서로 교차하는 시선으로 바라보아야 한다는 것이 이 두 이론의 핵심이다. 이 경우, 경전의 해석도 문장 본원本原의 시선으로 바라보며, '문본文本'으로 경전의 내용을 파악해야 한다는 점에서 문·사·철을 통합하는 시각을 필연적으로 내함內含한다.

경전과 수사학의 또 다른 만남은 명청대 의고주의擬古主義를 통해서 확인할 수 있다. 명대 중기부터 글쓰기에 고문을 본보기로 삼으려는 움직임이 있었다. 이반룡李攀龍과 왕세정王世貞 등이 대표적이며, 이들의 고문 이론은 동아시아의 문예적 사건으로 일컬어질 만큼 한국과 일본에까지 큰 영향을 미쳤다.[2] 이른바 고문은 시기별로 선진양한先秦兩漢 고문古文부터 시작하여, 당송고문唐宋古文, 명청고문明淸古文 등으로 나눌 수 있는데, 당시에 당송고문은 물론 선진양한 텍스트를 문학에 이월移越하는 사례가 증가하였다.

이에 한유韓愈 등 당송고문가의 산문을 두고 비평하는 일은 물론, 역사 산문임과 동시에 진한고문이었던 사마천의『사기史記』나 반고의『한서漢書』등을 향한 관심 또한 높아졌다. 이는 당대 학술계에서 다양한 양식의 텍스트를 '문학'의 관점에서 바라보려는 움직임과 무관하지 않다. 어떤 텍스트이든 텍스트 원전의 내용을 정확히 이해하려면 문학적 요소를 면밀히 파악해야 한다. 이는 원전의 어휘 배열이나 문장의 구조 측면에 접근하는 것을 우선시하는 시각이다.

유교 경전을 수사학으로 접근하려는 것도 바로 이러한 학술 경향에서 산생하였다. 선진양한 텍스트의 필두는 바로 유교 경전이기 때문이다. 의고주의는 각 학자들마다 사뭇 다른 문예 지향을 보이지만, 궁극적으로 '육경', 즉 유교 경전을 최고의 문장 전범으로 삼는다는 상동성을 지닌다. 당대 지식인들이 경전의 수사학에 주목하고 수사학적 경전 주석서를 저술하는 데까지 진전한 것은 단순한 흥미의 차원을 넘어 문·사·철을 통합하는 인식의 표출이라 할 수 있다.

사실 문학 텍스트를 문학적 시각으로 보는 것은 기이한 현상이 아니다. 반면에 역사서나 철학서를 글쓰기의 모델로 간주하는 경우는 어떨까? 경전의 해석과 수사학적 글쓰기의 관련성을 논하기에 앞서, 문학과 역사학, 그리고 노장과 문학의 접속 현상이 17세기 전후 동아시아 삼국의 학술 장에서 어떻게 펼쳐졌는지 거론할 필요가 있다. 각 분야를 대

표하는『사기』와『장자莊子』의 수사학적 주석서를 중심으로 간단히 논하
고자 한다.

명 중기 이후 문학 작품은 물론 역사서의 수사학적 접근도 점차 학술
적으로 주목을 받았다. 이러한 현상은 조선에서도『사기』산문 예술의
관심으로 나타나기도 하였다.『사기』는 한반도의 한문 지식인에게 주요
한 텍스트였다. 이미 삼국 시대부터 역사서의 전범으로 읽혀졌고, 한편
으로는 산문 창작의 중요한 텍스트로도 읽혀왔다. 그러다가 조선 중기
에 와서 사대부 지식인들이『사기』를 본격적으로 문장의 전범으로 인식
하고 열독의 대상으로 주목하게 된다.[3]

유몽인(柳夢寅, 1559~1623)의『대가문회大家文會』나 최립(崔岦, 1539~1612)
의『한사열전초漢史列傳抄』는 모두『사기』를 글쓰기의 전범으로 삼아 편
찬한 선집이다.[4] 이처럼 17세기에 오면 문장 학습을 위하여『사기』의
특정 글을 수록하는 사례가 빈번하였다.[5] 그런가 하면 김석주(金錫胄,
1634~1684)의『사기발췌史記拔萃』와 정조(正祖, 1752~1800)의『사기영선史記
英選』처럼 단독으로『사기』의 문장만을 뽑은 선집도 있다.

이 외에도 조선 후기 문집을 훑어보면 산문 형태로『사기』의 산문
예술을 비평한 사례도 적지 않게 발견할 수 있다. 이를테면 김창협
(金昌協, 1651~1708)의 작품, 안석경(安錫儆, 1718~1774)의『삽교예학록
霅橋藝學錄』, 정범조(丁範祖, 1723~1801)의「마사평馬史評」, 위백규(魏伯珪,
1727~1798)의「백이전설伯夷傳說」, 강이천(姜彝天, 1769~1801)의「독사언讀
史言」등을 들 수 있다. 이들 작품은 대체로『사기』의 특정 작품에 주목하
여 문예를 비평한 사례들이다.[6]

조선 후기『사기』산문 예술의 비평은 새로운 국면을 맞이한다. 단
순한 문장 선집이나 산문 형태의 작품에서 발전하여『사기』문장에 관
한 단독 주석서를 집필하는 경우가 출현하였다. 흥미로운 점은 이러

한 주석서가 『사기』의 「화식열전貨殖列傳」을 중심으로 등장하였다는 것이다. 현재까지 발굴된 자료에 의하면, 18세기 『사기』 「화식열전」을 수사학으로 접근한 네 종의 주석서가 있다. 「화식전차기貨殖傳箚記」(김창흡金昌翕, 1653~1722), 『화식전주해貨殖傳註解』(작자 미상), 『고금집주신교화식전古今集註新校貨殖傳』(정양흠鄭亮欽, ?~?), 『화식전신주貨殖傳新註』(작자 미상) 등이 바로 그 것이다.[7]

대다수의 조선 시대 『사기』 주석서가 체제나 사실 고증을 중심으로 하고 있다면,[8] 이 주석서들은 「화식열전」을 통해 중상주의 상업론을 이해할 뿐만이 아니라 그 해석 방법에서 수사를 지향하였다. 예컨대 「화식열전」 전체 문장을 비평에 용이하도록 여러 단락으로 나누어 주석하기도 하고, 평점을 사용하여 「화식열전」의 어휘 선택, 문장 구조, 표현 예술 등을 분석 및 감상하는 태도를 보여주고 있다.

이 네 종의 주석서 중에서 가장 완성도가 높은 저술은 『고금집주신교화식전』이다. 『고금집주신교화식전』은 정양흠이 18세기 후반에 편찬한 것으로 보이며, 철저하게 수사학적 관점에 입각하며 본문을 이해하였다. 『고금집주신교화식전』은 현존하는 사본 수가 적어도 20여 종이 넘을 정도로 조선 후기 지식인들 사이에서 적지 않은 파장을 일으켰다.

이러한 수사학적 『사기』 주석서의 등장은 당시 동아시아 학술계의 흐름과 긴밀하게 조응하고 있다. 특히 명대 『사기평림史記評林』이 조선 중기에 유입되어 후기까지 꾸준히 유통되며 그 계기를 마련하였다. 『사기평림』은 역대 『사기』 평론을 문장학을 중심으로 집대성한 거작巨作이다. 조선의 『고금집주신교화식전』은 물론 18세기 중반에 출판된 『화식전주해』도 체제와 내용 등에서 명대 능치륭(凌稚隆, ?~?)의 『사기평림』을 참고한 흔적이 여실하다.

조선에서 유행한 『사기평림』 간행본은 중국 명청대나 일본 에도 시대에서 유행한 간행본과 판이하다.[9] 『선조실록』에 따르면, 『사기평림』은 적어도 선조 33년(1600년) 이전에 조선에 소개된 것으로 보인다. 명대 『사기평림』은 크게 두 가지 본으로 나뉜다. 능치륭의 『사기평림』과 이를 보완한 이광진(李光縉, 1549~1623)의 『증보사기평림增補史記評林』이다. 조선 유통본은 능치륭의 『사기평림』이었는데, 이마저도 크게 개조되어 실제 조선유통본은 명대본과 매우 상이한 모습을 띠고 있었다.[10]

능치륭의 『사기평림』 외에도 『사기찬史記纂』(1579년에 능치륭이 『사기평림』을 축약한 비평서)이 조선 각지에 고루 전파되었다.[11] 조선만의 문장 비평서인 『사찬史纂』도 등장하였다. 『사찬』은 광해군 4년(1612년) 조위한(趙緯韓, 1567~1649)의 발의로 능치륭의 『사기찬』을 조선의 수요에 맞게 새로운 형태로 재가공하여 훈련도감에서 간행한 선본이다.

중국의 경우, 명 중기에 의고주의의 고조로 문장학으로서 『사기』의 지위가 크게 향상되었다. 왕세정 등 일군의 지식인들은 『사기』의 문체를 선진양한 텍스트의 하나인 『좌전』과 동등하게 인식하거나 더러 이를 초월하는 지위로 인식하였다. 이 무렵 『사기』의 인식 제고와 함께 그 산문 예술을 전문적으로 연구하고 비평하는 사례가 증가하였다.

명대에만 해도 『사기』의 문장 비평 관련 서적은 30여 종이나 출판되었는데, 이는 『사기』의 문장이 선진양한 텍스트 중에서 가장 큰 관심을 받았다는 사실을 보여준다.[12] 그중 평점 방식으로는 귀유광(歸有光, 1507~1571)의 『귀진천평점사기歸震川評點史記』와 모곤(茅坤, 1512~1601)의 『사기초史記抄』가, 집록 방식으로는 능치륭의 『사기평림』이 대표적이다. 특히 명대 지식인들 사이에서 능치륭의 『사기평림』과 『사기찬』은 널리 유통되었다. 그들은 비평 과정에서 능치륭의 『사기평림』을 인용하고 저본으로 활용하기도 하며 더러 그 편집 체계를 계승하기도 하였다.[13]

청대에 와서는 『사기』의 문장 관련 저술이 양과 질적인 면에서 전대를 압도하였다. 김성탄(金聖歎, 1608~1661)이 『사기』의 문예 미학에 각별한 애정을 담아 『성탄재자서聖歎才子書』를 편찬한 것이 그러한 사례이다. 우운진(牛運震, 1706~1758)은 『사기』의 모든 편에 평점을 한 『사기평주史記評註』를 편찬하였으며, 매 편 뒤에 이전 학자들의 평을 싣고 자신의 견해를 덧붙였다.

청대의 『사기』 비평은 특히 동성파의 산문 이론과 실천에 영향을 미쳤다. 오견사(吳見思, ?~?)는 동시기 김성탄과 함께 명성을 날렸으며, 평생 『사기』 연구에 매진하여 『사기논문史記論文』을 남겼다. 그리고 오여륜(吳汝綸, 1840~1903)의 『동성오선생점감사기桐城吳先生點勘史記』도 『사기』 비평에서 주목할 만한 저술이다.

일본의 경우, 『사기』 문장에 대한 관심은 명청대 『사기』 비평서의 유입이 주요한 자양분이 되었다. 일본에서 『사기』가 문장 전범으로 더욱 그 역할이 강조된 것은 두 시기, 즉 에도 시대(江戶時代, 1603~1867)와 메이지 시대(明治時代, 1867~1912)로 나눌 수 있다. 에도 시대에 『사기평림』의 화각본和刻本이 간행되면서, 문장 학습에서 『사기』의 산문 예술이 그 풍토를 이끌었다. 이후 다수의 『사기』 연구 저작은 『사기평림』을 저본으로 출현하게 된다.[14]

『사기평림』이 일본에 전해진 시기는 에도 중기이다. 한국과 달리, 일본에 전해진 판본은 이광진의 『증보사기평림』이다. 이 판본은 이광진이 능치륭의 『사기평림』에서 놓친 부분에 자신의 평을 덧붙여 간행한 것이다. 능치륭의 『사기평림』(130권)보다 분량이 더 많다. 일본의 화각본도 이를 저본으로 하고 있다.[15] 일본에서는 한국과 달리 『사기평림』의 전문이 광범위하게 유행하였다.

조선에서 현토본이 등장한 것처럼, 에도 지식인들은 독자가 쉽게 이해하도록 『사기평림』 전문全文에 훈점도 가하였다. 이러한 『사기평림』의 활발한 유통과 연구를 통해『사기』의 산문 기법을 단독 연구한 저서도 나타났다. 그 선구자가 미나가와 키엔(皆川淇園, 1734~1807)이며, 그는『태사공조자법太史公助字法』과『천사태타遷史戾柁』를 편찬하였다.

오규 소라이(荻生徂徠, 1666-1728)의 고문사파가 등장한 이후『사기평림』의 열기는 주춤하는 것처럼 보였다. 오규 소라이가 육경을 해석할 때 주희의 집주가 아닌 경문이 쓰여질 당시의 '수사'를 주목해야 한다고 강조한 것처럼, 주석에 더 이상 의존하지 않고『사기』원문에 집중해야 한다는 움직임이 일어났다. 이때『사기정문史記正文』이 독본으로 주로 활용되었다.

하지만 메이지 시대에 와서『사기평림』이 재간행되면서『사기평림』은 일본에서 두 번째 황금기를 맞이하였다. 메이지 유신으로 기술 혁신은 물론 교육 개혁 과정에서『사기』는 대학생과 중학생의 한문 교재로 선정되면서 중요한 독본의 대상이 되었다. 이 무렵『사기평림』의 증보와 교정도 꾸준히 이루어졌다.[16] 그중 대표 주석서는 아리이 신사이(有井進齋, ?~?)가 1884년에 간행한『보표사기평림補標史記評林』이다.

아리이 신사이의『보표사기평림』은 능치륭의『사기평림』과 이광진의『증보사기평림』에서 다루지 못했던 청대 오견사를 포함하여 명대 양종성(楊鍾惺, 1574~1624)과 진인석(陳仁錫, 1581~1636) 등 여러 학자들의 주석을 보충하였다. 아리이 신사이는 「백이열전伯夷列傳」과 「이장군열전李將軍列傳」의 산문 예술을 비평할 때 특히 오견사의『사기논문』을 다수 인용하였다.

오견사의『사기논문』은 청대『사기』평점의 대표작이며, 메이지 시대에 수사학적『사기』해석이 발전하는 데 큰 기여를 하였다.[17] 건륭제(1735~1795) 때 일본에 전해진 이후 19세기에 활발히 유통되었다. 1885년에 간행한 요시모토 데쓰사부로(芳本鐵三郎, ?~?)의『사기십전찬평史記

十傳纂評』은 절반 이상의 평점에서 오견사의『사기논문』을 인용할 정도로 추숭하였다.[18]

요시모토 데쓰사부로가 평점 대상으로 삼은 것은『사기』중 총 10편이며, 그중에서「항우본기項羽本紀」가 선두를 차지하고 있다.[19] 조선 후기는『사기』의「화식열전」을 중심으로 수사학적 주석서가 등장하지만, 일본 메이지 시대는 명청대와 유사하게「항우본기」의 관심이 높았다. 중국과 일본이『사기』에서「항우본기」를 산문의 수작秀作으로 주목한 것은 흥미롭다.

한편 17세기 이후 동아시아에서는 유교 경전이나 역사서뿐만 아니라 도가道家 경전에서도 수사학적 시각으로 주석한 사례를 발견할 수 있다. 조선의 사례를 보면, 실학자 신경준(申景濬, 1712~1781)의『문장준칙장자선文章準則莊子選』을 들 수 있다.[20]『문장준칙장자선』은『장자』33편 가운데「소요유逍遙遊」,「제물론齊物論」,「양생주養生主」등 세 편을 주해하였다. 그는 주해 과정에서 진대晉代 곽상(郭象, 252~312)의『장자주莊子注』와 송대 임희일(林希逸, 1191~1271)의『장자권재구의莊子鬳齋口義』는 물론 박세당(朴世堂, 1629~1703)의『남화진경주해산보南華眞經註解刪補』와 한원진(韓元震, 1682~1751)의『장자변해莊子辨解』등 조선의 선배 학자들의 주석도 활용하였다.

유교를 국시로 한 조선의 지식인들이『장자』를 주목한 것은『장자』의 내용이 아닌 상상력과 같은 그 수사법이 눈길을 끌었기 때문이다.[21] 이미『동문선』에서『장자』의 산문 예술을 긍정적으로 평가한 바 있다. 유성룡(柳成龍, 1542~1607)은 과거 시험을 준비할 때 한유의「원도」와 함께『장자』「추수편」을 문장 공부의 준거로 삼았음을 고백한 바 있다.[22] 신흠(申欽, 1566~1628)과 장유(張維, 1588~1638), 유몽인 등 당시 문단의 주류 학자들도『장자』의 사유와 문체를 적극 수용하는 경향을 보였다. 이러한 학술 풍토는 조선 후기에도 변하지 않았고, 신경준의『문장준칙장자선』이 탄생하는 데 동인이 되었다.

『문장준칙장자선』에서 가장 심혈을 기울인 부분은『장자』문장의 미학적 접근이다. "장자의 문장은 영롱한 곳에 도달하면 운어를 많이 사용한다[莊子之文, 到玲瓏處, 多用韻語]", "그 등급에 따라 적합한 글자를 쓴 것이 지극히 정밀하다[隨其等而下其字, 極精妙]"라고 하는 등 신경준은 『장자』의 산문 예술을 호평하였다.

조선 시대에『장자』주석서는 손꼽을 정도로 드물다는 점을 감안할 때 신경준이 문장학을 중심으로『장자』에 접근한 이 저술은 더욱 큰 의의를 지닌다. 그의『시칙詩則』은 자신의 시 작법론을 담은 총화라고 한다면, 그의『문장준칙장자선』은 자신의 산문 작법론을 담은 총체라고 할 수 있다. 산문 중에서도『장자』의 문장만을 두고 작법을 논하였으니, 신경준이 산문 쓰기에 있어서『장자』의 문예 미학이 지닌 가치를 얼마나 중시했는지 짐작할 수 있다.

조선 후기에 이러한 수사학적『장자』주석서의 등장은 동아시아 학술장의 동향과도 긴밀한 관계가 있다. 특히 중국의『장자』선본 및 주석서가 조선 초는 물론 중기와 후기에도 꾸준히 유입 및 유통된 것과 무관하지 않다. 그중에서 가장 유행한 주석서는 임희일의『장자권재구의』이다.23) 그의『장자권재구의』는 문예 미학의 시각으로『장자』에 접근하여 문장 구조를 분석 및 감상하였고, 평점 부호를 사용하여 편장구조법을 분석하였으며, 불교의 교리를 활용하여『장자』를 해석한 것으로 잘 알려져 있다.

『장자권재구의』는 세종 때 명나라에 다녀온 사신들에 의해 처음 조선에 소개되었다. 이후 1425년(세종 7)에 관찬 사업의 하나로 최초 간행되었다. 1474년(성종 5)에 김영유(金永濡, 1418~1494)의 주도 하에 경주에서 재간행되었으며, 이때 김종직(金宗直, 1431~1492)이 발문을 작성하였다.

한국에서 임희일『장자권재구의』의 간행본은 적어도 69종이나 된다.[24] 중국에서의 간행본이 23종이며 일본에서의 간행본이 21종인 것에 비하여 세 배나 많은 숫자이다. 곽상『장자주』의 간행본은 7종에 불과한 것에 비하면, 당시 조선의 지식인들이 임희일의 주석을 얼마나 중시했는지 가늠할 수 있다. 더욱이 1660년에 최립은 언문현토본諺文縣吐本까지 간행할 정도였으니, 당시『장자권재구의』가 조선의 지식인들에게 끼친 영향력은 상당하였던 것이다.

이 외에도 조선에서 유통되던 중국의『장자』주석서는 곽상의『장자주』, 저백수(褚伯秀, ?~?)의『남화진경의해찬미南華眞經義海纂微』, 초횡(焦竑, 1540~1620)의『장자익莊子翼』, 육서성(陸西星, 1520~1606)의『남화진경부묵南華眞經副墨』, 진심(陳深, ?~?)의『장자품절莊子品節』, 요내(姚鼐, 1732~1815)의『장자장의莊子章義』등을 들 수 있다.[25] 이 중에서 초횡과 육서성, 진심의 주석서 등 임희일의 영향을 받아 수사학적 접근에 중심을 둔 것도 적지 않다.

중국의 경우,『장자』의 산문 비평은 남송대에 시작하여 명대 말기에 흥성하고 청대에 성숙하였다.[26] 여기에서도 임희일의『장자권재구의』가 촉매가 되었다. 앞서 말하였듯이, 임희일의『장자』해석은 불교의 사유 방식으로『장자』를 풀이하고 그 산문 예술을 심도있게 분석 및 감상하는 것이 특징이다. 이러한 해석 양상에 임희일의『장자권재구의』는 선편을 쥐며 송대는 물론 명청대의『장자』해석을 견인하였다.[27]

명대 중기 이후 비평 문화가 확산되자 학파를 불문하고『장자』의 수사학적 가치에도 관심을 기울이는 지식인들이 증가하였다. 전후칠자 왕세정(王世貞, 1526~1590)의『독장자讀莊子』와『남화경평점南華經評點』, 양명좌파 이지(李贄, 1527~1602)의『장자해莊子解』, 공안파 원굉도(袁宏道,

1568~1610)의『광장廣莊』, 노장학자 육서성의『남화진경부묵』등이 대표적이다. 특히 명대 후기를 대표하는 육서성의『장자』해석은 임희일의『장자권재구의』에게 영향을 받은 흔적을 여실히 보여주고 있다.[28]

청대에 이르러『장자』의 산문 비평은 새로운 시기를 맞이한다. 청나라 초기, 도가 사상에 관심이 증가하면서『장자』의 문장 예술 방면에서도 다양한 주석서가 등장하였다. 그중에서 가장 걸출한 저작으로는 임운명(林雲銘, 1628~1697)의『장자인莊子因』, 선영(宣穎, ?~?)의『남화경해南華經解』, 호문영(胡文英, 1723~1790)의『장자독견莊子獨見』, 유봉포(劉鳳苞, 1821~1905)의『남화설심편南華雪心編』, 그리고 요내의『장자장의』가 있다.

이들 주석서에서도 임희일의『장자』주석은 물론 명대 육서성과 석덕청(釋德清, 1546~1623) 등의 문예 방면『장자』주석도 함께 인용한 것을 발견할 수 있다. 중국에서 임희일의『장자권재구의』는 총 23종의 간행본이 존재하며, 이 중에서 명대가 16종으로 절대 다수를 차지한다. 한편 청대에는 2종의 간행본만이 존재하지만, 그중 하나가『사고전서』수록본이라는 점에서 이것이 정본으로 널리 유통되었다는 사실을 확인할 수 있다.[29] 임희일의『장자권재구의』를 향한 수요는 청대에도 꾸준히 존재했던 것이다.

한국이나 중국과 마찬가지로 일본에서『장자』의 산문 예술을 강조하게 된 것 또한 임희일의 영향을 간과할 수 없다.[30] 임희일의『장자권재구의』는 무로마치 시대(室町時代, 1336~1573)에 유입되어 에도 전기에 활발하게 유통되었다. 일본의 간행본은 총 21종으로 한국과 중국보다 적지만, 일부에서는 임희일의『장자권재구의』가 심지어 중국보다 일본에서 더 중시되었다고 보기도 한다.

수용 경로를 보면, 임희일의『장자권재구의』는 14세기에 일본으로 전해진 것으로 보인다. 이는 조선에 임희일의 저술이 유입된 것보다 이르다. 현존하는 기록에 의하면 일본에서 가장 처음 『장자권재구의』를 활용한 인물은 선승禪僧인 이쇼 토쿠간(惟肖得嚴, 1360~1437)이다. 이쇼 토쿠간은 무로마치 시대의 오산 문학을 대표하는 인물 중 하나이다.

당시 이쇼 토쿠간을 포함하여 7명의 선승이 『장자권재구의』를 탐독한 것으로 보인다.[31] 그중에서도 이쇼 토쿠간은 『장자권재구의』에 스스로의 주석을 가미한 『장자권재구의초莊子鬳齋口義鈔』를 편찬하는 등 임희일의 『장자』 주석을 가장 적극적으로 받아들였다. 이처럼 14세기 말 무로마치의 오산 선승들은 『장자권재구의』를 통하여 『장자』를 이해하였다.

이후 선승뿐만이 아니라 유학자들도 적극적으로 임희일의 『장자권재구의』를 수용하였다. 도쿠가와 막부가 유학을 존숭하였지만, 이를테면 주자학자인 하야시 라잔(林羅山, 1583~1657)은 임희일의 『장자권재구의』를 찬양하며 강조하였다. 하야시 라잔의 문인 오노 하지메(小野壹, ?~?)는 하야시 라잔이 쉼 없이 임희일의 『장자권재구의』를 공부했다고 전하였다.[32] 하야시 라잔은 곽상의 주석보다 임희일의 주석이 더 명쾌하다고 극찬할 정도였다.[33]

하야시 라잔의 『장자』 관련 저술은 「제장자통후題莊子通後」라는 글과 함께 『오두장자구의鼇頭莊子口義』가 있다. 『오두장자구의』는 임희일의 『장자권재구의』에 하야시 라잔이 주석을 가한 저술이며 아쉽게도 현존하지 않지만, 하야시 라잔이 『노자권재구의老子鬳齋口義』를 훈점하면서 『장자권재구의』를 인용한 흔적을 발견할 수 있다. 요컨대 하야시 라잔은 이후 임희일의 저술이 일본에 전파되고 유사한 주석서가 증가하는 데 결정적인 역할을 했다.[34]

무로마치에서 에도 전기까지 하야시 라잔 외에도 임희일의 저술을 연구하거나 교감한 작품은 키요하라 노부카타(清原宣賢, 1475~1550)의 『장자초莊子抄』, 쿠마가이 캇스이(熊谷活水, ?~1655)의 『두서장자구의頭書莊

子口義』, 오노 하지메의 『장자권재구의잔항莊子鬳齋口義棧航』, 와타나베 모안 (渡辺蒙庵, 1687~1775)의 『장자구의우해莊子口義愚解』, 모리 데이사이(毛利貞齋, ?~?)의 『장자권재구의대성이언초莊子鬳齋口義大成俚諺鈔』 등이 있다. [35] 에도 중기에는 오규 소라이 학파가 등장하고 곽상의 『장자』 해석이 다시 일본의 장자학에서 최고의 지위를 차지하였다.

이상을 종합하면, 조선에서 수사학적 『장자』 주석서의 등장은 동아시아 학술 경향을 배경으로 산생한 것임을 알 수 있다. 명말청초와 조선 중기, 그리고 에도 초기 임희일의 주석이 성행하였다는 점은 동아시아 삼국에서 동시기에 『장자』 산문 예술의 분석과 감상이 크게 유행하였다는 것을 보여준다.

이러한 사조는 당시 동아시아 학문 장에서 문본 중심 주의와 함께, 선진양한의 텍스트를 문장의 전범으로 삼고 학습하였던 흐름과 무관하지 않다. 이러한 학술 분위기에서 각국 학자들의 이론은 상이相異하지만 이들의 주된 공통 화두는 '육경을 문장의 조종'으로 삼는 점이었다. 17~19세기에 『사기』와 『장자』의 수사학적 접근과 함께 경전의 수사학적 접근이 등장하는 것은 당대 학술적 분위기를 감안하면 당연한 귀결歸結이었던 것이다.

2. 연구의 시각과 방법

1) 연구 시각

현대의 경학經學 연구는 유교 경전뿐만 아니라 그 주석서의 연구까지 망라한다. 전근대 동아시아 지식인들은 유교 경전을 연구하는 것은 물론, 그 주석서를 읽고 여기에 자신의 견해를 주석의 형식으로 덧붙여 놓았기 때문이다. 조선의 경우만 하더라도 근대 이전의 경학은 주석서 연구라고 할 수 있을 만큼, 그들의 사유가 담긴 주석서는 학술적으로나 당대 사회를 이해하는 것에서나 큰 역할을 하였다. 그러므로 현대의 경학은 유교 경전과 그 주석서를 연구하는 분야라 정의할 수 있다.

지금의 '경학'은 전근대 지식인들이 사유의 틀로 삼았던 경전과 그들이 남긴 경전 해석을 학술적 차원에서 연구하고 그 의미를 밝히는 일이다. 과거 지식인들의 경전 해석을 정확히 이해하고 그 의미를 파고드는 작업은 당대 학술사는 물론 문·사·철과 정치·경제·문화에 이르기까지, 당대 사회의 토대를 이해하는 관문에 다가가는 일이다. 더욱이 동아시아 삼국의 경학을 비교·연구하는 것은 한·중·일 삼국의 사유 방식의 공통점과 차이점을 고찰함으로써, 거시적으로는 경학을 공분모로 하는 '동아시아 상像'을 모색하고, 미시적으로는 각국 경학의 특수성을 확인하는 일이기도 하다.

그러나 한국의 기존 경학 연구를 살펴보면 '성리학[義理]'과 '고증학[考據]'이라는 이분법적 사고로 당대의 다기多岐한 학술 연구의 시야를 가리고 있다.[36] 그동안 학계는 17~19세기 학술사의 개괄적인 특징을 규명하는 데 집중해 왔다. 그 결과, 한 경학가의 경전 해석 방법이 갖는 고유한 특징과 내용을 구체적으로 살피기보다, 성리학적 특색이 강한지 혹은 고증학적 특색이 강한지를 밝히는 데 초점을 두어 두 잣대를 기준으로 거리를 측정하는 데 연구력을 집중하였다. 가령 송대 경학의 특징을 성리학으로, 청대 경학의 특징을 고증학으로 규명한 것이 단적인 사례다.

물론 한 시대의 학술사를 전체적으로 조망한다는 차원에서, 성리학과 고증학의 분류법은 유의미하다. 『사고전서총목제요四庫全書總目提要』를 보면 알 수 있듯이 '성리학과 고증학'이라는 이분법은 전통적으로 경학의 특징을 분류하던 방법이기도 하다. 하지만 이러한 이분법적 사고는 '결과'와 '중심'에 중점을 두다 보니 유학의 다원적인 측면과 각 주석서의 개별적인 특징, 그리고 주석가와 주석 간의 변증법적인 상호작용을 보다 면밀하게 고찰하지 못한다는 단점을 지닌다.[37] 여기에 성리학과 고증학의 정의가 불분명하다는 것 또한 이분법적 사고의 문제를 야기한다.[38]

이러한 몇 가지 이유로 대다수 연구자들은 한국의 정약용이나 중국의 주희, 일본의 이토 진사이 등 대표적인 각국 주석가들의 경전 해석을 주로 연구할 뿐, 나머지 주석서들의 경우, 비주류라는 이유로 연구 대상으로 주목하지 않고 있다.[39] 때문에 소순(蘇洵, 1009~1066)의 『소비맹자蘇批孟子』와 같이 성리학 혹은 고증학의 범주에 들어가기 어려운 주석서의 경우 더욱 연구자의 관심을 끌지 못하고 있는 실정이다.

이러한 문제의식에 발맞춰, 이제는 그간의 주류가 아닌 다양한 주석서에 눈을 돌려 새로운 경학 연구로 경학사의 양적 토대를 튼실하게 할 필요가 있다. 경학 자료를 훑어보면 다양한 주석서가 존재하거니와, 이러한 경전 주석서 중에 경학을 수사학과 결부시킬 수 있는 수사학적 경전 해석도 그러한 사례다. 비록 경학 연구에서 연구 대상의 경중이 존재하지만 '수사修辭' 또한 경전을 주석하는 방법으로 존재한다는 사실은 주목할 만한 사안이다.

여기에 『소비맹자』와 같이 주석의 일부분이 아닌 전체에서 '수사'를 경전 해석의 주요 방법으로 사용한 사례를 확인할 수 있는 바, 이를 감안하면 수사학적 경전 주석은 일국적 현상이 아닌 동아시아 삼국에서 공히 확인할 수 있다. 특히 이것은 경학사에서 반드시 짚어보아야 할 사안이라는 점에서, 경전 해석상의 중요한 방법론 중의 하나임도 확인할 수 있다. 본서가 수사학적 경전 주석서에 관심을 가지는 이유도 바로 여기에 있다.

본서는 앞서 언급한 문제의식을 바탕으로, 17~19세기 『맹자』 주석서를 중심으로 한·중·일의 '수사학적 경전 해석'을 고찰하고자 한다. 여기서 말하는 수사학적 경전 해석이란 '문장의 구조적 특징을 통해 경문을 해석하고, 이에 대한 어휘 배열이나 문장 구조, 표현 기교 등을 주해 註解한다'는 의미를 지향한다. 다시 간략하게 말하면, 경문의 수사학적 측면을 중시한다는 것이다.

주요 연구 대상은 다음과 같다. 중국의 경우, 주희(朱熹, 1130~1200)의 『맹자집주孟子集注』와 우운진의 『맹자논문孟子論文』을 대상으로 한다. 한국의 경우, 이황(李滉, 1501~1570)의 『맹자석의孟子釋義』와 위백규의 『맹자차의孟子箚義』를, 그리고 일본의 경우에는 이토 진사이(伊藤仁齋, 1627~1705)의 『맹자고의孟子古義』와 히로세 탄소(廣瀨淡窓, 1782~1856)의 『독맹자讀孟子』[40]를 대상으로 할 것이다.[41] 이러한 한·중·일의 주요 사례들을 비교하여 그 동이同異와 특징을 밝히는 것이 본서의 주요 목적이다.

사실 주희의 『맹자집주』와 이황의 『맹자석의』는 각각 '의리'와 '훈고' 중심의 주석서로 간주할 수 있지만, 어휘 배열이나 문장 구조, 그리고 표현 기교 등 수사학적 해석을 적지 않게 발견할 수 있다. 이것은 특기할 만한 요소다. 아울러 17~19세기에 등장한 주석서인 청대 우운진의 『맹자논문』, 조선 위백규의 『맹자차의』, 그리고 에도막부 히로세 탄소의 『독맹자』는 수사학적 시각을 중심으로 경문에 접근하고 있다. 이는 주희나 이황의 주석서보다 심화된 형태로 나타났다는 점에서 주목해야 할 부분이다.

이처럼 경학 연구사에서 새로운 양상을 보여주는 수사학적 경전 주석은 그 중요성에도 불구하고, 주요한 경전의 해석 방법이 아니라는 이유로 그간 학계에서 그다지 주목받지 못하였다. 이러한 현상은 수사학적 경전 주석 연구의 필요성을 제대로 인식하지 못한 결과인 바, 여기서는 본격적으로 연구 방법을 논하기에 앞서 연구 범위를 언급하고자 한다.

첫째, 시간적 범위: 왜 17~19세기인가?

한국과 일본은 각기 다른 시기에 유학을 도입하였지만, 유학을 토대로 학술이 만개滿開를 이룬 시기는 대략 17~19세기라고 할 수 있다. 『한국경학자료집성韓國經學資料集成』, 『사고전서총목四庫全書總目』, 『일본명가사서주석전서日本名家四書註釋全書』 등 한·중·일의 경전 주석서 목록을 보면 알 수 있듯이, 이 시기에 많은 수의 경전 주석서가 등장했다는 사실이 이를 방증한다. 대체로 이 시기의 경전 주석서를 살펴보면 유학이 각국에서 어떠한 양태로 변모·발전하였는지 가늠할 수 있다.

한국의 경우 경학 자체가 17세기를 거치며 크게 성황을 이루었다. 양적 측면에서 본다면 이러한 전개는 중국과 일본도 크게 다르지 않다. 이는 동아시아 국제질서의 전환에 따른 일종의 위기의식의 소산이라 할 수 있다. 17세기는 중국에서는 명·청 교체, 한국에서는 임진왜란과 병자호란을 거치면서 발생한 체제 위기, 일본에서는 에도막부의 성립과 함께 전국 통일을 이루는 등 역사적 전환과 함께 국제질서도 바뀐 시기였다. 더욱이 이 시기에 오면 서세의 동전東傳과 함께 청나라 중심의 동아시아 국제질서가 새롭게 형성되면서 조선과 에도막부 하의 지식인들 사이에서 기존의 사상 체계를 반성하거나 회의하는 등 근본적인 성찰이 이루어졌다.

당시 지식인들은 경전을 바탕으로 사상적 원칙을 세우는 전통을 갖고 있었기 때문에, 새로운 질서와 체제에 대응하기 위한 해결 방법을 찾기 위하여 다시 유교 경전으로 돌아가 탐구할 수밖에 없었다. 이러한 요인들이 17세기 이후 경전 주석서의 증가를 가져온 것으로 보인다. 각국의 구체적 사정은 다르지만, 큰 맥락에서 볼 때 중국과 일본의 경전 주석서 증가 또한 이러한 서세의 등장과 같은 역사적 변화에 대응하기 위한 위기의식에서 비롯된 측면을 간과할 수 없다.[42]

따라서 17~19세기에 등장한 경전 주석서를 보면, 역사적 변화에 따른 당대 지식인들의 사유 전환의 단초를 확인할 수 있을 뿐만 아니라, 역으로 이를 통해 당대의 사회문화를 이해할 수 있을 것으로 보인다. 주지하듯이 한·중·일의 근대 사회는 각국의 유교 전통과 불가분의 관계를 맺고 있으며, 각국의 현대적 의미의 전통 문화가 형성된 시기도 대략 17~19세기로 볼 수 있다. 이 점에서 이 시기의 경전 주석서 연구는 각국의 역사와 문화를 이해하는 학술적 근거를 제공하는 데 중요한 역할을 할 것으로 기대된다.

둘째, 공간적 범위: 왜 한·중·일의 종합 연구인가?

'동아시아'라는 단어는 지리적 의미와 문화적 의미, 그리고 역사적 의미를 내포하고 있다. 지리적 의미는 동북아시아와 동남아시아를 모두 포괄하는 지역을 가리키며, 러시아, 몽골, 말레이시아, 캄보디아, 베트남, 인도, 중국, 한국, 일본 등도 이에 속한다. 지정학적으로는 중앙아시아 및 서아시아와 대별되는 아시아의 동쪽에 위치한 나라들을 의미한다.

또한 문화적 의미로는 유교와 한자문화, 그리고 불교문화를 공유한 나라들을 지칭할 수 있는데, 여기에는 중국, 한국, 일본, 베트남을 포함시킬 수 있다.[43] 이를 두고 이우성(2005)은 문화적 의미의 동아시아는 실질적으로 베트남을 제외한 '한국과 중국, 그리고 일본 세 나라'라고 규정한 바도 있다.[44] 이 세 나라는 하나의 문화권, 이른바 동아시아 문화권─특히 유교 문화권─으로 특징 지워진다.[45]

이와 함께 역사적 공간에서의 동아시아는 한국, 중국, 그리고 일본을 이른다. 이 동아시아 삼국은 역사상 오랜 시간 서로 접촉을 해왔다. 임진왜란이나 세계대전 등 역사적 분기점마다 서로 많은 영향을 주고받았으며, 전근대에서는 조공책봉 체제를 통해 긴밀한 관계를 형성해 온 바도 있다.

20세기에 들어오면서, 동아시아 삼국은 서구 문물의 수용과 함께 제도와 생활의 동질화가 이루어지고, 대부분 전통과의 단절을 경험하였다는 공통점도 가지고 있다. 이러한 다양한 측면을 고려하여 본서는 동아시아를 '한국과 중국, 그리고 일본' 세 나라로 한정하여 논의하고자 한다. 굳이 지정학적 의미까지 포함하면, 이 세 나라는 '동아시아의 동아시아(동아시아 안에서도 동쪽에 있는 지역)'라고 할 수 있다.

그런데 동아시아 삼국에서 정치·사회·문화적으로 가장 결정적인 영향을 준 것은 유학이다. 유학의 기원은 중국이고 한국과 일본은 유교 경전을 통해 유학을 수용하였지만, 양국의 지식인들이 유교 경전을 수동적으로 받아들인 것은 아니다. 오히려 지속적으로 경전의 내용을 자기화하고 끊임없이 재해석하는 과정을 거치며 이를 통해 각국의 전통을 형성해 갔다. 더욱이 유교 경전을 이해하기 위하여 경전 주석서를 끊임없이 생산하였다. 이를테면 삼국의 지식인들은 경전과 시대 상황 사이를 끊임없이 교차·인식하면서 주석서를 저술하였다. 이러한 점에서 경전 주석서는 그 시대적 고민과 창조적 해석을 담고 있는 결과물인 것이다.

그러므로 한·중·일 삼국의 경전 주석서를 함께 종합 분석하는 일은 유교 문화의 다양성을 확인하는 기회가 될 수 있다.[46] 이를 바탕으로 동아시아 경학의 보편성과 특수성을 확인할 수 있을 것이며, 이는 궁극적으로 각국의 유교 문화를 더 깊이 이해하는 데 밑거름이 될 것이다.

셋째, 텍스트의 범위: 왜 『맹자』에 대한 수사학적 해석인가?

경전을 이해할 때 수사학적 접근은 빠질 수 없는 요소다. 특히 『맹자』는 『논어』 등 다른 경전에 비해 호흡이 긴 장문이며, 논의가 급격하게 변화하는 등 문장의 묘미가 남다르다. 다양한 수사 기교도 포함하고 있어 경문을 해석할 때, 어휘 배열과 문장 구조, 여기에다 표현 기술 등의 이해도 반드시 필요하다.

앞서 언급하였듯이, 경전은 사상의 전범은 물론 종종 글쓰기의 전범으로도 간주되어 왔다. 그중에서도 『맹자』는 문장학과 더욱 긴밀한 관계를 지녔다. 이 때문에 주희는 『맹자』의 문장은 기묘한 매력이 있다고 하였다.[47] 그는 『맹자』를 읽으면 옛사람들의 글 짓는 법을 알 수 있고,[48] 의리義理를 깨달을 수 있을 뿐만이 아니라, 글 쓰는 방법을 터득할 수 있

다며 『맹자』를 주요 작문 교재로 제시하였다.[49)]

『맹자』를 글쓰기의 모범으로 삼는 것은 도학가뿐만이 아니라 문학가들도 지니고 있던 보편적 인식이었다. 중국의 경우, "한유의 문장은 『맹자』에서 나왔다"[50)] 또는 "동파의 문장 또한 『맹자』이다"[51)]라고 하는 바, 당송팔대가들도 『맹자』를 통해 문장 공부를 익혔다.[52)] 한국의 경우, 홍석주(洪奭周, 1774~1842)는 모든 수사 기교가 『맹자』에 담겨 있다고 극찬하는 등[53)] 조선 지식인들도 글쓰기에 자주 『맹자』를 응용하였다.[54)]

따라서 경문의 어휘 배열이나 문장 기교 등에 초점을 둔 수사학적 해석은 사서四書 등 여러 경전을 관통하는 경전 해석의 한 방법이기는 하지만, 다른 경전보다 『맹자』의 사례는 보다 큰 의의를 지닌다. 하지만 국내의 기존 연구들은 『맹자』라는 텍스트를 사상 또는 정치·경제적 시각으로 해석한 주석들을 주로 연구하였으며, 문장 기교 등 수사학적 접근의 주석을 연구한 경우는 드물었다.

동아시아 전통사회에서 지식인들은 철학가이면서도 문학가이자 현실 지향적 인간이었다. 경전의 내용을 행동으로 옮기기 위해 노력하기도 했지만, 과거시험을 준비하고 또 성인의 글쓰기 방식을 본받기 위해 경전의 문장을 암송하기도 하였다. 그러므로 전근대 지식인들은 유교 경전을 학문의 대상으로 삼는다는 측면에서 철학가와 문학가 모두 유학자이기도 하다.

하지만 기존 학계에서는 문인이자 한 시대를 살아가는 인물로서의 전근대 지식인보다 철학가로서의 면모를 더 주목해왔다. 한·중·일의 수사학적 『맹자』 주석서 연구에도 그다지 관심을 보이지 않았다. 따라서 수사학적 시각으로 『맹자』 주석서를 연구하는 것은 전근대 동아시아 수사학을 이해하는 데 도움을 줄 수 있을 뿐만 아니라, 경전을 글쓰기의 전범으로 사용해온 문인文人이자 현실 지향적 인간인 전근대 지식인을 재조명할 수 있을 것이다.

2) 연구 방법

20세기 후반까지, 한 · 중 · 일을 지칭하는 용어로 주로 '동양東洋' 혹은 '동아東亞'라는 단어를 사용하였다. '동양'은 서구의 오리엔탈리즘적 시각과 일본의 제국주의적 시각이 착색된 단어이다.[55] '동아'는 '대동아 전쟁' 등 정치적 구호가 담긴 단어로 이 또한 일본의 제국주의적 색채를 띠고 있다.[56]

'동아'나 '동양'이라는 용어 대신, 현재의 '동아시아'라는 용어를 주로 사용하게 된 시점은 1990년대 초 냉전 해체 이후이다. 당시 한 · 중 · 일 삼국 간의 정치적 · 경제적 화합 목적을 위해 학술적 근거를 마련하는 일이 필요하였고, 학계 내부에서도 한국과 일본, 그리고 중국을 지칭하는 새로운 관념의 용어가 필요하였다. '동양'과 '동아'는 서구-비서구/문명-비문명 구도 내지는 일본의 제국주의적 색채를 내함內含하고 있기 때문에, 한 · 중 · 일의 소통과 통합에 부적절했기 때문이다. 이에 학계 안팎으로 '동아시아[East Asia]'라는 새로운 관념을 형성해야 한다는 요구가 높아졌다.[57] 나아가 '동아시아'라는 관념적 용어의 탄생과 함께, 학계에서는 동아시아를 연구하는 새로운 연구 방법론으로 '방법으로서의 동아시아'를 제시하였다.[58]

'방법으로서의 동아시아'란, ① 서구 중심에서 벗어나 '동아시아'를 인식의 중심에 두고, ② 자국 중심의 일국적인 시야에서 벗어나 스스로를 타자화시키며 동아시아적 관점으로 동아시아 삼국을 바라보는 것이다. 전자의 작업은 동아시아의 보편성을, 후자의 작업은 동아시아의 특수성을 규명하는 작업이라는 점에서 의의가 크다.[59] 이를 경학에 결부시키면, 한 · 중 · 일 유학의 보편적 특징을 이해하고 나아가 동아시아의 시각으로 각국 경학의 다원성을 고찰하는 연구 방법으로 규정할 수 있다.

따라서 '방법으로서의 동아시아'를 통한 경학 연구는 다음과 같은 두 가지 특징을 지닌다.

첫째, 서구의 이론적 체계가 아닌 우리 아시아인의 이론적 체계로 한 · 중 · 일의 경학 전통을 바라보는 것이다. 전통적 동아시아 사회에서의 경학은 문 · 사 · 철을 모두 아우른다. 문文의 개념 또한 문학[literature]만이 아닌, 역사적으로 '문명', '글쓰기', '문장' 등 다양한 의미를 내함하고 있다. '방법으로서의 동아시아'는 이러한 동아시아적 보편성을 인지하고 경학 자료를 분석하며 연구하는 것으로, 예컨대 동아시아 내 전통적 이론 체계를 이해하고 나아가 이를 통해 현 시대를 바라보려는 것이다.

이는 유학이 철학이냐 철학이 아니냐는 해묵은 논쟁에서 벗어나, 유학을 유학 그 자체로 받아들이고 분석하려는 것이기도 하다. 칸트의 정언명령이나 마르크스와 엥겔스의 변증법적 유물론 등과 같은 서양철학의 패러다임과 똑같은 사유나 서술이 유교 경전 속에 존재하지 않는다고 해서, 동양과 서양간의 비교우위를 따지려는 서구 중심의 오리엔탈리즘과는 그 길을 달리 한다.

본서의 주제인 한 · 중 · 일의 수사학적 『맹자』 주석서를 연구하는 것 자체가 이러한 방법론의 구체적인 실천이라 할 수 있다. 기왕의 연구 방법과 달리 『맹자』라는 텍스트를 글쓰기의 전범으로 간주하고, 그 어법과 어세 등을 주해한 사례를 살펴본다는 것은, 유학이 철학이냐 아니냐는 논의에서 탈피하는 과정이자 '문본우경文本于經'이라는 동아시아의 보편적 인식을 발견하는 과정인 것이다.

둘째, 자국중심주의적 시각에서 벗어나 스스로를 타자화하며 동아시아적 관점으로 한·중·일의 경전 주석서를 바라보는 것이다.

국내외 기존의 경학 연구는 일국적 시야에 갇혀 있어 특수성만을 지나치게 강조하는 경향이 있다.[60] 일본이나 중국 역시 동아시아 관점에서 경학을 이해하려는 시각과 그러한 연구 성과가 부족한 편이다. 그간 한·중·일의 학계는 자국 중심적 시각에서 벗어나 각국의 경학을 객관적으로 바라보기 위한 노력을 게을리 한 것이다.[61]

중국은 자국 중심의 '중화中華'를 중심축에 놓고 일방적인 영향이나 전파론의 시각으로 경학을 보았고, 일본은 '동양학東洋學'을 생성하여 제국학帝國學의 시각으로 경학을 활용했다. 한국 역시 근대 식민지 유산 극복과 자국학自國學의 구축이라는 과제에 지나치게 편중함으로써 일국 중심의 시야에 갇혀 일국적 방법론으로 자국의 경학을 바라보았던 측면이 많았다.

그렇지만 한국 경학의 보편성을 확인하려면, 일국 중심의 시각에서 벗어나 한자문화권에서 공동 사유 방식의 근간을 이루었던 경전 해석의 상호 비교를 통해 한국 경학의 위상을 객관적으로 확인할 필요가 있다. 동아시아를 인식의 틀에 놓고 경전 해석을 재음미하는 작업이 요청되는 것이다. 일국 중심에서 벗어나 타자와의 관계 속에서 그 객관성을 확보하려면, 주체를 타자화하는 자세를 전제하여야 한다. 그리고 이를 위해서는 타자의 거울을 통해 주체를 비춰보거나, 비교하는 자세가 필요하다.

주제별 세계 지도(https://worldmapper.org)를 보면, 교육·군사 등 카테고리를 다르게 설정할 때마다 그 나라의 크기가 달라지듯이, 역사 및 문화사적 중요성을 기준으로 삼국의 경학을 바라보면 한국과 중국, 그리고 일본의 유학은 동등한 무게를 지닌다. 인간은 체구의 대소와 빈부의 차이를 가지고 있지만, 인권과 인격은 물론 자유와 평등은 그 차이와 무관하게 똑같이 보장되어야 한다는 것은 보편적 진리이다. 마찬가지로 경전 주석서의 양이나 수용과정에서 선후의 차이가 있지만, 각국의 주석서는 수평적 이해 위에 연구가 이루어져야 하며, 중립적인 자세로 접근하여 각국의 유교적 다원성을 인정하여야 한다.

앞의 논의를 종합하면, 본서는 동아시아적 관점으로 『맹자』에 대한 수사학적 접근을 고찰하는 데 방점을 두고자 한다. 여기서 동아시아적 관점은 평등안平等眼을 중심에 두고 객관적 시각으로 그 관계를 비교 분석하는 것을 의미한다. 이를테면 동아시아 삼국의 수사학적 『맹자』 주석서를 나라별·학자별·시대별로 비교 분석함으로써, 한·중·일의 수사학적 『맹자』 주석서의 공통점을 찾고, 각국의 학술사적 배경을 통해 그 등장배경을 살피며, 나아가 각국의 대표적인 수사학적 『맹자』 주석서의 특징을 밝히고자 한다.

이와 같은 연구 방법은 '방법으로서의 동아시아'를 경학 연구에 적용한 것이기도 하다. 동아시아 삼국에서 경전은 함께 공유했던 동아시아 고전이지만, 경전을 해석할 때 서로간의 입장 차이는 항상 존재하였고, 그 차이는 지리적 조건과 역사·문화적 차이만큼 어쩌면 당연한 것이기도 하다. 그 당연함은 동아시아적 시각으로 삼국의 경전 해석을 비교할 때 가능할 것이다.[62]

이 점에서 본 연구는 한·중·일의 수사학적 『맹자』 주석서의 보편성과 특수성을 밝히는 작업이라 할 수 있으며, 나아가 현대의 학제에서 경학은 철학, 수사학은 문학의 범주에 포함된다는 점에서 학제간 융·복합 연구의 성격을 띠고 있다. 특히 '방법으로서의 동아시아'를 경학 연구에 적용함으로써, 그 연구 방법론의 가능성을 함께 실험하는 장이 되기도 할 것이다. '방법으로서의 동아시아'라는 경학 연구를 통해 그 보편성과 특수성에 다가서는 것은 동아시아 경학에 대한 이해뿐만이 아니라 자신의 모습—자국 경학—의 객관적 이해를 가능하게 할 수 있을 것이다. 이는 곧 타자를 통한 나에 대한 객관적 이해이기 때문이다.

앞서 언급하였듯이, 전근대 동아시아 삼국에서 수사학적 시각으로 경전에 접근하여, 그 표현 기교와 어휘 배열, 그리고 문장 구조 등을 논하는 일은 일찍부터 존재하였다. 유협과 한유 등에서 시작하여 이후에도 전근대 지식인들은 꾸준히 경전의 문예미를 탐구하였다. 17~19세기에는 하나의 경향성을 이룰 정도로 뚜렷하였다. 동아시아 각국 역시 정도 차이는 있다 하더라도, 『맹자』를 포함한 경전의 수사학적 해석을 주요 내용으로 하는 주석서는 이 시기에 비교적 다수 등장하였다.

하지만 국내의 기존 연구에서는 '수사'를 경학의 한 접근 방법으로 인정하는 경우가 극히 드물었다.[63] 경전과 문학은 대립각을 세우는 경우가 많았으며, 양자 간의 평형 상태 내지는 융합의 형태에 대한 논의는 소홀하였던 것이다. 전근대 동아시아의 지식인들이 경전을 문장의 전범으로 간주하며, 수사학적 접근을 시도한 사례 또한 연구가 미미했다.

수사학적 경전 해석을 대상으로 한·중·일 삼국을 아우르는 차원의 연구 또한 극히 드물다. 필자(2018)는 한·중·일의 대표적인 수사학적 『맹자』 주석서를 비교 및 분석하며 그 동이를 구명究明하였다.[64] 다만 수사학적 경전 해석의 이론화와 경학사와 문학사 전반을 아우르는 통찰 등이 미진하였고, 주희의 『맹자집주』와 이황의 『맹자석의』, 그리고 이토 진사이의 『맹자고의』 등을 주요 연구 대상에 포함하지 않았다.

수사학적 경전 해석은 그 개별 사례의 연구는 존재하지만, 본격적인 연구는 아직 없다고 하더라도 과언이 아니다. 이는 앞서 언급한 의리와 고증이라는 이분법적 사고와 유학자들은 문학을 배척했을 것이라는 고정관념, 그리고 경학과 문학 연구를 분리하여 시행한 것에 그 원인이 있다. 경전의 한 방법론으로 수사학적 경전 해석에 학적 의미를 부여하고, 동아시아 학술 장에서 그 정체성을 부여하는 작업이 절실하다.

이러한 국내 상황과 대조적으로, 영미권과 중화권에서는 용어 차이는 존재하지만 '수사'를 경학의 한 접근 방법으로 인정하고, 면밀하게 연구하는 사례가 점차 늘어나는 추세다. 영미권에서는 뵙케 데네케 Wiebke Denecke(2010; 2016)가 선진양한先秦兩漢 시대의 경전과 제자서들이 글쓰기의 전범으로 간주되고 있다는 사실을 주목하는 한편, 유교 경전이 철학이라는 분야에서 벗어나 문학 등 다양한 학제를 통해 연구할 것을 주장하였다.[65]

같은 맥락으로『시경』의 주석서를 구체적 사례로 삼고 분석한 연구는 브루스 러스크Bruce Rusk(2012)가 있다.[66] 그렇지만『시경』은 본디 시詩라는 문학에서 출발하여 경전이 된 경우이다. 이를 제외하면 문학적 시각으로 경전을 보는 경우는 여전히 드물며, 수사학의 차원에서『맹자』를 해석한 연구는 더더욱 찾을 수 없다.

하지만 중화권에서는 경학의 한 접근 방법으로 문학적 시각을 활용한 연구를 적지 않게 발견할 수 있다. 대만의 공붕정龔鵬程(2008)이 경전에 대한 수사학적 접근을 '경전의 문학화'라고 부르며, 그 특징이 훈고학이나 의리학적 접근과 구분됨을 이론적으로 명시하고 체계적인 논의를 펼쳤다. 그는 다른 유교 경전보다도『시경』,『좌전』,『예기』, 그리고『맹자』등을 중심으로 이러한 조류가 더 강하게 나타난다고 하며 그 구체적인 사례를 분석하였다.[67]

최근 연구에서도 이러한 시도의 연구를 찾아볼 수 있다. 하준何俊(2021)과 부도빈傅道彬(2021)은 통합 학문의 시각으로 전근대 경학을 바라보는 시도를 직접 보여주고 있다.[68] 오비吳飛(2024)는 경전에 대한 수사학적 접근을 현대의 문학 분과에서 주로 논의하고 있다는 점을 지적하

며 이를 학문 분과의 틀을 넘어서 철학 분과에서도 연구할 필요가 있다고 피력하였다.[69]

수사학적『맹자』해석에 국한하여 그 연구 사례를 살펴보아도, 그 성과를 적지 않게 발견할 수 있다. 장백위張伯偉(2017)는 경학과 문학의 관계를 논하였으며, 중국의 소순과 주희, 그리고 한국의 송시열과 이항로 등이 문장학의 관점에서『맹자』를 해석했다는 사실을 자세하게 분석하였다.[70]

이 외에도 동홍리董洪利(1997)와 강지호江志豪(2004), 그리고 이창연李暢然(2011) 등은 주석서를 중심으로 청대 지식인들이『맹자』를 문학적으로 접근할 수 있었던 배경과 그 특징을 간략히 소개하였다. 필자가 현재까지 파악한 바로 청대에 총 26종의 수사학적『맹자』주석서를 확인할 수 있다.[71] 그중 수사학적 시각의 선행 연구는 우운진의『맹자논문』을 중심으로 주로 이루어지고 있다.[72]

이에 반해 그간 일본 학계에서는 고문사파의 경전 해석에 관심을 보여 왔으며, 오규 소라이 등 대표적인 학자 위주로 연구를 진행하였다.[73] 그러나 오규 소라이는『맹자』에 별도의 주석서를 남기지 않아 수사학적『맹자』해석을 연구한 경우는 매우 드물다. 게다가 대표적인 수사학적『맹자』주석서는 히로세 탄소의『독맹자』라 할 수 있지만, 그 특징을 본격적으로 연구한 사례는 아직까지 보이지 않는다.[74] 임소양林少陽(2009)은 경전의 수사 이론을 일본과 중국 전근대 지식인들이 어떻게 논의하였는지 살펴보았지만, 수사학적 경전 해석을 보편적인 경학 방법론으로 바라보지는 않았다.[75]

이상 국외에서 이루어지고 있는 기왕의 연구들에는 다음과 같은 네 가지 미비점이 있다.

첫째, 용어의 통일이 되어 있지 않다. 경전의 수사학적 접근을 '문학文

學', '문장학文章學', '산문예술散文藝術', '문사文辭', '언어학言語學' 등으로 접근하는 등 각기 다른 명칭을 사용하고 있다. 여기에다 전근대 동아시아의 수사修辭 개념을 고찰하는 것도 부재하다.

둘째, '수사학적 경전 해석'의 연원을 깊이 있게 관찰하는 작업 또한 부족하다. 경전의 수사학적 접근은 경전을 문文의 근본으로 삼는 '문본우경'을 전제로 하고 있는 것인데, 그 연원을 심도 있게 파악하고 구체적으로 설명하지 않았다.

셋째, 사례 연구가 『시경』에 집중되어 있다.[76] 『시경』은 본디 '시'라는 문학에 속한다. 따라서 수사학적 『시경』 해석은 『맹자』에 비해 연구 대상으로 삼기에는 일정한 한계를 지닌다.

넷째, 각국의 개별 사례를 연구한 경우는 존재하지만, 한·중·일을 연구 대상으로 삼고 경전에 대한 수사학적 접근을 상호 비교 분석하거나 통시적·탈일국의 시각으로 바라본 연구가 부재하다. 이렇듯 국외 연구 또한 수사학적 『맹자』 해석 연구는 아직까지 단편적인 수준에 머물러 있다.

앞서 언급한 국외 연구의 네 가지 문제점은 국내 연구에도 존재한다. 게다가 한국에서는 '경학의 한 방법으로서의 수사'를 두고 일정한 합의를 하지 못한 상태이다. 이를 감안하면 '수사'를 경학의 한 방법으로 인정하는 이론적 토대를 마련할 필요가 있으며, 동아시아 각국에서 수사학적 『맹자』 주석서의 학술적 기원을 고찰하고, 나아가 한·중·일 삼국의 수사학적 『맹자』 주석서의 보편성과 특수성을 연구하는 작업 또한 필요하다고 할 수 있다. 요컨대 본서는 국내외 연구의 문제점을 보완하여 경학 연구의 새로운 지평을 확인하는 차원에서, 동아시아적 시각을 바탕으로 한·중·일 지식인들의 수사학적 『맹자』 해석을 연구하고자 한다.

II

경전 수사학의
발단과 성립

1. 경학의 한 방법, '수사修辭'

1) 이론적 근원

『사고전서총목제요四庫全書總目提要』권卷1「경부총서經部總敍」에서는 경전의 해석 방법을 다음과 같이 서술하고 있다.

　　한나라가 장안에 도읍한 이후로부터 이천 년 동안 유학자들이 유학의 원류를 이은 이래로 학파는 모두 여섯 번 변하였다. …… 그 귀결처를 종합해보면 한학漢學과 송학宋學 두 학파가 서로 승부를 겨룬 것에 지나지 않는다.[1]

한대 이후로 유교 경전을 해석하는 방법은 크게 '한학'과 '송학' 두 가지로 분류할 수 있다는 주장이다. 이 인용문에서 '한학'은 '훈고訓詁(考證)'를 위주로, '송학'은 '의리義理'를 위주로 하는 방법론을 가리킨다. 경학의 방법론을 '훈고와 의리'로 구분하는 시각은 『사고전서』뿐만이 아니라, 고금을 넘어 동아시아 지식인들이 갖고 있던 보편적 인식 중의 하나였다. 이는 현대의 경학 연구에까지 영향을 미치고 있다.

하지만 경전 해석 방법에 대한 이분법적 시각과 달리, 송대 이후 학술의 변천은 크게 세 가지로 분류된다. 정이(程頤, 1033~1107)는 다음과 같이 말하였다.

옛날의 학문은 하나였는데, 현재의 학문은 세 가지로 이단은 여기에 끼지도 못한다. 첫째는 '문장학', 둘째는 '훈고학', 셋째는 '유학'으로, '도'에 나아가고자 한다면 유학의 학문을 버리고서는 불가능하다.[2]

한대漢代 이전에는 학술 분과가 세분화되지 않았다. 곽소우郭紹虞(2011)에 따르면[3] 주진周秦 시대의 학술은 '문학文學' 단 하나였다. 이 때의 문학은 현대의 개념과 달리 '박학博學'이라는 뜻으로 다양한 학술 분야를 모두 아우른다. 이후 박학이라는 의미의 '문학'은 한대에 이르러 문장 또는 문사文辭라는 의미의 '문文'과 박학 혹은 학술이라는 의미의 '학學'으로 분리되었다.[4] 이것이 다시 위진남북조 시대에 전자는 운문을 의미하는 '문文'과 산문을 의미하는 '필筆'로, 그리고 후자는 의리를 의미하는 '유儒'와 고거考據를 의미하는 '학學'으로 다시 나누어졌다.

위 인용문에서 정이는 학술을 더 세분화하여 세 가지로 종합한다. '문장학(사장학)'과 '훈고학'(고증학), 그리고 '유학(의리학)'이 바로 그것이다. 물론 그가 유학에 방점을 두긴 했지만, 이 외에도 훈고학과 문장학을 포함하며 이단異端과 차별화하였다. 그리고 이 삼분법은 17~19세기까지 그 명맥을 유지하였으며,[5] 중국뿐만이 아니라 한국과 일본의 지식인들 사이에서도 보이는 바, 동아시아의 공통적인 사유였다고 할 수 있다.[6]

특히 청대淸代 요내(姚鼐, 1731~1815) 또한 당시 학술이 '의리義理 · 고증

考證 · 문장文章' 세 갈래로 분화되었다며, 서로의 장점으로 다른 분과의 단점을 보완하면서 학문을 궁구할 것을 주장하였다.[7] 이는 당대 고증학과 의리학이 폐단을 가져왔다는 문제의식이거니와, 요내의 주장은 사실 '문장학'을 강조하는 것에 목적이 있었다.[8] 그는 문장학을 통해서 고증학과 의리학의 단점을 해결하고자 한 것이다.

학계의 문제점을 의리와 훈고, 그리고 문장 세 영역의 절충론으로 풀고자 했던 것은 당대의 화두였다. 전조망(全祖望, 1704~1755) 등에게도 동일한 문제의식을 발견할 수 있다. 경전을 문학으로 여기는 '원매(袁枚, 1716~1797)의 육경개문六經皆文'과 경전을 역사서로 간주하는 '장학성(章學誠, 1738~1801)의 육경개사六經皆史' 또한 이러한 논의의 연장선에 놓여있다.

전근대 동아시아에서 이 세 가지 학술 분과는 각각의 분야를 이루는 한편, 유교 경전의 해석 방법으로 작용하기도 하였다. 유교 경전은 다양한 학술 분야를 낳는 원류 역할을 하지만, 성현의 본지를 담고 있는 경전은 이를 명확히 이해하기 위하여, 각 학술 분과의 연구 대상으로도 부각되었다. 역사적으로 보면 경전이 각 학술 분과에 영향을 미치는 한편, 경전 역시 각 학술 분과에 영향을 받아 새롭게 해석되기도 하는 등 양자의 관계는 일종의 '뫼비우스의 띠'와 같았다.

이처럼 학술 분과의 영향을 받아 경전을 재해석하는 경우는 적지 않다. 예를 들면 의리학을 주요 바탕으로 경전을 해석한 경우로는 주희의 『맹자집주』가 있다. 훈고학을 주요 바탕으로 경전을 해석한 것에는 조기의 『맹자장구』가 있다. 전자는 도덕 및 형이상학적 관념을 중심으로 『맹자』를 해석하는 형태를 띤다. 후자는 고대 글자의 문자학적 의미 혹은 역사적 사실에 근거한 분석을 중심으로 『맹자』를 해석하는 형태를 보인다.

'문장학文章學' 또한 전근대 동아시아에서 경학의 한 연구 방법으로서 존재해 왔다. '문장학'의 '문장'은 동아시아 한자문화권에서 다양한 의미로 사용되었으며,[9] 『한어대사전漢語大詞典』은 총 9개의 정의를 보여준다. 그중에서 위 인용문의 '문장'은 '사장詞章'을 의미하며, 현대어로 말하면 '문학'에 대응시킬 수 있다.[10]

이른바 문장학 혹은 문학이 경학의 한 방법론으로 응용되었다고 함은, 표현 기교나 문장 구조 등 경문에 담긴 문학적 요소를 분석 및 해석 또는 감상하는 경전 해석의 형태가 존재해 왔음을 가리킨다. 서양에서도 성경[Bible] 해석의 한 방법으로 문학적 비평이 존재해 온 것과 같은 맥락이다.[11]

이에 대하여, 브루스 러스크Bruce Rusk(2012)는 명·청대에 『시경』의 문학적 비평을 한 다수의 사례를 주목하면서 이를 통해 경학의 민낯을 포착하였음을 언급한 바 있다. 그는 "문학은 보편적인 영역이다[the literary is an universal category]"라고 하였다. 전근대의 문학은 하나의 학적 연구 방법으로서 여러 학술 분과에 보편적으로 침투 및 응용되었으며, 중국에서 신성하게 여겨졌던 '경학' 또한 예외가 아니었음을 그는 지적하였다.[12]

이런 관점에 입각하여 경학의 한 연구 방법으로 문장학을 활용한 경우를 살펴보면, 그 기원으로 동중서(董仲舒, B.C 176?~104)의 『춘추번로春秋繁露』를 가장 먼저 주목할 수 있다. 동중서는 『춘추번로』「초장왕楚莊王」에서 정공定公과 애공哀公의 은미한 표현법을 논하였으며,[13] 곳곳에서 수사법을 논평하였다.

동중서 외에도 기왕의 사례를 문헌 형태에 따라 그 범주를 나누고 대표적인 저술을 간략하게 언급해 보면 다음과 같다.(대표적인 사례는 중국 『맹자』 해석의 경우를 제시한다.)

1. 주석서에서 경문 전체를 비평—대표적으로 송대 소순의『소비맹자』

2. 주석서에서 일부를 선별하여 비평—대표적으로 한대 조기의『맹자장구』

3. 문장선집에서 유교 경전의 경문을 고문으로 다루며 수집 · 비평—대표적으로 청대 증국번의『경사백가잡초』

4. 일반 산문에서 경전의 표현 기교와 문장 구조 등을 비평—대표적으로 위진남북조 시대 유협의『문심조룡』

'1. 주석서에서 경문 전체를 비평'한 것을 예로 들면, 최초 저작으로 소순(蘇洵, 1009~1066)의『소비맹자蘇批孟子』가 있다.[14]『소비맹자』는 주석서 전체에서 문장의 기세와 구조 등을 중심으로 그 표현 기교 등을 살폈으며, 이후 중국과 일본—특히 명 · 청대와 에도 · 메이지 시대—의 경전의 수사학적 접근에 영향을 주었다고 평가받는다. 중국의 경우, 수사학적『맹자』주석서는 특히 청대에 다수 등장한 바 있다. 청대 수사학적『맹자』주석서와 그 목록은 뒤에서 자세히 재론하고자 한다.

'2. 주석서에서 일부를 선별하여 비평'한 경우는[15] 조기(趙岐, 108?~201?)의『맹자장구孟子章句』를 들 수 있다. 여기서는 비유법을 언급한 사례 등이 발견된다.[16] 이 외에도 주희의『맹자집주』와 초순(焦循, 1763~1820)의『맹자정의孟子正義』역시 비유법이나 대구법 등을 분석하는 등 경전을 문학적으로 접근하고 있으며, 표현 기교의 논평을 한 사례도 더러 확인할 수 있다.

'3. 문장 선집[17]에서『맹자』를 포함한 경우'는,[18] 증국번曾國藩(1811~1872)의『경사백가잡초經史百家雜鈔』를 들 수 있다. 그는『맹자』를 포함한 유교 경전을 선본 대상에 포함하였다.『맹자』중에서 그가 좋은 문장이라고 생각하는 「양혜왕」 상의 7장(齊桓晉文之事章), 「공손추」 상의 2

장(養氣章), 「등문공」상의 4장(神農之言章), 「등문공」하의 9장(好辯章), 「이루」상의 1장(離婁之明章), 「고자」상의 10장(魚我所欲也章), 「고자」상의 15장(舜發於畎畝章), 「진심」하의 37장(孔子在陳章) 등 총 8장을 수록하였다.[19]

'4. 일반 산문에서 거론되는 경우'는, 일일이 나열하기 어려울 정도로 많다. 대표적으로는 유협(劉勰, 465~521)의 『문심조룡文心雕龍』과 유지기(劉知幾, 661~721)의 『사통史通』을 들 수 있다. 여기서는 제자서 중 하나로 『맹자』를 다루고 있다. 이 외에도 한유, 구양수, 그리고 소순 등 당·송대를 지나 명·청대까지 수사학적 『맹자』 해석은 일반 산문 곳곳에서 확인할 수 있다. 특기할 만한 저술로는 김성탄(金聖歎, 1608~1661)의 「석맹자사장釋孟子四章」이 있다.[20]

이상으로, 중국에 한정하여 대표적인 몇 가지 사례를 제시하였다. 『맹자』에 국한하여도—이분법에 의한 편견과 달리—이러한 사례는 다수 존재한다. 그에 반해 국내에서는 아직 관련 연구를 찾아보기 힘들다. 경전의 표현 기교나 문장 구조에 관심을 가진 글을 발견하더라도, 국내 기존 연구에서는 이를 훈고학이나 의리학적 접근으로 분류하는 경우가 많다.

그렇다면 여기서 언급하고자 하는 '수사학적 경전 해석'은 무엇을 말하는 것일까? 서론에서 언급한 바 있듯이, 경전에 대한 수사학적 접근을 두고 다양한 이칭異稱이 존재하는 것이 사실이다. 따라서 우선 용어와 개념의 문제를 짚고 넘어가고자 한다.

무엇보다 다양한 이칭 중에서도 '경전에 대한 문학적 접근' 혹은 '경전의 문학화' 등 '문학'이라는 단어를 자주 볼 수 있다.[21] 이는 전근대 한자문화권에서 '문장학'이라는 단어를 현대어로 '문학'이라 지칭한 것을 염두에 둔 것인 듯하다.[22] 그러나 다음 두 가지 이유에서 '문학'이라는 용어보다는 '수사학'이라는 용어가 경학의 한 접근 방법을 지칭하는 데 보다 더 적절하다고 생각한다.

첫째, 과연 경전을 두고 흔히 현대에서 말하는 '허구성과 예술성을 특징으로 하는 문학으로 다루었을까?'하는 의문점이다. 진필상陳必祥은 『고대산문문체개론古代散文文體槪論』(1987)에서 『맹자』 등을 논설체 산문으로 분류하고 있기는 하다.[23] 하지만 '經'이라는 것은 여러 가지 문헌 중에서 가장 뛰어나고 우수한 글이기 때문에 신성한 의미를 지니고 있다. 따라서 경전에 대한 문학적 접근이라고 하더라도 전근대 지식인들이 유교 경전을 일반 산문과 대등하게 놓았다고 생각해서는 안 될 것이다.

유학을 신봉하는 동아시아 지식인들 사이에서 경전을 일반 글과 동급으로 놓는 경우는 실제로 매우 드물다. 명대의 이지李贄나 조선 시대의 홍길주(洪吉周, 1786~1841)[24] 등 소수를 제외하면,[25] 대다수의 지식인들은 유교 경전을 '불변하는 진리[恒久之道]'로 간주하며 어떤 글보다도 우월한 위치에 두고 논의하였다. 따라서 위 문헌들이 표현 기교와 문장 구조 등을 분석 · 해석 · 비평한 것이라 하더라도 이를 단순하게 '문학적 접근'이라고 부르는 것은 부적절하다.

둘째, 동아시아 전통적 문학관과 『맹자』라는 텍스트가 지닌 성격을 감안하더라도 '문학'이라는 용어보다 '수사학'을 사용하는 것이 더 적절하다. 동아시아에서 글쓰기는 관념상 '도덕'과 관련이 있다. 이에 동아시아의 전통적 문학관을 '도덕주의적 문학관'이라고 표현하기도 한다.[26] 도덕주의적 문학관은 글은 도를 담아야 한다는 것에 방점을 둔다. 이것은 현대의 문학적 글쓰기에서 지향하는 허구성 및 예술성과는 궤를 달리한다.

주지하듯이 동아시아 전통적 문학관에서 입언立言은 허구성과 예술성보다도 그 내용, 즉 명도明道와 밀접한 관계를 맺고 있다. 『주역』 「건괘 ·

문언전」"수사입기성修辭立其誠"을 두고 전통 유학자들이 다양하게 해석한다고 하더라도, '수사修辭'보다 궁극적으로 '입기성立其誠'에 방점을 두는 경우가 다수임을 알 필요가 있다.

더욱이 '경전' 중『맹자』를 의론체 산문으로 분류할 수 있다는 사실을 통해 미루어 보아도 '문학'이란 용어보다 "수사입기성"에서의 수사를 끄집어내어 여기에 학적 의미를 부여하는 것이 더 바람직하다. 예를 들면 일반인이 기행문을 쓰기 위하여 전문가의 좋은 기행문을 참고하듯이, 독자가『맹자』의 훌륭한 표현 수법과 문장 구조 등을 탐구하는 주요 목적은 '의론체 산문'을 쓸 때,『맹자』를 규범으로 삼고 활용하기 위해서이다. 따라서 '수사학'으로 명칭名稱하는 것이 실상에 훨씬 가깝다.[27]

그렇다면 의론문을 문학적 글쓰기라고 부르는 것은 과연 성립할 수 있는 명제일까? 물론 미학적으로 우수한 의론문이 존재하는 것은 사실이다. 그러나 의론문의 목적은 무엇보다도 '형식적인 아름다움'을 추구하기보다 '자기주장이나 사상을 논리적으로 전달하여 상대를 설득하는 것'이다. 단지 그 수단으로 표현 기교와 문장 구조의 미학적 측면을 한 축에 두고 활용하는 것이다. 이러한 점은 의론체 산문과 수사학은 같은 지향점을 바라본다는 것을 함의한다. 수사학은 미사美辭와 논리論理를 바탕으로 글쓴이의 주장을 효과적으로 전달하여 상대를 설득하는 것을 목표로 삼기 때문이다.

이와 같은 사실을 감안하면 의론문은 '문학적 글쓰기'가 아니라 '수사학적 글쓰기'로 부르는 것이 더 어울리며,『맹자』의 주석은 그 문학성을 중심으로 거론한다고 하더라도, '수사학적 해석'으로 부르는 것이 더 적합하다. 이에 필자는 '수사학'을 주요 개념어로 삼고, 경전에 대한 수사학적 접근을 '수사학적 경전 해석[rhetorically oriented exegeses]'으로 부르고자 한다.

전근대 동아시아에서 의리학과 훈고학 외에도, 경학의 한 방법으로써 '수사학'을 적용한 주석서의 존재를 증명하는 것이 본 연구의 첫 번째 연구 목적이다. 사실 경전 해석의 한 방법으로 '수사'는 그렇게 특수하다고 할 수는 없다. 뒤에 살펴볼 주희와 이황의 『맹자』 주석서에서도 확인할 수 있는 바이다. 다만 17~19세기 동아시아 삼국에서 '수사학적 경전 주석서'가 일정한 체계를 이루며, 보다 심화된 형태로 하나의 흐름을 보여준다는 사실이 특기할 만한 현상이다.

오늘날 말하는 '수사학'은 서양의 레토리케Rhêtorikê를 지칭하기 위한 일종의 번역어다. 서양에서 말하는 '수사'라는 개념과 그 이론 체계를 전근대 동아시아의 텍스트에서 그대로 사용한다는 것은 다소 무리가 있을 수 있다. 동아시아 나름의 수사학적 개념과 이론이 존재하기 때문이다. 따라서 다음 장에서는 전근대 '수사' 개념과 수사의 세 요소를 먼저 정의하고, 이를 바탕으로 수사학적 경전 주석서의 구체적 특징을 밝히고자 한다.

2) "수사입기성修辭立其誠"의 두 시각

현재 우리가 사용하고 있는 '수사'라는 단어는 일본 학자가 레토리케Rhêtorikê를 표현하기 위해 만든 번역어다. 메이지 시대 초기 사상가이자 교육자였던 니시 이마네(西周, 1829~1897) 등이 번역 방법을 소개하면서 레토리케를 수사로 번역한 것이 시초이다.

다른 번역어와 조금 다른 점이 있다면, 수사는 새로운 조어가 아니라 원래 있었던 한자어라는 사실이다. 이것은 『주역』 「건괘 · 문언전」 "수사입기성"의 '수사'를 차용하여 서구 레토리케를 가리키는 번역어로 사용한 것이다.[28] 따라서 기왕에 역사적으로 누적되었던 "수사입기성"의 해석이 전근대 동아시아의 '수사'라는 개념에 투영되었을 가능성이 높다. 그렇다면 "수사입기성"의 해석을 살펴보는 것은 전근대 동아시아의 '수사' 개념을 이해하는 첫 단계일 것이다.

『주역』「건괘 · 문언전」에서는 다음과 같이 말하고 있다.

> '건괘乾卦 구삼九三에 에 말하기를 「군자가 종일토록 힘쓰고 힘써 저녁까지도 두려워하면 위태롭지만, 허물은 없다,는 것은 무엇을 말하는 것입니까?' 공자께서 말씀하셨다. '군자는 덕을 진전시키고 업을 닦는다. 충忠과 신信은 덕을 진전시키는 방법이요, 그 참됨을 바로 세워 말을 닦는 것[修辭立其誠]은 업業에 거처하는 방법이다.'[29]

수사학과 철학 사이의 연관성은 고대부터 논한 바 있다. 서양의 경우 키케로(Cicero, B.C.106~B.C.43)부터 시작하여 최근의 폴 드만(Paul Deman, 1889~1961)까지 수사와 사상은 불가분의 관계에 있음을 강조하였다. 동아시아의 경우, 양자 간의 연관성은 주로 "수사입기성"의 '주석' 형태로 논해져 왔다.

"수사입기성"은 매우 다양하게 해석되었다. 주책종周策縱(1993)에 따르면 전근대 중국에서 보이는 해석의 차이는 크게 네 가지로 나뉠 수 있다.[30] 첫째, '성誠'을 성실이라고 해석하는가? 둘째, '성誠'을 진眞으로 해석하는가? 셋째, 수사와 입기성은 병렬관계인가?(수사→입기성), 넷째, 수사와 입기성은 인과관계인가?(입기성→수사) 등이다.

이 네 가지 해석의 차이에서 수사와 사상 간의 관계를 살펴볼 수 있는 것은 셋째와 넷째이다. 수사와 입기성을 병렬관계로 보며 "말을 닦고 그 참됨을 세우다"로 해석할 것인지, 아니면 인과관계로 보아 "그 참됨을 세우고 말을 닦다"라고 해석할 것인지 여부에 따라 수사와 사상

간의 긴밀도에 차이를 보인다.

주책종周策縱(1993)에 따르면, 중국에서는 후자의 경우처럼 '수사와 입기성을 인과관계로 보는 해석(입기성→수사)'이 더 우세하다. 이는 '문文'보다 '도道'를 더 강조하는 문학관이 투영된 것으로 보인다. 그리고 이러한 해석은 동아시아 전근대 '수사' 개념에도 반영되었다. 현대적 의미의 수사는 한국과 중국, 그리고 일본에서 주로 '말이나 글을 아름답게 꾸미는 미사美辭'라는 의미에 집중하여 개념을 설명하고 있지만,[31] 전근대 동아시아의 '수사'는 글을 아름답게 꾸미는 일 외에도 '논리'라는 개념을 함께 내포하고 있다.[32]

레토리케가 서구에서 말하는 수사학으로 번역되던 시기, 이태준(李泰俊, 1904~?)은 『문장강화』에서 전근대 '수사학'의 개념을 다음과 같이 서술하고 있다.

> 문장작법은 이미 있었다. 동양의 수사나 서양의 레토릭은 애초부터 문장작법은 아니요 변론법에 있었다. 문장보다는 언어가 먼저 있었고 출판술 이전에 변론술이 먼저 발달되었으니, 수사법이니 레토릭이니 다 말하는 기술로서 시작한 것이다. 그러다가 한번 인쇄기가 발명되어 문장이 대량으로 생산될 수 있어 문장은 연설보다 절대한 세력으로 인류의 문화를 지도하게 된 것이다. 따라서 근대에 와 수사학은 말보다는 글의 수식법으로서 완전히 전용되는 운명에 이르렀다.[33]

이태준은 고대 동아시아에서 수사학이 단순히 미사여구를 표현하는 기술이 아니라 '논변하는 기술'로서 시작하였음을 밝히고 있다. 이는 당대 지식인들이 수사학은 근본적으로 문장작법이 아니라 논리학에서 출발하였다는 사실을 이미 인식하고 있었음을 알려준다. 실제 조선에서도 19세기 말에서 20세기 초기에는 레토리케의 번역어로 수사 외에 수사논변修辭論辯이나 변론辯論 등의 용어를 함께 사용한 바 있다.[34] 이는 전근대 지식인의 '수사' 개념이 미사의 기술 외에도 논리의 기술 또한 함의하고 있음을 방증한다.

미사는 입언立言의 문제이며 논리는 명도明道의 문제이다. 명도는 입언에 영향을 미치고, 입언은 명도의 반영이라는 점에서, 양자는 별개이면서도 또 서로 함께 어울린다. 이 점에서 수사와 사상은 밀접한 연관성을 갖고 있다. "수사입기성"을 '그 참됨을 세우고 말을 닦다'로 해석하며, 글쓰기에서 도道를 우선시하는 전근대 동아시아에서는 더욱 그러한 것이다.

동아시아에서 말하는 '수사'는 비단 어휘 선택뿐만 아니라 구절과 단락으로까지 이어진다. '수사'에서의 '사辭'는 최소 단위인 형태소나 단어[字]만을 지칭하는 것이 아니다. 단어를 포함하여 편·장 그리고 글 전체 단위를 포괄한다.[35] 그러므로 전근대 동아시아의 '수사' 개념을 정의하면, '단어를 포함한 편·장, 그리고 글 전체 단위에 대한 미사적 기술과 논리적 기술'의 합合이라 할 수 있다.

3) 수사의 세 요소

서구의 수사학은 아리스토텔레스(Aristoteles, B.C.384~B.C.322)로부터 발전되었다.[36] 아리스토텔레스의 수사학 하면 흔히 거론되는 것 중 하나가 바로 '설득의 3요소'—에토스ethos · 파토스pathos · 로고스logos—이다. 에토스는 말하는 사람의 인격을 말하며, 윤리의 영역을 이른다. 로고스는 대화 속 단어나 수치가 전해 주는 명백한 증거를 가리키며, 논리의 영역이다. 파토스는 듣는 사람을 어떤 마음의 창에 넣고 감정을 움직여서 청자를 설득하는 것으로, 감정의 영역과 연관이 있다.

전근대 동아시아에서 서양과 동일한 에토스 · 파토스 · 로고스의 존재 여부를 질문할 경우, 명확한 대답을 내놓기는 어렵다. 그렇다고 수사학 이론이 존재하지 않았다고 하기도 힘들다. 독자적 형태의 수사학 이론이 전개 · 발전한 것이 사실이기 때문이다.[37] 따라서 똑같은 개념과 이론을 찾을 수는 없다고 하더라도, 서로 대체할 수 있는 유사한 형태의 수사학 이론이나 개념을 발견하여 상호 대비시켜 논할 수 있다고 생각한다.

동아시아에서 수사학 이론 연구는 20세기 이후 중요한 성과물이 등장하였다. 진망도陳望道의 『수사학발범修辭學發凡』(1997)이 대표적이다. 그는 비의比擬, 대우對偶, 염련拈連 등 고대 중국어에서 중요한 총 38종의 '수사격修辭格'을 분류하고, 각종 수사격의 구조를 해설하였다. 이는 『수사학발범』의 주요 공헌 중 하나로 꼽힌다.

진망도의 연구가 아니더라도 전근대 동아시아 지식인들의 문학 비평을 보면, 실제 비의, 대우 등의 사격 외에도 자字, 어법語法, 사령辭令, 문세文勢, 구기口氣, 사기辭氣, 어세語勢, 의맥意脈, 이세理勢, 명맥命脈, 맥락脈絡, 품절品節 등의 단어를 사용하고 있는 경우를 발견할 수 있다.[38] 일일이 나열하기 버거울 정도로 그 종류가 많지만, 그 성격에 따라 크게 '어의語義' · '어법語法' · '어세語勢' 세 가지로 압축할 수 있다.

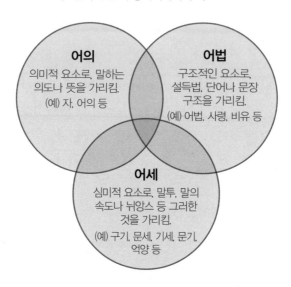

'어의'·'어법'·'어세'는 전근대 동아시아 지식인들이 수사학적으로 유교 경전을 해석할 때 사용하던 단어이기도 하다. 여기서 어의는 의미적 요소로 글에 담긴 작가의 의도나 정서, 주장, 혹은 대화 배경 등을 포함한다.[39] 어법은 구조적 요소로 어법, 사령, 비유, 문법 등 단어의 문법적인 쓰임, 비유법이나 대구법, 문장 혹은 문단의 구조 등을 의미한다. 어세는 심미적 요소로 문세, 구기, 사기, 어세, 기세氣勢, 문기文氣, 억양抑揚 등 문장의 기운과 이에 따른 심미적 감흥이라 할 수 있다.

본 연구는 이 '어의'·'어법'·'어세'를 아리스토텔레스의 '설득의 3요소'에 대응하는 전근대 동아시아의 '수사 3요소'로 활용하고자 한다. '어의'에서의 '의義'는 윤리 및 의미의 영역[ethos]에, '어법'에서의 '법法'은 논리 및 구조적 영역[logos]에, '어세'에서의 '세勢'는 감정 및 기운의 영역[pathos]에 속하기도 한다는 점에서 양자가 크게 다르지 않다고 생각한다.

이 수사 3요소는 각기 개별적으로 작용하기도 하지만, 함께 어우러져 한문 문장을 구성하기도 한다. 논리적으로 보면 '어의'·'어법'·'어세'는 개별 요소로서 문장에 각각 영향을 미친다고 말할 수 있지만, 실제 문장에서는 이 세 요소가 서로 맞물리고 어우러지며 문文의 전체적 성격과 특징을 완성하기 때문이다. 조선 시대 최창대崔昌大(1669~1720)는 다음과 같이 말하였다.

나는 문장에 대해서도 그러하다고 생각한다. 문질文質이 서로 어울려 빛나게 하는 데에는 방법이 있다. 이치를 밝혀 그 근본을 세우고, 방법을 가려 그 지취志趣를 바르게 하고, 말을 다듬어 그 쓰임을 다하게 한다. 세 가지 중에서 하나라도 빠져서는 안 된다.[40]

전반적인 문맥을 미루어 볼 때, 윗글의 "이치를 밝혀 그 근본을 세움"은 어의에, "방법을 가려 그 방향을 바르게 함"은 어세에, "말을 다듬어 그 쓰임에 이름"은 어법에 대응시켜도 무방할 것이다. 문질빈빈文質彬彬은 동아시아에서 매우 뛰어난 문장의 경지를 일컫는 말이기도 하다. 최창대는 이 세 가지 요소가 적절하게 어우러졌을 때, 그 문장은 빛을 발휘한다고 보았다. 거꾸로 생각해 보면, 경전의 표현 기술과 문장 구조를 학습할 때, 이 수사의 세 요소를 골고루 관찰하고 탐구하는 것은 반드시 필요한 일일 것이다.

4) 수사학적 경학의 특징

유희춘(柳希春, 1513~1577)의 『미암일기眉巖日記』에 다음과 같은 기록이 있다.

임금(선조)이 말했다. "무릇 문자와 토석吐釋의 일은, 어떤 이들은 말하기를, 작은 일이어서 굳이 마음에 둘 것은 아니라고 한다. 그러나 성현聖賢이 말하기를 문의文義에서 터득하지 않고서 그 정밀함에 통할 수 있는 자는 없다고 하였다."[41]

문의文義는 글에 따라 다른 뜻으로 쓰이지만,[42] 위 인용문에서는 텍스트의 형식적·구조적 특징을 가리킨다. 문의를 터득한다는 것은 글에 대한 언어학적인 이해를 뜻하며, 문의를 통해 경전을 해석한다는 것은 유교 경전을 어법, 어세, 그리고 어의 등으로 이루어진 구조물과도 같이 생각한다는 것을 의미한다.

표현 기교나 문장 구조 등과 같이 텍스트의 형식적 특징을 탐구하는 일은 어떻게 보면 전근대 동아시아에서 '사장학詞章學'에 속하는 일이다. 사장학은 당대 지식인들이 지엽적인 일이라고 주장한 바 있다. 그러나 위 인용문에서 선조는 글의 형식 및 구조적 특징의 이해 없이는 성현의 본지를 깨닫기 어렵다고 하였다. 그리고 선조 외에도 여러 동아시아 지식인들은 문의를 통해 경문을 해석할 것을 강조하였다.

가령 위백규는 "오늘날의 읽는 자들은 문의를 이해하지 못한 채 음독과 해석을 외울 뿐이니 문장을 이해하지 못한 자가 어찌 '의리'를 알 수 있겠는가"[43]라고 하며, 성인의 본지를 깨닫기 위해 글의 구조적·형식적 특징에 대한 이해가 필수적임을 피력한 바 있다. 뒤에서 살펴볼 것이지만, 주희, 우운진, 이황, 히로세 탄소 등은 모두 공통적으로 자신의 문집과 주석서에서 '문의'를 통해 경문을 독해해야 한다고 강조하고 있다.

사실 문장의 구조적 특징을 통해 글의 내용을 이해하는 일은 특기할 사안이 아니다. 주지하듯이 유교 경전은 한문의 기록이다. 한국과 일본의 경우 각국의 입말은 한문이 아니었으며, 입말과 글말이 같은 중국도 유교 경전의 한문은 당대 언어가 아니었다. 따라서 표면적으로는 문文을 거부하는 주장을 펼쳤다 하더라도, 실질적으로 경전을 읽을 때 동아시아 삼국의 지식인들은 누구나 경문의 문장 솜씨를 이해하고, 그 논리를 제대로 파악하기 위해 경문을 향한 수사학적 접근이 필수 불가결했을 것이다.

게다가 전근대 동아시아에서 경전은 글쓰기의 전범으로 오랜 기간 역할을 해왔다. 뒤에서 살펴볼 것이지만, 본서의 연구 대상인 주희, 우운진, 이황, 위백규, 그리고 히로세 탄소는 모두 육경의 문체가 우수하다는 점을 근거로 육경을 글쓰기의 전범으로 삼았던 인물들이다. 따라서 자신의 글쓰기 역량을 강화하기 위해, 경전의 문체를 학습 및 체화하는 과정이 필요했으며, 이를 위해서라도 경전을 수사학적으로 접근해야 할 당위성을 십분 이해하였을 터이다. 표면적으로 수사학을 '지엽'이라 치부했다고 하더라도 실상은 그렇지 않았던 셈이다.

수사학적 경전 주석서는 '문의' 이해의 필요성을 내부적으로 강조함과 동시에 경전을 문文의 근본으로 삼고자 하는[文本于經] 욕구를 밖으로 표출시킨 결과물이다. 따라서 수사학적 경전 주석서는 두 가지 목적을 내함內술하고 있다. '내재적 수사학의 강화'와 '외재적 수사학의 강화'가 바로 그것이다.

내재적 수사학은 텍스트 안에 존재하는 수사학으로, 독서 시 독자가 경문의 형식 및 구조적 특징을 이해하는 과정을 통해 그 내용을 파악하는 것과 연관이 있다. 흔히 문장을 모르기 때문에 도를 모른다는 것은 바로 내재적 수사학에 대한 이해가 부족함을 의미하는 것이다.

내재적 수사학의 강화를 추구하는 행위는 다른 말로는 독해력 신장이라 표현할 수 있다. 이는 문의를 깨닫지 못하면 경문의 내용을 알기 어렵다는 문제의식에서 출발하였다. 따라서 입말과 글말이 다른 한국과 일본의 상황에서 상대적으로 더 선제적 의식의 일환으로 보인다.

내재적 수사학을 강화하려는 욕구는 경전을 '해석'할 때 '수사'를 중시하는 주석의 형태로 나타난다. 경문의 객관적 지표 중 하나인 어법, 어세, 그리고 어의 등 수사의 세 요소를 경문 해석의 구체적 근거로 제시하는 것이다. 이를테면 주희가 「고자」상 5장을 해석하면서 반복법을 근거로 삼아 성현의 본지를 해석한 것이 한 예이다. 그는 "비유법을 반복적으로 사용한 까닭은, 듣는 사람을 계속 자극하여 자신의 마음속에 '선善한 마음'이 존재한다는 것을 스스로 미루어볼 수 있도록 하기 위한 장치"라고 하였다.[44]

이와 달리 외재적 수사학은 텍스트 밖에 존재하는 수사학이다. 작문 시 독자가 독서를 통해 축적된 자신의 수사학적 역량을 본인의 글쓰기에 발현하는 것과 관련이 있다. 독자는 이 '외재적' 수사학을 통해 자신이 지닌 생각과 감정을 적절한 표현 기교와 문장 구조를 통해 다시 글로 표현하기 때문이다. 이는 경전을 풀이할 때, 표현 기교와 문장 구조 등을 염두에 두고 해석한 것을 의미하기도 하지만, 그 궁극적인 목적은 『맹자』의 문체를 배워 자신의 글쓰기에 적용하고자 한 것—쓰기 능력을 신장하는 것—에 있다고 할 수 있다.

외재적 수사학을 강화하려는 욕구는 주석서에서 경전을 '수사의 모범'으로 여기며 이를 학습하는 형태로도 나타난다. 위백규는 「양혜왕」상 1장의 편장 구조법과 이것이 주는 심미적 감동에 주목하며, "무릇 『맹자』라는 책은 매 장이 활달하면서도 절도가 있고 치밀하면서도 긴밀하게 조응한다. 그 가운데에 무한한 조화를 갈무리하고 있으니 이 또한 문장가 중에서도 웅혼하고 빼어난 것이다"[45]라고 한 바 있다. 이것이 한 예이다.

내재적 수사학과 외재적 수사학의 관계는 유학의 체용 관계로도 설명할 수 있다. 내재적 수사학은 '체體'이며, 외재적 수사학은 '용用'이다. 내재적 수사학의 이해는 글을 해석함과 동시에 글에 담긴 형식적 특징을 습득하도록 돕고[體], 이는 외재적 수사학의 강화로 이어져 독자 자신의 글쓰기에 반영하는 과정[用]을 거친다. 이를 감안하면 내재적 수사학의 이해는 궁극적으로 외재적 수사학을 제고提高하는 등, 사실상 이 두 가지는 불가분의 관계를 지니고 있다.

전근대 동아시아 지식인들은 유교 경전을 매개로 하여 한 인간의 내재적 수사학과 외재적 수사학이 동시에 발달할 수 있다고 보았다. 때문에 수사학적 경전 주석서들은 저술마다 내재적 수사학을 더 중시하는 사례도 있고, 외재적 수사학을 더 중시한 경우도 있지만, 그때마다 비중을 달리할 뿐 대부분 이 양자를 모두 염두에 두고 주석을 하였다.

한편 경학의 한 방법으로서 '수사'를 적용하였다는 공통분모가 있다 하더라도, 양자 중 무엇을 더 중시했느냐에 따라 주석서의 내용 구성 또한 달라진다. 수사학적 경전 해석이 심화된 형태일수록 외재적 수사학의 목적성을 보다 강하게 제시한다. 경전의 글쓰기를 모범으로 삼아 자신의 글쓰기에 활용하려는 목적이 더 크기 때문이다.

이와 같은 경전에 대한 수사학적 접근, 즉 '수사학적 경전 해석'은 사실 오랜 전통과 이론의 토대 위에서 성립하였다. '경전을 문文의 전범[文本于經]'으로 삼는 사유가 바로 그것이다. 중국의 경우 그 전통의 시작은 유협의 종경론宗經論에 있으며, 그 이론의 발달은 한유와 도문일치道文一致에 있다. 따라서 다음 장에서는 중국과 한국, 그리고 일본의 대표적인 지식인을 중심으로 문본우경文本于經의 논리를 살펴보고, 나아가 송대 이전 『맹자』가 사상의 전범은 물론, '문장의 전범'으로 우대되는 과정을 고찰하고자 한다.

2. 경전의 수사학적 인식과 그 전개

유교 경전은 동아시아에서 사상의 전범은 물론 오래된 문장의 정전이었다. 중국의 경우 글쓰기에서 '경을 중심으로[宗經]' 삼고자 했던 시도는 춘추전국 시대 순자荀子까지 소급할 수 있다. 위진남북조 시대 유협의 『문심조롱』, 당·송대 한유와 도문일치, 그리고 청대 원매의 '육경개문六經皆文[육경은 모두 文이다]'[46]까지 그 명맥이 이어진다.[47] 이 주장의 핵심은 '문은 경전에 근본을 두고 있다[文本于經]'는 것이다.

한국도 이와 크게 다르지 않다. 성현(成俔, 1439~1504)은 "무릇 육경은 성인의 언행이며 문장은 육경의 거름이니, 글을 짓되 옛것을 본받지 않는다면 마치 바람을 막는 데 날개가 없는 것과 같고, 글을 짓되 경에 근본을 두지 않는다면 마치 파도를 지나는 데 노가 없는 것과 같다"[48]라고 하며 육경을 글쓰기의 모범으로 삼았다. 이와 같은 언급은 경문의 문체적 우수성을 찬미한 것으로, 文의 기원은 경전이라는 뜻과 함께 경전은 글쓰기의 모범이라는 의미를 지닌다.[49]

일본의 경우, 오규 소라이(荻生徂徠, 1666~1728)의 고문사학古文辭學이 있다. 오규 소라이는 명대明代의 왕세정王世貞과 이반룡李攀龍의 영향을 받아 "육경은 모두 사史이고 모두 사辭이다[夫六經, 皆史也, 皆辭也]"[50]라며 유교 경전의 문학성에 눈을 돌렸다.[51] 그리고 문학론과 창작론에서 경전을 모범으로 삼는 것을 넘어, 이를 경전 해석에 적용하여 금문今文(오규 소라이가 살던 시대의 문장)과 고문古文(경전이 작성된 시기의 문장)의 문체를 구분하여 경문을 해석하고자 했다. 이는 경학 연구의 한 방법으로 수사학을 적용한 것인데, '고문사파'라 불릴 만큼 그 영향력을 행사한 바 있다.

경전을 글쓰기의 전범으로 삼는 태도는, 역설적이지만 경전의 내용적 측면을 존숭하는 것과도 시대적으로 궤를 같이한다. '경전의 사상적 측면[內: 내용]을 강조하는 입장'과 '경전의 문학적 측면[外: 형식]을 강조하는 입장'은 유학 내부에서 대립하는 듯하지만, 불교나 도교 등 외부에서 보면 서로 양립한 것으로 볼 수도 있다.[52]

구체적으로 논하면, 중국에서 유교가 불교나 도교보다 우월하다는 주장을 펼칠 때, 유교 경전의 문학적 측면을 존숭하는 일 또한 함께 이루어졌다. 한나라 때 유교의 국교화가 이루어지면서 양웅(揚雄, B.C.53~A.D.18)은 오경이 글쓰기의 모범이라는 주장을 제기하며 『논어』의 문체를 모방한 『법언法言』을 지은 것은 알려진 사실이다.

위진남북조의 유협은 『문심조룡』에서 유교 사상을 강조하며 주요 한문 문체와 장르는 오경에서 시작되었다고 주장한 바 있다. 이어서 당나라 한유(韓愈, 768~824)의 고문운동, 그리고 원나라 이후 명·청대 전후 칠자와 동성파 등도 경전의 수사학적 측면을 강조하고 이를 사상적 전범으로 삼은 바 있다.

한국의 경우, 유교 경전을 문장의 모범으로 삼는 것은 김부식(金富軾, 1075~1151)까지 올라갈 수 있다. 김부식은 『삼국사기三國史記』를 고문의 문체로 작성하였다. 고려 시대는 유교가 아닌 불교 중심의 사회였기 때문에 변려문을 강조하였지만, 고려 후반 이제현(李齊賢, 1287~1367)은 고문을 창도唱導하고 유교 경전을 중시하면서, 내용은 물론 형식(문체)의 가치를 높이 평가한 바 있다.

일본에서 문본우경의 논리가 보다 체계화된 것은 에도 시대이다.[53] 이전 가마쿠라 시대와 무로마치 시대의 "오산 문학(五山文學, 고잔분 가쿠)"이 불교 승려가 주요 창작자였다면, 에도 시대는 유학자가 한문 창작의 중심에 있었기 때문이다. 그리고 그 시작에는 후지와라 세이카(藤原惺窩, 1561~1619)가 있다. 그는 사서오경四書五經은 후대 수사 이론이나 기법의 유래가 되었다는 견해를 표명하며, 이를 바탕으로 경전 수사학을 중심으로 문장론을 고찰한『문장달덕강령文章達德綱領』이라는 문장학습서를 저술하였다.

따라서 여기서는 동아시아 삼국의 경전 수사학을 일별하는 차원에서,[54] '문본우경'의 시발始發이라 할 수 있는 유협의 종경론과 '문본우경'의 이론적 발전을 불러온 한유와 도문일치의 실상을 구체적으로 살피고, 나아가 이와 관련된 한국 정도전과 성현의 논리, 그리고 일본 후지와라 세이카와 오규 소라이의 논리를 고찰하고자 한다. 이때 '문본우경'이란 문文은 유교 경전을 근본으로 한다는 것인데, 글쓰기의 원천이자 전범으로서 유교 경전의 문체를 학습함을 일컫는다.

한편 유교 경전 중『맹자』는 중국에서 한나라 시대만 하더라도 제자서로 분류하다가, 당·송대 이후 본격적으로 경전의 위치로 편입시키기 시작하였다.『맹자』의 문학적 가치가 강조되기 시작한 것도 이 무렵이었다. 이전까지 경전의 수사학적 접근은 주로 오경을 중심으로 이루어졌다.[55] 이를 위하여 본 장의 마지막에서『맹자』가 글쓰기의 전범으로 존숭되는 과정을 살펴보고자 한다.

1) 중국: 유협과 한유

① 유협의 논리

유협은 '문본우경'의 전통을 세운 인물이다.[56] 그의 『문심조룡』은 위진 남북조의 문학이론 평론서로, 문학의 근본원리와 각 문체에 관한 문체론, 그리고 글쓰기 창작론 등을 체계적으로 서술한 거작巨作이다.

유협은 앞 다섯 편을 『문심조룡』의 핵심[樞紐]'이라 밝히고 있다. 그중 맨 앞에 있는 「원도原道」·「징성徵聖」·「종경宗經」 세 편은 상호 긴밀한 관계를 맺고 있다. '도道'·'성聖'·'문文(經)'이 삼위일체인 것을 서술하고 있기 때문이다. 그는 『문심조룡』의 첫 편 「원도」에서 다음과 같이 포문을 열었다.

> 문文의 덕德이 크니, 천지와 함께 생겨난 것이다. 어째서인가? …… 마음이 생기면 말이 확립되고 말이 확립되면 문文이 뚜렷해지는 것은 자연의 이치이다. …… 복희씨부터 공자까지, 복희는 경전을 창제하고(八卦를 만드는 것을 의미함), 공자는 가르침을 조술하였으니(「十翼」을 창작한 것을 의미함) 도심道心의 근원을 연구하여 문장文章을 시행하고 신묘한 이치를 연구하여 가르침을 세우지 않은 적이 없었다. …… 그러므로 도道는 성인을 통해 문文을 남기고, 성인은 문文을 통해 도를 밝힌다는 것을 안다면 두루 통하여 막힘이 없고 날마다 써도 빠뜨림이 없을 것이다. 『주역』에 이르기를 "천하의 움직이는 것을 고무시키는 것은 효사爻辭에 담겨 있다"라고 하였으니 효사가 천하를 고무시킬 수 있는 까닭은 바로 도道의 문文이기 때문이다.[57]

위 제시문에서 '문文'은 인간의 무늬[人文]로, 하늘이 높고 땅이 낮은 것처럼 소이연所以然한 결과물이다. 유협은 성인의 글이 미학적 예술성을 띠는 이유는 모두 '도'를 바탕에 두고 있기 때문이라고 주장하였다. 나아가 봉황의 무늬[文]가 아름다운 것처럼 '도'에 근본을 두면 아름다운 글이 나오는 것은 '자연발생적임'을 피력하였다.

이러한 유협의 논리는 "마음이 생기면 말이 확립되고 말이 확립되면 문文이 뚜렷해지는 것은 자연의 이치이다"라는 의미를 함축하고 있다. 즉 인간이 자기 자신의 사유를 글로써 표현하는 것은 본능적인 일임을 서술한 것과 궤를 같이한다. 도가 마음을 통해 인식으로 발현되고 이 인식은 궁극적으로 글로 표현된다는 뜻이며, 입언立言은 명도明道와 긴밀한 관계에 있음을 암시하고 있다.

유협이 언급한 명도는 입언에 우선한다. 성인들의 아름다운 문장은 모두 '도심道心[자연의 이치를 담은 마음]'[58]에 근본을 두었다고 인식한 결과이다. 또한 그는 도를 담은 문장('도의 무늬')은 세상을 다스리고 천하를 움직일 수 있을 만큼 커다란 위력을 지닌 것으로 보았다. 문장은 결국 도道의 산물이어야 함을 강조한 것이다.

다른 한편 유협은 문이 일방적으로 도의 영향만을 받는 것은 아니라고 하였다. 입언은 오히려 명도에 영향을 미친다는 것이다. "도는 성인을 통해 문을 남기고, 성인은 문을 통해 도를 밝힌다"라는 구절에서, 그가 도와 문은 결국 쌍방향의 관계를 가진다고 생각했음을 알 수 있다. 이러한 관계는 『문심조룡』의 제목에서도 유추할 수 있다. '마음을 다스리는 일[文心: 道]'과 '예술적 표현 기교를 배양하는 일[雕龍: 文]'은 서로 밀접한 관계를 가지기 때문이다.[59]

「원도」편의 내용을 종합하면, 유협은 자연의 이치를 토대로 '도道-성인聖人-문文' 삼자를 연결하고 있다. 그리고 자연의 신비성에 의지하여 '도-성인-문'에 최고의 지위[爲德也大矣]를 부여하였다. 그가 「종경」편에서 "경이란 영원불변의 지극한 도"라고 밝힌 것처럼, 이는 성인이 글로 도를 밝힌 '경전'에 신성성을 부여한다는 의미이기도 하다.[60]

'도를 바탕으로 하지 않은 문장은 천하를 밝힐 수 없다. 따라서 문장은 반드시 도를 내재하여야 하며, 그래야 형식이든 내용이든 자연스럽게 아름다워진다.' 「원도」편은 결국 '도-성인-문' 이 삼자 중에서 특히 '도'의 역할과 의미를 제시한 것이라 할 수 있다.

유협은 다음 편인 「징성」에서 '성인'을 중심으로 서술하며, 글쓰기의 규범은 주공이나 공자와 같은 성인에게서 구해야 한다고 주장하였다.

> 그러므로 문장을 논하는 데는 반드시 성인에게서 증명해 봐야 하며, 성인을 살피는 것은 반드시 경經을 으뜸으로 삼아야 한다.[61]

'징徵'은 구한다는 뜻이고, '성聖'은 성인이다. 「원도」편에서 '문장은 자연의 도를 미적 언어로 표현한 것이다'라고 규정한 유협은, 「징성」편에서는 한 걸음 더 나아가 자연의 이치를 체현한 요임금, 순임금, 우왕, 탕왕, 문왕, 주공, 그리고 공자 등 성인이 쓴 글이 이상적인 문장이라고 하였다. 그리고 이러한 성인의 여러 문장들 중, '경전'을 문장의 모범으로 삼아야 한다고 주장하였다. 그렇다면 그가 말하는 경전은 구체적으로 무엇을 가리키는가? 그는 「종경」편에서 다음과 같이 말하고 있다.

> 그러한 까닭에 논論 · 설說 · 사辭 · 서序는 『역경』이 처음을 이끌었고, 조詔 · 책策 · 장章 · 주奏는 『상서』에서 발원되었으며, 부賦 · 송頌 · 가歌 · 찬讚은 『시경』이 그 기본을 확립하였고, 명銘 · 뇌誄 · 잠箴 · 축祝은 『예기』가 단초를 통괄하였으며, 기紀 · 전傳 · 맹盟 · 격檄은 『춘추』가 근본이다. 이들은 가장 높은 수준까지 도달하여 규범을 세우고 가장 먼 곳까지 이르러 영역을 열

어 두었다. 그러므로 제자백가가 아무리 날뛰어도 결국 이 범위에서 맴도는 것이다. 경전을 본받아 문장의 법식을 정하고 『이아爾雅』를 참조하여 표현을 풍부하게 한다면, 이것은 마치 산에 가서 구리를 주조하고 바닷물을 끓여 소금을 만드는 것과 같게 되는 것이다. 그러므로 문文은 경經을 으뜸으로 삼아야 체體에 육의六義가 있는 것이다.[62]

'종宗'은 근본을 세운다는 의미이며, '경經'은 『역경』, 『상서』, 『시경』, 『예기』, 『춘추』 등 '오경'을 가리킨다. 유협이 '문장은 능히 경經을 본보기로 삼아야 한다'라고 집약하고 있듯이, 논論 · 설說 · 사辭 · 서序 등 모든 문체는 '오경'에서 출발하였고, 글을 창작하는 자는 반드시 '오경'의 문장을 근본으로 삼아 존숭해야 한다고 주장하고 있다.[63] 유협은 당대의 모든 문학창작 양식은 오경을 모태로 생성된 것으로 인식하고 있다. 이어지는 글도 동일한 차원에서 도와 문의 관계를 설명하고 있다.

양웅이 〈경전의 문장을〉 '옥을 조각해 그릇을 만드는 일'에 비유한 것은, 오경이 문文을 머금고 있음을 말한 것이다. 무릇 문文은 행行으로 수립되고 행行은 문文으로 전달된다. 사교四敎(文 · 行 · 忠 · 信)에서 우선해야 할 것은 부채符采가 서로를 이루어주는 것이다. 덕에 매진하고 명성을 세울 때는 성인을 본받지 않는 이가 없지만, 말을 세우고 글을 가다듬을 때는 경전을 으뜸으로 삼는 자가 매우 드물다. 이 때문에 『초사楚辭』의 화려함과 한대漢代의 과장된 표현으로 인해 폐단으로 흘러버려 되돌아오지 않으니, 말단을 바로잡고 근본으로 돌아간다면, 어찌 훌륭하지 않겠는가?[64]

유협은 또다시 문文과 도심道心은 서로 쌍방향의 영향 관계에 있음을 밝혔다. 이를테면 문과 도심은 한쪽이 빛을 잃으면 다른 한쪽 또한 자연스레 빛을 잃게 된다. 따라서 양자 모두 균형있게 배양하는 노력이 필요함을 언급하였다. 그는 오경은 내용과 형식에서 모두 모범성을 띠고 있기에, 문과 도심을 배양하는 최적의 교과서라 생각한 것이다.

그런데 유협은 당시 사람들이 한쪽에 치우쳐 있다고 비판하였다. 이에 위 제시문에서 당시 사람들은 덕성을 닦을 때는 오경을 참조하면서도 문장을 닦을 때는 오경을 참조할 생각을 하지 않는다고 한탄하며, 이렇게 되면 궁극적으로 덕성의 하락을 초래할 수 있음을 경고하고 있다. 이는 유협이 덕성을 배양하려면 오경을 문장의 모범으로 삼고 미학적 예술성을 배양하는 데 힘쓸 것을 역설한 것을 의미한다.

이상을 종합하면, 유협은 「원도」, 「징성」, 「종경」이 세 편을 통해 '문본우경'의 이론적 토대를 마련하였다. '종경론', 즉 오경은 '지고무상한 도'를 담고 있으며, '문장의 조종'이기 때문에 글을 쓸 때에 반드시 참고할 것을 피력한 것이다. 경전이 글쓰기의 원천이라는 이 '문본우경'의 문학관은 유협 이후, 위진남북조 시대에 배자야(裴子野, 469~530)[65]와 안지추(顔之推, 531~597)[66] 등 다른 학자들에게로 이어진 바 있다.

뿐만 아니라 유협의 '문본우경'의 문학관은 이후 당·송대에 한유와 주희 등에 의해 계승·발전되었으며, 중국뿐만이 아니라 한국과 일본 등에서도 유학의 기본 문학관으로 자리잡게 되었다.[67] 더욱이 『문심조룡』「제자諸子」편은 제자서의 문장을 평가한 것은 물론 『맹자』의 문학적 비평을 포함하고 있는데 이는 뒤에서 재론할 것이다.

유협이 살던 당시에는 도와 문의 상관관계를 직접 논한 경우는 드물거니와, 『문심조룡』「원도」편은 '도'는 자연의 이치를 의미하며 성인과 문文을 매개하는 작용을 한다고 적시하고 있다. 한문학에서 도문 관계를 논할 때 대개 '도'는 내용, '문'은 형식을 가리킨다. 그러나 유협은 사실 '도'는 내용을 '이끄는 역할'을 하는 것이지 내용 그 자체가 될 수는 없으며, 도道가 내용으로 표현되려면 마음[心]의 작용이 필요하다고 보았다.

또한 유협은 여기에서 '도' 혹은 글의 내용보다 그 내용을 잘 전달하는 '문학적 요소'(문체)에 관심을 더 많이 가졌다. 그의 지적처럼 경전의 내용을 잘 전달할 수 있는 것은 그 적절한 문체(유협이 보기엔 아름다움)의 공功이 있기 때문이다. 유협이 경전의 문체를 수없이 강조하고 찬미하는 태도를 보인 것도 이 때문이다. 이러한 관점에서 유협은 문을 언급하면서 '자연의 도'에 신비성을 부여하는가 하면, 도 외에 '성인과 문'을 높은 경지로 끌어올리는 역할을 하였다. 그 결과 성인이 쓴 경전을 '영원불변의 진리[恒久之至道]'라고 표현하기도 하였다.

그런데 유협의 『문심조룡』은 「원도」편으로 시작하고 한유의 글에도 「원도」가 있지만 그 내용은 서로 사뭇 다르다. 유협의 「원도」는 사실상 도학에서의 도와 전혀 무관하며, 모든 만물의 근원을 문으로 규정하고 이를 '무늬'로 표현하고 있다. 여기서 '무늬'는 세상 만물의 근원을 이루는 모든 무늬인 문文을 가리킨다. 이처럼 문의 원리를 「원도」에서 언급하면서 그 첫머리에 문장의 도리를 제시한 것이나, 만물의 근원을 문에 둔 것은 한유의 도통이나 도학 차원의 도와 무관하다. 유협의 「원도」편은 '문'을 강조하는 데 주안점을 두고 있다. 반면에 한유의 문학관은 유협과 달리 '도'에 많은 비중을 두며 이를 더욱 구체화하였다.

앞서 유협은 도와 문의 양방향 상호관계를 거론한 바 있는데, 이는 그가 '문'의 수식을 강조하기 위한 클리세cliché로 사용한 것이라 할 수 있다. 이를테면 유협은 '문'을 배양하면 '덕성'을 배양할 수 있고, '문'을 닦지 않으면 '덕성'을 배양할 수 없다고 하였다. 이는 당시 변려체가 유행하여 '글쓰기'가 위태로운 상황을 염두에 두고 작문 공부를 권면하고자한 발언이다. 따라서 그가 경전을 항구지도恒久之道라고 표현한 것도, 도의 영역에서만 '항구恒久'한 것뿐만이 아니라 '문학'의 영역에서 또한 '항구'하다는 뜻을 함의한다.

② 한유의 논리

한유는 고문운동[68]을 개창한 인물이다.[69] 고문은 선진양한 이전의 글을 일컫는 말로, 당시 유행하던 변려문을 비판하면서 그 대안으로 제시된 새로운 문체다. 변려문은 병우, 사육의 구식, 평측의 강구, 전고의 다용 등을 특징으로 하며, 고문에 비해 화려한 수식을 지향한다.[70] 이를 극복하기 위해 한유는 "말을 닦는 것은 그 도를 밝히기 위해서이다[修其辭以明其道]"[71]라 하며 도를 강조하였고, 특히 문을 통해 도를 추구하고자 하였다.

그런데 그가 문체 혁신을 위해 고문을 추구한 이유는 궁극적으로 '유가 사상의 부흥'을 토대로 현실의 문제를 개혁하는 데 있었다. 칼슨 챙 Carsun Chang(1958)이 한유를 성리학의 선구자로 평하며, 그의 사상적 공적을 높이 평가한 것도 이 때문이다.[72] 이 점에서 한유를 거론하면서 그의 「원도原道」를 빼놓을 수 없다.[73] 그는 다음과 같이 말하였다.

널리 사랑하는 것을 인仁이라 하고, 행함에 올바른 것을 의義라고 한다. 여기에(인과 의) 따라가는 것을 '도'라 하고, 자기에 충족해서 외부의 것에 기대함이 없는 것(내면에 쌓는 것)을 덕이라 한다. 인과 의는 정해진 이름이고 도와 덕은 빈자리이다. 그러므로 도에는 군자와 소인이 있고 덕에는 흉함과 길함이 있다. …… 내가 이른바 도와 덕이라는 것은 인과 의를 합쳐서 말한 것으로 천하의 공언公言이다. 노자의 이른바 도와 덕이라는 것은 인과 의를 제거하고 말한 것이니 한 사람의 사언私言이다. …… "이 도라는 것이 무슨 도인가?" "이것은 내가 말한 바의 도이지 이전에 말한 노장과 불가의 도가 아니다. 요임금은 이것을 순임금에게 전하였고, 순임금은 이것을 우임금에게 전하였으며, 우임금은 이것을 탕왕에게 전하였고, 탕왕은 이것을 문왕, 무왕, 주공에게 전하였으며, 문왕, 무왕, 주공은 이것을 공자에게 전하였고, 공자는 이것을 맹자에게 전하였는데, 맹자가 죽자 그 전함을 얻지 못하였다."[74]

한유는 「원도」에서 인仁·의義·도道·덕德을 정의하고, 이를 구체화하며 유가의 도道를 도가나 불가와 차별화하였다. 그리고 인·의·도·덕을 유가의 성인과 연결하면서 성인은 유가의 도를 실현하고 경전을 통해 전수하는 자라고 하였다. 나아가 자연스레 같은 계통에 있는 성인의 맥을 나열하며 요임금부터 시작하여 맹자까지 언급하였다. 한유의 「원도」 또한 유협의 「원도」편처럼 "도道—성인聖人—경經"의 세 주인공이 모두 등장하는 셈이다.

다른 글에서도 한유는 문과 도의 관계에서 '도'를 강조하였다. "옛 도를 배우려면 그 문사를 아울러 통해야 하는데, 문사가 통한다는 것은 옛 도에 뜻을 둔다는 말이다",[75] "내가 옛것에 뜻을 둔 바는 그 문사가 좋기 때문만이 아니라 그 도를 좋아하기 때문이다"[76]라고 하고 있거니와, 문보다 도를 우선순위로 삼고 고문을 배우는 것은 옛 도를 배우기 위한 방편임을 밝혔다. 한유에게 경전의 수사학적 요소를 분석하고 해석하는 일은 경전에 담긴 성현의 본지를 알기 위한 도구였던 셈이다.

물론 유협도 "문으로써 도를 밝힌다[因文而明道]"라고 하며 이와 유사한 발언을 한 바 있지만, 자세히 살펴보면 한유의 발언이 '도'에 더 방점을 찍고 있다. 한유는 기실 유협보다 '도'를 더 강조하였다고 볼 수 있다.[77] 한유와 유협은 「원도」라는 같은 제목을 사용하고 또 같은 소재를 주인공으로 등장시키면서도 다른 내용을 위주로 담았던 것이다.

더욱이 한유는 「원도」에서 '도'의 핵심은 '인의仁義'임을 밝혔다. 유협의 경우, '도'는 '자연의 이치'를 가리킨다. 그러나 한유는 '도'에 담긴 도덕성의 의미를 더욱 부각시켰다. 그는 도를 덕과 결부시키면서 '인의'라는 구체적인 덕목을 명시하였으며, '널리 사랑하는 것을 인仁이라 하고 행함에 의로운 것을 의義'라고 하며 인과 의를 정의한 바, 그에 의해 도의 의미가 구체화되고 또한 도통설 등을 통해 이것이 더욱 체계화되었음을 알 수 있다.

또 다른 특징은 한유는 유가의 도를 전수하는 성인의 대열에 맹자를 포함시켰다는 사실이다. 유협에게 있어서 『맹자』는 어디까지 제자서의 위치였고, 경보다 우월하거나 유사한 위치에 있지는 않았다. 『맹자』의 도학적 측면을 언급하는 것도 유협의 글에서는 찾기 어렵다. 그러나 한유는 『맹자』를 제자서 중 하나로 취급하면서도, '특수한 제자서', 즉 다른 제자서들과 차별화하면서 그 사상적 측면을 존숭하였다.[78]

한유는 「여맹상서서與孟尚書書」에서 스스로 맹자의 사상을 계승한다고 밝힌 바 있다.[79] 특히 그가 도의 핵심을 '인의'로 규정한 것은, 『맹자』의 영향을 받은 것이라 볼 수 있다.[80] 실제로 『논어』에는 인의가 함께 거론되는 경우가 보이지 않지만, 『맹자』의 경우 인의는 27차례나 발견된다. 장대년張岱年(1989)은 "공자의 핵심 사상은 '인'이고 '인의'는 '맹자'의 핵심 사상"이라고 하였다.[81]

한유가 삼대三代로부터 시작하여 공자와 맹자로 이어지는 '도통설'을 제기한 것[82] 또한 『맹자』 본문에서 그 단서를 찾을 수 있다. 맹자는 「등문공」 하 14장에서 요·순·우·문·무·주공·공자 등 역대 성인들의 업적을 나열하면서 자신이 이들의 발자취를 잇고자 한다고 자처한 바 있다. 이는 앞서 한유가 「원도」에서 말한 성인의 계보와 일치한다.[83]

한편 한유가 『맹자』의 문학적 측면을 강조한 대목은 그의 문집에 잘 보이지 않는다. 이는 그가 표현 기교 등의 분석과 비평을 남기기보다 문학론을 제시하는 것에 주안점을 두었기 때문인 듯하다.[84] 그는 문장 이론에서 『맹자』의 양기론을 발전적으로 계승하여 문장의 기세를 강조하였고[85] 그의 문기론文氣論은 후대 지식인들에도 영향을 미쳤다. 실제로 그의 편지글을 보면 『맹자』의 문체를 닮은 부분이 많다.[86] 전기박錢基博은 「원도」마저도 『맹자』의 풍자법을 따랐다고 평하기도 하였다.[87]

도와 문의 관계를 바라볼 때, 한유는 내실을 보다 중시하였다. 그는 다음과 같이 말하였다.

한유는 위지생尉遲生 족하께 아룁니다. 이른바 문장文章이란 반드시 내면에 쌓인 것이 있어야 합니다. 그러므로 군자는 도덕의 수양과 학문의 연마에 성심誠心을 다하니, 이는 도덕의 수양과 학문의 연마를 잘하고 못한 것이 문장에 그대로 드러나 가릴 수 없기 때문입니다. 뿌리가 깊으면 가지가 무성하고, 형체가 크면 소리가 우렁차며, 행동이 고결하면 말이 준엄하고, 마음이 순후醇厚하면 기운이 화평하며, 사리에 밝은 사람의 문장은 의심스러운 곳이 없고, 마음이 한가롭고 편안한 사람의 문장은 여유가 있습니다. 지체肢體가 갖추어지지 않으면 완전한 사람이 될 수 없고, 문사文辭가 부족하면 완전한 문장이 될 수 없습니다. …… 지금 그대가 지은 문장이 모두 훌륭한데, 마치 부족한 듯이 겸양하여 나에게 가르침을 구하니, 내 감히 말을 아끼겠습니까? 그러나 제가 말해줄 수 있는 것은 모두 고인古人이 문장을 짓던 방법일 뿐입니다. 고인의 방법은 지금 세상에서 취할 만한 것이 못 되는데, 그대는 어째서 좋아하는 것이 지금 사람들과 다르십니까? …… 만약 단지 고문을 좋아해서 왔을 뿐이고, 벼슬하기 위해 온 것이 아니라면 내가 일찍이 고문을 배운 적이 있으니, 오늘 이후로 계속해서 말씀해 드리겠습니다.[88]

위에서 한유가 추천하는 작문법은 '옛 사람이 문장을 짓던 방법'이라고 한 것에서 우리는 그가 성인의 글, 유교 경전의 문체를 글쓰기의 전범으로 삼았음을 다시 한 번 짐작할 수 있다. 「답이익서答李翊書」에서 "문장 공부를 시작할 때 하·은·주 삼대와 양한의 책이 아니면 감히 보지 않았다"[89]라고 하며, 유교 경전을 포함한 고문에 대한 애호를 밝힌 바 있다.

위 인용문을 통해 알 수 있는 한유의 문학창작론은 두 가지이다. 첫째, 문보다 도를 우선시하였다는 점이다. 글은 형식 못지않게 내용이 중요하고, 그 내용은 도덕적인 내용을 담아야 하며, 내용은 내실에서 나온다는 것이 그의 주장이다. 그의 논리에 따르면 심성을 잘 닦아야 좋은 글을 쓸 수 있다. 마음 수양은 내용뿐 아니라 표현론에까지 영향을 미친다고 생각한 것이다.

둘째, 내용뿐만이 아니라 형식도 중시하였다는 점이다. 한유는 글을 쓸 때 내용과 마음 수양을 강조하는 바, 언어 표현이 충분하지 못하면 온전한 문장이라고 할 수 없다고 하며 표현 기교를 중시하였다. '도'를 우선시하긴 하지만 내용은 물론 형식적인 아름다움 또한 갖출 것을 명시한 것이다.[90]

이는 결국 글쓰기에 있어 창작자로서 내용에 맞는 형식, 형식에 맞는 내용을 추구한 것이라 할 수 있다. 한유의 내용 강조는 변려문을 향한 비판 의식에서 형성된 것으로, 당대 유행하던 문체인 변려문이 형식을 우선시한 나머지 내용이 부실했던 것에 대한 반작용의 성격을 띠기 때문이다.

한유의 이러한 문학관은 후에 송초宋初 유개柳開와 석개石介 등에 의해 '문도합일'로 계승되었다. 문도합일은 유학에서 말하는 도통道統과 문통文統이 합일된다는 말이다.[91] 그러나 여기에서도 도는 목적이고 문은 도를 밝히는 수단일 뿐이며, 목적과 수단이 서로를 보완하고 완성하여 하나로 합치한다는 의미를 지닌다. 따라서 문도합일은 한유의 문학관을 대표하는 표현으로 이해 가능하다.

유협과 비교하여 한유의 문학관을 종합해 보면, 한유와 유협은 둘 다 문장은 경을 근본으로 한다는 '문본우경'의 시각을 공유하였다. 양자의 차이점은 한유는 여기에 더 나아가 작가로서 글을 쓸 때에 문도합일의 이상적 경지를 추구하는 일을 강조하였다는 사실이다. 유협과 한유 모두 내재적 수사학과 외재적 수사학의 강화를 목적으로 하였지만, 한유의 경우 작가의 글쓰기 역량, 즉 외재적 수사학을 강화하는 일에 보다 무게를 두었다고 할 수 있다.

이에 반해 유협은 경전이 내용 못지않게 형식 또한 아름답다는 사실을 입증하고 이를 학습할 것을 강조하였지만, 한유처럼 고문쓰기를 하나의 장르로 규범화하지 않았다. 창작자로서 내용에 도를 담고 나아가 내용과 형식이 서로 어우러지는 글쓰기를 강조하는 경우도 유협은 드물었다.

이러한 차이는 유협은 '경전 학습자'의 입장이 더욱 강했고, 한유는 경전을 학습한 이후의 '작가'로서의 입장을 더 중시했다고 풀이할 수 있다. 한유는 고문을 바탕으로 글쓰기 능력을 배양하여 자기만의 문체로 유교 사상과 합치하는 의론을 세상에 제기하는 것을 목표로 삼았던 셈이다. 그러한 측면에서 한유의 '문도합일'은 유협의 문본우경보다 진화하였다 할 수 있다. 그리고 이는 고문운동이 '운동'이라고 표현되는 이유이기도 하다.[92]

이상에서 논한 한유의 문도합일을 쓰기와 읽기 차원으로 나누어 설명하면 다음과 같다.

분류	수단[以文]-입언	목적[爲道]-명도	수사학의 영역
독서시	• 선진양한 텍스트의 문체를 분석·학습	• 육경의 내용(성인의 본지) 이해	내재적 수사학
작문시	• 선진양한 텍스트의 전아한 문체를 구사 • 내용은 유가사상을 담음(상대적으로 형식주의를 추구하는 변려체를 향한 비판 의식으로 인해 형성)	• 유가적 사유를 지향하는 내용을 전달(의론체 산문: 도가와 불교에 대항하는 논리)	외재적 수사학

한유의 문학관은 이후 당·송대 지식인들이 비판적으로 계승·발전시켰다.[93] 이들의 문학 이론에서 특기할 만한 점은 주희가 주장한 바 있는 '도문일치'다. 구양수(歐陽修, 1007~1072)와 소식 등이 상대적으로 '문'을 강화하자, 그 비판으로 '도'를 더욱 강화하는 주장을 내세운 것이다. 주희는 한유보다 도를 더 강조하는데, 그의 다음과 같은 발언은 이를 보여준다.

도는 문의 근본이요, 문은 도의 지엽이다. 그 근본은 도에 있으니, 문으로 발한 것은 모두 도이다. 삼대 성현들의 문장은 모두 마음을 통해 표출된 것으로 문은 곧 도인 것이다.[94]

주희는 도를 배양하면 글쓰기는 자연스레 향상될 것이라고 생각했다. 그리고 성현들의 문장은 모두 도를 통해 문이 표현된 것이라 하였다. 나아가 '문은 곧 도'라고 하여 도와 문을 일치시키며, 한유의 문학관에서보다 도가 한층 더 강화된 입장을 보인다. 주희에게는 목적 또한 '도'이며 그 방법 또한 '도'인 셈이다.

반면 한유는 도를 배양한다고 해서 글쓰기가 자연스럽게 향상될 것이라고 보지는 않았다. 한유의 목적은 '도'에 있었지만, 그 방법은 '도'가 아닌 '문'에 있었다. 어디까지나 문장 구조와 어휘 배열 등에 대한 학습이 필요하다고 생각했다.[95] 이러한 관점의 차이는 유협의 도와 한유의 도가 다른 것처럼, 한유가 말하는 '도'와 주희가 말하는 '도' 또한 다르기 때문으로 보인다.

한유의 도는 도덕관념이지만, 주희의 도는 도덕관념과 형이상학적 관념을 아우른다. 즉 후자는 도에 '천리天理[리 위의 리]'의 개념을 탑재하여, 모든 것을 꿰뚫고, 모든 것을 주재하는 성격을 지닌다. 이에 따라 도문일치의 '도'도 문을 주재하는 성격을 지닌다. 이른바 도를 추구하면 문은 자연스럽게 따라온다는 '도문일치'의 개념 형성이 가능한 것이다.

주희의 문학관과 한유의 문학관은 '도'에 대한 관점 외에는 차이점보다 같은 점이 더 많다. 둘 다 유교 경전을 문장의 전범으로 간주하였으며, 화려한 변려체 문장보다 전아한 '고문'의 문체를 선호하였다. 한유와 정도의 차이는 분명히 있지만, 주희도 경문을 해석할 때 문학적 요소 또한 눈여겨보았으며, 작문 공부의 필요성을 인정하였고, 표현 기교 등 글의 미학성을 추구하는 일을 배격하지 않았다.[96] 그리고 이러한 주희의 인식은 한유와 소식 등 당·송대 문학가들로부터 영향을 받은 것도 없지 않아 있다.

관애화關愛和(2001)는 "당·송대 고문운동과 이후 송대에 이뤄지는 신유학 운동은 상보적 관계"라고 말하였다.[97] 한유가 고문운동을 주장한 것이 송대 신유학의 등장에 풍차 역할을 하였으며 주희가 도문일치의 사유를 계발하는 데 일조하였고, 주희가 『맹자』 등 경전의 문학적 측면을 비평하는 데는 소순의 『소비맹자』가 일조하기도 하였다는 시각이다.[98] 이는 결국 유협의 문본우경이 한유의 문도합일로 이어지고, 나아가 주희의 도문일치로 계승되었음을 함의한다.

이상에서 논의한 유협, 한유, 주희의 문학관을 종합하여, 그 공통점과 차이점을 도표로 제시하면 다음과 같다.

〈표 2〉 문본우경의 계승과 발전(유협과 한유, 주희)

종류	유협의 문본우경	한유의 문도합일	주희의 도문일치
경전	오경	육경+『논어』와 『맹자』	육경+『논어』와 『맹자』[99]
도	자연의 도	도덕	도덕+형이상학의 리理
도와 문의 관계	도>문	도>문	도>문[100]
작문공부법	문	도와 문	도→문
작문공부의 필요성	긍정	긍정	긍정
문학에 대한 입장	긍정	긍정	긍정[101]
선호하는 문장교과서	선진양한 텍스트[古文]	선진양한 텍스트[古文]	선진양한 텍스트[古文]
선호하는 문체	화려하지 않고 담박함	화려하지 않고 담박함	화려하지 않고 담박함

유협과 한유, 그리고 주희는 모두 유교 경전을 문장의 근본이라고 생각했다. 유협은 '문본우경'의 이론 및 실질적 근거를 제공하였으며, 한유는 그 이론적 측면을 강화하였고, 주희는 한유의 이론을 비판적으로 계승하였다. 이들은 도는 목적이고 문은 수단으로 보는 시각 또한 공유했다. 다만 그들의 '도'는 서로 다른 의미를 갖고 있었다. 유협의 도는 '자연의 도'였고, 한유의 도는 '도덕적 관념의 도'였으며, 주희의 도는 '도덕 및 형이상학적 리理'를 아우르는 것이다.

이에 따라 그들의 창작론 또한 차이를 보였다. 유협의 도는 자연의 도이며 외부에 존재하기 때문에 그것을 자기 스스로 제어하기도, 자기 스스로 '내용'에 담아내기도 어렵다. 반면 한유에게 있어 도는 작가 스스로에게 내재되어 있기 때문에—마음을 잘 다스린다면—스스로가 주재할 수 있다. 나아가 주희의 도는 여기에 '천리'의 기능까지 포함하기 때문에, 문과 일치가 되어 그 내용뿐만이 아니라 형식까지 통제할 수 있다.

'담박한 스타일의 고문.' 유협, 한유, 그리고 주희는 이상적으로 생각하는 문체는 같았으나, 이를 구현하는 데서 차이를 보인 것이다. 이는 문학가와 도학가의 차이에 기인한 것이라기보다는 개인의 차이로부터 출발한 것에 가깝다. 그러나 후대에서 특히 한유와 주희간의 차이를 문학가와 도학가의 차이처럼 묘사·부각시키고, 당송팔대가와 송대도학가 사이의 대립 구도를 고조시켰다 볼 수 있다.

한유의 경우 구양수에게 비판을 받은 바 있다. 정이와 주희 또한 시작詩作에 관한 입장을 달리 전개하였다. 정이는 시작을 부정하는 반면 주희는 애호한 것은 이를 말한다. 동아시아 전통에서 유학을 존숭하는 전근대 지식인들은 '문본우경'을 토대로 경전經典을 조종으로 삼는 글쓰기를 제외하고는, 모든 관점에서 합치하는 경우는 매우 드물었다. 이 점에서 유협의 언급은 선편을 잡고 있는 것이다.

2) 한국: 정도전과 성현

현존하는 문헌에 따르면, 한국이 유교 경전을 수용한 시기는 삼국 시대로 거슬러 올라간다.[102] 신라가 삼국을 통일한 이후 국학을 재정비하면서, 교과목에 유교 경전을 포함한 기록을 『삼국사기』 경덕왕 6년(747년)에서 확인할 수 있다. 이때 국학에서는 『논어』, 『효경』, 『예기』, 『주역』, 『모시』, 『춘추좌전』, 『상서』, 『문선』 등을 가르쳤는데, 경전의 내용 이외에 문체를 학습했는지 여부는 기록상 확인하기 어렵다.

다만 『삼국사기』 권46 「설총열전薛聰列傳」에 "방언으로 구경九經을 읽고 후생을 훈도하였다"[103]라는 기록이 있다. 구결(혹은 吏讀) 작업을 통해 유교 경전에 대한 언어학적인 이해를 키우기 위해 노력했다는 사실을 통해, 도입 초기의 유교 경전 이해는 그 문의를 탐구하는 일을 바탕으로 이루어졌음을 유추할 수 있다.

또한 경문왕(재위: 861~875)이 글쓰기를 논하며 『문심조룡』에 대해 질문하기도 한 것으로 보아,[104] 경전을 문文의 근본으로 하는 사유가 이때부터 이미 형성되었을 가능성이 존재한다. 따라서 신라 시대부터 이미 경전에 대한 수사학적 접근이 이루어졌다고 추정할 수 있다.

경전을 문장의 근본으로 삼는 사유는 고려 시대 이규보(李奎報, 1168~1241) 등에게도 보이나,[105] 이것이 보다 체계화된 것은 고려 말기에서부터 조선 초라고 할 수 있다. 이제현이 '고문'을 창도하는 등 성리학으로 새로운 시대를 열고자 했던 신진사대부들은 유학의 기본적인 문학관 중 하나인 '문의 근본을 경經에 둔다'는 사유를 보다 확고히 하였던 것이다.[106]

임형택(2009)은 "이때까지(고려말까지) 유교 경전은 그 사상적 내용보다도 '문체'로서 기능하게 되었다"라고 하였으며,[107] 김충열(1984)도 "고려말 이전까지 유교 경전은 문장학으로서만 명맥을 유지하였다"라고 보았다.[108] 이를 통해 보면, 통일 신라부터 주로 문장학에서 기능해 왔던 유교 경전이 여말선초를 거치며 그 사상적 가치는 물론 문체로서의 가치 또한 강화하고 있음을 알 수 있다. 이는 조선 시대에 오면 경전을 문文의 근본으로 삼는다는 사유를 보다 체계화하고, 경전을 기반으로 하는 문학관을 정립하였다는 것을 의미한다.

따라서 본 장에서는 조선 시대 '문본우경'의 사유와 그 연원을 추적한다는 측면에서, 정도전과 성현의 경전 수사학을 살펴보고자 한다.[109]

① 정도전의 논리

정도전(鄭道傳, 1342~1398)은 여말선초 시기를 살아가던 인물로 조선

왕조를 이룩하는 데 주도적 역할을 하였다. 그는 성리학을 기반으로 조선 왕조의 이념과 제도, 그리고 문화를 새롭게 설계하였는데, '문학' 분야도 예외는 아니었다. 그는 「도은문집서陶隱文集序」에서 다음과 같이 말하였다.

일월과 성신은 하늘의 문[天之文]이고 산천과 초목은 땅의 문[地之文]이며, 시·서·예·악은 사람의 문[人之文]이다. 그러나 하늘의 문은 기氣로써 되고 땅의 문은 형形으로써 되지마는 사람의 문은 도로써 이룩되는 까닭에, 문을 '도를 싣는 그릇이다[載道之器]'라고 하니, 그는 사람의 문[人文]을 말하는 것이다. 그 도만 얻게 되면 시·서·예·악의 가르침이 천하에 밝아서 삼광三光(日·月·星을 말함)이 순조롭게 행하고 만물이 골고루 다스려지므로, 문의 극치는 여기에 이르러야 이룩되는 것이다.[110)]

유협의 「원도」편에서와 같이, 정도전은 하늘의 문과 땅의 문文을 거론하며 인간의 문文을 말하였다. 일월과 성신 등 천지자연에 저절로 그러한 무늬가 존재하듯이, 인간 또한 인간의 무늬가 존재하며 이것이 시·서·예·악이라는 주장이다. 정도전 또한 천지자연에 의지하여, '인간의 문'의 존재적 당위성과 지위를 고양시켰다는 점에서 유협의 논리와 유사점을 보여준다.

그러나 자세히 살펴보면 유협의 논리와 다른 점을 발견할 수 있다. 바로 '도道'이다. 유협은 하늘과 땅, 그리고 인간의 '문'은 모두 도의 작용이라고 한 반면, 정도전은 하늘과 땅은 각각 '기'와 '형'으로써 이룩되며 오직 '인간의 문文'만이 '도'로써 이룩된다고 보았다. 이는 '도'의 개념에 대한 본질적인 차이를 보여준다. 유협의 도는 '자연의 도'와 관련시킬 수 있지만, 정도전의 도는 도덕적 의미를 함의하기 때문이다.

정도전의 논리는 인간은 다른 사물들과 차별적인 지위에 있으며 인문人文의 존재 가치는 '도덕성'으로 인해 인정받는다는 사유의 결과물이라 할 수 있다. 한편으로 그는 '도'는 인간만이 지닐 수 있다는 배타성을 강조함으로써, 인간이라면 으레 '도'를 지녀야 한다는 당위성을 강조하는 것이기도 하다.

나아가 정도전은 도가 담긴 문文은 인간 세상을 잘 다스릴 수 있을 뿐만 아니라, 역으로 천지자연 등 만물을 순조롭게 다스릴 수 있는 힘까지 지닌다고 보았다. 이는 도가 탑재된 문의 지위를 유협보다 더욱 고양시킨 것으로, 인간의 문[人文]에 인간 세상뿐만이 아니라 천지자연까지 관장할 수 있는 초월적 지위이자 힘을 부여한 것이다.

윗글에 이어서 그는 "선비는 천지 사이에 나서 빼어난 기운을 받아 문장으로 이를 나타낸다. 혹은 천자의 뜰에서 드날리고 혹은 제후의 나라에서 벼슬을 한다"고 하면서, 중국과 한국에서 문장을 통해 국가 대업을 완성한 인물들을 나열하였다.[111] 그리고 특히 한국의 인물 중에서 이숭인(李崇仁, 1347~1392)이 가장 뛰어나다며 다음과 같이 말하였다.

그중에 자안子安씨는 정심精深하고 명쾌한 것이 여러분들을 압도하였으니, 그는 선생의 말씀을 들으면 조용히 해득解得하고 마음으로 통하여 두 번 묻지 아니하였고, 그 홀로 깨달은 것에 있어서는 사람의 의사 밖에 뛰어났으며, 모든 서책을 널리 읽었는데도 한 번 본 것은 문득 기억하였다. 그리고 그가 저술한 몇 책의 시와 문은, 『시경』의 흥비興比와 『서경』의 전모典謨를 근본으로 했고, 그 쌓인 화순和順이나 발로되는 영화英華는 모두가 예악에서 나왔으니, 도를 깊게 안 사람이 아니면 그럴 수 있겠는가?[112]

위 인용문에 앞서 정도전은 글에 능한 우리나라 인물들을 나열하였다. 최치원, 김부식, 이규보 등 그 일면을 보면 모두 고문에 뜻을 둔 사람들이었다. 특히 이제현은 '고문古文의 학을 제창하였다'고 평가하기도 하였다. 이를 통해 정도전은 내용으로서는 유교사상을 담고 형식적으로는 담박한 문체를 담은 고문을 선호하였음을 알 수 있다.

그렇다면 정도전은 고문 중에서 어떤 글을 전범으로 삼았을까? 그는 위 인용문에서 '이숭인'의 글이 가장 압도적이라고 하였다. 여기서 주목해야 할 점은 그 이유가 바로 이숭인의 글은 시·서·예·악을 근본으로 삼았기 때문이라는 것에 있다. 기실 육경을 문장의 전범으로 간주한 것으로, 그의 문본우경의 사유를 알 수 있는 대목이다.

윤기견(尹起畎, ?~?)은 정도전의 우수한 문장력을 칭송하면서 '육경의 날개'로 비유하였다.[113] 이를 통해 정도전이 육경의 사상적 가치뿐만이 아니라 그 글쓰기 전범으로서의 가치까지 존숭하였음을 알 수 있다. 다만 정도전에게서 『맹자』의 문체에 대한 구체적인 언급은 보이지 않는다.[114]

정도전은 이숭인의 문장을 평가하면서 그가 훌륭한 문장을 쓸 수 있었던 본질적인 이유는 "도를 깊게 알았기 때문"이라고 하였다. 문보다 도를 우선시하는 입장으로, 앞서 유협이나 한유, 그리고 주희 등을 통해 살펴보았듯이 유학자들이라면 으레 갖고 있던 일반적인 문학관과 일치하는 것이기도 하다. 이는 김종직에 의해 더욱 구체화되기도 하는 등 조선 시대 지식인들의 보편적인 문학관이기도 하다.[115]

그러나 정도전이 문보다 도를 우선시하였다고 하더라도, 문의 역할을 등한시한 것은 아니다. 앞서 살펴보았듯이 도가 담긴 '문'에 초월적인 힘을 부여했다는 점에서 오히려 적극적으로 강조했다는 표현이 더 어울릴 정도다. 당대의 시대적 고민을 문장을 통해 해결하고자 했던 사유로, 도가 담긴 문을 쓰는 것이 사대부의 책무임을 강조하기도 하였

다.[116]

이상을 종합하면, 정도전은 '도'를 문보다 우선시한 반면, 도가 담긴 문에 초월적인 힘을 부여하였다. 문장을 국가대업으로 간주하고 치세와 연관하였으며, 나아가 천지자연까지 순조롭게 만드는 힘을 지니고 있다고 보았다. 그는 고문 스타일의 담박한 문체를 지향했고, 그중에서도 특히 육경을 문장의 근본으로 삼아야 한다고 생각했다.

이러한 정도전의 논리는 조선 지식인들의 문학관에 기본적인 틀을 제공하며 발전적으로 계승되었다.[117] 그의 천지자연의 문文과 인간의 문文을 연결하는 사유는 이른바 '삼문三文(天文·地文·人文)'이라 하여 이후 조선 시대 지식인들에게 계승되었다. 가령 권근은 삼문은 모두 '리理'의 발현이라고 하였으며[118] 인간의 문文에 리理가 구비되어 있는 것을 '재도지문載道之文'이라고 표현하였다.[119] 서거정(徐居正, 1420~1488)에게도 '삼문'에 대한 논의를 볼 수 있다. 그는 문文의 인간과 자연에서 상호 관련이 있는 면에 보다 집중하여 논리를 전개하고 있다.[120]

유협에서 시작한 '유교 경전을 문장의 근본으로 한다[文本于經]'는 명제는 조선 시대 문학관의 보편적 논리 중 하나가 되었다. 조선 전기만 하더라도 권근과 서거정은 문장의 전범을 '육경'으로 한정하였고, 진한 시대의 문장마저도 문장의 기운이 쇠한 형태로 바라보았다. 그들은 엄격한 '문본우경'의 정신을 견지하고 있다.[121] 나아가 조선 중기 이후에는 육경을 글쓰기의 전범으로 삼는 것이 과연 실현 가능한 일인지를 놓고 구체적인 논의를 전개하기도 하였다.[122]

'육경을 문의 원류이자 전범으로 보는 시각은 동일하지만, 그것의 실현 가능성을 놓고 입장을 달리 한 것'이다. 육경의 문체를 모범으로 삼는 것은 비현실적이라고 주장한 이들의 주요 근거는 ① 시대의 상고성(육경은 너무 오래전에 지어진 문장이라 당대 문체의 모범으로 삼기에는 부적절하다는 논리)과 ② 수준의 차이(성인의 필력은 감히 따라잡을 수 없다는 논리) 두 가지로 종합할 수 있다. 전자의 경우 대표적인 인물로 김매순(金邁淳, 1776~1840)을 들 수 있다.[123]

본 장에서 구체적으로 살펴보지 않았지만 정도전의 문학관에서 눈여 겨봐야 할 점 중 하나는, 좋은 문장은 '우수한 기[秀氣]'에서 나온다는 언 급이다.[124] 문장이 '기氣'를 통해서 나온다는 주장은 『맹자』의 양기론養氣 論에서 출발하거니와, 한유가 문장의 기운[文氣]을 강조한 것과도 맥락 을 같이 한다. 조선 시대 문학 이론을 거론할 때, '기'를 빼놓을 수 없다. 이를 강조한 인물로는 조선 전기의 서거정과 성현, 조선 후기 이후에는 김창협과 김택영 등을 통해 구체적 논의를 확인할 수 있다.[125]

② 성현의 논리

조선 전기 문본우경에 대한 보다 구체적 서술이 보이는 것은 성현의 글에서다. 그는 다음과 같이 말하였다.

> 육경은 성인의 언행이요, 문장은 육경의 찌꺼기입니다. 문장을 지으면 서 옛 성현을 본받지 않는다면 바람을 타고 날면서 날개가 없는 것과 같 고, 문장을 지으면서 육경에 근본하지 않는다면 파도 위의 배에 노가 없 는 것과 같습니다. 서書는 고誥 · 명命의 문장이 전하지 않으면서부터 제制 가 되고 고誥가 되었으니, 이는 모두 『서경』에서 갈라져 나온 것입니다. 시 는 육의六義의 의취意趣가 강론되지 않으면서 부賦가 되고 송頌이 되었으니, 이는 모두 『시경』에서 흘러나온 것입니다. 기紀 · 전傳이라고 하는 것은 곧 『춘추』의 남은 책策이고, 서序 · 찬贊이라고 하는 것은 곧 『예기』와 『주역』의 남은 체體입니다. 아득한 역대 수천 년 동안에 사인詞人과 재자才子들 중에 어느 누가 옛날을 법으로 삼지 않고 경에 근본하지 않았습니까.[126]

위 제시문은 육경은 성인이 쓴 글이며 그 이후의 문장들은 모두 육경에서 나왔다는 주장을 하고 있다. 육경을 글쓰기의 원류이자 전범으로 바라본 시각으로, 각 경서에서 어떤 문체가 나오게 되었는지 구체적으로 서술하였다. 이는 유협의 글에서도 보이는 주장이나, 제시한 문체에 차이가 있다는 것이 다른 점이다.

예컨대 유협은 『서경』에서 조詔 · 책策 · 장章 · 주奏의 문체가 발원되었다고 본 반면, 성현은 제制 · 고誥의 문체가 갈라져 나왔다고 하였다. 또한 유협은 『역경』에서는 논論 · 설說 · 사辭 · 서序의 문체가, 『예기』에서는 명銘 · 뇌誄 · 잠箴 · 축祝의 문체가 발생되었다고 한 반면, 성현은 『예기』와 『주역』을 아울러 말하며 서序 · 찬贊의 문체가 갈라져 나왔다고 하였다. 유협과 성현의 차이는 보다 상세한 논의를 필요로 하겠으나, 우선 언급할 수 있는 것은 시대적 차이를 반영한 결과라는 사실이다.

그리고 성현은 이렇게 각 문체의 원류가 육경이었음을 말한 것을 넘어, 역사적으로 훌륭한 문장들은 모두 육경을 근본으로 하지 않은 것이 없다고 하며, 다음과 같이 구체적인 예시를 들고 있다.

문장의 체격體格은 한나라 때 드러나고 진晉나라 때 유행하였으며 당나라 때 성행하고 송나라 때 구비되었습니다. 예를 들면 동중서의 「천인삼책天人三策」과 조착鼂錯의 「현량책賢良策」, 엄안嚴安과 서악徐樂, 그리고 주부언主父偃 등이 국정 현안에 관한 일을 진술한 것과 제갈공명의 전후 「출사표」 등은 모두 『서경』의 가르침을 얻은 것입니다. 소사마小司馬의 『색은索隱』과 반고의 찬술, 범엽范曄의 기언記言 등은 모두 『예기』의 가르침을 얻은 것입니다. 양구梁丘의 경사經師, 양웅의 『태현』과 『법언』 등은 모두 『주역』의 가르침을 얻은 것입니다. 공손홍公孫弘의 박학과 두예杜預의 정민精敏 등은 모두 『춘추』에서 나온 것입니다. 가의, 사마상여, 매승枚乘, 추양鄒陽과 같은 분들

과 조식曹植, 유정劉楨, 응창應瑒, 완우阮瑀, 도연명, 사영운謝靈運, 왕찬王粲, 서
간徐幹과 같은 부류들은 기이하면서 괴상하고 맑으면서 굳세며 화려하고
도 수사가 많았으니, 『시경』 삼백편의 남은 말이었습니다. 그렇다면 한나
라, 위나라, 진晉나라 시대 제자諸子들의 학문이 비록 육경과 어긋나기는
하였지만 실제로는 육경에 의뢰하였던 것입니다.[127]

확실히 성현은 앞서 살펴본 정도전보다 문본우경의 사유를 더욱 구
체화하였음을 위 제시문을 통해 알 수 있다. 성현은 육경은 문체의 원
류일 뿐만이 아니라 실질적으로 어떤 인물의 글이 어떤 경전에 뿌리를
두고 있는지 상세하게 제시하였다. 그의 논리에 따르면, 제갈량(諸葛亮,
181~234)의 「출사표」와 도연명(陶淵明, 365~427)의 글들이 훌륭한 이유는
작가들의 능력이 우수한 것을 떠나 전범을 잘 선정하고 학습하였기 때
문으로 귀결된다.

따라서 위 인용문에서 성현은 글을 잘 쓰려면 이들의 글을 본받기보
다는 이들이 전범으로 삼은 '육경'의 문체를 본받는 것이 보다 이상적
임을 말하고 있다. 심지어 위진남북조 시대 등 유교보다 불교나 도교
가 더 성행하던 시대 또한 유교 경전의 문학적 가치는 지속하였다고 보
았다. 성현의 이러한 논리는 역사적으로 보면 한국에서는 유교 경전의
사상적 가치보다도 그 문장학으로서의 가치가 더욱 영속적이었다고 할
수 있다.

여기서 정도전과 대별되는 성현의 또 다른 특징은 육경 외에도 『맹
자』를 그 논리에 활용하였다는 사실이다. 그는 위 인용문에 이어 다음
과 같이 말하였다.

이백과 두보의 시는 성대하게 (『시경』의) 아雅·송頌의 유풍이 있고, 우

계우계繼愚溪의 문장은 『춘추』의 「내전」을 깊이 터득하였습니다. 창려의 「평회서
비平淮西碑」는 『서경』「요전」과 「순전」의 문자를 점찬點竄한 것이고, 「원도」와
「원훼原毁」는 오로지 맹가孟軻의 글을 본뜬 것입니다. 소동파는 「단궁」1편
을 읽고 문법을 환히 깨달았으며, 조충헌趙忠獻은 『논어』 반부半部를 가지고
천하를 안정시켰습니다. …… 위로는 성당과 만당에서부터 아래로는 남
송과 북송에 이르기까지 고재高才와 거수巨手가 서로 이어지듯 일어났으니,
그 의론은 비록 육경과 어긋났으나 주고받은 것은 모두 육경에 출입하였
습니다. 육경에 근본을 두었으므로 글을 지음에 잡으면 무궁하고 쓰면 고
갈되지 않아 언어에 의탁하여 통창하게 발휘하고 사업에 펼쳐 밝기가 무
궁하였던 것입니다.[128]

실제로 정도전이 『맹자』와 『논어』의 문체를 존숭하였는지 여부는 현
존하는 문헌으로는 확인할 수 없다. 다만 기록상으로 보았을 때 그의
논리에서는 글쓰기 전범으로 삼는 '경'의 범위로 육경을 제시하였던 반
면, 성현은 이에 더 나아가 『맹자』와 『논어』를 구체적으로 거론하기에
이른다. 한유의 「원도」와 「원훼原毁」는 『맹자』를, 조보(趙普, 922~992)는
『논어』를 전범으로 삼았다는 것이다.

성현의 논리는 유협이 『맹자』의 글을 제자서로 분류하며 육경의 문체
와 차등을 두었던 것과 다르다. 그는 『맹자』와 『논어』를 육경을 글쓰기
의 전범으로 삼으며 산생된 글이 아닌, 하나의 독자적인 '경'으로서 글
쓰기의 전범에 배치하였다. 만약 그렇지 않았더라면 성현은 앞선 인용
문에서 육경을 글쓰기의 전범으로 삼은 춘추전국 시대의 글들을 나열
하면서 『맹자』나 『논어』를 거론하였을 것이다. 하지만 성현은 그렇지 않
았다.

성현은 오히려 당·송대 지식인들이 『시경』과 『서경』의 동일한 선상

에서 『맹자』를 문장의 전범으로 간주한 것으로 서술하였다. 성현의 논리에서 『맹자』는 곧 육경이며 문본우경의 '경'에 포함되는 셈이다. 이는 정도전의 시대보다 성현의 시대에 '사서학四書學'에 대한 인식과 이해가 지식인들 사이에 보다 강화되었기 때문이라고 생각한다.[129]

나아가 성현은 "그러므로 글을 지음에 잡으면 무궁하고 쓰면 고갈되지 않아 언어에 의탁하여 통창하게 발휘하고 사업에 펼쳐 밝기가 무궁하였던 것입니다"라고 하며, 육경의 문체를 전범으로 한 글이 지닌 위력을 피력하기에 이른다. 정도전이 '도'를 담은 글의 위력을 논한 것에 비해, 성현은 육경을 문장의 전범으로 삼은 글의 위력을 밝힌 것이다. 이는 정도전의 논리보다 노골적으로 글쓰기는 육경을 모범으로 삼을 것을 적시한 것인 바, 달리 말하면 국가의 대업을 완성하고자 하는 지식인이라면 육경을 글쓰기의 전범으로 삼지 않아서는 안 된다고 강조한 것이라 할 수 있다.

당시 조선의 문단은 경술과 문장을 하나로 보는 논의를 진행하고 있었다. 김종직이 "경술을 하는 선비는 문장에 약하고, 문장 하는 선비는 경술에 어둡다고 한다. 세상 사람들이 이런 말을 하는데, 나의 소견은 그렇지 않다. 문장이란 경술에서 나오는 것이니, 경술은 바로 문장의 뿌리인 것이다. 초목에 비유하건대, 뿌리가 없으면서 가지가 죽죽 뻗고 잎이 무성하며 꽃과 열매가 번성할 리가 어디 있겠는가?"[130]라고 한 말이 대표적이다.

이는 도를 본으로 문을 말단으로 보는 도본문말道本文末의 논리이기도 하다. 성현도 기본적으로 경술과 문장을 하나로 보는 관점을 견지하였으며, 경술과 문장에서 경술을 우선시하면서 도본문말의 논리를 따랐다. 그는 『용재총화慵齋叢話』에서 다음과 같이 말하였다.

경술과 문장은 원래 두 가지가 아니다. 육경은 모두 성인의 문장으로 모든 사업에 나타나는 것이다. 그런데 지금 글을 짓는 자는 경술에 근본할 줄을 모르고, 경술에 밝다는 자는 문장을 모르니, 이는 편벽된 기습氣習일 뿐만이 아니라 이것을 하는 사람들이 힘을 다하지 않기 때문이다.[131]

성현은 경술과 문장은 일물一物이라는 도문합일의 사유를 가졌다. 글쓰기에서 내용에 맞는 문장, 문장에 맞는 내용을 추구하는 것과 궤를 같이 한다 하겠다. 그는 "육경을 잘 활용하면 요행히 나아가 벼슬을 구하고 잘 활용하지 못하면 문장과 뜻이 맞지 않고 말과 도가 어긋나서 마치 천오天吳와 자봉紫鳳이 낡고 해진 저고리에 거꾸로 붙은 것과 같아 심기心機가 날로 더욱 이리저리 갈라지고 태도는 날로 더욱 거칠어집니다"[132]라 하며, 육경을 잘 활용하면 이 도문합일의 경지를 이룰 수 있다고 보았다.

또한 위 인용문에서 성현은 육경은 사회의 모든 분야에 영향력을 행사한다고 보았으며, 문장학 또한 예외가 아니라고 생각했다. 사회제도를 구축하는 데 육경을 근본으로 한다면, 글을 쓰는 데도 육경을 근본에 두어야 한다는 논리이다. 글에 밝은 사람들이 경술에 '근본'을 두지 않는 점과, 경술에 밝은 사람은 글을 '모른다'는 표현의 차이로 미루어 봤을 때, 이는 도에 은근슬쩍 무게중심을 두면서도 도와 문 양자를 겸중하는 입장을 노출한 것이기도 하다.

눈여겨봐야 할 점이 있다면 성현은 경전에 대한 수사학적 접근을 중시했다는 사실이다. 그는 「여무공서與楙功書」에서 다음과 같이 말하였다.

그렇다면 문장을 지을 때는 혼후하고 온자하며 간엄簡嚴한 것만 한 것이 없으니, 반드시 그 여러 지류를 거두어서 큰 근본으로 달려가게 해야 하는 것입니다. 지금 의논하는 자들은 말하기를 "경술에 밝은 것은 대체로 비루하고 졸렬한 것이므로 본받아서는 안 된다"라고 하는데, 이는 매우 옳지 못합니다. 『시경』과 『서경』이 사람을 의혹하게 한 것이 아니라 활용하는 자가 그 기축機軸을 잘 모르는 것입니다.[133]

이 인용문에서 성현은 작문의 방도를 말하며 육경에 근본을 둬야 한다고 주장하였다. 그러면서 '경술'이라는 표현을 차용하고 있다. 그의 발언에서 경술이란 경전의 문체를 전범으로 삼고 학습하는 일까지를 망라한다. 육경에서 문인들이 취해야 할 것은 문사文辭라는 점을 은연중에 밝힌 것이다.[134] 이는 당대 글쓰기의 문제점을 해결하는 방도로 '육경' 문체의 학습을 제시한 것을 넘어, 도리어 경술 자체가 경전의 수사학적 접근에까지 이른다는 사실을 내비친 것으로도 볼 수 있다.

앞서의 언급을 종합하면 성현은 기본적으로 '문본우경'의 사유와 도를 우선시하는 유교의 문학관을 지니고 있었다. 그는 육경을 글쓰기의 근본으로 삼아야 한다고 명시하였으며, 『맹자』와 『논어』 또한 그 범주에 포함시켰다. 이는 정도전에 비해 그 논리를 구체화·명시화한 것이라 할 수 있다.

더구나 성현의 논리에 따르면 경전의 문체에 대한 수사학적 접근도 경학의 영역에 속한다. 이는 후대 위백규가 육경의 문체적 특징을 구체적으로 서술하는 데까지 이어지며, 조선 중기 이후 수사학적 경전 해석의 단초를 마련한 것으로 볼 수 있다. 대표적으로는 위백규의 『독서차의讀書箚義』를 거론할 수 있으며, 이를 통한 위백규의 수사학적 경전 해석은 뒤에서 재론하고자 한다.

이 외에도 성현 문학론의 특징은 문기론과 문장의 형식미 추구가 있다.[135] 성현이 '화려한 문체를 추구한 것'과[136] '육경을 문장의 전범으로 삼았다는 점'은 모순으로 오해될 소지가 있다. 하지만 본질적으로 그가 지향하고자 했던 문체는 담박함을 담은 '고문'이었다.[137]

명대의 전후칠자는 "산문은 반드시 선진양한을 본받고 시는 반드시 성당을 본받아야 한다[文必秦漢, 詩必盛唐]"라 하며, 시의 전범은 성당으로 산문의 전범은 진한으로 시대를 구분하여 글쓰기의 모범대상을 설정하였지만, 성현은 이를 따르지 않았다. 그는 시와 산문의 전범을 모두 선진 시대의 육경에 두었다.[138]

3) 일본: 후지와라 세이카와 오규 소라이[139]

① 후지와라 세이카의 논리

㉠ 종경론: '사서오경을 문장 교본으로 적극 활용'

후지와라 세이카는 일본 성리학을 창도한 인물이다. 경학에서는 퇴계 이황李滉의 『주자서절요』를 읽고 평가한 바 있으며, 사서오경에 훈점을 하기도 하였다. '문학' 영역에서도 그는 성리학적 문학관을 일본에 전도하는 데 주도적인 역할을 하였다. 하지만 그동안 후지와라 세이카의 문학은 그 경학의 공로에 가려져 국내 연구자들의 관심 밖에 놓여 있었다.[140] 특히 그의 문장비평서인 『문장달덕강령』은 유교 경전의 문학적 가치가 논의의 중심을 이루고 있는데도 불구하고, 그 순수 문예 작품이나 역사 산문의 문장론 연구가 더 진전되었다.[141]

당시 에도 문단에서는 도덕과 문장은 서로 연관성이 없다는 사고가 만연했다. 문이재도 등 성리학적 문학 이론의 관심 또한 소략한 편이었다. 당대 문풍을 개선하고자, 후지와라 세이카는 도학道學에 부합하는 시문을 골라 문장학습서를 편찬하였다. 그것이 바로 『문장달덕강령』이다. 후지와라 세이카가 생존 전에 교정 및 증보 작업을 할 정도로 『문장

달덕강령』은 문인들 사이에서 주목을 받았다.[142]

『문장달덕강령』은 총 6권으로 후지와라 세이카의 문장관이 담겨 있는 문장 선본이다. 수록한 문장은 송대, 원대, 명대를 망라하며, 송대가 가장 많고 모범 문장 외에도 문장 이론을 다수 인용하였다.[143] 비록 『문장달덕강령』은 후지와라 세이카가 중국 역대 여러 학자들의 시문 평론을 모은 것이지만, 편집자의 안목을 잘 보여준다.[144] 따라서 여기에서는 『문장달덕강령』을 중심으로 후지와라 세이카의 경전 수사학을 고찰하고자 한다.

후지와라 세이카는 『문장달덕강령』의 「입식내록入式內錄」「독서讀書」편 첫머리에 송대 이감(李淦, ?~?)의 글을 다음과 같이 인용하였다.

> 『대학』·『논어』·『맹자』·『중용』·『예기』·『서경』·『시경』·『춘추』·『역경』은 모두 성현이 도를 밝히고 세상을 다스리기 위해 지은 책이다. 비록 글짓기를 위해 지은 것은 아니지만 후세의 기나긴 세월 동안 문장이 모두 여기에서 나왔다.[145] (『문장정의文章精義』·『문장변체文章辨體』)

모든 문장이 이 유교 경전에서 유래되었다고 하면서 유교 경전이 문장 공부에 중요한 교과서라는 주장을 후지와라 세이카는 위 인용문을 통해 우회적으로 서술하고 있다. 경전이 문장의 유래이자 전범[文本于經]이라는 유학의 보편적 문학관을 표명한 것이다. 그는 사서오경은 후대 수사 이론이나 기법의 유래가 되었다는 견해를 갖고 있었다.

사서오경 중에서도 최초의 문장이 있을 터인데, 후지와라 세이카는 명대 설경헌(薛敬軒, 1389~1464)의 글을 다음과 같이 인용하였다.

설경헌이 말하였다. "『역경』이 비록 『서경』보다 오래되었지만, 복희의 시대에는 괘획卦畫만 있을 뿐 문사文辭는 없었으니, 문사는 실로『서경』에서 시작되었다. 그러므로 대개 덕德을 말하며 성聖을 말하고 신神을 말하며, 심心을 말하고 도道를 말하며 중中을 말하고, 성性을 말하며 천天을 말하고 명命을 말하며, 성誠을 말하고 선善을 말하며 일一을 말하는 등 성리에 관한 명칭은 대부분『서경』에서 보인다.『서경』이후에『역경』의 괘사와 효사, 여러 경서가 있게 되었다. 성인과 현인이 성리의 명칭들을 발명하였는데 비록 깊이의 높낮이가 같지 않지만 실로 모두『서경』에서 유래하였다."[146]

위 인용문은 현존하는 문사文辭는『서경』에서 유래하였다고 주장하고 있다.『역경』이『서경』보다 이른 시기에 저술되었지만, 후지와라 세이카의 시각에는『역경』에 문사가 존재하지 않았기 때문이다.『역경』이 문자의 시초이며「하도낙서」를『역경』의 비조로 보면서도,[147] 그는 설경헌의 글을 인용하며,『서경』「우서」의「요전」편이 현존하는 최초의 문적文籍이라고 하였다.[148] 모든 문장은『서경』「요전」편에서 시작되었다는 입장을 밝힌 것이다.

후지와라 세이카의 문장관은『역경』과『서경』의 논의를 제외하고는 철저한 상고주의를 띠고 있다. 가령『서경』안에서도 문장의 지위 고하를 세분화하며, "육경 가운데「주서」는「상서」에 미치지 못하며「상서」는「하서」에 미치지 못하고「하서」는「우서」에 미치지 못한다. 그 까닭은 후대의 글이기 때문이다"[149]라고 하는 원대 진역증(陳繹曾, ?~?)『문전文筌』의 발언을 인용하였다.『서경』의 첫 문을「우서」가 열고 있고,「우서」의 첫 편이 바로「요전」이므로, 앞서 문적의 시작을『서경』의「요전」이라고한 것과 그 시각이 일맥상통한다.

나아가 문체의 유래를 밝히기 위해 명대 오눌(吳訥, 1372~1457)의『문장변체^{文章辨體}」「제유총론작문법^{諸儒總論作文法}」에 실린 수대 안지추(顔之推, 531~597)의 발언을 후지와라 세이카는 다음과 같이 재인용하였다.

문장은 오경에 근원을 두고 있다. 조^詔·명^命·책^策·격^檄은『서경』에서 생겨난 것이다. 서^序·술^述·논^論·의^議는『역경』에서 생겨난 것이다. 가^歌·영^詠·부^賦·송^頌은『시경』에서 생겨난 것이다. 제^祭·사^祀·애^哀·뇌^誄는『예기』에서 생겨난 것이다. 서^書·주^奏·잠^箴·명^銘은『춘추』에서 생겨난 것이다. 조정의 헌장^{憲章}과 군대의 서고^{誓誥}, 인의를 베풀고 공덕을 밝히며 백성을 다스리고 나라를 세우는 일에 모두 (경전이) 없을 수 없다.[150]

후지와라 세이카는 당대의 모든 문학창작 양식은 오경^{五經}을 모태로 생성된 것으로 인식하고 있다. 위 인용문에서 각 경전에 모태를 둔 문체를 제시하고 있는데, 이는 유협의『문심조룡』과 같고도 다르다.『문장달덕강령』과 견주어 보면,『문심조룡』「종경」편은『역경』에서 나온 문체로 술^述·의^議 대신 설^說·사^辭를 제시하였다.『상서』의 경우 명^命·책^策·격^檄 대신 장^章·주^奏를 제시하였다.『시경』의 경우 영^詠 대신 찬^讚을 제시하였다.『예기』의 경우 제^祭·사^祀·애^哀 대신 명^銘·잠^箴·축^祝을 제시하였다.『춘추』는 모두 다르게 서^書·주^奏·잠^箴·명^銘 대신 기^紀·전^傳·맹^盟·격^檄을 제시하였다.[151] 후지와라 세이카의『문장달덕강령』이 제시한 주^奏·잠^箴·명^銘의 창작 양식은『문심조룡』에서 언급하지 않았다.

경전이 글쓰기 능력 향상에 유익하다는 입장을 후지와라 세이카는 갖고 있었다.[152] 가령 문체는『서경』과『시경』보다 나은 게 없고 글을 잘 쓰려면 성현의 글을 읽어야 한다며 주희의 말을 인용한 것이 하나의 근거이다.[153] 주희는 "육경의 문장에 제자서가 미치지 못한 이유는 성인의 글이기 때문이다. 제자서의 문장에 역사서가 미치지 못하는 이유는 현인의 글이기 때문이다"[154]라고 말하였다.

앞서 언급하였듯이, 유교 경전을 문장의 원류이자 전범으로 보는 시각은 유학자들끼리 동일한 반면, 그 논의를 자세히 보면 그렇게 단순하지 않다. 유협에서 시작한 '경전을 문장의 근본으로 한다[文本于經]'는 명제는 유학 문학관의 보편적 논리 중 하나이지만, 경전을 글쓰기의 전범으로 삼는 것이 과연 실현 가능한 일인지를 놓고 각 시대 또는 각 학자마다 구체적인 논의를 달리 전개하였다. 그 입장은 크게 세 가지로 나눌 수 있다.

첫째, 경전의 문체는 이상향일 뿐 따라잡을 수 없다. 따라서 진한 시대 이후의 글을 모방해야 한다. 둘째, 경전의 문장은 따라잡을 수 있다. 따라서 경전의 문장을 학습해야 한다. 셋째, 경전의 문장은 따라잡을 수 없지만, 비슷한 수준까지는 도달할 수 있다. 따라서 경전의 문장을 학습해야 한다. 후지와라 세이카는 이 중에서 세 번째 입장을 갖고 있다.[155]

대부분의 문장 선본과 달리, 『문장달덕강령』은 경전을 중심으로 문장의 특성과 작법을 논하였다. 「입시入試」(1~3권)와 「변체辭體」(4~6권) 두 부분으로 『문장달덕강령』을 크게 나눌 수 있는데, 「입시」 부분에서 주요 사례는 당송고문도 아니고, 선진양한의 역사서나 제자서도 아닌 바로 '사서오경'으로 이루어져 있다.

구체적인 사례를 제시하면, 각 경전의 대표 수사법을 『문장달덕강령』 2권에서 논하였다. 가령 2권에서는 반복법의 사례로 『시경』과 『서경』을 제시하였으며,[156] 대구법으로는 『중용』과 『대학』, 그리고 『논어』에서 그 사례를 채택하였다.[157] 또한 3권 서사법은 『맹자』를 주 사례로 들었으며, 취유법에서는 『시경』을 비유를 통해 마음을 전하는 대표 사례로 제

시하였다.[158]

종합하면 후지와라 세이카는 엄격한 '문본우경'의 사유를 견지하고 있었다.[159] 그의 종경론은 주희 등 송대 정통 성리학자는 물론, 성리학의 도입초 조선 전기의 권근과 서거정 등의 종경론과 유사한 면모를 보인다. 앞서 살펴보았듯이, 권근과 서거정은 문장의 전범을 육경六經으로 한정하였고, 진한 시대의 문장마저도 문장의 기운이 쇠한 형태로 바라보았다.

ⓒ 도문관: '철저한 도덕 중심과 양기론'

도문관에 있어서 후지와라 세이카는 『문장달덕강령』의 제목에서 명확히 표명하듯이 문장은 덕에 도달[達德]하면 저절로 이루어진다는 관점을 갖고 있다. 이러한 관점을 반영하듯이 통상적인 문장비평서나 선본과 달리 『문장달덕강령』은 매우 독특한 구성으로 이루어졌다.

문장비평서나 선본은 대개 작법이나 기교를 중심으로 구성되어 있으며, 문장 이론은 서문에 간략히 언급하는 게 일반적이다. 반면 『문장달덕강령』은 1권에서 '궁리'와 '존양'에 큰 지면을 할애하며 사서오경 또는 중국 경학가들의 수사 이론을 인용하고 도덕 중심의 문학관을 드러내고 있다. 글쓰기의 이치 궁구에 심혈을 기울였다고 볼 수 있다. 요즘 말로 표현하면 수사 이론의 설명에 치중했다고 할 수 있다.

이러한 도덕 중심의 문학관은 『문장달덕강령』 2권에서 6권까지 반복해서 등장한다. 송대 주희의 글을 후지와라 세이카는 다음과 같이 인용하였다.

주희가 말하였다. "도는 문의 근본이요, 문은 도의 지엽이다. 도에 근본하였기 때문에 문으로 나타난 것이 모두 도이다. 삼대 성현의 문장은 모두 이러한 마음으로 써내려간 것이니 문은 바로 도이다."[160]

이 제시문은 "도는 뿌리이고, 문은 지엽이다"라는 도본문말의 논리를 대표하는 주희의 발언이다. 여기서 주희는 유학의 도를 담은 문장만이 우수하다고 하며, 유교 경전과 제자서의 문장 표현은 모두 도에서 출발하였다고 주장하고 있다. 도덕과 문장은 불가분의 관계를 갖고 있으며, "문은 문이고 도는 도이다[文自文而道自道]"라며 양자를 분리하여 사고하는 소식을 비판하였다.[161]

아울러 내외본말의 논리를 통해 도덕을 배양하면 저절로 문장력이 상승한다는 입장을 세우고 있다. "일반인들은 도덕과 문장이 더더욱 두 개로 분리되어 나올 수 없다는 것을 알지 못 한다"고 하며 도덕을 배양하여 저절로 글쓰기 능력을 향상한 일반인으로 한유를 예로 들기도 하였다.[162]

유학에서 도와 문을 서로 유기적으로 사고하는 것이 일반적이다. 도를 배양하면 문장력은 자연히 따라오는 것이 당연한 이치라는 견해를 표명하기 위해 후지와라 세이카는 다음의 글을 인용하였다.

> 작문은 리理를 위주로 한다. 육경부터 이하 제자백가와 시인詩人, 문사文士, 그리고 변사辯士들의 논술은 대개 모두 리를 담는 도구이다. 그러므로 글공부의 실마리는 리를 밝히는 것을 급선무로 해야 하니, 글을 알고 리에 힘쓰지 않으면서 글의 정교함을 얻은 경우는 이제껏 세상에 없었다.[163]

후지와라 세이카는 작문 공부는 궁리와 명리를 우선으로 해야 하며, 이를 갖추면 문장력은 저절로 향상될 것이라는 입장을 갖고 있다는 점을 위 제시문을 통해 확인할 수 있다. 그의 논리에 따르면 훌륭한 문장은 유학의 도를 담고 있으며 바로 육경의 문장이 이러한 특징을 갖고 있다. 성인은 이러한 이치를 활용하여 문장 공부에 힘쓰지 않아도 능수능란한 문장을 적재적소에 사용하며 사서오경을 저술할 수 있었던 것이다.[164] 이러한 논리는 글공부 무용론으로 발전하여 극도에는 "작문해도"라는 언명에 이르기도 한다. 후지와라 세이카도 역시나 같은 입장의 글을 인용한 바 있다.[165]

『문장달덕강령』 2권부터 본격적으로 '수사 기교'를 논하는데, 그 서두에 "수사입기성修辭立其誠"을 큰 표제로 삼고 수사와 입기성의 관계를 다룬 지점 또한 눈여겨볼 만한 요소이다. 『주역』「건괘·문언전」의 "'건괘乾卦 구삼九三에 말하기를 「군자가 종일토록 힘쓰고 힘써 저녁까지도 두려워하면 위태롭지만, 허물은 없다」는 것은 무엇을 말하는 것입니까?' 공자께서 말씀하셨다. '군자는 덕을 진전시키고 업을 닦는다. 충忠과 신信은 덕을 진전시키는 방법이요, 그 참됨을 바로 세워 말을 닦는 것[修辭立其誠]은 업業에 거처하는 방법이다'"[166]라는 구절에 후지와라 세이카는 정호(程顥, 1032~1085)의 글을 인용하였다.

명도 선생이 말하였다. "수사입기성이라는 말을 자세히 이해하지 않으면 안 된다. 이는 언사를 제대로 닦고 살피기 위해서는 성실한 자세의 확립이 요구된다는 말이니, 만약 언사를 수식하는 데에만 마음을 쓴다면 거짓이 되고 말 것이다. 언사를 닦는 것으로 말하면 바로 자신의 성의를 세우는 것이니, 이것은 바로 자신의 '경이직내'와 '의이방외'를 체행하는 실질적인 일이다. …… 종일토록 부지런히 힘쓰는 것이 매우 큰일이나, 다만 '충과 신이 덕을 진전시키는 것'이 실제로 힘을 쓰는 곳이 되고, '말을 닦음에 성실함을 세우는 것'이 실제로 업을 닦는 곳이 된다."[167]

앞서 살펴보았듯이, "수사입기성"은 매우 다양하게 해석된다.[168] 그 해석의 차이는 크게 두 가지로 나뉜다. 첫째, 수사와 입기성을 병렬관계(수사→입기성)로 보며 "말을 닦고 그 참됨을 세우다"로 해석하는 것이다. 둘째, 인과관계(입기성→수사)로 보아 "그 참됨을 세우고 말을 닦다"라고 해석하는 것이다. 정호는 후자의 경우처럼 '수사와 입기성을 인과관계로 보는 해석'에 손을 들고 있다. 이는 문文보다 '도道'를 더 강조하는 문학관이 투영된 것이다.

후지와라 세이카는 도덕을 배양하면 문장력은 자연스레 상승할 것이라고 보았다. 여기에서 또 다른 관건 포인트는 도와 문을 잇는 열쇠로 '양기養氣'를 제시하고 있다는 사실이다. 명대 송염(宋濂, 1310~1381)의 『문원文原』을 그는 다음과 같이 인용하였다.

글을 짓는 것은 반드시 '양기養氣'에 달려있다. 기氣는 천지와 같으므로 만약 확충할 수 있으면 삼령三靈(天神 · 地祇 · 人鬼)을 차례로 배열하고 모든 사물과 현상을 관장할 수 있으며, 그렇지 못하면 일개의 소부小夫가 될 뿐이다. 군자는 내면을 다듬고 외면은 다듬지 않으며 큰 것을 도모하고 작은 것을 도모하지 않는다. …… 아아! 사람이 양기를 할 수 있으면 정情은 깊고 문文은 밝아지며 기가 성대하고 교화가 신묘해져 마땅히 천지와 공로를 함께 할 수 있다. 천지와 공로를 같이 하면서도 그 지혜는 끝내 일개 소부 수준으로 귀결된다면 또한 애석하지 않겠는가![169]

작문에서 양기의 역할을 중시하는 견해는 내면 수양을 강조한다는 측면에서 도본문말의 연장선으로 이해 가능하다. 양기의 문장론은 결국 글쓰기에서 저자의 도덕 함양을 문장 수식 연마보다 더 중시한다는 관점에서 출발하였기 때문이다. 도본문말이나 문이재도가 글쓰기 이론이라면, 양기론은 이러한 이론을 글 위에 실현시키는 방법론으로 풀이할 수 있다.

후지와라 세이카는 「양기법」을 『문장달덕강령』 권2 「입시외록」의 첫 조목으로 삼았으며, 『문장달덕강령』 권1 「입시내록」 전반에 걸쳐 양기의 중요성을 강조하고 있다.[170] "깊이 기르면 문사에 드러나는 것이 패연하다. '덕이 있는 사람은 반드시 말이 있다는 것이 바로 이것이다'"[171]라는 설경현의 글을 인용하거나, 인품이나 기질을 문장력과 동일시하는 경우가 바로 그것이다.[172] 그리고 『맹자』를 양기론의 대표 모범 사례로 후지와라 세이카는 간주하였다. 양기론은 후지와라 세이카의 문장론이 지닌 주요 특징으로 거론할 수 있다.

『문장달덕강령』에서도 엿볼 수 있듯이 후지와라 세이카는 '문장은 도를 싣는 도구'라는 관념을 고수하였다. 후지와라 세이카의 수사 이론과 방법론의 결과물은 어떠한 모습을 띠고 있을까? 그는 시의 경우 얄팍한 기교에 흐르지 않고 촉박하지 않고 넉넉하며,[173] 산문의 경우 화려한 기교가 있는 것보다는 담박하고 평이한 것을 선호하였다.[174]

종합하면, 『문장달덕강령』은 문장 선본으로 송명 이학가의 도 중심의 문학관에 기초하며, 개인 수양을 중시하고, 시와 산문의 작법은 사서오경의 작법을 주로 추구하고 있다. 세이카의 이러한 주장은 오산 시기 문학에 비판을 제기하고 에도 시대 초기에 새로운 문풍을 건립하는 데 중요한 작용을 하였다. 다만 도가 문학 창작에 결정적인 작용을 한다는 점에서 문학의 성장을 제약한다는 비판을 받기도 하였다. 이에 에도 시대 한문학의 진정한 전성기는 에도 중엽, 오규 소라이의 '고문사파'가 주류를 점하는 시대에 와서 이루어진다고 할 수 있다.

에도 중기에 와서는 한문학이 다시 비약적으로 발전하면서 경전 수사학에 관한 논의도 에도 초기보다 다각화되었다. 후지와라 세이카와 다른 시각으로 접근하는 경우가 등장한 것인데, 이를 주도한 한 인물이 바로 오규 소라이이다. 도문관에서 도를 더 중시하였던 후지와라 세이카와 달리, 오규 소라이는 문과 도의 겸중을 주장하였다.[175]

② 오규 소라이의 논리

㉠ 종경론: '육경의 문학적 측면과 서사법 강조'

오규 소라이는 고문사학을 창도한 인물로 학계에 이미 잘 알려져 있다. 소라이의 고문사학은 종경론에 뿌리를 두고 있으며, 종경론은 경전 수사학을 이루는 주요한 이론 중 하나이다. 이에 여기에서는 육경의 문학적 측면에 대한 소라이의 논의를 그의 고문사학 밖으로 꺼내어 경전 수사학이라는 새로운 틀에서 살펴보고자 한다. 특히 오규 소라이의 종경론과 도문관을 중심으로 살피고자 한다.[176]

에도 중기의 한문학은 당송고문에 경도되어 있었고, 문장 수준이 여전히 미흡한 상태였다. 당시 조선의 일본 통신사 종사관은 일본의 작문 수준을 낮게 평가하였으며,[177] 오규 소라이 또한 당대 일본의 한문 쓰기를 혹평한 바 있다.[178] 오규 소라이는 명대 이반룡과 왕세정의 이론을 바탕으로 하여 고문사학을 당대 학풍의 해결책으로 제시하였다.

그의 고문사학은 고문의 문체를 학습하고 이를 문학과 경학에서 응용 및 강조하는 학문을 가리킨다. 여기서 고문은 일반적으로 선진양한 텍스트를 지칭하며, 바로 '육경'이 그 선두에 있다. 육경의 문체, 즉 경전의 문학성을 주목하므로 고문사학은 경전 수사학의 또 다른 얼굴이라고 할 수 있으며, 그 이론적 배경에는 종경론이 자리하고 있다.[179] 그는 다음과 같이 말하였다.

> 육경은 사辭입니다. 법法이 모두 여기에 구비되어 있으며, 공자의 문하

와 이후 선진서한先秦西漢 시대의 여러 저자들은 육경에서 문장을 선택하였습니다. 육조 시대에 이르러 사辭가 피폐해져 법이 병 들었는데, 한유와 유종원 두 인물이 고문을 창도하여 한결같이 '고古'에서 법을 취하고자 하였습니다.[180]

모든 글쓰기의 모태는 육경이라는 것이 위 제시문의 요지이다. 이는 문장의 기원은 경전이라는 뜻과 함께 경전을 글쓰기의 전범으로 삼아야 한다는 함의를 지닌다. "육경십삼가六經十三家는 만세불후의 언어이며 문장의 본업으로 이것을 두고 다른 것이 있을 리가 없다"[181]라고 하며, 오규 소라이는 육경을 고금을 초월한 최고의 작문 교과서로 제시하였다.

당대 한유와 유종원, 그리고 명대 이반룡과 왕세정의 문장을 골라 오규 소라이는 『사가준四家雋』이라는 문장 선본을 제작하였다. 그가 이 네 학자의 글을 고른 이유도 바로 '육경'에 있다. 위 제시문에서 이 네 인물은 모두 '고古'를 작문의 기준으로 삼았다고 하였으며, 여기서 '고'는 바로 육경을 가리킨다.

특히 이·왕이 육경의 미사美辭에 조예가 깊은 점을 오규 소라이는 크게 호평하였다.[182] 우수한 문장을 세 단계로 나누며 "상上은 육경이고, 중中은 선진양한이며, 하下는 명대 이반룡과 왕세정, 그리고 왕도곤 세 명이다. 또한 고古를 본받았으며 그 글쓰기는 사辭를 위주로 하여 도道가 담겨있다"라는 발언은 그의 문장 선호를 명확하게 보여준다.[183]

이 외에도 육경의 문장학적 우수성을 칭송한 사례는 그의 문집 곳곳에서 등장한다. 오규 소라이는 『주역』의 「십익十翼」, 『예기』 등을 구체적인 사례로 들며 문장의 예술성이 극치를 이룬다고 하였으며,[184] 성인의 도가 후대에도 전해질 수 있던 이유도 육경의 내용이 아닌 그 부드러운

문체 덕분이라고 하였다.[185] 미사의 예술성과 논리論理의 인식론, 이 수
사의 두 가지 영역이 조화롭게 구사된 것은 육경의 문장뿐이라고 하며,
당대 육경 외에는 좋은 글을 찾기 어렵고 전국 시대의 책은 난잡하다고
비평하였다.[186]

후지와라 세이카에게도 문본우경의 관점이 보이지만, 양자의 논의를
자세히 살펴보면 큰 차이가 있다. 세이카는 종경론을 논하면서 경전의
'도'를 중심으로 언급한 반면 소라이는 경전의 '문'을 겸중하는 태도를
보였다. 경전을 문장의 전범으로 제시하며 글의 '예술성'을 상대적으로
더 주목한 것이 오규 소라이 종경론의 특징 중 하나이다.[187]

육경의 문예 미학을 강조한다는 것은 그가 육경을 '사辭'와 등치시킨
점과 관련이 있다. "육경은 사辭이다[六經辭也]"라고 하며, 육경을 사辭로
정의하는 오규 소라이의 입장은 경전을 문장 본원의 시선으로 바라본
것이라 할 수 있다. 그는 더 나아가 육경을 문文으로 정의하였다.

> 육경은 문文이다. 그러므로 공자를 배우려면 반드시 문장으로부터 시작
> 해야 한다. 문장의 도는 시세를 논하는 것을 우선으로 한다. 그러므로 문
> 장의 도를 잘한 뒤에야 육경이 명확해져 공자의 도를 터득할 수 있다.[188]

'육경개문六經皆文[육경은 모두 문이다]'의 논리는 가깝게는 청대 원매가
있다. 한편 실제 그 관념이 형성된 것은 당나라 중기이며, 그 뿌리는 양
웅의 "오경함문五經含文," 왕충(王充, 27~97)의 "준경위문遵經爲文"에서 유협
의 "종경" 및 "징성"과 안지추의 "문장자원출오경文章者源出五經"까지 거슬
러 올라간다.[189] 이러한 주장들은 바로 문본우경의 관점에서 출발한 것
이다. 이는 육경의 문장 공부는 저자의 마음을 이해하는 것에서 출발하
는 것이 아니라 육경에 쓰인 수사 기교와 어휘 배열, 그리고 문단 구성

등 수사학적 요소를 파악하는 것이 급선무라는 오규 소라이의 견해와 맥락이 같다.

아울러 오규 소라이는 육경의 문文을 일상과 가까운 존재로 묘사하였다.

> 책 중에서 육경이 지극히 오묘하다. 『시경』은 가곡歌曲이고, 『서경』은 방牓을 붙여 알리는 것이며, 『춘추』는 자세히 쓴 조보朝報이고, 『예기』는 의儀의 주석이며, 『역경』은 괘卦의 형상을 보고 그 결과를 말한 것이다. 만약 성인이 이 나라에 태어나더라도 어찌 이 나라 말 이외에 따로 심오하고 난해한 말을 할 수 있겠는가? 도는 비록 높고 깊지만 말은 그저 평범한 언어일 뿐이다.[190]

오늘날로 따지면 방牓은 광고포스터, 가곡歌曲은 노래가요이다. 가곡과 방은 순수 문학은 아니지만, 현실에서 일반인도 접할 수 있는 문文이다. 오규 소라이는 『시경』을 가곡으로 『서경』을 방에 비유하며, 경전을 형이상에서 형이하의 영역으로 끌어와 남녀노소 접근할 수 있는 생활 속 친근한 존재로 탈바꿈하였다. 경전을 패관소설과 동일시한 명대 이지만큼 파격적인 것은 아니지만, 경전을 일반적인 문장에 비유했다는 점에서 그의 시각은 이지와 오묘한 데칼코마니를 이룬다.[191]

"경전은 영원불변한 진리"라는 유협의 명제나 "사서오경은 모두 성현이 도를 밝힌 경세서"라는 후지와라 세이카의 명제에서는 경전을 그 내용과 형식에서 모두 성스러운 존재로 묘사하고 있다. 반면 오규 소라이는 "도는 비록 높고 깊지만, 말은 그저 평범한 언어일 뿐"이라고 하며, 경전의 문장을 마치 길을 가다가도 우연히 접할 수 있는 것으로 범일상화시켰다. 그는 육경을 문장 전범으로 삼으면서도, 그 문장이 오묘하여 알기 어렵거나 일반인이 접하기 힘든 것이 아니라고 본 것이다.

그의 논리에 따르면 육경은 일상에서 접할 수 있는 평범한 글이기 때문에, 성인이 아닌 보통 사람도 충분히 경전의 문체를 따라 문장을 지을 수 있다. 앞 챕터에서 육경을 문의 원류이자 전범으로 보는 시각은 유학자들끼리 동일한 반면, 과연 이것이 실현 가능한 일인지를 놓고는 그 입장은 세 가지로 크게 나눌 수 있다고 하였다. 오규 소라이는 이 중에서 두 번째 입장, "육경의 문장은 따라잡을 수 있다. 따라서 육경의 문장을 학습해야 한다"에 해당한다.

ⓒ 도문관: '문의 의미와 역할 확대'

도와 문의 관계를 오규 소라이는 『논어징論語徵』에서 다음과 같이 말하였다.

> 성인의 도道를 문文이라고 한다. 문이란 사물이 서로 섞임을 이름한 것이니, 어찌 언어가 다 표현할 수 있는 바이겠는가? 그러므로 옛날에 말을 잘하는 자는 그것을 문으로 표현하였는데, 그것이 도를 닮았기 때문이다.[192]

일반 상식에서 보면 문文은 도道가 아닌 언어와 더 가까운 존재이다. 오늘날의 학문 분과에서도 언어는 문文과 함께 문학 분과로 분류하지만 도는 철학 분과로 분류하며, 이러한 분류는 근대 이전에도 크게 다르지 않다. 그런데 위 제시문에서 오규 소라이는 성인의 도로 문을 정의하며, 문을 언어와 전혀 다른 차원의 영역으로 분류하였다. 일반적으로 유학에서 도는 최상의 존재이자 학문의 최종 목적지이다. 오규 소라이는 대개 지엽으로 여기던 문을 도의 위치까지 격상하며 "문은 도이다"

라는 논리를 세웠다.

오규 소라이의 이 논리는 "글은 도를 담아야 한다"는 주희의 도문일치 논리와 근본적으로 다르다. 도문일치는 도본문말의 문학관에서 출발하여 도를 중심으로 한 도문의 합일이라면, 오규 소라이의 논리는 도문겸중의 문학관에서 출발하여 문을 중심으로 한 도문의 일체화이다. 전자는 도를 담아야 한다는 측면에서 문은 수동적 객체이지만, 후자는 도를 담고 있다는 점에서 문이 목적이자 능동적 주체가 된다.

도문관에서 문이 능동적 주체 역할을 한다는 점은 오규 소라이가 글쓰기에 능숙한 사람은 도덕적으로도 우수하다고 생각했다는 것을 함의한다. 그의 견해에 따르면 '문장'은 이미 도를 내함하고 있으므로, 글쓰기 역량을 궁구하는 일은 동시에 마음 수양을 하는 일이기도 하다. 이는 글은 내용 못지않게 형식이 중요하다는 견해로 이해할 수 있다. 오규 소라이는 문을 통해 도로 나아갈 수 있다고 주장한 것이다.

오규 소라이에게 문文은 이미 도를 품은 완벽에 가까운 개념이다. 『변명辨名』「문질체용본말文質体用本末」 일칙一則에서 그는 스스로의 논리를 더욱 공고히 하고 있다.[193)]

문은 도를 형상화하여 명명한 것이다. 대개 하늘에 있는 것을 '문文'이라 하고 땅에 있는 것을 '리理'라고 한다. 도의 위대한 원천은 하늘에서 나왔다. 옛 성왕聖王들은 하늘을 본받아 도를 세웠으므로 예악이 성하였으니 이것을 '문'이라고 한다. 『논어』의 "문왕이 이미 별세하였으니, 문文이 이 몸에 있지 않겠는가[文王既没, 文不在玆乎]"는 직접 도를 가리켜 문이라고 한 것이다. 『중용』의 "문왕이 문文이 된 소이[文王之所以爲文也]"는 성인의 덕을 형용한 것으로 하늘을 본받을 수 있음을 함의한 것이다. …… 요순 이후에 도라는 것은 모두 '문'이다. 가령 "하나라는 충을 숭상하고 은나라는 질을 숭상하며 주나라는 문을 숭상한다"라는 말을 가지고 세상의 유학자들은 주나라에 이르러서야 비로소 '문'이 시작되었다고 주장한다. ……하나라와 은나라는 모두 요순의 도를 통해 예악을 제작하였다. 그러므로 삼대의 도는 똑같이 '문'이다.[194]

본 제시문에서 오규 소라이는 "문=도"의 도식을 완성하기 위해, 상세한 논리를 펼치고 있다. 먼저 문文은 하늘에 있는 것이고 도의 원천은 하늘에 있다고 하며, 오규 소라이는 하늘이라는 공통 요소로 양자를 긴밀하게 연결시켰다. 그리고 두 갈래의 구체적인 사례를 제시한다. 하나는 도가 문으로 표현된 경우이며, 『논어』 "문왕이 이미 별세하였으니, 문文이 이 몸에 있지 않겠는가[文王既没, 文不在玆乎]"와 『중용』 "문왕이 문文이 된 소이[文王之所以爲文也]"라는 구절을 제시하였다.

다른 하나는 문이 도로 표현된 경우이다. 오규 소라이는 "하나라는 충忠을 숭상하고, 은나라는 질質을 숭상하며, 주나라는 문을 숭상한다[夏尚忠, 殷尚質, 周尚文]"는 세간의 통념을 예로 들며, 이 구절에서 '충'자와 '질'자는 모두 '문'자로 바꿔 표현할 수 있다고 하였다. 그의 논리에 따르면 문은 도덕 가치를 내함하고 있으므로 이미 문과 질이 조화를 이룬 상태이기 때문이다.

일반적으로 예악은 제도, 수사는 문학에 지나지 않지만, 오규 소라이의 사유 체계에서 도는 예악을 의미하므로 예악과 수사는 서로 긴밀한 관계를 갖고 있다.[195] 하은주 삼대는 통념상 서로 다른 개념을 숭상하였다고 여기지만 사실 '문'이라는 공통 목표를 갖고 있었다고 하며, 요순 이후에 도라고 한 것은 문을 가리킨다고 오규 소라이는 강력히 주장하였다.

이어서 「문질체용본말」의 이칙二則에서 후대 유학자들의 『논어』 "文質

彬彬"을 둘러싼 해석은 오류가 있다며 다음과 같이 말하였다.

대저 군자가 군자가 될 수 있는 이유는 문 덕분이니, 문하면 곧 중^中한데, 문질의 중^中을 취하는 것은 아니다. 이것이 성인이 가르치고자 하는 본뜻이니, 학자들은 마땅히 살펴야 한다.[196]

문질빈빈은 유학의 문학론에서 내용과 형식을 골고루 갖춰야 한다는 의미를 갖고 있다. 유학자들이 문을 드러내며 인정하는 경우는 드문 편인데, 앞선 인용문에서 살펴보았듯이 오규 소라이는 문은 이미 도가 담겨 있는 상태이며, 이미 문 그 자체로 문질이 빈빈한 상태라고 하였다. 오규 소라이의 논리에서는 문을 강조하기만 해도 오롯이 내용과 형식을 모두 갖춘 고품질의 글을 구사할 수 있다. 『변명』에서 "문질빈빈"을 표제어 중 하나로 삼은 것 자체가 문을 향한 관심을 보여주는 증거이며, 후지와라 세이카의 논리와 대조를 보이고 있다.

문과 질은 수사와 달의의 논의와도 관련이 있으며, 이 양자 중에서 어디에 방점을 두는가의 이슈에 있어서 오규 소라이는 수사를 강조한다.

문장의 도로서 달의와 수사의 두 파는 성인의 말씀에서 시작되었다. 사실 양자는 서로 의지한다. 수사하지 않으면 뜻을 전달할 수 없기 때문에 삼대 때에는 두 파가 아직 분열되지 않았다.[197]

후한 이후로 유학자들이 글쓰기에서 수사의 역할을 홀시하는 경향이 있다고 오규 소라이는 지적하였다. 그에게 수사와 달의는 이항 대립이 아니었다. 수사가 부재하면 달의도 존재할 수 없다며, 수사가 그 근간임을 소라이는 피력하였다. 그는 『사가준』에서 "문장을 배우려면 법을 알아야 한다[學文章要識法]"라고 하며 작법에서 '법'을 강조한 바 있다.[198] 법은 그 표현 기교나 어법 등을 가리킨다는 점에서 이 역시 수사를 강조하는 발언으로 이해할 수 있다.[199] 그의 이 주장은 문장에서 '양기', 즉 창작자의 도덕성 배양을 강조하는 후지와라 세이카와 대조적이다.

문과 마찬가지로 사辭 또한 언言과 다른 차원의 개념으로 정의하며, 오규 소라이는 다음과 같이 말하였다.

> 사辭와 언言은 같지 않은데, 족하께서는 같다고 생각하시니, 왜인의 비천한 견해입니다. 사란 언의 문文입니다. 언은 문하고 싶기에 사를 높인다고 하며, 수사修辭라고 하고, 문이족언文以足言이라고 합니다. 언은 무엇을 가지고 문하고자 하는 것입니까? 군자의 언을 가지고서입니다. 옛 군자는 예악을 몸에서 얻었습니다. 그러므로 수사란 군자의 언을 배움입니다. 한유는 도리어 문보다 질을 우선시하니 어찌 문이라 할 수 있겠습니까? 이는 수사의 도를 알지 못하여 글자나 쌓고 자구를 이루며 질質한다고 하니 이는 야인의 언어이지 군자의 언어가 아닙니다. 맹자 이후에 이러한 과오가 있었습니다. 『논어』와 『좌전』, 그리고 『예기』는 그렇지 않습니다.[200]

위 제시문은 언言의 속성은 문채 나게 하는 것이며 언言의 목적은 군자의 말을 전달하는 것이라고 주장하고 있다. 유학에서 군자의 말은 유학의 도를 담고 있으므로 군자의 말을 전달함은 유학의 도를 후대에 전함을 내함하고 있다. 오규 소라이의 문학창작론은 '수사' 자체에 '도'가 이미 잉태되어 있다는 관점을 갖고 있다.

오규 소라이가 생각하는 사辭는 언言의 잠재력이 표출된 '문채있는 말'이다. 말에 수사 기교를 더하는 목적은 글의 의미를 효과적으로 표현하기 위해서이므로, 여기서 문채는 글의 예술성뿐만이 아니라 인식론도 함께 내포한다. 어휘나 대구법 등을 적재적소에 사용할 수 있다는 것은 작가가 자기 의견을 명료하게 글로 표현할 수 있다는 것을 가리킨다. 오규 소라이가 육경의 표현 기교 덕분에 육경에 담긴 내용을 후대에 전할 수 있다고 한 것도 같은 이유에서이다.[201]

표현 예술의 필요성을 주장했다는 점은 오규 소라이가 작문 공부의 필요성 또한 긍정했다는 논리적 귀결을 낳는다. 그의 고문사학은 경전 해석의 한 방법론이기도 하지만 동시에 글의 창작에서도 핵심 방법론이다.[202] 경학과 문학은 분리되지 않으며 고문사학의 지향은 육경의 문체를 닮은 글을 독자 스스로 구현하는 것에 있다. "대개 고문사학이 어찌 다만 읽기만 하는 것이겠는가? 또한 반드시 손에서 써지기를 구해야 하니"라는 오규 소라이의 발언은 이를 여실히 보여준다.[203]

오규 소라이는 문학과 경학은 궁극적인 목적이 일치한다고 보았다.[204] 다른 말로 표현하면 독자의 외재적 수사학[글쓰기 역량]을 강화하는 일은 내재적 수사학[경문의 독해력]을 향상시키는 데 도움을 준다는 견해이기도 하다. 오규 소라이도 결국 문을 통해 도로 나아가고자 한 것이다.[205] 한편 문학창작론에서 시의 창작을 궁구하는 것은 어떻게 보면 당연한 논리적 귀결인 바, 왜 하필이면 '고문 쓰기'를 강조했는가라는 궁금증이 남는다. 이는 그가 글에 도를 담아 사회 개혁을 추구하고자 하는 것과 결코 무관하지 않을 것이다.

그렇다면 소라이가 이상적으로 생각하는 문체는 구체적으로 어떤 것이었을까? 그는 "고서古書에서 문장이 유래되었다"고 하며, 고서를 문장의 전범으로 내세웠다.

고서古書가 근본이다. …… 후세의 수많은 서적은 모두 고서를 이은 자

손이다.[206]

오규 소라이가 말하는 고서의 범위는 육경, 『논어』, 『좌전』, 『사기』, 『한서』를 가리킨다.[207] 다른 글에서 "문장은 육경과 좌구명, 사마천, 양웅, 그리고 반고의 글을 모범으로 삼아야 한다"고 한 것을 보면,[208] 작문 전범의 범위는 제시문에서 언급한 고서와 일맥상통한다. 좌구명은 『좌전』의 저자이며, 사마천은 『사기』의 저자이고, 양웅이 지은 「법언」은 『논어』의 문체를 닮은 것으로 유명하며, 반고는 『한서』의 저자이다.

고서 문체는 어록체와 상반된다며, 그 특징을 간단하고 길지 않으며, 함축이 많아 여운의 미가 있다고 오규 소라이는 평론하였다.[209] 넓은 범주의 의미에서 고서의 문체는 고문의 특징과 유사하다. 소라이는 에도 시대에 유학자들이 등장하여 한문학이 발전하였으나, 문장은 송나라 스타일이라고 하며 비판하였다.[210]

오규 소라이가 지칭한 고서의 공통점이 있다면, 대부분 역사서이며 서사체라는 점이다. 『맹자』는 전근대 한문학에서 『사기』나 『좌전』에 버금가는 주요한 문장 교과서로 자주 거론되었다. 그럼에도 불구하고 오규 소라이는 고서의 범위에 포함시키지 않았다. 오히려 오규 소라이는 육경을 제외하고는 『좌전』이 최고의 글쓰기 모델이라고 하였다. 그 배경에는 에도 중기의 문풍을 향한 오규 소라이의 문제의식이 있다.

그러나 그 책(『문장궤범』)은 과거 시험에 목적을 두어서 의론에 집중하여 서사가 부족하다. 문장의 도는 하나가 빠지면 불가능하다.[211]

서사와 의론을 골고루 갖춘 글을 오규 소라이는 이상적으로 바라보았다. 에도 중기에는 당송팔대가의 문장을 학습하는 학자들이 많았다.

그러나 오규 소라이의 관점에서 한유나 유종원, 소식 등 당송팔대가의 대표적인 인물은 의론체는 능숙한 반면 서사체 글은 취약했다.[212] 이에 따르면 당송팔대가를 따라 학습하는 일본 문인들도 서사체에 미비하다는 단점을 그대로 떠안을 수밖에 없다.[213]

"시대는 언어를 싣고 변해가고, 언어는 도를 싣고 변해간다"라는 그의 발언을 반영하듯,[214] 당대 문장의 단점을 보완한다는 측면에서 오규 소라이는 문학 창작론에서 의론보다 서사를 더욱 강조하였다. 한유와 유종원과 달리 이반룡과 왕세정은 서사체 문장에 강하다고 하며,[215] 오규 소라이가 이반룡과 왕세정의 문장을 보다 집중적으로 선별하여 글쓰기 모델로 삼은 것도 바로 이러한 이유였을 것이다.[216]

종합하면 오규 소라이의 경전 수사학이 가진 특징은 육경과 서사를 강조한다는 점이다. 육경의 강조는 당나라 고문운동의 연장선이며, 서사의 강조는 에도 중기 시대적 고민의 산물로 이해할 수 있다. 사辭는 미학에 초점을 둔 예술성 문장[美辭]이요, 사辭는 내용 전달에 맞춘 사실성 문장[論理]이라는 점에서, 서사체는 상대적으로 의론체보다 표현 미학의 섬세한 감각이 필요하다. 그의 경전 수사학은 유학의 법고와 창신을 모두 담고 있는 것이다.

이상에서 논한 후지와라 세이카와 오규 소라이의 경전 수사학을 종합하면, 두 학자는 모두 유교 경전을 문장의 전범으로 삼았다는 점에 공통점이 있다. 반면 차이점도 존재한다. 첫째, 경전의 범위가 다르다. 후지와라 세이카는 문장 전범에 해당하는 경전의 범주로 사서오경을 제시한 반면, 오규 소라이는 문장의 전범에 속하는 경전을 육경으로 한정하였다.

둘째, 후지와라 세이카는 '도덕 중심'의 글쓰기를 강조하며 '양기론'을 피력하였던 반면, 오규 소라이는 '도덕과 문장의 겸중'을 주장하면서도 예술적 표현 기술에 상대적으로 주안점을 두었다. 이를 위해 후지와라 세이카는 『역경』의 "수사입기성"이라는 문구에, 오규 소라이는 『논어』의 "문질빈빈"이라는 문구에 각각 치밀한 논증을 펼치며 자신의 논리를 강화하는 근거로 활용하였다.

셋째, 후지와라 세이카는 그가 살던 에도 초기의 수사학으로 유교 경전의 수사학을 분석 및 이해하고자 한 반면, 소라이는 육경이 작성된 시대의 수사학으로 유교 경전을 분석 및 이해하고자 하였다. 일정한 측면에서 바라보면, 후지와라 세이카와 오규 소라이의 경전 수사학은 이들의 전체적인 학문관과도 무관하지 않다.

4) 글쓰기 전범과 『맹자孟子』

앞서 살펴보았듯이, 유교 경전을 문장의 조종으로 삼는 시각[文本于經]은 유협에서 시작하였다. 하지만 위진남북조魏晉南北朝까지만 하더라도 『맹자』는 제자서 중의 하나였다. 『맹자』는 송대에 와서야 경전의 대열에 합류되거니와,[217] 유협이 말하는 '경'에 『맹자』는 포함될 수 없었다. 그렇다고 해서 유협이 『맹자』의 문학적 가치를 언급하지 않은 것은 아니다. 그는 「제자」편에서 다음과 같이 말하고 있다.

'제자서'는 도道에 들어가 지志를 보여준 책이다. 최상의 인물은 덕德을 확립하고 그 다음의 인물은 언어言語를 확립한다. 백성들이 모여 살면서 번잡함 속에서 드러나지 않을 것을 괴로워하고 군자가 세상에 처하면서 명성과 덕이 나타나지 아니할까를 염려한다. 영재로서 뛰어난 사람은 찬란하게 문장을 남겨 그 성명을 높여 일월처럼 드높아진다. …… 성인과 현인은 같은 시대 인물이나 서적으로서 경서와 제자는 계통을 달리 한다.[218]

유협은 모든 제자서가 문학적으로 우수하다고 보지는 않았다. 하지만 그중에서 문학적 예술미가 높은 것도 더러 존재한다고 생각했다. 그 사례가 바로 『맹자』라 하며 "이치가 깊고 표현은 전아하다"고 평하였다.[219] 또한 유협은 제자서를 저술한 인물을 '현인'이라 하며, '성인'과 구별하였다. 이와 같은 발언은 그가 오경과 제자서의 문학적 가치를 구분했음을 보여준다. 다음과 같은 글을 통해 그의 구분 기준을 알 수 있다.

> 만약 경서의 규범을 녹여 정련하고 제자서와 역사서의 방법에 날아가 앉아, 감정의 변화를 깊이 살펴 깨닫고 여기에 문체를 상세하게 밝힌다면, 이후에는 참신한 내용을 싹 틔워 신기한 수사 표현을 새기고 그릴 수 있게 될 것이다.[220]

유협은 『맹자』 등 제자서의 형식적 예술미를 높이 평가하긴 했지만, 이는 오경에 비등할 정도는 아니라고 생각했다. 때문에 경전은 '규범[範]'이라 하고 제자서와 역사서는 '방법[術]'이라 표현하여 양자에 경중을 두고 평가하였다. 그는 『맹자』를 글쓰기 공부의 주요한 참고 자료로 생각했을 뿐, 경전의 지위에 두고 그 문학적 가치를 존숭한 것은 아니었다.

나아가 『문심조룡』 전체에서 유협은 오경의 경우 그 문체적 특징을 일일이 분석했던 반면, 『맹자』는 간단한 언급에서 그치고 있다. 이러한 사실에서 또한 그가 오경과 『맹자』 사이에 어느 정도의 비중 차이를 두었는지 가늠할 수 있다. 유협에게는 글쓰기에 있어서 경전이 그 조종이지만, 제자서의 경우는 모든 문장이 모범적인 게 아니었으며, 『맹자』는 하나의 참고 대상일 뿐이었던 것이다.

유협처럼 오경과 『맹자』의 문학적 가치를 차등화시킨 사례는 당나라 초기 유지기의 『사통』에서 보인다. 이 책에서 또한 『맹자』는 보충재 성격을 띤다. 『사통』은 오경을 역사서로 간주하며 그 수사학적 요소를 논평한 서적으로,[221] 오경 외에도 『사기』 등 역사서의 문체적 특징을 논하였다.[222]

유지기는 오경 중에서 특히 『상서』와 『춘추』의 수사법을 집중적으로 비평하였다. 『춘추』의 문체상 특징을 근거로 그 편찬시기를 유추하기도 하였고,[223] 『춘추』와 『상서』의 간결한 필법을 높이 평가하며 역사가들이 본받아야한다고 하였으며,[224] 『상서』와 『춘추』의 편장 구성법의 우수성을 평하기도 하였고,[225] 어의語義—특정 수사법을 사용한 의도—를 파악하기도 하였다. 『춘추』와 『상서』를 비평할 때 『맹자』는 간간히 인용되는 수준이었는데, 여기서 그가 『맹자』의 수사학적 가치에 어떤 시각을 갖고 있었는지 엿볼 수 있다.[226]

이선(李善, 630~689)의 『문선주文選注』는 일종의 문장선본이다. 양나라 소통이 시문을 선별하여 담은 『문선文選』에 주석을 단 것으로, 『문선』에는 『맹자』 등 유교 경전의 문장이 담겨있지 않지만,[227] 이선은 그의 주석 300여 부분에서 『맹자』의 문장을 인용하였다. 따라서 그가 시문의 문학성을 평할 때, 『맹자』를 보충 자료로 활용하였다고 이해할 수 있다.

『문선주』는 이후 이백과 두보 등에게도 전해져, 당시 문인들에게 잘 알려지지 않았던 『맹자』의 수사학적 가치를 이해하고 또 그 사상적 내용을 간접적으로 전파하는 데 영향을 미쳤다. 과거시험에서 『문선』이 중요해짐에 따라, 이를 주석한 『문선주』도 함께 중요해져 『맹자』를 향한 관심을 높이는 데 일조하였다는 평가를 받고 있다.[228]

이상의 유협과 이선, 그리고 유지기 등 당나라 초기까지의 『맹자』에 대한 수사학적 접근을 살펴보면, 『맹자』가 주요 비평 대상이었다기보다는 오경 등 다른 문헌의 문학성을 비평하면서 하나의 보조 자료로 인용하는 경우가 더 많았다. 『맹자』는 작문 공부에서 보충 교재의 성격을 지니고 있었다는 의미이다. 『맹자』의 문학적 가치를 호평하지만 오경 등보다는 한 수 아래에 두고 있는 그들의 사유를 읽을 수 있다.

그렇다면 작문 공부에서 보충 자료에 불과했던 『맹자』가 경전과 대등한 위치에서 글쓰기의 전범으로 존숭되기 시작한 시기는 언제일까? 『맹자』의 문학적 가치 존숭이 고조된 것은 바로 당나라 중기 한유에 의해서였다. 그의 문학론은 『맹자』의 양기론을 계승하였으며, 그의 산문은 『맹자』의 문체를 많이 닮아있다.[229]

한유가 『맹자』의 문장을 닮은 것은 그 문장뿐만이 아니라 그 내용까지 선호했기 때문이었다. 그는 "옛 도를 배우려고 한다면 반드시 그 문사까지 겸통해야 한다[欲學古道, 則應兼通其辭]"라고 하였다. 또한 "공자의 도를 알려면 『맹자』부터 읽어야 한다"고 하였다.[230] 한유가 보여준 『맹자』의 문학적 가치 존숭은 『맹자』의 도학적 측면에 대한 존숭과 함께 이루어졌다는 것이다.[231]

한유 이후 당·송대에서는 『맹자』의 사상적 가치와 문학적 가치를 모두 강조하는 분위기였다. 당나라 말기에는 두목(杜牧, 803~852)과 피일휴(皮日休, 834?~883?)의 산문이 『맹자』의 영향을 받았다고 전해지는데,[232] 피일휴는 특히 『맹자』를 경經으로 승격화하는 일을 앞당겼다고 평가받는다.[233] 그리고 이들은 한유의 영향을 받은 것으로 전해진다.

『맹자』의 문학적 가치를 다른 경전과 유사하게 여기며 존숭하는 태도는 송대에 완숙되었다. 송대는 『맹자』가 도학 방면에서 더 강조되는 시기이기도 하다. 사실, 『맹자』가 한유 이후 곧바로 문헌목록서의 경부經部에 오르지 못한 것처럼, 『맹자』의 문학적 가치를 다른 경전과 동일시하는 입장 또한 일정한 과도기를 거치게 되었다. 어떤 지식인은 맹자의 문장을 한유와 같은 등급에 놓았지만 어떤 지식인은 맹자의 문장을 육

경의 문장과 같은 등급에 놓으며 평가하기도 하였던 것이다.[234]

예컨대 유개(柳開, 947~1000)는 "문장은 육경과 『맹자』를 많이 본받아야 한다[所爲文章, 多祖六經及『孟子』]"[235]라고 하며 문학적 가치에 있어서 『맹자』를 육경과 동일선상에 놓고 있다. 이는 유협과 유지기가 『맹자』를 오경의 문장을 학습하면서 필요한 보충재로 간주했던 것과 차이가 있다는 점에서 특기할 만하다.

반면 비슷한 시기에 왕우칭(王禹偁, 954~1001)은 "요임금, 순임금, 주공, 그리고 공자의 책을 읽고, 맹자, 양웅, 한유, 유종원의 작품을 본받아야 한다"[236]라고 하며, 문장에 있어서 특히 『맹자』와 한유를 같은 등급으로 분류하며 성인들의 글과 구분하는 태도를 취했다.

소순, 소식(蘇軾, 1037~1101), 소철(蘇轍, 1039~1112) 삼부자 간에도 얼마간의 견해 차이를 엿볼 수 있다. 소순은 「상구양내한제일서上歐陽內翰第一書」에서 『맹자』의 문학적 가치를 호평하며 "맹자의 문장은 말이 간결하면서도 뜻이 극진합니다. 모나게 말하거나 딱 잘라 말하지 않는데도 그 예봉을 감히 범할 수가 없습니다. 한자韓子의 문장은 장강과 황하가 혼연하고 아득하게 흘러가는 것과 같습니다"[237]라 하며, 한유를 맹자의 비교 대상으로 삼고 있다.

그러나 소식은 『논어설論語說』에서 맹자의 논변술을 공자와 비교하며 다음과 같이 다른 의견을 제시하였다.

내가 『논어설論語說』에서 맹자와 논변한 부분이 여덟 곳이었다. 내가 논변을 좋아해서가 아니라 〈논변술에 있어서〉 맹자가 공자에 근접하다고 여겼기 때문이다. …… 그러므로 반드시 맹자와 논변을 한 것이니, 〈맹자와〉 논변을 하여 이긴다면 〈그 논변술이〉 공자에 달하는 것이다.[238]

맹자의 문장학적 역량이 공자에 비견된다는 견해이다. 일찍이 유협이 요임금 등의 문장을 공자가 더욱 발전시켰다며 공자의 문장학적 역량을 강조한 바 있다. 그런데 위 인용문에서는 소식이 『논어』를 주해하면서 맹자와 논변한 부분이 여덟 번이나 된 이유는, 맹자의 문장학적 역량이 성인 중에서도 가장 우수한 공자와 비등한 위치에 있다고 생각했기 때문이라고 분석하였다.

이러한 소식의 견해는 소철에게도 보이는데, 소철은 문장학적 측면뿐만이 아니라 사상적 측면에서도 공자와 맹자를 동일시하였다.[239] 이와 같은 내용으로 미루어보면, 소식과 소철은 『맹자』의 문학적 가치를 '경經'과 비등한 위치로 올려놓고자 했다고 유추할 수 있다.

소순과 소식 등 『맹자』의 문학적 가치를 높이 평가한 당대의 분위기는 주희에게도 영향을 주었다. 주희는 "동파東坡가 경전을 해석한 것은 매우 훌륭하지 않은 것이 없으니, 이는 그의 필력이 남보다 뛰어나서 (그가) 밝힌 것이 유난히 생기가 넘치기 때문인 듯하다"[240]라고 하였고, 또 "동파의 『서해書解』(소식의 『서경』 주석서)는 특별히 좋으니 그는 문세를 잘 본다"라고 하였다.[241]

이와 같은 발언을 미루어보면, 주희는 소식의 문학적 역량을 긍정적으로 평가하였으며, 아울러 경전의 문학적 가치를 인정하고 존숭하였음을 알 수 있다. 나아가 주희는 『맹자』를 글쓰기의 전범으로 삼고, 맹자를 최고의 문장가라고 생각하였다.[242]

주희는 게다가 『주자어류』에서 "내가 예전에 『논어』와 『맹자』를 읽으면서 나중에 『논어』나 『맹자』보다 수준 높은 글을 하나 쓰고 싶었는데 끝내 그러지 못했다"[243]라고 하였다. 이는 『논어』와 비등 혹은 대등한 위치로 『맹자』의 문학적 가치를 평가하였음을 알 수 있는 대목이다.

그가 『맹자』의 문장미를 얼마나 찬미하였는지 짐작할 수 있다. 이상으로 위진남북조 시대부터 당·송대까지 『맹자』의 문학적 가치가 향상되는 과정을 간략히 살펴보았다. 이상의 내용을 종합하면, 『맹자』의 문학적 가치 존숭은 위진남북조 시대에 단초를 보이다가, 한유가 이를 적극적으로 수용하여 발전시키고, 소식과 주희 등은 이를 완숙한 차원으로 만들며 그 가치를 더욱 높였다. 『맹자』의 사상적 가치에 대한 강조는 문학성의 강조와 그 궤를 같이 하는 것이다.

한편 도학가와 문학가가 모두 동일하게 『맹자』의 문학적 가치를 존숭한다는 점은 시사하는 바가 크다. 앞서 도표로 살펴본 바 있듯이, 그들에게 도道와 문文은 경중의 문제이지, 문학론의 전개에서 어느 한 쪽이 배제된 것이 아니었다. 유학 내부에서는 도와 문 중에서 어느 쪽을 중시하느냐에 따라 '문학가'와 '도학가'가 나누어질 수도 있지만, 외부적으로 보면 '문학가' 또한 '경학가'이자 유학자로, 이들이 경전의 도학적 가치를 완전히 부정하는 경우가 극히 드물다.

청대 진례(陳澧, 1810~1882)는 "경학經學과 이학理學을 좋아하는 사람도 『맹자』를 읽고, 고문을 좋아하는 사람도 『맹자』를 읽는다"[244]라고 하였다. 당·송대 이후에도 『맹자』는 꾸준히 그 문학성이 존숭되어 왔다. 의론체 산문을 공부하는 데 도움이 된다고 여겨지며, 과거시험의 주요한 문장교과서로도 기능하였다. 『맹자』의 수사학적 가치는 도학적 내용이라는 그늘 아래에 위치한 듯하나, 지식인들의 민낯은 그렇지 않았던 것이다. 그리고 이러한 현상은 한국과 일본에서도 마찬가지였으며,[245] 『시경』이나 『좌전』 등 다른 경전도 유사하였다.

선행 연구에서 수사학적 경전 해석을 '경전의 탈성화'로 본 사례도 있지만,[246] 이는 '도학가' 중심의 시각에서 재해석한 것으로 보인다. 그 실제에 다가가 보면, 유협─한유─주희 등으로 이어지는 '문본우경'의 발전적 계승은 경전과 문학의 양립을 꿈꾸는 도문일치의 사유를 근간으로 하고 있으며, 이는 양자를 상호 보완 관계로 파악하려는 시도임을 알 수 있다. 이는 경전의 본의로 돌아가기 위해 유가지학儒家之學 외에도 문장지학文章之學과 고거지학考據之學의 필요성을 인식한 문제의식에서 발원한 것이기도 하다.

III

중국의 수사학적
경전 해석

본 장은 중국의 대표적인 '수사학적『맹자』해석'을 살펴보고자 한다. 첫 번째 절에서는 의리 지향의 표상인 주희의『맹자집주孟子集注』에 수사학적 주석이 존재한다는 것을 밝힘으로써, 청대 이전에 '수사'가 경전 해석의 한 방법으로 주요한 역할을 했다는 사실을 거론하고자 한다. 이를 위해 우선 그의 문학관과 경전 해석 태도를 관찰하고 이것이 어떻게 수사학적 경전 해석으로 발현되었는지 어의語義 · 어법語法 · 어세語勢를 중심으로 고찰할 것이다.

두 번째 절에서는 우선 청대에 등장한 수사학적『맹자』주석서와 그 특징을 개관하고자 한다. 이후 그중에서 왜 우운진의『맹자논문孟子論文』을 본서의 연구 대상으로 삼는지 설명할 것이다. 아울러 우운진의 문학관과 경전 해석 태도, 그리고 수사학적 비평 대상을 살피고, 그의 문학관과 경전 해석 태도가 어떻게 수사학적『맹자』해석으로 발현되었는지 고찰하고자 한다. 나아가 한국 · 일본의 대표적인 수사학적 경전 주석서인 위백규의『맹자차의』및 히로세 탄소의『독맹자』와 대별되는 우운진의『맹자논문』이 갖는 수사학적 경전 해석의 특징을 알아보고자 한다.

1. 주희朱熹의 『맹자집주孟子集注』[1]

1) 그의 문학관과 경학관

① 문학관

마적고馬積高(1989)는 "이학理學이 문학文學에 미친 영향으로는 긍정적인 면을 거의 찾아볼 수 없다"[2]고 하며, 송대 성리학은 문학에 부정적인 영향을 미쳤다고 바라보았다. 그동안 학계에서는 도학과 문학은 서로 대척점에 있는 존재로 인식해 왔으며, 주희의 문학관 평가도 이와 크게 다르지 않았다.

최근의 연구에서도 주희는 다른 북송 시대 도학가들과 같이 문학을 경시하고 글쓰기 공부에 회의적인 입장을 취한 것으로 간주하고 있다. 오히려 특히 그가 성리학을 집대성한 종주宗主이기에, 다른 도학가들보다도 더 강경하게 문文을 부정하고 배척했다는 평가를 받기도 한다.[3]

그러나 일반적인 통념과 달리 주희는 문학에 우호적이었다. 실제로 송대 도학가들의 문학관을 논할 때 자주 인용되는 "작문해도作文害道"와 "문이재도文以載道"는 그가 한 말이 아니라, 정이(程頤, 1033~1107)[4]와 주돈이(周敦頤, 1017~1073)[5]의 논술에서 발췌한 것이다. 주희는 오히려 문학을 존중하였고, 시와 부, 그리고 작문作文 공부를 긍정하였다.『학림옥로鶴林玉露』권16에는 다음과 같은 일화가 있다.

호담암胡澹庵이 글을 올려 시인 열 명을 천거하였는데 주희가 그 안에 포함되어 있었다. 주희는 마음이 언짢아 다시는 시를 짓지 않겠다고 했지만 끝내 그만둘 수 없었다. 일찍이 장식張栻과 남악을 유람하였는데 서로 주고받은 시가 백여 편이나 되자 갑자기 두리번거리며 "우리 두 사람은 시에 너무 빠진 것이 아닐까요?"라고 하였다.[6]

시는 자신의 서정적인 감정을 운율에 맞춰 표현하는 글이다. 위 예문에서 보면 주희는 작시作詩를 상당히 좋아하였다는 사실을 알 수 있다. 시에 너무 깊숙이 열중하는 것을 걱정하면서도 그 멈출 수 없는 매력에 빠져있는 그의 모습을 엿볼 수 있다. 이는 작시를 폄하한 정이와 대조적인 모습이다.[7]

주희는 '시 짓기[作詩]'를 좋아할 뿐만 아니라,[8] 호전(胡銓, 1102~1180)이 시인 열다섯 명을 천거하였을 때 주희가 포함될 정도로 재능도 있었다.[9] 이 외에도 주희는 시문詩文과 설화說話가 지니는 효용성을 긍정하였으며,[10] 말년에 사부辭賦의 대표격인『초사楚辭』를 주석하여『초사집주楚辭集注』를 집필하였다. 이러한 배경 아래 전목錢穆은『주자신학안朱子新學案』(2011)에서 주희로 인해 경학 외에도 문장학이 다시 부흥하게 되었다고 평하기도 하였다.[11]

주희가 문학에 우호적인 입장을 취했다는 또 다른 증거는 글쓰기 공부의 필요성을 인정하였으며, 글을 지을 때 문장의 형식적인 측면도 상당히 중시하였다는 사실이다. 그는 다음과 같이 말하였다.

글을 잘 짓고자 한다면 모름지기 서한西漢 때의 글과, 한유·구양수·증공의 글을 취해야 한다.[12]

동파의 문장은 명쾌하고 소순의 글은 웅혼하여 더할 나위 없이 좋은 점이 있다. 구양수·증공·한유의 글과 같은 것을 어찌 보지 않을 수 있겠는가? 유종원의 글은 비록 완전히 좋은 것은 아니지만 또한 마땅히 택해야 한다.[13]

"글을 지을 줄 알아야 한다"고 하며 주희는 학생들에게 작문을 필수소양으로 제시하였다. 위 두 인용문에서 주희는 글쓰기 능력을 신장하려면 대표적인 고문가古文家의 글에서 보이는 형식적 특징을 파악해야 한다고 강조하였다.[14] 문장 기교 이해와 그 필요성을 피력한 것으로, 주희가 글쓰기 공부를 부정했을 것이라는 고정관념과 차이가 있다.

한유와 소식 등 고문가들은 주희에게 비판의 대상이었던 것으로 알려져 있다. 그러나 그가 당송고문가를 비난하는 대목을 세심하게 살펴보면, 이는 그들의 글에 담긴 사상을 반대한 것이지 그 문장의 형식미는 오히려 긍정한 경우가 많다.[15] 그리고 주희와 당송고문가의 문장관을 서로 비교해보면 의외로 유사한 지점이 많다.[16] 주희는 '고문古文'의 문체를 선호하였으며,[17] 막여봉莫礪鋒(2000)은 "주희의 산문은 고문으로도 훌륭하다"고 평하기도 하였다.[18] 그는 선진양한 텍스트는 물론 그중에서 '육경'을 문장의 근본으로 삼았다.

주희가 '육경을 작문의 전범으로 삼았다[文本于經]'는 사실은 주목할 만하다. 앞서 살펴보았듯이, 문본우경文本于經은 문예비평서의 시초라 할 수 있는 유협의 『문심조룡』에서 시작하여 당송 고문가들까지 유학자들의 보편적인 문학관이었다. 도학가들 또한 육경을 작문의 모범으로 간주하였으며, 이에 대한 논의는 학계에서 지속적으로 눈여겨 왔다. 도道

와 문文의 관계를 중심으로 논의한 것이 그것이거니와, 도의 내용은 기실 경전이었기 때문이다.

성인의 글을 문장의 전범으로 삼는다는 것은 어쩌면 식상한 이야기일 수도 있다. 유학자라면 대개 육경을 해득解得하면 작문 실력도 향상된다고 생각했기 때문이다. 그러나 『주자어류』나 『주문공문집』에서 주희가 성인의 글을 평가하는 구절을 살펴보면 조금 특별한 지점을 찾을수 있다.

성현의 말씀은 투박하게 말한 것이든 세밀하게 말한 것이든 모두 투철하게 이해해야 한다.[19]

저 성인이 한 글자를 말한 것은 그대로 한 글자의 뜻이니 스스로 단지 마음을 평이하게 하고 그것을 헤아려야 한다. 추호도 두찬杜撰하지 말고 있는 그대로 보아야 한다. 내가 예전에 두찬하여 말해보았으나 결국 도움이 되지 않았다. 지금에서야 분명하게 이해하여 성인의 한마디 한마디가 나를 속이지 않았음을 깨달았다. …… 성인의 말씀은 한 글자도 모자라지 않고 한 글자도 남지 않고 꼭 맞아서 모두 조금이라도 천착한 것이 없다.[20]

여기서 주목해야 할 사실은 주희가 경전의 내용적 측면이 아닌 형식적 측면을 근거로 작문의 전범으로 삼아야 한다고 주장했다는 점이다. 글에 담긴 도학적인 내용은 물론, 표현 기교나 문장 형식 등 문학적 요소를 근거로 성인의 글을 호평했다. 그리고 그는 형식적으로 완벽한 글은 분명 달의명리達意明理에 도움이 될 것으로 보았다.

주희는 유협이나 한유 등과 같이 경전을 문장의 본보기로 삼고 그 형식적 측면의 우수성을 칭송하였다. 성인의 도를 공부하는 동시에 성인의 글이 지닌 문예적 측면도 마땅히 공부하고 연마해야 한다는 입장을 취하였던 것이다. 그리고 이러한 태도를 육경을 넘어 『맹자』에도 확대 적용하였다. 주희는 『맹자』 독서가 주는 효과를 다음과 같이 설명하였다.

> 『맹자』를 읽으면 그 의리를 알 수 있을 뿐 아니라 숙독한다면 글을 쓰는 방법을 깨닫게 될 것이다. 머리와 꼬리가 조응하며 혈맥이 관통하고 말뜻이 반복되며 명백하고 준결하여 한 글자도 쓸모없는 것이 없다. 사람이 만약 이와 같이 글을 지을 수 있다면 일등의 문장일 것이다.[21]

위 인용문은 마치 한유나 소식이 『맹자』의 문학적 우수성을 비평한 것처럼 보인다. 주희는 『맹자』의 수사 기교를 호평하며, 『맹자』를 읽으면 의리義理 외에도 작문 공부에 도움이 된다고 하였다. 아울러 그를 최고의 문장가로 칭송하였다. 그가 『맹자』 등 경전의 문장미를 얼마나 찬미하고 문장의 모범으로 삼고 학습하였는지 짐작할 수 있다.

② 문의文義와 훈고를 통한 의리 해석

주희는 책을 읽을 때 '허심虛心', 즉 마음 비움을 강조하였다. 그는 다음과 같이 말하였다.

> 책을 읽다가 어려운 부분을 만나면, 우선 마음을 비우고 〈본문의〉 의미를 찾아야 한다. 때로는 생각하여 풀리기도 하지만, 오히려 생각을 없애 마음을 비울 때 〈본래의 의미를〉 깨닫게 된다.[22]

위 인용문에서 주희는 자신의 사사로운 생각을 배제하고 본문에 의

거하여 글을 읽어야 한다고 주장하고 있다. 이러한 견해는 『주자어류』권11 「독서법」 하에서 특히 눈에 띈다. 그는 경서의 의리를 탐구할 때도,[23] 문장을 살필 때도,[24] 사사로운 견해를 배제하고 객관적인 태도로 본문에 의거하여 글을 해석해야 한다고 지적하고 있다. 그리고 허심을 강조하는 그의 독서 자세는 그의 경전 해석 태도에도 반영되었다.

주희의 경전 해석은 주로 '의리'라는 측면에서 주목받았다. 그러나 그의 경전 주석을 면밀히 살펴보면 보다 복합적인 양상을 띠고 있다. 그는 훈고를 사소한 것이라고 하며 중요한 것[義理]과는 확실히 차별화하면서도 훈고가 『논어』나 『맹자』를 읽을 때 도움을 준다는 점을 인정하였다.[25]

그는 송대 도학가 중에서 상대적으로 '훈고'를 중시하였기 때문에,[26] 의리로 경전을 해석하길 좋아했던 장식(張栻, 1133~1180)은 주희가 경전을 해석하면서 훈고를 이용하는 것을 옳지 않게 여기기도 했다.[27] 이러한 사실을 바탕으로 속경남束景南(2015)은 주희의 경전 해석은 훈고와 의리를 겸하는 게 특징이라고 평하였다.[28]

그러나 과연 주희는 의리와 훈고 두 가지만 고려하며 경전을 해석하였을까? 막여봉莫礪鋒(2000)은 "주희가 학생을 위하여 유가 경전을 강의할 때에도 역시 항상 그들을 깨우쳐 문학적인 요소에 주의하게 하였다"[29]고 하였다. 이 발언은 의리와 훈고 외에도 주희가 '문의文義'를 경전 해석 방법으로 고려하였다는 것을 짐작케 한다. 그는 다음과 같이 말하였다.

경전의 요지는 위아래 문의文義를 자세히 살펴야 한다. 명수名數나 제도制度 같은 것은 대략 알면 되지, 그다지 깊이 들어갈 필요가 없다. 학문에 방해가 되기 때문이다.[30]

위 인용문에서 말하는 "명수名數나 제도制度"는 훈고학적 해석으로, 주희는 훈고를 참고할 만은 하나 천착해서는 안 된다고 주장했다. 대신 그는 경전을 읽을 때 문장의 맥락을 이해하며 문의를 파악하는 게 중요하다고 강조했다. 경전 해석에 있어 훈고보다 문장 구조나 표현 기교 등 수사학적 요소를 더 긴밀하게 살펴야 한다는 얘기이다. 문의 이해의 중요성을 그는 다음 글에서 보다 구체적으로 말하고 있다.[31]

이 해석의 체제는 장구를 해석한 것이 아닙니다. 기상은 고원하지만 문의文義를 간략하게라도 설명하지 않고, 자기의 뜻으로 주장을 세웠으며, 또 혹 별도로 논외의 글자를 써서 갖다 붙이는 바람에 맥락이 이어지지 않아서 모르는 사람은 갈수록 헷갈리고 조금 아는 사람은 줄곧 지루하다고 여길 것입니다. …… 또한 『역전易傳』이 너무 상세하다고 하나 반드시 글자의 뜻을 먼저 해석하고 다음으로 문의를 해석한 뒤 근본을 추론하여서 자세히 말한 것입니다. 그 얕고 깊음, 가깝고 멂, 상세하고 세밀함이 차례가 있으니, 이것(『맹자』「고자」편의 해석)처럼 성급하고 번잡하지는 않습니다.[32]

위 인용문에서 주희는 당대 학자들이 경전을 해석할 때 갖고 있던 두 가지 경향을 비판하였다. 하나는, 장구를 배제하고 현묘한 담설을 늘어놓으며, 문의를 파악하지 않고 자기 뜻으로 입론하는 방법으로, 오직 '의리'만을 추구하는 태도를 일컫는다. 다른 하나는, 장구를 지리하고 번쇄하게 해석하며, 번거로운 증명과 해박한 인용을 좋아하여 해석을 경문보다 더 고상하게 하는 방법으로, 오직 '훈고'만을 추구하는 경향을 가리킨다. 주희는 훈고나 의리 중 한쪽으로 치우친 경전 해석을 경계하였다.

주희는 문의를 훈고나 의리에 치우친 경전 해석의 대안으로 제시하였다. 허심의 태도로 경문을 대해야 하며, 경문에 의거하여 경전을 해석할 때 문의를 주요 근거로 삼아야 한다고 주장한 것이다. 이는 그가 경전을 독해할 때 '어의, 어법, 어세 등 수사학적 요소'를 파악하는 데 주력하며, 이를 통해 경전의 근본적인 의미[義理]를 탐색할 것을 피력한 것으로 이해할 수 있다.

　　문의를 통한 경문 해석 태도는 주희가 『맹자』를 독해할 때도 적용되었다. 『맹자』를 읽으면서 그는 의리를 고구하는 데 주의했을 뿐 아니라 문장의 맥락이나 문장의 기세 등 문학적 요소도 중시하였다. 그는 다음과 같이 말하였다.

　　나는 열일고여덟 살 때부터 〈『맹자』를〉 읽었는데 스무 살에 이르러서도 단지 구를 따라 이해하였을 뿐, 전체를 두루 통찰하지는 못하였다. 스무 살 이후에야 비로소 이렇게 읽어서는 안 된다는 것을 알게 되었다. 본디 수많은 긴 단락은 모두 앞뒤가 서로 호응하고 문맥이 서로 통하나, 다만 이렇게 숙독해야만 그 의미를 저절로 깨달을 수 있다. 그때부터 『맹자』를 보니 의미가 지극히 명쾌하였고 또 그로 인해 글을 쓰는 법을 깨우치게 되었다.[33]

　　위 인용문은 『맹자』를 독해할 때 어세나 어법 등 수사학적 요소의 이해가 필요하다며, 이는 『맹자』의 내용을 이해하는 데 도움을 줄 뿐만이 아니라 글쓰기 능력 향상에도 도움을 준다고 주장하고 있다. 주희는 또한 "책을 읽을 때는 반드시 그 문세와 어맥을 보아야 한다"[34]라고 하였다. 이를 통해 그가 표현 기교나 문장 형식 등을 장악하는 과정이 경문을 풀이하는 데 반드시 필요하다고 생각하였음을 알 수 있다.

2) 『맹자집주』의 수사학적 해석

앞서 언급하였듯이 주희는 문학을 긍정하는 태도를 지녔다. 작문 공부의 필요성을 인정하였고, 경전의 문학성을 호평하며 글쓰기의 모범으로 삼았다. 또한 독서 시 허심虛心을 강조하는 그의 태도는 경전을 해석할 때, 의리나 훈고 외에도 문의를 중시하게 하였다.

그의 글쓰기 공부와 경전의 문학적 측면에 대한 관심은 『맹자집주』에도 반영되어 있다. 『맹자』 읽기는 내재적 수사학(경문의 수사학적 요소 이해)과 외재적 수사학(작문 능력 향상) 역량 강화에 도움을 준다고 생각했기 때문이다. 주희도 수사학을 경전 해석의 한 방법으로 적용하였다는 의미로 풀이할 수 있다. 여기에서는 그의 수사학적 경전 해석이 어떤 특징을 지니고 있는지 『맹자집주』를 중심으로 고찰해 보도록 하겠다.

① 전반적 특징

필자가 살펴본 결과, 『맹자집주』에서 주희가 『맹자』에 담긴 수사학적 요소를 주석한 부분은 의외로 많다. 본 장에서는 그 전반적인 특징을 개괄하고자 한다.[35]

양적 측면에서 살펴보면, 주희가 수사학적 주석을 많이 붙인 장은 「양혜왕」 상(14), 「공손추」 상(15), 「등문공」 상(18), 「고자」 상(8), 「진심」 상(9)이다. 괄호 안의 숫자는 각 편篇에 보이는 수사학적 경전 해석의 수이다. 특히 허행장이나 곡속장처럼 길이가 긴 장章에 수사학적 분석을 곁들이는 경우가 많다. 이는 문장이 긴 경우 내용을 이해하기 위해 그 수사법에 대한 보다 면밀한 분석이 필요하기 때문으로 보인다.

그 수사학적 경전 주석의 내용을 살펴보면, 주희는 『맹자』에 담긴 수사법에 대해서는 인용법, 질문법, 반복법, 서차법, 예시법, 생략법 등을 주로 언급을 하였다. 또한 앞뒤 문장의 맥락을 통해『맹자』를 이해하려는 시도 또한 잦은 편이었는데, 주희의 편장 구성법 분석 또한 그가 글의 맥락을 중시하였다는 사실을 보여준다.[36]

문세를 드물게 주석한 것도 주희의 수사학적 해석의 특징이다. 우운진의『맹자논문』의 경우『맹자』의 문세를 중점적으로 분석하였다. 또한 위백규의『맹자차의』나 히로세 탄소의『독맹자』도 문세를 종종 언급하였다.[37] 이에 비해 주희의『맹자집주』는 문세나 어기를 언급하는 경우는 두 번에 그치며 이 또한 자세하지 못하다.[38]

이상의 논의를 종합하면,『맹자집주』에 담긴 수사학적 경전 해석은 다음 다섯 가지 특징을 지닌다.

(ㄱ) 긴 문장의 수사적 특징을 분석하는 경우가 많음

(ㄴ) 인용법 · 제문법 · 반복법 · 서차법 · 예시법 · 생략법 등의 수사법을 언급하는 경우가 많음

(ㄷ) 문장의 맥락을 중시함 (예) 편장 구조 분석

(ㄹ) '문세'를 언급하는 경우가 비교적 적음

(ㅁ) 수사학적 요소를 통해 의리를 설명

다음부터는 어의, 어법, 그리고 어세를 중심으로 그 사례를 구체적으로 살펴보도록 하겠다.

② 주요 사례

㉠ 어의語義

『맹자집주』에 담긴 주희의 어의 해석 중에서 가장 큰 특징은 수사법 분석을 통해『맹자』의 철학적 내용을 설명하였다는 점이다. 주희는『맹

자』에 특정한 수사법이 쓰인 데에는 의도와 이유가 있을 것이라 간주하고, 이를 유학의 철학 및 사상적 내용[義理]을 설명하는 데 사용하였다. 이는 어의 분석에 해당하며 『맹자집주』에 담긴 주희의 수사학적 해석의 큰 특징이기도 하다. 세 가지 사례를 통해 이를 살펴보도록 하겠다.

「양혜왕」 상 1장의 마지막 구절 "王亦曰仁義而已矣. 何必曰利?[왕께서는 또한 인의를 말씀하셔야 할 것입니다. 하필 이로움을 말씀하십니까?]"의 주석에서 주희는 사마천과 정자의 말을 다음과 같이 인용하였다.

> (사마천의 말) 아, 리利는 진실로 난亂의 시초이다. 부자께서 리를 드물게 말씀하신 것은 항상 그 난의 근원을 막으려 하신 것이다. …… (정자의 말) 이때를 당하여 천하 사람들이 오직 리만을 추구하고 다시 인의가 있음을 알지 못하였다. 그러므로 맹자께서 인의를 말씀하시고 리를 말씀하지 않았으니, 뿌리를 뽑고 근원을 막아서 그 폐단을 바로잡으신 것이다. 이것이 성현의 마음이시다.[39]

주희는 『맹자』의 해당 경문에서 생략법을 사용하였다고 보았다. 맹자는 '리利'자를 거론하지 않고자 했다는 것이다. 그리고 맹자가 생략법을 사용한 것에는 의도가 있다고 생각했다. '축리逐利'의 폐단을 근원부터 잘라내기 위해서 '리'자를 언급하는 것을 극구 거부했다는 주장이다. 생략법은 말을 하지 않음으로써 여운이나 암시를 주는 역할을 한다.

맹자가 '리'의 폐단을 없애기 위해 생략법을 사용한 사실은 사마천과 정자도 이미 설명했던 바이다. 주희는 두 인물의 말을 모두 인용하며 『맹자』의 핵심 사상은 리를 없애고 인의를 따르는 것—존천리거인욕存天理去人欲—이라고 강조하고 있다.

이러한 주희의 수사학적 해석은 본서에서 연구 대상으로 삼는 다른 주석서와 비교해 봤을 때 같은 점과 다른 점을 모두 갖고 있다. 우운진의 경우, "王亦曰仁義而已矣. 何必曰利?"이라는 해당 구절은 앞에 나온 문장 "王何必曰利? 亦有仁義而已矣"의 순서만 바뀐 것으로, 이렇게 장을 끝맺은 것이 기묘하다는 등 어법 분석과 함께 그 심미적 감흥을 서술하였다.[40] 『맹자』의 해당 구절에서 어의가 아닌 어세에 보다 관심이 있었던 것이다.[41]

위백규는 수사법을 통해 어의를 설명했다.[42] 맹자의 수사법이 갖는 의도가 '인의(仁義)'를 강조하고 '리'의 폐단을 막기 위해서였다는 관점은 주희와 위백규가 서로 일치한다. 그러나 오히려 위백규는 맹자가 '인의'와 '리' 두 단어를 거론하였다는 사실을 언급하였다. 같은 구절이라 하더라도 주희는 생략법을 사용하였다고 본 반면, 위백규는 화제 제시법을 사용하였다고 본 것이다.[43]

히로세 탄소의 수사학적 해석 또한 주희와 상이하다.[44] 히로세 탄소도 구법(句法)에 관심을 보였지만 문장 구조가 바뀐 점을 지적하지는 않았다. '호응법'(혹은 조응법)에 주목하며, 히로세 탄소는 「양혜왕」 상 1장의 경문 "王亦曰仁義而已矣. 何必曰利?"라는 구절이 이전 문장 "王何必曰利? 亦有仁義而已矣"와 호응을 이룬다고 하였다.[45]

두 번째 사례이다. 「등문공」 상 1장의 "滕文公爲世子, 將之楚, 過宋而見孟子. 孟子道性善, 言必稱堯舜[등문공이 세자였을 때에 장차 초나라로 가려할 때 송나라를 지나다가 맹자를 만나 뵈었다. 맹자께서 성선을 말씀하시되 말씀마다 반드시 요순을 칭하셨다]"라는 문장이 있다. 주희는 이 문장의 자법(字法)에 관심을 보이며 다음과 같이 정자의 말을 인용하였다.

성(性)은 바로 리(理)이다. 천하의 리가 나온 바를 근원해 보면 선(善)하지 않음이 있지 않으니, 희로애락이 발하지 않았을 때에 어찌 일찍이 선하지 않겠는가. (희로애락이) 발하여 절도에 맞으면 가는 곳마다 선하지 않음이 없는 것이요, 발하여 절도에 맞지 않은 뒤에야 선하지 않음이 된다. 그러므로 무릇 성선性善을 말할 때에 선善을 먼저 말하고 악惡을 뒤에 말하며, 길흉吉凶을 말할 때에는 길吉을 먼저 말하고 흉凶을 뒤에 말하며, 시비是非를 말할 때에 모두 시是를 먼저 말하고 비非를 뒤에 말하는 것이다.[46]

위 인용문에서 주희는 인간이 지닌 본질적 속성은 '악惡'이 아닌 '선善'이라고 피력하였다. 그리고 그 논거로 단어의 서차법을 제시하였다. 서차법이란 독자가 알기 쉽도록 일정한 순서로 단어나 문장을 배열하는 표현법이다. 대개 쉬운 것에서 어려운 것으로, 알고 있는 것에서 모르는 것으로, 본질적인 것에서 비본질적인 것으로의 차례로 이야기를 서술한다.

해당 경문에는 '선악善惡'이라는 단어가 존재하지 않는다. "맹자께서 성선을 말함[孟子道性善]"이라는 구절이 있을 뿐이다. 하지만 이 구절을 토대로 주희는 당시 사람들이 '악선惡善'이 아닌 '선악'이라는 표현을 사용하는 것까지 화제의 폭을 넓혔다. 그리고 그 이유는 바로 선善이 인간의 선천적 본성이기 때문에 사람들은 '선'자를 먼저 언급한 것이라고 주장하였다. 단어 배열의 선후에 함의가 있다고 생각하며, 주희는 서차법을 이용하여 성선설을 설명했다.[47]

주희의 이러한 수사학적 분석은 본서에서 연구 대상으로 삼는 다른 주석서에서는 보이지 않는다. 우운진의 경우 어세에 보다 주의를 기울이며, "孟子道性善, 言必稱堯舜"이라는 경문에 권(○)을 찍으며 "두 어절로 요약한 것이 기묘하다"고 품평하였다.[48] 이황과 위백규, 그리고 히로세 탄소는 해당 구절에 주석을 남기지 않았다. 주희는 경문에서 거론하지 않은 단어까지 언급하며 논의를 전개했다는 점에서 그가 얼마나 성선론을 『맹자』에서 부각하고자 하였는지 유추할 수 있다.

마지막으로 세 번째 사례는 「고자」 상 5장이다. "季子聞之曰: '敬叔父則敬, 敬弟則敬, 果在外, 非由內也.' 公都子曰: '冬日則飲湯, 夏日則飲水, 然則飲食亦在外也'[맹계자가 이 말을 듣고 말하였다. '숙부를 공경하게 되면 숙부를 공경하고, 아우를 공경하게 되면 아우를 공경하니, 과연 의는 외면에 있는 것이지, 내면으로부터 말미암는 것이 아니다.' 공도자가 말하였다. '겨울철에는 끓는 물을 마시고 여름철에는 찬물을 마시니, 그렇다면 마시고 먹는 것도 또한 외면에 있는 것이로다]"라는 문장을 주희는 다음과 같이 주석하였다.

두 장의 문답은 대지大指가 대략 유사하다. 모두 반복 비유를 통해 당시 세상 사람들을 깨우쳐 인의仁義가 내면에 있음을 깨닫게 한 것이니, 그렇다면 사람의 성性이 선善하여 모두 요순이 될 수 있음을 알게 될 것이다.[49]

위 제시문에서 주희는 경문의 비유법과 반복법에 주목하였다. 맹자가 「고자」 상 4장[50]과 5장에서 "구운 고기[炙]", "끓는 물[湯]과 찬물[水]" 등 비유법을 반복해서 적용한 연유는 듣는 사람을 계속 자극하여 자신의 마음속에 '선한 마음'이 실재한다는 것을 스스로 미루어 볼 수 있도록 하기 위한 장치라는 것이다.

맹자의 사단지심을 설명하면서 주희는 사단의 근거가 인간의 마음속에 내재한다고 주장하였다.[51] 마치 따사로운 햇볕이 나무의 꽃을 피우기 위해 싹을 돋우는 것처럼, 인간의 사단지심을 반복적인 비유법으로 자극하면서 독자 스스로 자신의 선한 마음을 깨우칠 수 있도록 했다고 그는 풀이하였다. 주희는 맹자의 수사법에 인간의 본성이 선함을 깨우치기 위한 염원이 있을 것이라 본 것이다. 이를 통해 수사법과 의리를 연결하여 경문의 본의를 해석하고자 하는 주희의 노력을 엿볼 수 있다.

주희의 이러한 수사학적 해석은 본서에서 연구 대상으로 삼는 다른 주석서와 견주어 봤을 때 같은 점과 다른 점을 동시에 보인다. 우운진은 비유법보다는 매듭법에 관심을 보이며 심미적 감흥―어세―을 서술하였다. "冬日則飮湯, 夏日則飮水, 然則飮食亦在外也?"라는 경문에 권(O)을 찍으며, "공도자의 말로 장을 끝맺은 점이 좋다"고 평하였다.[52]

위백규의 경우 해당 구절의 어의를 풀이하며 다른 수사법에 흥미를 보였다.[53] 맹계자孟季子의 자법, 즉 '과果'자를 사용한 것을 지목하며 "남의 말을 뒤집을 줄 알았으니 그는 완전한 바보는 아니다"라며 맹계자의 수사학적 능력은 물론 지적 능력을 평가하였다.[54]

ⓛ 어법語法

앞서 언급하였듯이, 주희의 수사학적 경전 해석의 전반적 특징 중 하나는 어법 분석이 상대적으로 많다는 사실이다. 여기서는 그 대표적인 사례 세 가지만을 선별하여 살펴보도록 하겠다.

첫 번째 사례이다. 「양혜왕」 상 1장 "孟子對曰: '王何必曰利. 亦有仁義而已矣'[맹자가 대답하였다. '왕은 하필이면 이익을 말씀하십니까? 인의가 있을 뿐입니다']"라는 구절에 주희는 다음과 같이 주석하였다.

이 두 구절은 바로 한 장(「양혜왕」 상 1장)의 대지大指인데, 아래의 글에서 마침내 상세하게 이를 말씀하였으니 뒤에도 이와 같은 부분이 많다.[55]

위 인용문에서 주희는 『맹자』의 구법에 관심을 보이며 대지를 먼저 이야기한 뒤 그 다음 자세한 설명을 곁들였다고 하였다. 괄진법이란 앞의 내용 혹은 뒤에 나올 내용을 한 마디 또는 한 문장으로 요약하여 말하는 수사법을 가리킨다. 이러한 점에서 괄진법은 요약법과 유사하다.

앞에서 먼저 '요약'하느냐 혹은 사례를 상세하게 제시한 후 뒤에서 '요약'하느냐의 차이가 있으며, 위 인용문에서 주희는 '앞에서 먼저 요약한 사례'를 거론하였다.

실제로 『맹자』에서 해당 구절 다음에 나오는 문장을 보면, 이익을 언급했을 경우의 폐단을 상세히 나열하였다.[56] 왕이 이익을 거론한다면 대부大夫와 사서인士庶人 등이 서로 자기 사욕을 채우기 위해 앞장설 것이기 때문에 궁극적으로 나라를 위태롭게 한다고 설명하였다. 그리고 인과 의를 화제로 언급할 경우 어버이에 대한 효도와 군주에 대한 충성 등을 가져올 것이라며 그 장점을 구체적으로 제시하였다.

주희는 괄진법을 『맹자』 전체에서 보이는 주요 수사법으로 판단하였다. 『주자어류』에서 "『맹자』는 매 장마다 설명하고 나서 또다시 스스로 〈자신의 설명을〉 풀이했다. …… 그래서 후일에 소순도 그의 말을 끌어다가 글을 지었다. 반드시 숙독해야만 그 맛을 알게 된다"[57]라고 하며, 소순의 글 또한 『맹자』의 괄진법을 본받았다고 밝혔다.

주희의 이러한 수사학적 해석은 본서에서 연구 대상으로 삼는 다른 주석서와 비교했을 때 같은 점과 다른 점을 모두 갖고 있다. 우운진은 "한번은 정제되고 한번은 호탕하니, 문체가 험준하다[一截一宕, 落筆崏然]"라고 하며,[58] 해당 구절이 주는 심미적 감흥을 서술하며 어세에 주의를 기울였다.

위백규는 주희와 마찬가지로 어의를 설명하였으며, 이를 '괄진법'이 아닌 '예시법'으로 보며 그 대화 맥락을 설명하는 데 힘썼다.[59] 해당 경문은 양혜왕이 깨닫지 못할 것을 염려하여 인의가 가져올 이로움과 리利가 가져올 폐단을 상세하게 부연 설명한 것이며, 양혜왕의 입장에서 치국에 주는 이로움을 구체적 사례로 나열하였다고 위백규는 분석했다.

히로세 탄소는 해당 구절의 구법에 관심을 보였다.[60] 그는 "王何必曰利. 亦有仁義而已矣"라는 구절이 「양혜왕」상 1장의 주제라고 이야기하였다. 또 옛 성현의 어법임을 밝히며 일본 고문사파의 특징 중 하나인 고문과 금문을 구분하는 태도를 히로세 탄소는 내비쳤다.

두 번째 사례로는 주희가 인용법을 논한 부분으로, 허행장許行章이라 불리는 「등문공」상 4장이다. "然則治天下, 獨可耕且爲與? 有大人之事, 有小人之事. 且一人之身而百工之所爲備, 如必自爲而後, 用之, 是率天下而路也. 故曰: '或勞心, 或勞力, 勞心者治人, 勞力者治於人.' 治於人者食人, 治人者食於人, 天下之通義也[그렇다면 천하를 다스리는 일은 유독 농사를 지으면서 할 수 있다는 것인가? 대인의 일이 있고, 소인의 일이 있네. 그리고 한 사람의 몸에 백공이 만든 것들이 모두 필요한데, 만일 반드시 모두 직접 만든 뒤에 쓴다면 이는 천하 사람을 몰아 길에서 분주히 왕래하게 하는 것이네. 그러므로 옛말에 이르기를 '어떤 사람은 마음을 수고롭게 하고, 어떤 사람은 힘을 수고롭게 하니, 마음을 수고롭게 하는 자는 남을 다스리고, 힘을 수고롭게 하는 자는 남의 다스림을 받는다'라고 하였네. 남의 다스림을 받는 자는 남을 먹여 살리고, 남을 다스리는 자는 남에게 얻어먹는 것이 천하의 공통된 도리일세]"라는 문장을 주희는 다음과 같이 주석하였다.

이 네 구절은 모두 옛 말씀인데 맹자가 인용한 것이다.[61]

위 인용문에서 말한 네 구절은 "고왈故曰" 다음에 나오는 "어떤 사람은 마음을 수고롭게 하고, 어떤 사람은 힘을 수고롭게 하니, 마음을 수고롭게 하는 자는 남을 다스리고, 힘을 수고롭게 하는 자는 남의 다스림을 받는다[或勞心, 或勞力, 勞心者治人, 勞力者治於人]"를 가리킨다. 『맹자』경문에서는 이것이 옛말이라고 밝히지 않았지만, 주희는 이것이 옛 말씀을 인용한 것이라고 하였다. 경문에서 사용된 인용법에 주희는 관심을 보인 것이다.

이와 같은 주희의 인용법 언급은 본문 교감의 성격을 띠고 있다. 왜냐하면 해당 구절의 선두에 있는 "연즉然則"이라는 두 글자 앞에 '왈曰'자가 없으므로 연즉然則 이후의 말이 누구의 말인지 알 수 없기 때문이다. 따라서 연즉然則부터 "天下之通義也"까지는 모두 맹자의 말이고, "或勞心, 或勞力, 勞心者治人, 勞力者治於人"이라는 네 구절은 다른 사람의 말을 인용한 것임을 밝히며, 주희는 이것이 '고어古語'라고까지 명시하였다.[62]

주희의 이러한 수사학적 해석은 본서에서 연구 대상으로 삼는 다른 주석서와 비교했을 때 같은 점과 다른 점을 동시에 보인다. 우운진은 어세에 주목하며 "영혼이 맑고, 새소리가 맑다"라고 하였다.[63] 해당 구절이 주는 심미적 감흥을 서술한 것이다. 이황은 주희와 마찬가지로 인용문에 관심을 보였으며, 어감語感, 즉 어세를 근거로 주희와 다른 견해를 제시하였다. 인용문은 네 구절이 아닌 여섯 구절이라고 주장한 것이다.[64]

위백규는 인용문을 따로 주목하진 않았다. "이 아래는 흡사 용문이 뚫려서 황하가 힘차게 흘러가는 듯하다"라며,[65] 그는 전체 문장이 주는 심미적 감흥을 서술하였다. 히로세 탄소는 해당 구절에는 아무런 주석을 남기지 않았다. 다만 같은 장에서 다른 인용문("勞之來之")에 관심을 보이며 주희와 이견을 제시하였으며, 이는 뒤에서 상술하도록 하겠다.

마지막으로 세 번째 사례를 살펴보도록 하겠다. 「만장」상 6장 "伊尹相湯, 以王於天下, 湯崩, 太丁未立, 外丙二年, 仲壬四年. 太甲顚覆湯之典刑, 伊尹放之於桐三年. 太甲悔過, 自怨自艾, 於桐處仁遷義三年, 以聽伊尹之訓己也, 復歸于亳[이윤이 탕을 도와 천하에 왕 노릇하게 하였는데,

탕이 돌아가시거늘 태정은 즉위하지 못하고 죽었으며, 외병은 재위 2년 만에 죽었고, 중임은 재위 4년 만에 죽었다. 태갑이 탕의 법도를 전복시키자, 이윤이 그를 동 땅에 3년 동안 가둬 놓았다. 태갑이 자신의 과오를 뉘우쳐 자기 자신을 원망하고 다스려 동 땅에서 인에 처하고 의에 옮기기를 3년 동안 하여 이윤이 자기 자신에게 훈계한 것을 받아들였기 때문에 다시 박읍으로 돌아왔다]"라는 경문 아래 주희는 다음과 같이 주석하였다.

이것은 윗글을 이어서 이윤이 천하를 소유하지 못한 일을 말씀하신 것이다.[66]

이 인용문에서 주희는 『맹자』의 구법句法 중에서도 문장배열법을 풀이하였다. 윗 문장과 아래 문장은 서로 연결되어 있다는 논리이며, 『주자어류』에서 그가 독서를 할 때 상하 맥락을 잘 살펴야 한다고 강조한 것을 연상케 한다. 인용문에서 말하는 위 구절은 "대를 이어 천하를 소유하는 것에도 하늘이 폐하는 바는 반드시 걸주와 같은 경우이다. 그러므로 익과 이윤과 주공이 천하를 소유하지 못한 것이다[繼世而有天下, 天之所廢, 必若桀紂者也. 故益伊尹周公, 不有天下]"[67]를 가리킨다. 주희는 맹자가 익과 이윤, 그리고 주공이 천하를 소유하지 못한 이유를 위 문장에서 간략하게 설명을 하고, 그 다음 문장에서 이윤의 사례를 들어 자세한 설명을 덧붙였다고 보았다. 그는 해당 구절의 거례법擧例法에 관심을 보인 것이다.

주희의 이러한 수사학적 해석은 본서에서 연구 대상으로 삼는 다른 주석서와 비교해봤을 때 같은 점과 다른 점을 동시에 보인다. 우운진은 주희와 마찬가지로 이윤의 일을 서술하였다는 사실을 지목하였다는 점은 주희와 같으나 그 서술법이 '간명'하다는 인상평을 남겼다.[68] 우운진의 주석은 주희보다 수사학적 접근의 특징을 더 강하게 띠며, 어세에 관심이 기울어 있음을 알 수 있다.

Ⓒ 어세語勢

앞서 언급하였듯이, 주희의 수사학적 경전 해석은 어세 분석이 소략하다. 문세나 어기를 언급하는 경우는 두 번에 그치며 이 또한 면밀하지 않다. 「공손추」 상 1장에서 염백우, 민자건, 안연은 덕행이 있어서 말투가 친절하다고 하였는데 이는 『맹자』의 어세를 분석한 것이 아니라 이 세 사람 말투의 특징을 술회한 것일 뿐이다.

이 외에 「고자」 하 2장에서 조교曹交의 질문이 거칠고 투박하다고 보았다. 이것이 말투 때문인지 질문의 내용 때문인지는 구체적인 서술이 없어 자세히 알기 어렵다. 심미적인 감상평이라는 뚜렷한 성격을 지닌 것도 아니다. 그러나 주희의 어세 분석의 일면을 살핀다는 차원에서 두 가지 사례를 간략하게 살펴보도록 하겠다.

첫 번째 사례로는 「고자」 하 2장이다. "子服堯之服, 誦堯之言, 行堯之行, 是堯而已矣, 子服桀之服, 誦桀之言, 行桀之行, 是桀而已矣[그대가 요임금이 입던 옷을 입으며 요임금의 말씀을 외우고, 요임금의 행실을 행한다면 요임금일 뿐이요, 그대가 걸왕이 입던 옷을 입으며 걸왕의 말을 외우고, 걸왕의 행실을 행한다면 걸왕일 뿐이다]"라는 맹자의 대답에 주희는 다음과 같이 주석하였다.

조교의 질문을 살펴보면 천근하고 비루하며 거칠고 경솔하니, 반드시 그 나아가 뵈었을 때에 예모와 의관과 언동 사이에 도리를 따르지 않음이 많았을 것이다. 그러므로 맹자께서 말씀하시기를 이 두 절과 같이 하신 것이다.[69]

위 인용문에서 주희는 조교의 말투를 분석하였다. 청자인 조교의 수준에 맞춰서 맹자가 대답을 했다고 주장했기 때문이다. 기본적으로『맹자』는 어록체 산문이라는 전제 아래 대화 상황을 면밀하게 고찰하여 그 어경語境을 밝힌 것이다. 그렇다면 위 인용문에서 가리키는 조교의 질문은 무엇일까? 해당 경문 앞에 조교의 질문이 다음과 같이 등장한다.

조교가 물었다. "사람은 다 요순이 될 수 있다 하니, 그러한 것이 있습니까?" 맹자께서 말씀하셨다. "그러하다.""제가(조교) 들으니, 문왕은 10척이고 탕은 9척이라 하지만, 저는 9척 4촌으로 자랐는데도 곡식만 먹을 뿐이니, 어떻게 하면 좋겠습니까?"[70]

10척이고 9척이라 하는 것은 신장身長을 가리키는 말이다. 곡식만 먹을 뿐이라는 것은 왕이 아니라 평범한 사람임을 의미한다. "사람은 누구나 요순이 될 수 있는가"라는 조교의 질문에 맹자는 "그렇다"고 대답했지만, 조교는 실상은 이와 다르다고 생각했다. 이에 조교 자신의 키가 문왕이나 탕의 키와 유사한데도 불구하고 아직 권세를 잡지 못했다며 맹자에게 따지며 꼬치꼬치 캐물었다.

인간은 누구나 평등하며 모두 요순이 될 수 있다는 명제는『맹자』의 주요 사상 중 하나이다. 누구나 요순이 될 수 있다는 것은 얼굴이나 풍채 등 외모가 요순과 닮는다는 의미가 아니다. 요순처럼 덕성을 베풀고 세상을 잘 다스릴 수 있다는 그 내면적 유사성을 가리키는 것이다. 그럼에도 불구하고 조교는 외면의 유사성만을 화제로 꺼내는 등 성급한 일반화의 오류를 범하며 맹자에게 트집을 잡았다고 볼 수 있다.

이러한 배경 하에, 주희는 조교의 질문이 천박하다고 보았다. 그리고 맹자는 조교가 천근하다는 점을 감안하여 요임금과 걸왕을 예로 들며 가설법으로 대답했다고 주희는 생각했다. 맹자는 조교의 덕성 및 지적 수준을 낮게 평가했기 때문에, 사단四端이나 성선性善과 같은 고도의 추상적 명사로 설명하지 않고 단순 사례를 설정하여 풀이했다고 보았다.

또한 주희는 조교의 질문이 거칠기 때문에 맹자가 그 수준에 맞는 논리로 응수했다고 판단했다. "A이면 B이다"라는 단순 논리를 사용하여, 맹자는 조교가 요임금과 같은 옷을 입고 말과 행동도 똑같이 따라 한다면 요순이 될 수 있다고 말한 것이다. 주희는 상대방의 반응과 동일하게 반응하는 일종의 방아쇠 전략[trigger strategy]이 맹자의 답변에 담겨 있다고 여긴 셈이다.

이는 어세와 어의를 겸한 수사학적 해석이며, 주희가 어맥을 고려하며 『맹자』를 읽었다는 점을 알 수 있는 대목이다. 한편 그는 조교의 거친 어투를 심리적 수양을 통해 다스릴 수 있다고 생각했다는 점에서, 문보다 도를 우선시하는 '입기성立其誠 → 수사修辭'라는 문학관을 주희가 갖고 있었다는 사실을 유추할 수 있다.

주희의 이러한 수사학적 해석은 본서에서 연구 대상으로 삼는 다른 주석서와 비교할 때 같은 점과 다른 점을 동시에 보인다. 우운진 또한 주희와 마찬가지로 조교의 질문이 비루하다며 가소롭다고 평하였다.[71] 형체상 특징만으로 조교 스스로 문왕과 탕왕에 비교하며 유사하다고 했기 때문이다. 다만 우운진은 조교의 질문에서 그 단점만을 살피지 않았다. 자법에는 오히려 묘취가 있다며 그 장점을 논평하였다는 점이 주희와 다르다.[72]

두 번째 사례이다. 「공손추」 상 2장 "宰我子貢, 善爲說辭, 冉牛閔子顏淵, 善言德行, 孔子兼之, 曰: '我於辭命則不能也.' 然則夫子, 旣聖矣乎[재아와 자공은 말을 잘하였고, 염우, 민자건, 안연은 덕행을 잘 말하였는데, 공자께서는 이를 겸하셨으되 '나는 사명辭命에 있어서는 능하지 못하다'라 하셨으니,

그렇다면 선생님(맹자)께서는 이미 성인이 아니겠습니까]"라는 구절에 다음과 같이 주석하였다.

> 설사設辭는 언어요, 덕행은 마음에 얻어서 행동에 나타나는 것이다. 세 분의 덕행을 잘 말씀한 것은 자신들이 덕행을 몸소 가지고 있었기 때문에, 이것을 말함이 친절해서 맛이 있었던 것이다.[73]

해당 구절에서 언급한 인물은 공자와 맹자 외에 총 다섯 명이다. 위 인용문에서 주희는 이 중에서 염우, 민자건, 안연의 말에 친절한 기운이 느껴진다고 하였다. 덕행이 친절한 말투로 우러나왔다는 그의 평가에서 마음가짐과 행동이 말투에 드러난다는 그의 사유를 발견할 수 있다. 도를 문보다 우선시하는 그의 문학관을 이 제시문에서 다시 한번 확인할 수 있기도 하다.

주희의 이러한 수사학적 해석은 본서에서 연구 대상으로 삼는 다른 주석서와 비교해 봤을 때 특수성을 지닌다. 우운진의 경우에는 염우, 민자건, 안연의 말투를 거론하지 않고, 해당 구절 뒤에 나오는 문장의 기세를 평순하면서도 곡절이 있다고 평하였다.[74]

히로세 탄소는 해당 구절에 주석을 남기지 않았다. 하지만 「공손추」 상 2장의 다른 구절에서[75] "재아는 간담簡淡하고 자공은 초농稍濃하며 유약은 더욱 좋다"라고 하며[76] 재아와 자공, 그리고 유약의 말이 상대방에게 주는 감정을 서술하였다. 히로세 탄소 또한 주희와 마찬가지로 인물의 말투가 갖는 특징을 평하며 수사의 세 요소 중에 어세에 눈을 기울였다.

다만 주희와 히로세 탄소는 서로 다른 인물의 말투를 주목했다. 주희는 덕행이 우수한 인물의 말투를 평가한 반면, 히로세 탄소는 말하기[說

辭]에 능한 인물들의 말투를 논평했다. 히로세 탄소와 달리 주희는 덕행을 화두로 삼았다는 점에서 그가 보다 도덕주의적 관점으로 『맹자』를 바라보았다는 사실을 알 수 있다.

2. 우운진牛運震의 『맹자논문孟子論文』

1) 청대 수사학적 『맹자』 주석서 개관[77]

앞서 살펴보았듯이, 중국에서 수사학적 『맹자』 해석은 주희의 『맹자집주』 등을 포함하여 여러 주석서에서 산견된다. 그러나 명대까지의 경전 주석서들은 『맹자』 경문의 표현 기교나 문장 구조 등을 부분적으로 언급할 뿐, 경학의 한 방법으로서 수사학을 주석서 전체에서 응용한 경우는 드물다. 이들은 수사학적 경전 주석서의 초기 형태라 할 수 있다.

보다 심화된 형태의 수사학적 경전 해석은 비로소 청대에 등장한다.[78] 『맹자』를 글쓰기의 전범으로 삼고 표현 기교와 문장 구조 등 경문에 대한 수사학적 해석을 주요 내용으로 삼은 주석서는 이 시기에 집중적으로 증가하였다. 무엇보다도 경전을 문장의 전범으로 삼는 '문본우경'이라는 인식이 확산되고, 의리학과 고증학의 단점을 보완하고자 학문 영역에서 '문학'을 재조명하고자 한 청대 학술 분위기가 주요한 영향을 미친 것으로 보인다.[79]

현재까지 밝혀진 청대 수사학적 『맹자』 주석서는 총 26종이다. 그 자

세한 목록은 본서의 〈부록〉을 참고하길 바란다.[80]

청대에 등장한 수사학적 『맹자』 주석서는 그 저자가 유대괴(劉大櫆, 1698~1780), 오여륜(吳汝綸, 1840~1903), 요영개(姚永概, 1866~1923) 등처럼 동성파이거나 혹은 그 영향을 받은 인물인 경우가 적지 않다. 주요 특징을 기준으로 이러한 청대 주석서는 크게 '평점형과 비非평점형' 그리고 '의리 겸형과 순수 비평형'으로 나눌 수 있다.[81] 평점을 사용한 경우는 총 25종으로 대다수를 차지한다. 주로 『맹자』의 수사 비평을 중심으로 하되 의리 설명을 겸하고 있는 경우는 26종 중 8여 종이다. 나머지는 『맹자』의 수사 비평이 주석의 절대적인 비중을 차지한다.

청대 수사학적 『맹자』 주석서를 관찰하면서 주목해야 할 부분이 있다. 청대 소설 평점 비평서와 지향하는 바가 본질적으로 다르다는 사실이다. 당시 청대에는 소설 비평가들이 작품 원문을 수정하면서 소설가의 작품에 대한 소유권을 침범하고 개작改作을 하는 경우가 적지 않았다.[82] 소설 평점 비평의 계기가 작품의 문학성에 대한 동경에 있다기 보다는, 이를 향유하고 취미 거리로 삼으며 고치는 행위를 통해 자신의 문학성을 표출하는 데 있었기 때문이다.

이와 달리 청대 수사학적 『맹자』 주석서는 경문을 고치는 사례가 드물다. 이는 명대 이지李贄의 『사서평四書評 · 맹자孟子』가 경문에 평점 비평을 시도하며 마치 소설의 그것처럼 비교적 과감하게 본문을 수정한 것과도 다른 지점이다. 그 이유는 청대 수사학적 주석의 경우 기본적으로 경전의 문학성을 존숭하는 '문본우경의 사유'가 바탕에 있기 때문이다. 이 주석서들은 『맹자』의 표현 기법과 문장 구성 등을 선망하는 마음에서 그 저술 동기가 비롯되었다.

또 다른 지점은 청대 수사학적 경학이 당대 학술의 문제점을 문장학으로 극복하고자 하는 데서 비롯되었다는 것이다. 이를 바탕으로 청대 수사학적『맹자』주석서는 수사학을 경학의 방법으로 사용하면서도 다음과 같은 두 가지 경향을 갖고 있다. 첫째는 완고한 태도로 의리 방면의 경전 해석을 비판하며 수사학적 접근을 유일한 답안으로 간주하는 경우이다. 둘째는 유연한 태도로 의리 방면의 경전 해석을 존중하면서 문장학적 접근을 보충하여야 한다고 주장하는 경우이다. 대표적으로 전자는 우운진의『맹자논문』이 있고, 후자는 왕훈(王訓, 1614~1683)의『칠편지략七篇指略』이 있다.

우운진은「공손추」상 2장의 "맹시사孟施舍"에 관한 송대 유학자들의 해석을 비판하며, 문장의 이치[文理]를 기반으로 하지 않고 의리 중심으로 경문을 풀이했기 때문에 오류를 범하였다고 지적하였다.[83] 왕훈은『칠편지략』의 저술 동기를 설명하며 주희의『맹자집주』가 상대적으로 소홀히 다루었던『맹자』본문의 표현 기교와 문장 구조 등에 관한 설명을 보완하는 데 그 목적이 있다고 술회하였다.[84] 그가『맹자』에 문장학적으로 접근한 이유는 의리학적 해석 방법을 반대하기 때문이 아니었다.

청대에 출현한 수사학적『맹자』주석서는 형식 방면에서 크게 두 가지 특징이 있다.

첫째, 권圈과 점點 등 부호를 활용하였다. 평점評點은 동아시아 전근대 지식인들이 주로 소설이나 시의 문학적 가치와 특징을 평할 때 사용하였다. 경전의 주석서에서는 보기 드문 편집 방식이지만, 청대 수사학적『맹자』주석서에서는 원문에 직접 비批나 권圈(o)과 점點(ˊ) 등의 부호를 사용하여, 경문의 표현 기교나 문장 구조 등을 설명하는 경우가 대다수이다. 이러한 측면에서 청대『맹자』의 평점 주석서는 일반적인 경전 주석서보다도 소설 평점 비평서와 그 편집 체계가 유사하다.

자세히 설명하면, 이 주석서들은 책 위의 빈 공간에 다는 미비眉批나

원문 바로 옆 행간에 다는 방비旁批 등을 활용하며『맹자』의 문학적 표현을 분석하였다. 또한 권과 점 등을 통해 경문 중에서 특히 눈여겨봐야 할 문장 혹은 자신의 심미적 감흥 등을 표현하였다.

가령 왕훈의『칠편지략』은 많게는 아홉 가지의 평점을 다채롭게 활용하여『맹자』경문의 문학적 특징을 설명하였다. 그는 다음과 같이 말하였다.

두뇌頭腦 · 지취指趣 · 관목關目 · 조응照應 등의 종류는 때로는 중권重圈(◎)을 때로는 음권陰圈(●)을 사용하였고, 그중 매우 긴요한 것은 대권大圈(○)을 사용하였다. 정화精華는 중권中圈(O)을 사용하였고, 문채文采는 점點(ㅣ)을 사용하였다. 서차敍次 · 전신傳神 · 과접過接 · 첩구첩자疊句疊字는 첨권尖圈(△)을 사용하였다. 제설提挈 · 대대對待 · 사실事實은 쌍말雙抹(ㅁ)을 사용하였다. 크게 끊은 부분은 구鉤(ㄴ)를 사용하였고, 작게 끊은 부분은 획畵(—)을 사용하였다. 그렇게 하여 배우는 자들이 책을 펼치면 확연히 바라만 봐도 알 수 있길 바라서였다.[85]

이 제시문에서 왕훈은 독자들이 쉽게 이해할 수 있도록 평점의 용도를 자세히 설명하였다. 예시문에 따르면 그는 중권重圈(◎) · 음권陰圈(●) · 대권大圈(○) · 중권中圈(O) · 점點(ㅣ) · 첨권尖圈(△) · 쌍말雙抹(ㅁ) · 구鉤(ㄴ) · 획畵(—) 등 총 9개의 부호를 사용하였다. 다수의 평점 주석서들이 한 종류의 동그라미로 된 평점을 사용한 것에 반해, 왕훈은 동그라미 평점 자체도 작은 것과 큰 것, 하얀 것과 검은 것으로 나누어 시각적 효과를 높이고 그 활용을 극대화하고자 하였다.

청대 수사학적『맹자』주석서는 송대 소순이나 명대 이지의 경우보다 각양각색의 평어 또는 권점 등의 부호를 사용하였다. 평점 비평은 주로 청대 소설에서 활용되던 방식으로 알려져 있다. 특히 김성탄의 『수호지』 평점이 유명하다. 하지만 평점을 활용한 다수의 『맹자』 주석서가 발전하였다는 점에서 미루어 볼 때 과연 평점 비평이 소설 등 순문학의 전유물이었는지는 충분히 재고할 여지가 있다.

둘째, 이전 학자들의 문장평을 집설하였다. 한국의 대표적인 수사학적 『맹자』 주석서인 위백규의 『맹자차의』는 전거를 인용하지 않은 것이 큰 특징이다. 이에 반해 청대에 등장한 26종의 수사학적 『맹자』 주석서 중에서는 — 의리나 훈고 방면의 주석서에서 주희나 조기 등의 주석을 인용하듯이 — 소순 등 이전 학자의 『맹자』에 대한 문학 비평을 인용하고, 자신의 설을 곁들인 주석서가 적지 않게 존재한다.

이전 학자들의 문장평 인용은 청대 말기로 갈수록 점차 확산하였다. 이는 『맹자』의 평점 주석서가 당시 지식인들 사이에서 그만큼 활발히 유통되고 있으며, 청대 중기를 거치면서 동성파를 중심으로 『맹자』의 문장학을 두고 하나의 사조가 형성되고 있었다는 사실을 방증한다.[86] 타 학자의 『맹자』에 대한 문학 비평을 인용한 사례는 동성파의 주석에 보다 더 눈에 띄게 나타난다.

가장 많이 인용된 『맹자』의 문장평은 당대 소순과 청대 위희(魏禧) 및 동성파이다. 반면 명대 이지를 인용하는 사례는 찾기 힘들다. 그는 경전 원문에 대한 개작(改作)을 서슴치 않는 등 사상이 과격하기 때문이다.[87] 이는 『맹자』에 대한 평점 비평의 동기가 청대와 명대 사이에 본질적인 차이가 있음을 보여 주는 근거이기도 하다.[88] 한편 『맹자』에 대한 문학 비평 외, 동기창(董其昌, 1555~1636)의 『논문구결論文九訣』 등 문장학 관련 전문 서적도 주인기(周人麒, 1705~1784)의 『맹자독법부기孟子讀法附記』는 참고하였다.

집설 형태는 그 특징에 따라 크게 두 가지로 나눌 수 있다. 첫째는 '단

순집설형'이며, 둘째는 '의리 · 훈고 · 문장 겸형'이다. 단순집설형으로는
조대완(趙大浣, ?~?)의『증보소비맹자增補蘇批孟子』가 대표적이다.『증보소
비맹자』는 청대 조대완이 소순의『소비맹자』를 저본으로 삼고 이를 보
완한 주석서이다.『증보소비맹자』는 중국 외에도 한국과 일본의 지식인
들 사이에서도 유통되었다. [89]

집설형 안에서도 논박형이 있다. 대표적으로 주인기의『맹자독법부
기』가 있다. 단순집설형이 주석가가 설을 모아 놓은 형태라고 한다면,
논박형은 모아 놓은 것을 넘어서 그중에서 무엇이 옳은지 혹은 그렇지
않은지를 판단 · 논증한 것이 특징이다.『맹자독법부기』는 청대 수사학
적 주석서 중에서 왕우박(王又樸, 1681~1763)의『맹자독법孟子讀法』을 저본
으로 하였다. 주인기는 이전 주석가의 문장평을 먼저 기술하고, 한 단
아래에 자신의 견해를 보완 설명과 함께 덧붙였다. [90]

의리 · 훈고 · 문장 겸형은 청말민국초 요영개의『맹자강의孟子講義』가
대표적이다. 그는 동성파 오여륜의 제자이며,『맹자』각 장의 마지막에
조기와 공영달 등 '훈고학 방면의 주석'과 주희 등 '의리학 방면의 주석',
그리고 방포와 오여륜 등 '수사학 방면의 주석' 등 세 영역의 대가들의
설을 골고루 인용하고 자신의 의견을 함께 기술하였다. 요영개는 한송
절충론에 동성파의 문장론을 겸하는 독특한 형식을 취한 것으로 풀이
할 수 있다.

그가『맹자』의 구법과 장법 등 문학성을 논할 때 동성파의 그것을 인
용하였다는 사실은 시사하는 바가 크다. 이는 수사 방면의 주석을 의리
와 훈고 방면의 주석과 나란히 같은 선상에서 두고 논하면서 그 지위를
높인 것이자, 동성파를 중심으로『맹자』에 대한 수사학적 접근이 하나
의 무리를 형성하며 계보화하였다는 사실을 함의한다. 이를 통해 청대
후기로 갈수록 수사학적『맹자』주석서가 전문화되어 가는 학술계의 풍

경을 떠올릴 수 있다.

2) 그의 문학관과 비평의 실제

현존하는 청대 수사학적 『맹자』 주석서 중에서 우운진의 『맹자논문』이 가장 대표성을 띤다.[91] 동홍리董洪利(1997)는 청대 수사학적 『맹자』 주석서 중에서도 『맹자논문』이 가장 뛰어나다고 하며 "이후로 조승모(趙承謨, ?~?)의 『맹자문평孟子文評』, 강준(康濬, 1741~1809)의 『맹자문설孟子文說』 등 청대에 『맹자』의 문장 측면을 주석한 사례가 증가일로를 거듭했다"[92]고 평가했다.

강지호江志豪(2004) 또한 문장 평론의 각도에서 바라봤을 때 청대 수사학적 『맹자』 주석서 중에서 『맹자논문』이 가장 우수하다고 하였다.[93] 이러한 사례를 토대로 여기에서는 우운진의 『맹자논문』을 청대를 대표하는 수사학적 『맹자』 주석서로 삼고, 우운진의 문학관과 경전 해석 방법, 그리고 『맹자논문』의 특징 등을 살펴보고자 한다.

우운진(牛運震, 1706~1758)은 자는 계평階平이며 호는 진곡眞谷이다.[94] 산동 자양滋陽 지방 사람이며 청나라 강희제 45년에 태어나 옹정제 11년(1733)에 진사進士가 되었다가 그의 나이 53세 건륭제 23년에 사망하였다. 그는 경학과 역사에 두루 통하였으며, 금석과 고증에 유독 밝았다. 저서는 『공산당문집空山堂文集』, 『사기평주史記評註』, 『독사규류讀史糾謬』, 『금석경안록金石經眼錄』, 『금석도金石圖』 등이 있다. 이 중에서 경학 저술은 『논어수필論語隨筆』, 『맹자논문』, 『주역해周易解』, 『시지詩志』, 『상서평주尙書評注』, 『춘추전春秋傳』, 『고공기논문考工記論文』 등이 있다. 『대학주大學注』와 『중용주中庸注』도 있지만 현존하지 않는다.[95]

현재 우운진의 경학 연구는 주로 중국에서 이루어지고 있다. 중국의 선행 연구를 간단히 살펴보면, 『맹자논문』에 관한 논문은 2편이 존재하며 주석사에서 『맹자논문』이 갖는 특징을 서술하고 있다.[96] 『논어수필』에 관한 논문은 한 편이 있고 그 내용보다는 편집 체계와 『논어수필』 보증편의 특징을 주로 다루고 있다.[97] 『시지』에 대한 논문은 한 편 존재하며 우운진이 『시경』을 어떻게 문학적으로 접근하였는지 고찰하였다.[98]

등홍수鄧洪秀(2023)는 우운진 경학의 특징을 고찰하였다.[99] 그 연구 대상은 『주역해』, 『춘추전』, 『시지』, 『춘추전』, 『논어수필』 등 그의 경전 주석서이다. 이 외에도 우운진의 수사 비평 관련 저술 4종을 주요 연구 대상으로 삼은 강지호江志豪(2004)가 있다.[100] 그는 『맹자논문』을 포함하여, 『논어수필』, 『사기평주』, 그리고 『독사규류』를 소재로 삼고 그 수사학적 해석의 특징과 의의를 면밀하게 고찰하였다. 한국과 일본에는 아직 우운진을 단독으로 다룬 연구가 없다.

① 그의 문학관과 경학관

㉠ 문학관

우운진의 문장력은 『공산당문집』 서문에서 조회옥(趙懷玉, 1747~1823)이 다음과 같이 전하고 있다.

> 선생께서는 『시경』과 『춘추』, 그리고 『논어』에 모두 발명함이 있었고 문文은 여러 인물의 문장을 섭렵하면서도 글을 짓는 데 엄정하셨다. 선생께서 말씀하시길 "30여 년 동안 문文을 일삼고 묘墓·표表·지誌·전傳을 지으면서 타인에게 한 글자라도 첨삭을 받고 바꾼 적이 없다"라고 하셨다.[101]

글쓰기에 우운진은 자부심을 갖고 있었다. 글을 지었는데 다른 사람이 한 글자도 바꾼 적이 없을 만큼 자신의 문장은 완벽해서 교정이 필요 없다고 생각하였다. 그의 문장력은 심성 수양만으로 터득한 게 아니었다. 성인들의 드높은 도학과 선현들의 우수한 문장을 모두 깊이 있게 이해한 데서 우러나온 것이었다.

문장력을 강화하려면 경전을 근본으로 삼아야 한다고 주장하며 「진포재시문고서陳布在時文稿序」에서 한 인물을 우운진은 언급하였다.

나는 당시 문장에 대해 유독 명대 서강西江 진대사陳大士를 칭찬하는데, 세상 사람들은 간혹 대사를 지목하여 서강파西江派라고 한다. 나는 일찍이 이를 문제로 여겨 모르고 하는 소리일 뿐이라고 하였다. 문장에 파벌을 두는 것은 문장의 말류이다. 진대사의 문장을 두고 파벌을 가르는 것은 진대사의 문장에 대한 말류이다. 진대사의 문장은 대사 스스로 지어낸 것이 아니다. 육경과 여러 역사서의 취지에 부합하여 글을 엮고 이것을 요약하여 문장으로 완성한 것이다. 그 덕분에 문장에 기이함이 없다.[102]

이 제시문은 명나라 말기의 문학가 진제태(陳際泰, 1567~1641)의 글을 극찬하는 한편, 그의 작품이 서강파로 분류되는 경향을 비판하고 있다. 진제태는 서강西江 임천臨川 지역의 사대 인재 중 한 명이다. 명말청초는 선호하는 문장론에 따라 여러 학파가 등장하던 시기였다. 당시 세태를 비판하며 우운진은 좋은 문장의 뿌리는 육경과 제자서에 있기 때문에 문장에 파벌이 존재한다는 것은 어불성설이라고 하였다.

진제태의 작품이 특정 파벌에 속하지 않고 육경의 전통적인 문학적 양식에 따른 것으로 우운진은 설명한다. 시대적인 편견에 상관없이 진제태의 글은 전통 문학 양식과 관련하여 진수를 보여준다고 평가한 것이다. 이를 통해 우운진이 육경의 문학성을 높이 평가하고 작문 시 육경을 거울로 삼아야 한다는 '문본우경'의 사유를 지녔다는 사실을 유추할 수 있다.

우운진은 상고주의적 문장관을 갖고 있었다. 이 문장관은 역사가 오래된 글일수록 좋은 글이며, 후대의 글은 앞 시대를 본받는다는 논리를 형성하고 있다. 이를테면 경전의 경우 사서보다는 육경 문장이 더 우수하며, 춘추와 전국 중에서 전국 시대 문장보다 춘추 시대 문장이 더 탁월하다. 이러한 상고주의적 문장관에 따라서 우운진은 『맹자』의 문장보다 『논어』가 더 낫다고 보았으며,[103] 『맹자』에서 사마천의 『사기』와 좌구명의 『춘추좌씨전』, 유향의 『전국책』 등의 작법이 파생되었다고 주장하였다.[104]

한편 그는 양한 이후의 문장에 이 '상고'의 법칙을 그대로 적용하지 않았다. 선진양한까지는 시대를 불문하고 이전 시대의 문장이 더 우수하지만, 육조나 원나라 시대의 문장은 청나라 학자들이 본받을 만한 글은 극히 적다고 우운진은 판단했다. 양한 이후로는 당대 한유의 문장이 가장 표본으로 삼을 만한데, 그 이유는 한유가 선진 양한의 문체를 궁구하며 스스로의 글에 구현하는 데 성공했기 때문이다.

한유의 문체는 물론 그의 도문관도 우운진은 선호하였다. 「복숙주도염공서復肅州道閣公序」에 다음과 같은 글이 눈에 띈다.

한유는 "내가 그 문장을 좋아하는 것이 아니라 그 도를 좋아하는 것일 뿐이다"라고 말한 적이 있다. 나는 삼가 퇴지는 본래 문을 자임하면서 억지로 도에 가탁하여 그의 말을 꾸민 것이라고 생각하였는데, 지금 내가 이것을 몸소 따르고 있으니 깊이 도를 보존하여 키움[靜存]이 마땅하지 않겠는가?[105]

"내가 그 문장을 좋아하는 것이 아니라 그 도를 좋아하는 것일 뿐이다"[106]라는 구절은 한유의 「답이수재서答李秀才書」에 보인다. 이 서신에서 한유는 고문을 지향한다는 사실을 공개 표명하였다. 얼핏 보면 이 한유의 발언을 글쓰기에서 도를 중시하고 표현 기교를 지양하는 태도로 이해할 수 있다. 그러나 우운진은 한유의 이 말은 겸사에 불과하다고 하며, 오히려 한유는 표현력 향상에 공력을 기울이는 일도 학자에게 필수라는 입장을 지녔다고 주장한다. 나아가 우운진 스스로가 한유의 뒤를 이어 문장에 힘써 도로 나아간 인물이라고 자임하였다. 이를 달리 표현하면 우운진은 도문 겸중의 문학관을 갖고 있었다고 할 수 있다.

우운진은 글짓기를 취미로 삼고 경전의 문학성을 비평하며 고문을 써서 지인들에게 나눠주기도 하였다.

> 근래 『상서』, 『논어』, 그리고 『맹자』를 읽으면서 자못 터득한 게 있었습니다. 향후 미래의 독자들을 위해 『상서』와 『맹자』는 이미 평주評註를 하였으며 『논어』는 현재 찬주纂註 중입니다. 제가 감숙에 10년 동안 있으면서 제자들에게 사서를 설명해 주지 못한 게 한이 됩니다. …… 마땅히 『논어』와 『맹자』의 평주를 따로 모아서 선본을 제자들에게 부칠 것입니다. 저는 최근 고문 쓰기에 진전이 있고 시문時文 또한 십에서 이십여 수가 있는데 오늘 어떤 사람이 저를 위해 간각刊刻한다고 하였습니다. 판각본이 완성이 되면 또한 반드시 부치도록 하겠습니다.[107]

앞서 언급한 바 있듯이, 경전을 글쓰기의 모태로 삼는 것은 동아시아 유학자라면 공통적으로 갖는 문학관이다. 다만 경전을 이상향으로만 삼고 이를 글쓰기의 전범이자 문장 쓰기의 귀감으로 삼지 않거나, 경전을 도라고 생각하며 그 표현 기법 연구를 등한시하는 경우가 적지 않다. 이와 달리 우운진은 문해력 향상은 물론 작문력 제고提高에 경전이 실질적인 도움을 준다고 주장한다.

위 제시문에서 우운진은 경전 원문의 구조적인 측면에 이해가 깊어지고 나아가 스스로의 글쓰기에 진보가 있었던 경험을 술회하고 있다. 그가 고문 쓰기에 진전이 있던 것도 『맹자』나 『논어』에 평점을 한 것과 무관하지 않다. 고문 쓰기는 결국 경전 스타일의 문장을 붓으로 구현하는 것이므로, 이러한 발언은 경전의 내재적 수사학에 대한 이해가 경전의 외재적 수사학에 대한 진보에 도움이 된다는 논리로 이해할 수 있다.

그렇다면 우운진이 선호한 문장 스타일은 구체적으로 어떤 것일까?

한유의 「논변염법사의장論變鹽法事宜狀」과 「황가적사의장黃家賊事宜狀」, 그리고 소식의 「개서호육정의開西湖六井議」는 모두 예부터 전해 온 공문서 문체이다. 왕법王法에 근본을 두고 인사人事에 절실하여 당대의 쓰임에 알맞았다. 그러므로 "문장의 조리가 이루어지지 않으면 주벌誅罰할 수 없다"라고 하였다.[108] 주벌도 오히려 문장을 의지하니, 다른 것들은 말하지 않아도 알 수 있다. 그런데 후대의 문장은 지나치게 화려하고 번잡하여 문장의 이치는 쇠퇴하고, 금기에 얽매여 전례의 사용을 금한다. 그러므로 그 말은 문장을 단순히 베껴 써서 파는 사람도 익히 알게 된다. …… 그러하다면 고금의 문장이 흥망성쇠하는 원인이 어찌 먼 곳에 있겠는가?[109]

글쓰기가 사회 유지와도 밀접한 관련이 있다는 게 위 제시문의 요지이다. 그 사례 중 하나로 문체의 쇠퇴와 처벌의 관계를 논하며, 만약 법령에 표현의 오류가 있으면 처벌이 효과적으로 이루어질 수 없다는 점을 우운진은 지적한다. 법률 조항이 화려하지만 허무한 어휘로 가득 차 있다면 공무원들도 단지 규정을 기계적으로 실행할 뿐 실제로 그 내용을 이해하지 않게 된다. 우운진은 표현력을 통해 정치적 효과를 거둔 문장으로 한유와 소식의 글을 제시하였다.

한유는 특히 간결하고 전달력이 높은 문체를 선호하였다. 이에 반해 한유 이후의 글은 번잡하고 전달력이 낮다고 우운진은 평론하였다. 그는 당송팔대가 중 한유의 글을 본받았으며 송나라 유학자의 문체를 탐탁지 않게 여겼다.[110] 이러한 점을 통해 우운진이 지향하는 문체는 변려문이나 어록체가 아닌 담박한 스타일의 고문에 있었다는 사실을 쉽게 유추할 수 있다.

고도의 작문 경지에 도달한 사람이 드물다며 우운진은 글쓰기의 어려움을 토로하기도 하였다.[111] 그는 뛰어난 문장력을 구사하기 위해 고민한 결과 고문을 얻어서 학습하고,[112] 고문 스타일의 시문을 써서 주변과 나누는 일을 즐겼다.[113] 그의 작문 모범 대상을 살펴보면 고문 중에서도 선진양한 텍스트와 한유의 글이 중심을 이루고 있다. 그중 유교 경전에서는 『맹자』와 『시경』, 그리고 『논어』의 문체를, 역사서에서는 사마천 『사기』의 문체를 특히 선호하였다. 이러한 취향을 바탕으로 우운진은 경전의 문장에 수사학적인 접근을 시도하였다. 그의 수사학적 경전 해석 또한 문본우경과 도문겸중의 문학관에서 출발한 것이다.

ⓒ 경전 해석 방법

우운진의 경전 해석 방법은 한학과 송학의 문제의식에서 출발하였다. 청대 진예(陳預, ?~?)는 『공산당전집空山堂全集』의 서문에서 우운진 경학의 특징을 다음과 같이 전하고 있다.

한나라 사람들처럼 천착하는 말을 하지 않았고, 송나라 시대처럼 쓸데없는 공리공담을 행하지 않았다.[114]

『맹자논문』과『논어수필』등 우운진의 경전 주석서를 두고 진예는 그가 한대의 천착하는 말과 송대의 공리공담이 없다고 술회하고 있다. 위 제시문은 한대 경학의 특징을 훈고 중심의 경전 해석으로, 송대 경학의 특징을 의리 중심의 경전 해석으로 구분하고 있으며, 우운진의 경학 방법은 훈고학과 의리학의 단점을 극복하고 이를 보완한 것이라는 뜻을 내함하고 있다.

한편 이것은 우운진이 한대와 송대의 여러 주석들을 근거로 성인의 본지를 이해하고 자신의 설을 확립하지 않았다는 의미이기도 하다. '훈고'와 '의리'를 경전 해석의 주요 방법으로 차용하지 않았다는 것 자체가 제가들의 경설을 따르거나 인용하지 않는다는 것을 함의하기 때문이다.

이와 같은 맥락에서 우운진은 이전 학자들의 주석이 오히려 독자들의 경전 이해를 방해할 수 있다고 생각했다.

진나라 사람은 경전을 불태웠으나 경전을 보전했고, 한나라 사람들은 경전을 해석하였으나 경전을 망쳤다. 이 말은 다소 과격하지만 또한 자못 견해가 있는 주장이다. 대개 경전의 번성은 건원建元 시기 여러 글을 모아 책으로 편찬하고 업적이 뛰어난 학관을 표창한 것에 그 공이 크다. …… 그러나 하나같이 사람마다 한가지 의견에 집착하고 학가마다 한가지 설을 종주로 삼아 문호를 나누고 분별하여 창을 들고 서로 공격하였다. 참위讖緯의 서적이 나부끼고 백호의 관점이 윙윙 울어, 경전 해석이 번잡해지고 경서에 위배되는 것이 더욱 커졌다. 후대 사람들이 성인의 가르침을 따르고 선왕의 법을 구하려고 해도 어느 쪽을 따라 절충할 수 있겠는가? 무릇 도는 불이며 경전은 땔감이다. 땔감을 지피지 않으면 불이 전해질 수 없다. 경전이 명확하지 않으면 도가 표현되지 않는다. 주소가 정밀하지 않으면 젖은 땔감을 잡고서 횃불이 타오르기를 바라는 것이다.[115]

경전은 불이며 주석서는 땔감이라고 비유하며 우운진은 주석서가 경전 해석의 필수재라는 점을 인정한다. 하지만 잘못된 주석서를 참고하는 것은 경전을 불태운 것만 못하다고 인식하였다. 그는 그 부적절한 사례로 한나라 시대에 주소가 범람한 점을 제시하였다. 땔감이 물에 젖으면 불을 지필 수 없듯이 올바른 주석서를 참고해야 그 효력을 발휘할 수 있다.

주석서의 다양성이 경전의 보전을 담보하지 않는다고 주장한다. 우운진의 논리에 따르면 독자가 합리적인 판단 아래에 한두 권의 핵심 주석서를 선택하고 참고하여야 경전에 담긴 진리가 시대를 거듭하여 전달될 수 있다. 그리하여야 학자들 간의 의견 분열이 감소하고 경전 해석에 왜곡이 없으며 결과적으로 경전의 역할과 중요성이 퇴색되지 않을 수 있다.

그 적절한 사례로 당대 공영달의 『십삼경주소』를 들며 이를 정본 주석서로 삼을 만하다고 우운진은 제안한다.[116] 이는 송학과 한학을 향한 비판 의식에서 나온 것임은 물론 기존 주석서에 의존하는 당시 세태를 비난하고 경전 본문을 바탕으로 한 독자적인 해석을 역설한 것으로 풀이할 수 있다.

훈고 중심의 경전 해석과 의리 중심의 경전 해석이 지닌 문제점을 우운진은 수사학, 즉 '문의文義' 중심의 경전 해석을 통해 극복하고자 했다. 그는 『시지』의 서문에서 다음과 같이 말하였다.

나는 다음과 같이 생각한다. 문文으로 도道를 실으니, 문의文義가 아니라면 장차 어디에 속하겠는가? 또한 "문을 가지고 사辭를 해치면 안 되고, 사를 가지고 지志를 해쳐서도 안 되며, 자신의 뜻으로 작가의 뜻을 맞춰보아야 제대로 알 수 있다"는 것은 맹자가 『시경』을 읽는 방법이다. 문과 사를 버리고서 시인의 뜻을 어떻게 헤아리겠는가? "육경은 문으로 논할 수 없다"라고 한 구양수의 말은 육경의 함축된 의미가 넓고도 깊음은 오롯이 글 짓는 솜씨에만 달려있지 않다는 뜻이다. 만약 문법文法을 버리고 다른 데서 구한다면, 시인이 표현하고자 한 어맥이 점점 불명확해진다. 만약 어맥을 잊는다면 어디에서 함축된 의미를 깨달을 수 있겠는가? 그렇다면 『시경』을 읽는 자가 장법·구법·자법의 사이에 침잠하여 그 작가의 성정聲情을 이해하고 그 지귀旨歸를 알아서, 시인의 온유돈후한 뜻을 희미하게 말 밖으로 드러나게 한다면 시인의 뜻을 이해할 수 있을 것이다.[117]

우운진은 구양수의 "육경은 문文으로 논할 수 없다"는 발언은 육경이 자법과 구법, 그리고 장법 등으로 이루어진 구조물이라는 것을 부정한 것이 아니라고 주장하였다. 구양수의 말은 육경의 작가인 성인의 내면적 성숙[道]과 문학적 역량[文]이 함께 어우러져 '육경'이 탄생한 것이라는 의미이지, 오로지 표현 기교의 우수성 덕분에 육경의 문체가 찬란한 것이 아님을 역설하기 위해 부득이하게 한 말이라는 것이다. 이렇듯 우운진은 구양수의 발언을 재해석하여 육경 또한 언어로 구성되어 있다는 사실을 강조하고, 유교 경전의 도를 전달하는 데 '문'의 역할을 논의의 수면 위로 올린다.

또한 경전 본문의 어휘 배열과 문단 구성 등 그 구조적 특징을 기반으로 경전을 해석할 것을 우운진은 주장하였다. 이는 단순히 단어의 표면적인 뜻을 피상적으로 이해하거나 성인의 도를 마음으로 추측하는 류의 해석 태도가 아니다. 이러한 그의 논리는 육경 또한 문文으로 이루어진 결과물이므로 글의 형식적인 특징을 이해하지 않고서는 성인의 본지를 파악하는 것은 불가능하다는 데 중점을 둔 것이다.

더욱이 역지사지의 독해, 즉 독자 스스로 작가가 되어 어떤 맥락에서 이러한 표현 기교와 문장 구조를 사용하게 되었는지 고민해야 경전의 본지를 깨달을 수 있다고 우운진은 강조하였다. 『공산당사기평주교석空山堂史記評注校釋』「전언前言」은 청대 장옥수(張玉樹, ?~?)가 쓴 『사기평주』의 서문을 빌리며, 우운진의 경전 해석 방법에 대해 송대 성리학자들의 해석뿐만이 아니라 청대 고증학자들의 해석과도 다른 독특한 지점이 있다고 평하고 있다.[118] 이와 같은 논술로 미루어 볼 때, 우운진의 경학관은 '문의 중심의 경전 해석'으로 종합할 수 있다.

②『맹자논문』외 비평 관련 저술

우운진은 스스로 문장이 좋다고 판단한 경전과 역사서에 문학 비평을 남겼다. 『맹자논문』, 『논어수필』, 『시지』, 『상서평주』, 『사기평주』, 그리고 『독사규류』 등이 바로 그것이다. 각각의 성격은 다르지만 수사학을 주요 해석 근거로 삼았다는 것이 공통적인 특징이며, 그 실제 비평을 살펴볼 수 있는 중요한 자료이다.[119] 경서류와 역사서류에 수사학적 접근을 했다는 점에서 그가 경전과 역사서의 문예적 가치를 인정했다는 사실을 알 수 있다.

우운진의 비평 관련 저술과 특징을 도표로 만들면 다음과 같다.

종류	서명	내용
경전류	『시지』 권 1~8	• 비평 대상: 『시경』. • 수록된 곳: 『공산당우씨전집』 권1~5. • 특징: 수사학적 해석 중심. 평점 사용.
	『논어수필』 권1~18	• 비평 대상: 『논어』. • 수록된 곳: 『공산당우씨전집』 권15~20. • 특징: 수사학적 해석과 의리학적 해석을 겸중.
	『맹자논문』 권1~7	• 비평 대상: 『맹자』. • 수록된 곳: 『공산당우씨전집』 권21~22. • 특징: 수사학적 해석 중심. 평점 사용.
	『상서평주』 권1~6	• 비평 대상: 『서경』. • 수록된 곳: 『청대산동상서문헌팔종淸代山東『尙書』文獻八種』. • 특징: 수사학적 해석 중심.
역사 서류	『사기평주』 권1~12	• 비평 대상: 『사기』. • 수록된 곳: 『공산당우씨전집』 권23~30. • 특징: 수사학적 해석과 역사 사실에 대한 논평.
	『독사규류』 권1~15	• 비평 대상: 『사기』, 『전한서』, 『후한서』, 『삼국지』, 『진서晉書』, 『송서宋書』, 『남제서南齊書』, 『양서梁書』, 『진서陳書』, 『남사南史』, 『위서魏書』, 『북제서北齊書』, 『후주서後周書』, 『수서隋書』, 그리고 『오대사五代史』 등 총 15권의 역사서. • 수록된 곳: 『공산당우씨전집』 권31~37. • 특징: 수사학적 해석과 역사 사실에 대한 논평. '이십사사二十四史' 중에서 14종을 포함하였으며, 『사기』도 추가함.

각 저술의 집필 시기는 『맹자논문』은 1752년, 『논어수필』은 1753년, 『사기평주』는 1754년, 『시지』는 1756년으로 추정된다. 『사기평주』는 이후 1756년에 개정한 것으로 알려져 있다. 『상서평주』는 『맹자논문』과 비슷한 시기에 저술한 것으로 추정된다.[120] 『독사규류』는 연도 미상이다.

각각의 특징을 저술별로 간략하게 살펴보자. 『시지』는 평점을 사용하여 『시경』의 문학성을 비평한 우운진의 저술이다. 『시경』 원문이 아닌 이광지(李光地, 1642~1718)의 『시소詩所』를 저본으로 하여 그 위에 평점을 가하였다.[121] 『속수사고전서총목제요: 경부續修四庫全書總目提要: 經部』는 "『시지』는 『맹자논문』과 평론 방식이 비슷하다"[122]고 말하였다. 앞서 살펴본 『시지』의 서문에서 우운진은 그 저술 목적이 언외연의言外衍義를 밝히는 데 있다고 말하며, 수사학적 접근이 주요 해석 방법임을 진술하였다.

용향양龍向洋(2002)은 우운진의『시지』가 명청대『시경』평점 주석서 중에서 가장 상세하다고 하였다.123)『시지』의 형식상 특징은 대권大圈(○) 등 평점을 간결하게 사용하여 각 시마다 자법과 구법, 그리고 어휘 선택법 등을 분석하고 매 장마다 장법을 설명하며 한 편이 끝나면 시의 내용 등을 다시 총평하였다. 내용상 특징은 어법은 물론 작가가 시에서 표현하고자 하는 정감이나 의도 등을 읽고자 하였으며, 어세, 즉『시경』의 문학 예술을 고찰하고 이에 대한 감상평을 기술하는 데 심혈을 기울였다.

『논어수필』은 주희의『논어집주』를 저본으로 한 우운진의『논어』주석서이다. 저본이『논어집주』라는 점은 그의『논어수필』이 의리 방면의 해석을 동반하였다는 사실을 함의한다.124) 또 다른 특징은 우운진이 문학의 시각으로『논어』를 바라보며 어휘 배열이나 수사 기교, 편장 구성법 등을 분석하고 그 표현 방법이 주는 심미적 효과 등을 서술하였다는 점이다.『논어수필』은 의리 해석을 하면서 문학적 비평을 겸하는 게 특징인 셈이다.

그의 이러한『논어』해석 태도는 문의 중심의 해석 방법이 그 기저에 있다. 이 점에서 그의『논어수필』은『맹자논문』이나『시지』등과 같은 그의 다른 경전 주석서와 유사한 해석 방법을 채택하였다고 이해할 수 있다. 의리 방면의 해석이 그의 다른 경전 주석서보다 상대적으로 비중이 높은 이유는『논어』라는 텍스트의 특성에 기인한 것이다. 이에 필자는『논어수필』을 수사학적 경전 주석서로 분류할 수 있다고 판단한다.125)

『상서평주』는 수사학적 해석에 훈고학적 해석을 곁들인 우운진의 주석서이다.126)『서경』의 자법이나 문법뿐만이 아니라 비유법 등의 수사법과 문장의 예술성도『상서평주』에서 면밀히 분석하였다. 아울러 우운진은『고문상서』는 위서가 아니라고 주장하면서 매 편의 제목 뒤에 금고문의 유무를 논증하였다. 이 때에도 문장의 기세와 편장 구성법 등을 주요 근거로 사용하였다. 『상서평주』의 저본은 채침(蔡沈, 1167~1230)의 『서경집전書經集傳』이다.

현재 『상서평주』의 판각본은 보이지 않는다. 후손 우효이(牛效伊, ?~?)의 필사본(1752년으로 추정)이 『청대산동『상서』문헌팔종』에 실려 있다.[127] 우효이 필사본의 구성은 우운진의 『상서평주』 6권과 부록에 해당하는 우효이의 『교정상서평주취자표校正尚書評註就字表』 1권 및 『상서평주관의尚書評註關疑』 1권 등이다. 한편 서영저徐泳著의 『산동통지예문지정보』에는 『상서평주』가 아닌 『상서비주尚書批註』라는 이름으로 소개되어 있다.[128]

『사기평주』는 사마천의 『사기』에 관한 저술이며 『공산당사기평주空山堂史記評注』라고 부르기도 한다.[129] 『사기』에서 사용한 자법이나 구법 등 그 문체를 향한 비평이 본서의 핵심을 이루고 있다. 이 책에서 우운진은 사료를 근거로 『사기』에 담긴 역사적 사실을 논하기도 하였다. 명대에도 『사기』의 문학 비평이 보이지만 청대에 그 전성기를 이루었다. 우운진의 『사기평주』는 청대 오견사(吳見思, ?~?)의 『사기논문史記論文』과 함께 청대 『사기』 평점사에서 쌍벽을 이루고 있다. 우운진은 오견사보다 문장 예술 방면에 더 방점을 두었다.

그 형식상 특징은 『사기』 원문 전체를 비평하지 않고, 원문의 한 구절 또는 한 단락을 인용하여 평론을 하였다. 글자나 구절을 상세히 분석하고 전체 문장의 요지를 이야기하며 문장의 기세가 주는 느낌을 상술하였다. 또한 이전 학자들이 남긴 『사기』의 문장론을 평가하였으며, 선진 고문을 『사기』의 문체와 대비하기도 하였다. 전반적으로 『사기』의 문학성을 감상에 기탁하여 서술하였다.

『독사규류』는 수사학적 해석과 역사적 사실의 논평을 함께 겸하고 있으며, 『이십사사규류二十四史糾謬』라고 부르기도 한다.[130] 『사기』를 포함하여 『전한서』, 『후한서』, 『삼국지』, 『진서晉書』, 『송서』, 『남제서』, 『양서』, 『진서陳書』, 『남사』, 『위서』, 『북제서』, 『후주서』, 『수서』, 그리고 『오대사』 등 총 15권의 역사서를 소재로 하고 있으며, 그의 『사기평주』와는 색다른 묘미를 제공한다.

『독사규류』에서 논한 역사서의 서사 비평은 크게 두 방향으로 구성되어 있다. 첫째는 서사 내용의 비평으로 우운진은 역사서에 담긴 내용의 진실성을 판단하였다. 둘째, 서사 표현의 비평으로 우운진은 "정제된 표현법" 등 역사서의 문학성을 분석 및 평가하였다. 역사서의 내용과 사료의 가치, 그리고 역사 사건의 진실성 등은 모두 역사서에 담긴 수사학적 기법과 긴밀한 연관이 있다는 그의 관점이 엿보인다.

구임동瞿林東(2009)은 "우운진의 『독사규류』가 역사서의 문학성을 논한 교과서격의 저술"이라고 호평하였다.[131] 그는 우운진 『독사규류』에 담긴 역사 문학 비평을 다음 세 가지로 요약하였다. 첫째는 사마천과 반고 중에서 사마천 문장이 더 낫다고 주장하였으며, 둘째는 이전 학자들의 역사서의 문학성 평가를 두고 비평하였고, 마지막으로 역사 서술은 화려한 표현을 지양하고 간결 명료한 표현을 지향해야 한다고 강조하였다.

『맹자논문』은 그 체제가 평점과 논평을 모두 담고 있다. 『맹자』의 어법과 어세 해석이 대부분이며, 의리를 논평하는 경우는 희소하다. 강지호江志豪(2004)는 "우운진의 『맹자논문』은 『맹자』의 어휘와 수사법 등을 논하였으며 특히 문장 매듭법에 더 많은 관심을 기울인다. 문체가 지닌 풍격을 중시하고 그 비평 양상은 심미적 감상평에 기울어져 있다"고 하였다.[132] 『맹자논문』에서 우운진이 참고한 주석서는 조기趙岐의 『맹자장구孟子章句』이다. 이를 통해 그가 조기의 문학적 역량을 긍정적으로 평가했음을 유추할 수 있다.

이상에서 논한 우운진의 수사학적 주석서 중에서, 『맹자논문』이 그 문학 비평의 성격을 가장 뚜렷하게 보이고 있다. 1925년에 『맹자논문』을 재간행한 이유도 바로 수사학의 관점으로 『맹자』를 비평한 데 그 가치가 있었기 때문이었다.[133] 『속수사고전서총목제요: 경부』에서는 『맹자논문』은 글을 논하는 방법으로 『맹자』를 논한 것이라며 그 특징이 수사학적 접근을 통해 『맹자』를 해석하였다는 데 있다고 명확히 밝히고 있다.[134]

3) 『맹자논문』의 수사학적 해석

『맹자논문』은 총 7권 143장으로 이루어져 있다. 위백규와 히로세 탄소는 『맹자』의 모든 장에 주석을 남기지는 않았다. 우운진은 『맹자』의 총 108장에 모두 주석을 하였다. 그 편집 체계가 한국과 일본의 수사학적 『맹자』 주석서와 다른 독특한 측면을 지니고 있다는 점—소설 비평에 사용하는 평점을 채용— 또한 특기할 만하다.

청대의 다른 평점 주석서와 비교했을 때, 『맹자논문』은 여러 평점 중에서 권점만 사용하여 그 평론 형식이 간명한 편이다. 그 평론 내용은 문법 외에 문장의 풍격 묘사에 중점을 두었다.[135] 아래에서는 『맹자논문』에 보이는 수사학적 해석의 주요 특징을 본서에서 연구 대상으로 삼는 중국과 한국 및 일본의 그것과 비교하여 제시하고자 한다.

① 어세語勢 중심의 수사 비평

우운진의 수사학적 경전 해석의 특징 중 하나는 수사의 세 가지 요소 중에서 '어세'를 비평하는 데 힘썼다는 점이다. 그의 수사학적 해석은 경문의 글자나 구절, 또는 문장 등이 주는 심미적 감흥이나 이것이 갖고 있는 기운을 서술하는 경우가 대다수이다. 문장의 기氣를 면밀히 살핀 것으로 『맹자』를 문예 산물로 향유한 경향이 위백규나 히로세 탄소에 비해 상대적으로 짙다고 할 수 있다.

우운진은 『맹자』에 대한 전체적 총평을 「이루」하 24장의 주석에서 다음과 같이 남겼다.

『맹자』의 서사敍事는 청아하면서도 절도가 있어서 맛이 있으며 담박하면서도 호탕하여 신묘함을 얻었다. 좌구명 이후로부터 사마천 이전까지의 〈글 중에서〉 홀로 우뚝 선 문장이다.[136]

『맹자』의 서사법을 칭송하면서 우운진은 그 구조적 특징을 분석하기보다 서사법이 주는 느낌을 술회하였다. 담박함과 호탕함은 서로 반대되는 속성을 띠는데도 불구하고, 『맹자』는 이 두 가지 속성을 모두 갖추어서 오히려 그 문장학적 가치가 높다고 그는 생각했다. 이러한 이유로 일반적으로 문장학을 논할 때 서사법이 훌륭하다고 일컬어지는 『좌전』이나 『사기』가 아닌 『맹자』의 서사법을 우운진은 가장 높이 평가하였다.

문장학으로서의 『맹자』가 지닌 가치를 찬미하고 그것이 주는 심미적 감상을 논하는 것은 주희나 위백규, 그리고 히로세 탄소의 주석에서도 발견할 수 있다. 주희의 『맹자집주』나 위백규의 『맹자차의』, 그리고 히로세 탄소의 『독맹자』는 『맹자』의 어세를 평가하는 사례가 드문드문 보인다. 이에 반해 우운진의 경우 이것이 주석서 전체를 통괄하며 그 핵심을 이루고 있다는 점에서 큰 차이가 있다.

우운진이 『맹자』의 어세를 평가하는 부분은 특히 「양혜왕」상 7장 주석에서 가장 두드러진다. 『맹자』중에서 「양혜왕」상 7장을 문장 학습에 가장 유용한 장으로 꼽으며 그는 다음과 같이 말하였다.

편篇(「양혜왕」 상) 안에서 구륵鉤勒과 돈좌頓挫가 수천, 수백 번 변용되어 여러 갈래가 되었다가 여기에서(「양혜왕」 상 7장) 귀결되었다. 강령이 있고 혈맥이 있으며 과협過峽이 있고 근절筋節이 있으니 직접적으로 드러내거나 어설프게 드러내는 표현이 한 구절도 없고자 했다. 독자들이 이 장을 반복해서 숙독하면 글을 쓰는 법도를 거의 이해할 수 있을 것이다.[137]

위 제시문은 「양혜왕」 상 7장 주석 말미에 있는 우운진의 총평이다. 그는 「양혜왕」 상에서 구륵鉤勒과 돈좌頓挫가 셀 수도 없이 활용되었다고 지적하였다. 그리고 「양혜왕」 상의 여러 장 중에서 특히 7장은 맥락이 있고 뼈대도 있으며 맹자 스스로의 견해를 모두 우회적으로 표현했다고 파악했다. 「양혜왕」 상 7장을 반복해서 숙독할 것을 강조하며 그 글쓰기 전범으로서의 가치를 높이 평가하였다. 이 외의 「양혜왕」 상 7장의 주석에서 우운진이 어세를 언급한 부분 중 특별한 것만을 꼽아 해당 경문과 함께 제시하면 다음과 같다.

① 〖경문〗 曰: "何可廢也? 以羊易之." 不識. 有諸?"
〖주석 번역〗 서술법이 간결하고 깨끗하다.[138]

② 〖경문〗 曰: "有之." 曰: "是心, 足以王矣. 百姓皆以王爲愛也, 臣固知王之不忍也."[139]
〖주석 번역〗 세 구절이 세 번 회전하였다. 문사와 정취가 구불구불 빙빙 돌며 출렁대는 것이 마치 봄날 구름이 바람에 나부끼며 내달리듯 회전하는 것 같다.[140]

③ 〖경문〗 曰: "無傷也. 是乃仁術也, 見牛, 未見羊也."

〖주석 번역〗한걸음에 곧장 뻗어나가는 것이 번쩍이며 여유롭다. 이 구절에 이르러 곧바로 가리키는 지점이 활연하게 분명해졌다. 연이어 나오는 두 개의 '야也'자가 산뜻하고 쾌활하니 이루 다 말할 수 없다.[141]

④〖경문〗是°折°枝°之°類°也°.

〖주석 번역〗매우 시원하고 상쾌하다.[142]

⑤〖경문〗老吾老, 以及人之老, 幼吾幼, 以及人之幼, 天下, 可運於掌. 『詩』云, "刑于寡妻, 至于兄弟, 以御于家邦." 言擧斯心, 加諸彼而已. 故°推°恩°足°以°保°四°海°, 不°推°恩°無°以°保°妻°子°, 古°之°人°所°以°大°過°人°者°, 無°他°焉°. 善°推°其°所°爲°而°已°矣°.

〖주석 번역〗막힘없는 말투의 글로 정취가 매우 자유분방하다.[143]

⑥〖경문〗權然後, 知輕重, 度然後, 知長短. 物°皆°然°, 心°爲°甚°, 王°請°度°之°.

〖주석 번역〗앞의 글은 도도하고 담백하였으나 이 구절에 이르러서 갑자기 이와 같은 힘이 있는 말투를 썼다. 문사와 정취의 곱고 아름다움이 지극하다. ○ 위 구절을 이어받아 아래 구절을 일으키니 문세가 다소 쉼이 있다. 소위 그 소리를 더디게 하여 상대에게 아첨한다는 것이다.[144]

⑦〖경문〗曰: "否. 吾不爲是也." 曰: "然°則°, 王°之°所°大°欲°, 可°知°已°."

〖주석 번역〗또 한 번 크게 전환을 하였으니 문세가 바람이 불고 구

름이 용솟음친다.[145)]

⑧ 【경문】 曰: "鄒人與楚人戰, 則王以爲孰勝?" 曰: "楚人, 勝." 曰:
"然°則°小°固°不°可°以°敵°大°, 寡°固°不°可°以°敵°衆°, 弱°固°不°可°以°
敵°强°."
【주석 번역】 갑자기 말투를 가지런히 하고 문필을 떨치며 빠르게 붓
을 휘둘렀다. 문세가 산을 밀치고 바다를 진동시키니 참으로 색다른
경치를 이루었다.[146)]

⑨ 【경문】 海°內°之°地°, 方°千°里°者°, 九°齊°集°有°其°一°, 以°一°服°八°,
何°以°異°於°鄒°敵°楚°哉°? 蓋°亦°反°其°本°矣°.
【주석 번역】 문세가 갑자기 정돈되고 갑자기 흩어지니, 힘을 얻는
곳이 참으로 파죽지세와 같다.[147)]

⑩ 【경문】 曰: "無恒產而有恒心者, 惟士爲能. 若民則無恒產, 因無恒
心. 苟無恒心, 放辟邪侈, 無不爲已, 及陷於罪然後, 從而刑之, 是°
罔°民°也°. 焉°有°仁°人°在°位°, 罔°民°而°可°爲°也°?
【주석 번역】 곡진하며 애통하다.[148)]

우운진은 다양한 각도에서 서슴없이 그 어세를 술회하였다. 경문의
글자가 주는 느낌, 구절이 주는 느낌, 문장이 주는 느낌, 그리고 「양혜
왕」 상 7장 전체가 주는 느낌 등이다. 구체적인 사례로 맹자의 문장이
거대한 산을 밀칠 수 있을 정도로 큰 힘을 지녔다며, 봄날 구름, 산과
바다 등 자연의 형상과 무늬에 맹자의 문체를 형용하여 이에 대한 감상
평을 남겼다.

위 제시문을 보면 문장 기법의 분석과 심미적 감상이 절대적 다수이지만, 그 내용이 주는 감흥을 함께 서술한 사례도 있다. ⑩의 경우에서 우운진은 맹자가 양혜왕에게 왕도정치를 행할 것을 설득하기 위해 항산과 항심의 관련성을 설명하는 부분이 곡진하고 애통하다고 평한 것이 하나의 사례이다.

앞서 살펴본 사례와 같이 우운진은 위백규와 히로세 탄소에 비해 보다 세심하게 경문의 문세를 살피고 감상평을 기술할 수 있었다. 그 이유는 청대 이전 소순의 『소비맹자』와 이지의 『사서평』이 경문의 문학적 요소에 심미적 감흥을 남겼던 전례가 있었기 때문이다. 한국의 조선 시대와 일본의 에도 시대에는 선행 사례가 드물게 존재했지만, 중국 청대의 경우에는 몇 가지 전범이 이미 유통되고 있는 상황이었다. 당시에 우운진이 더 적극적으로 경문의 표현 기교에 감상평을 할 수 있는 학술적 토대가 마련되어 있었다고 유추할 수 있다.

② 소설 비평의 영향: 평점評點의 사용

우운진의 『맹자논문』은 한국과 일본에 있는 일반적인 주석서와 다른 편집 방식을 사용하였다. 바로 '평점評點'이다. 평점은 동그라미나 점 등의 부호를 곁들여 문장 구조와 표현 기교 등을 분석하는 비평 방식을 가리킨다. 한국에서는 '평점 비평'으로도 불린다. '평評'은 평론을 말한다. 그중에서 원문에 붙이는 평을 특별히 '비批'라고 한다. '점點'은 자법이나 구법 등이 인상적인 부분에 붙이는 것으로, 권圈·광토·선線을 함께 사용할 수 있다. 전근대 동아시아 지식인들은 평점을 주로 소설이나 시의 문학적 가치와 특징을 평가할 때 사용하였다. 특히 청대에 소설 평점이 유행하였다.

평점의 세 가지 조건으로 첫째는 평어, 둘째는 점과 권 등의 부호, 그리고 셋째는 작품 원문을 꼽을 수 있다. 평점의 기원은 그 정의에 따라 다르게 논의된다. 남송 시대에 비로소 '평어와 부호, 그리고 원문' 이 세 가지 조건을 모두 갖춘 형태의 평점이 등장했다는 것이 현재 학계의 일반적인 견해이다. 평점식 주석은 경전 주석에서는 보기 드문 편집 체계이며, 17~19세기 한국과 일본의 수사학적 경전 주석서에는 좀처럼 사용되지 않았다는 점에서 『맹자논문』의 독특한 측면을 확인할 수 있다.

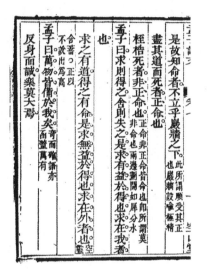

〈그림 2〉 『맹자논문』과 평점

우운진은 권(O)과 점('), 그리고 원문 끝에 평론을 하는 방식인 미비尾批를 편집 체계로 사용하여 『맹자』 경문의 표현 기교와 어휘 배열 등을 주석하였다. 〈그림 2〉를 보면 우운진은 경문이 쓰여진 계격界格(欄)과 계선界線 사이에 있는 오른쪽 여백에 권(O)과 점(')을 사용하여 깊은 인상을 받은 자字·구句·절節을 표시한 뒤 경문 아래에 미비로 해당 문장에 자신의 느낌을 서술하였다. 그의 주석을 일별해 본 결과, 권(O)을 점(')

보다 더 많이 사용하였으며, 권(ㅇ)과 점(ㆍ)의 사용 방식 차이는 거의 미미한 것으로 보인다.

소설을 비평할 때 주로 사용했던 '평점'을 경전 '주석'에까지 응용한 이유는, 경문의 수사 기교를 주석하기에 평점이 용이하기 때문이다. 감명을 받은 문장을 권점으로 표시하고, 추가적인 언급 없이 그 문장의 형식미와 문채미 등을 바로 서술할 수 있다. 그러므로 주석서가 경전의 문체를 평하는 효율적인 방법이라 할 수 있다. 또한 『맹자』를 읽는 독자에게 효율적 독법을 제공해 주기도 한다. 독자가 경문에서 유의하여 읽어야 할 부분을 바로바로 확인할 수 있다는 장점이 있다.

『맹자논문』에 담긴 평점의 내용을 살펴보면 다음 네 가지 종류로 나눌 수 있다. 첫째는 권(ㅇ)이 있고 평이 있는 경우, 둘째는 점(ㆍ)이 있고 평이 있는 경우, 셋째는 권(ㅇ)이나 점(ㆍ)이 있고 평은 없는 경우, 그리고 마지막으로는 권점은 없고 평은 있는 경우이다. 이해를 돕기 위해 차례대로 사례를 분석하고자 한다.

첫째, 권(ㅇ)이 있고 평이 있는 경우이다.

〈「만장」상 1장〉

【경문】萬章問曰: 舜往于田, 號泣于旻天, 何爲其號泣也? 孟子曰: 怨°慕°也.【[牛運震 註]'怨慕'二字, 合用奇文至情奇情至理. ㅇ只二字, 括「小雅」詩人之旨.】[149]

【주석 번역】'원모怨慕' 두 글자는 기이한 문자와 지극한 정과 기이한 정과 지극한 이치를 함께 사용하였다. ㅇ오직 두 글자로 『시경』「소아」편의 시인의 뜻을 요약하였다.

순임금의 부모는 작은 아들을 편애하였다. 그들은 순임금을 그다지 좋아하지 않아서 살해를 기도하기도 하였다. 부모님과 자식은 유교에서는 천륜이다. 순임금이 자신의 부모를 향해 본능적인 사랑의 감정과 후천적인 증오의 감정을 함께 갖게 되는 것은 유학의 관점에서 보면 당연지사일 것이다.

우운진은 맹자가 '원모怨慕' 두 글자를 함께 사용하여 부모님을 향한 자신의 지극한 감정과 지극한 이치를 드러내었다고 생각하였다. 따라서 그는 『맹자논문』에서 '원모' 두 글자에 권(O)을 찍고, 그 자법의 함의를 풀이하였으며, 『시경』「소아小雅」편의 주요 내용을 이 두 글자로 함축할 수 있다고 말하였다.

이 제시문에서 『시경』「소아」편의 내용을 원모로 요약할 수 있다는 것은 특별히 「소변小弁」150)을 가리키는 것으로 추정된다. 「소변」은 주나라 유왕幽王으로부터 폐위를 당한 태자 의구宜臼의 시로, 부모님을 원망하면서도 사모하는 내용을 담고 있다. 주희도 「소변」의 주요 내용 또한 부모를 향한 '원모'임을 밝히며 「만장」상 1장을 인용한 바 있다.151)

둘째, 점(ˊ)이 있고 평이 있는 경우와, 셋째, 권(O)이나 점(ˊ)은 있지만 평은 없는 경우이다.

〈「이루」하 28장〉

① 〖경문〗 仁者 ˊ , 愛 ˊ 人, 有禮者 ˊ , 敬 ˊ 人.〖『牛運震 註』句法蟬聯而下.〗152)

〖註釋 번역〗 구법이 연달아 아래까지 이어진다.

② 〖경문〗 愛人者 ˊ , 人 ˊ 恒 ˊ 愛 ˊ 之, 敬人者 ˊ , 人 ˊ 恒 ˊ 敬 ˊ 之.153)

해당 경문(①)에서는 '~자者, 동사+명사'라는 구법이 반복적으로 사용되었다. 뒤에 연이어 나오는 문장(②)도 약간의 글자 출입이 있긴 하지만 기본적으로 '~자者, 동사+명사'의 구도를 갖고 있다. '애愛'자와 '경敬'자를 반복적으로 사용하여 내용도 서로 이어진다.

따라서 우운진은 앞의 문장(①)에 먼저 점(丶)으로 특정 구법을 표시하고, 미비에 유사한 구법이 계속해서 이어진다고 평하였다. 그리고 다음 문장(②)은 점(丶)으로 표시만 하고 따로 설명을 추가하지 않았다. 경문 ②에 대한 풀이는 이미 앞 문장을 주석하면서 덧붙였기 때문이다. 권점은 있는데 평은 없는 경우가 바로 ②의 사례에 해당한다.

마지막으로, 권점은 없고 평이 있는 경우이다.

〈「공손추」 상 2장〉

【경문】昔者, 曾子謂子襄曰: '子, 好勇乎? 吾嘗聞大勇於夫子矣.【〖牛運震 註〗此節下文, 浩然之氣影照.】自反而不縮, 雖褐寬博, 吾不惴焉, 自反而縮, 雖千萬人, 吾往矣.'【〖牛運震 註〗縮字字法, 古.】[154]

【주석 번역】이 절節의 아래 문장은 '호연지기'의 영조影照이다.

【주석 번역】'축縮'자의 자법이 예스럽다.

호연지기는 「공손추」 상 2장의 골간이다. 『맹자』에서 공손추가 호연지기의 뜻을 묻자 맹자는 "'호연지기'는 말로 표현하기 어려운 것이다. '호연지기'는 지극히 크고 지극히 강하니, 곧음으로 기르고 해침이 없으면 〈이 호연지기가〉 하늘과 땅 사이에 가득 차게 된다. 이 기운은 도道와 의義와 짝하니 이것이 없으면 〈호연지기가〉 굶주리게 된다"[155]라고 대답하였다. 이와 같은 『맹자』의 내용을 통해 미루어 봤을 때 호연지기는 도와 의에 근거하여 흔들림 없는 바르고 큰 마음이자 용기를 의미한다.

우운진도 호연지기는 '용기'와 연관이 있다고 생각했다. 이에 맹자는

"옛날 증자께서 자양子襄에게 말씀하셨다. '그대는 용기를 좋아하는가? 내가 일찍이 선생님께 큰 용기에 대해 들은 적이 있다'[昔者, 曾子謂子襄 曰: '子, 好勇乎? 吾嘗聞大勇於夫子矣']"라고 말하며, 호연지기로 대화를 이어가기 위해 먼저 '용기'를 화두로 꺼내었다고 보았다. 이 문장에서 제시된 '용기'의 화두가 마치 그림자처럼 호연지기를 설명하는 문장으로까지 이어진다는 견해이다.

이와 같은 우운진의 해석은 바로 이 "昔者, 曾子謂子襄曰: '子, 好勇乎? …… 自反而縮, 雖千萬人, 吾往矣'"라는 해당 경문이 「공손추」 상 2장에서 갖는 전체적인 역할을 풀이한 것이다. 구절 전체를 풀이하였고 심미적 감상을 남긴 것도 아니기 때문에 우운진은 경문에 따로 권점을 하지 않은 것으로 보인다.

이상 네 가지 종류의 평점 방식에서 살펴보았듯이, 우운진은 권점과 평을 함께 사용할 경우 『맹자』의 어떤 글자나 구절에서 어떤 느낌을 받았는지 서술하거나 권점을 한 자구字句가 어떤 수사학적 역할을 하는지 풀이하였다. 독자에게 『맹자』를 읽을 때 어느 부분에 경중을 두어야 하는지 알려준다는 점에서 그의 권점 사용은 의의가 크다.

한편 평점식 주석은 『맹자』의 수사 기교를 주석하는 데 역기능도 있다. 위백규와 히로세 탄소의 경우 『맹자』의 편장 구성법을 논한 것과 달리 우운진의 『맹자논문』에는 전체적으로 편장 구성법을 논한 주석은 드물다. 편이나 장 전체에 권(○)이나 점(ʼ)을 찍으면, 그보다 작은 단위인 자字·구句·절節에 담긴 수사학적 요소를 따로 기술할 수 없기 때문으로 추정된다. 이는 평점이라는 편집 방식에 주석 내용이 제약을 받은 것이라 할 수 있겠다.

실제로 청나라 소설 평점과 다른 수사학적 『맹자』 주석서를 살펴보면, 다양한 평점을 활용한 수많은 편집 방식이 존재한다. 권점의 종류도 여러 가지일 뿐만이 아니라, 평론을 하는 방식도 편 머리에 붙이는 수비首批, 책 위의 천두에 붙이는 미비眉批, 자구 옆에 붙이는 방비旁批, 원문 구절 중간에 끼워넣는 협비夾批, 원문 끝에 붙이는 미비尾批 등 다수이다.

그런데도 불구하고 우운진은 다양한 평점을 활용하지 않고 '미비尾批, 점, 권' 이 세 가지만을 편집 방식으로 활용하였다. 다른 청대 수사학적 『맹자』 주석서에 비해 단순한 방식의 평점을 사용하여 『맹자』의 수사학적 요소를 보다 광범위하게 분석하지 못한 점이 『맹자논문』의 아쉬운 점으로 남는다.

③ 송유宋儒의 수사학적 역량 비판

『맹자』를 주석하면서 우운진은 조기의 『맹자장구』를 참고하였다. 조기의 주석을 인용하기도 하고 그의 수사학적 역량을 호평하기도 했다. 우운진은 『맹자논문』에서 『맹자장구』 외에도 다양한 서적의 문학성도 함께 평가하였다. 그중 선진양한 텍스트가 대다수를 차지한다.

우운진은 선진양한 텍스트는 그 문체가 서로 유사하며 일종의 문통文統을 이루고 있다는 인식을 갖고 있었다. 가령 『맹자』의 문체와 『논어』, 『장자』, 『좌전』, 『전국책』, 『사기』, 그리고 한유의 문장 등이 유사하며, 『맹자』가 『논어』의 문체를, 혹은 『사기』가 『맹자』의 문체를 계승했다고 하였다. 그는 「등문공」 하 9장을[156] 다음과 같이 총평하였다.

이 편은 고상하고 예스러우며, 침착하고 혼후하니, 『맹자』 중에 압권인 문자文字이다. 「병경並耕」편은 한유가 혹 미칠 수 있으나, 이 편은 태사공이 아니면 또다시 뒤따르는 사람이 따라 미칠 수 없다. 송유宋儒들은 소씨蘇氏 부자가 맹자의 오묘한 것을 얻었다고 말하나, 이는 진정 맹자도 모르고

소씨도 모르는 자이다.[157)]

「등문공」 하 9장에서 맹자는 성인들의 치세를 주로 이야기하였다. 공도자公都子가 맹자에게 변론을 좋아하는지 여쭙자, 맹자는 부득이하게 변론을 하는 것뿐이라고 한다. 그리고 이어, 요임금과 순임금, 그리고 우임금 등이 어떻게 치세를 하여 성군이 되었는지 그 과거의 사실을 일목요연하게 묘사하였다. 이후 자신이 어떤 경위로 논변을 펼치게 되었는지 논리적으로 서술하고 있다. 문장에 있어 그 서사법과 논리적 전개가 돋보이는 구절이다.

우운진은 「등문공」 하 9장의 필법은 태사공만이 따라할 수 있는 문장 표현이라고 생각했다. 그리고 다른 편에 있는 「병경並耕」편(「등문공」 상 4장, 허행과의 일화로 질문법이 돋보임) 또한 한유와 필체가 유사하다고 보았다. 도를 계승한 것을 '도통론'이라고 지칭한다고 할 때, 우운진은 서로 문장을 계승하였으므로 『맹자』와 『사기』, 그리고 한유의 글 간에 '문통'을 형성한 것으로 인식했다고 풀이할 수 있다.

선진양한 텍스트를 우운진은 전반적으로 긍정적 태도로 바라보며 호평하였다. 『맹자』 이후에 나온 글의 문체에 불만을 표기하기도 하였다. 그는 「공손추」 상 2장에 다음과 같이 주석하였다.

"맹시사孟施舍" 두 구절은 전혀 도리와 관계가 없다. 다만 이를 빌려 점차 증자를 언급하고자 한 것뿐이다. 이는 문장가들의 기법의 묘처이다. 송유宋儒들의 잡다한 말과 번쇄한 글에 이와 같은 해석이 있겠는가? 송유들의 '리理'를 설명하는 문장력으로는 결코 이와 같은 글을 지을 수가 없다.[158)]

「공손추」상 2장은 부동심과 양기, 그리고 호연지기 등을 논하였다. 총 1,096자로 『맹자』에서 세 번째로 길이가 긴 장章이다. 주희를 포함한 도학가들은 이 구절에 담긴 맹자의 철학적 사유를 중심으로 주석을 하였다. 특히 호연지기를 통한 도덕적 수양법을 상세히 논하였다.

우운진은 「공손추」상 2장에서 "맹시사孟施舍"가 나오는 두 구절을[159] 비평하면서, 송나라 유학자들의 해석을 놓고 두 가지 지점을 비판하였다. 첫째는 경문의 문리를 제대로 이해하지 못한다는 것이다. 우운진은 맹시사와 관련된 구절은 '도학'과는 전혀 무관한 구절이라며 송대 유학자들의 문장 이해력에 의구심을 제기하였다. 우운진이 비판한 송대 유학자가 구체적으로 어떤 인물들인지 알 수 없으나, 주희 또한 그중 한 명으로 포함된 것으로 보인다. 주희는 맹시사가 나오는 부분에서 일신一身의 기氣와 순리循理를 이야기하며, 맹자의 부동심의 근원이 여기서 나왔다고 말한 바 있다.[160]

두 번째로는 송나라 유학자들의 글쓰기 실력을 비하하였다. 우운진은 그들의 문체를 잡다하고 번쇄하다고 비판하며, 『맹자』와 같은 훌륭한 문장은 쓸 수 없을 것이라고 단언하였다. 그는 송나라 유학자들의 사상사적 공헌은 인정했지만 그 문장력만큼은 미흡하다고 여겼다. 앞선 인용문에서 보았듯이 우운진은 소씨 삼부자의 문장력 또한 부정적으로 평가하였다.

송대 도학가 등 후대 인물의 문장을 평가한 태도는 우운진과 위백규가 서로 대조를 이룬다. 위백규 또한 한유의 문장을 좋아했으며, 특히 그를 '문을 통해서 도로 들어간 유일한 인물'로 칭송하였다. 반면 송대 도학가들의 문장을 비판했던 우운진과 달리, 위백규는 주희의 글 이해력 및 문장력을 칭송하였다.

주희의 문장을 향한 관점의 차이는 우운진과 위백규의 취향 차이에서 비롯된 것일 가능성이 없지는 않다. 하지만 무엇보다도 당대의 학풍과 밀접한 관계가 있다. 전근대 시기 한국의 경우 주희를 비판하는 일이 상대적으로 덜 자유로웠던 것에 비해, 중국의 경우 의리학과 고증학을 향한 문제 제기가 차츰 늘어나는 시기였고, 송대 유학을 비판하는 풍조가 자유롭게 형성되었다. 주자학으로 대표되는 의리학의 단점을 극복한다는 것이 수사학적 경전 해석의 발생 및 증가 원인이기도 하지만, 전근대 동아시아 삼국에서 그 원심력은 동일하게 작용하지 않았던 것이다.[161)]

IV

한국의 수사학적
경전 해석

앞서 Ⅱ장 2절에서 살펴보았듯이, 조선의 유학자들은 유교 경전을 사상의 전범으로 삼았을 뿐만이 아니라 글쓰기의 전범으로 존숭하였다. 예컨대 서거정은 "육경의 문장은 글을 잘 짓는 데에 뜻을 둔 것이 아닌데도 자연스레 도에 합치하였다. …… 경전을 근본으로 삼고 제자서에 얽매이지 않으며, 아정雅正함을 숭상하고 부화浮華함을 멀리하여 고명하고 정대하면, 성인聖人의 경전을 돕는 데 반드시 그 방법이 있을 것이다"[1]라고 하며, '육경을 문文의 근본으로 삼아야 한다[文本于經]'고 말한 바 있다.

경전을 글쓰기의 전범으로 삼는 태도는 일반 산문에서 수사학적 경전 해석의 형태로 구현되었다. 예를 들면 김창협(金昌協, 1651~1708)은 『대학』 전7장의 수미상관 구조를 바탕으로 그 요지를 밝혔다.[2] 『맹자』의 경우, 홍석주(洪奭周, 1774~1842)가 대표적이다.[3] 그는 다음과 같이 말하였다.

성인의 글은 문사文辭로만 챙겨볼 것은 아니다. 그러나 문장이 성대하고

진실한 것은 성인의 글만 한 것이 없다. 『맹자孟子』의 경우, 열고 닫음, 기
이함과 바름 등 만 가지 변화가 모두 갖추어져 한유와 구양수, 그리고 삼
소三蘇와 같은 후세 작가들의 문장은 그 근원이 모두 여기서 나왔으니, 독
자들은 또한 몰라서는 안 된다. 지금 그 한 단락을 들어 이야기해 보면,
…… 이것이 고인이 문장을 생략[省文]하는 방법이다. 후세의 작가들은 일
부러 생문省文하려고 하여 비록 자구字句는 교건矯健하지만 가위질하여 잘라
낸 흔적을 가릴 수가 없다. 『좌전』과 같은 고고高古한 문장도 이를 면할 수
없다.[4]

위 인용문에서 홍석주가 "성인의 글은 문사文辭로만 챙겨볼 것은 아니
다"라고 한 것은 문장학의 차원에서 경전에 접근하는 것도 하나의 방법
일 수 있음을 역설한 것이다. 이어서 홍석주는 경전을 문장의 조종이라
고 하면서 『맹자』를 사례로 들었다. 『맹자』는 모든 수사 기교를 담고 있
으며 그중에서 '문장을 생략하는 방법[省文]'은 『좌전』보다 훨씬 뛰어나
다'고 평하고 있다. 이는 『맹자』가 경전 중에서도 뛰어난 문학적 가치를
지닌다는 것이거니와, 『맹자』를 글쓰기의 전범으로 간주했음은 물론 '수
사학'을 하나의 방법으로 사용하여 『맹자』 경문을 이해하고 있음을 보여
주는 단초이다.

산문 외 '주석서'에서도 경전을 글쓰기의 전범으로 간주하고, '수사'를
경학의 한 방법으로 사용한 사례를 발견할 수 있다. 이황의 『맹자석의孟
子釋義』가 대표적이다. 퇴계는 어세와 어의, 그리고 어법 등을 근거로 당
대의 석의釋義(구결과 우리말 번역의 중간 단계)를 비판하고 이상적인 해석을
제시하였다. 특히 『맹자』에 한정할 경우, 이익의 『맹자질서孟子疾書』 등도
수사학적 경전 해석을 시도한 것으로 볼 수 있다.[5]

수사학적 경전 해석이 한국에서 심화된 형태로 나타난 것은 위백규

의『맹자차의孟子箚義』를 거론할 수 있다. 이 주석서는 어의, 어법, 어세의 분석을 두루 담고 있으며, 표현 기교와 문장 구조 등 수사학적 특징의 서술이 주석서 전체를 관통하고 있다. 이 점에서『맹자차의』는 수사학적 경전 해석의 대표적인 주석서로 꼽을 수 있다.

여기서는 한국의 대표적인 '수사학적『맹자』해석'을 살펴보고자 한다. 첫 번째 절에서는 이황의『맹자석의』에 수사학적 해석이 존재한다는 것을 우선 제시함으로써, 의리와 고증 외에도 '수사' 또한 경학의 한 방법으로 한국 경학사에서 주요한 위상을 지니고 있음을 밝히고자 한다. 이를 위해 그의 문학관과 경전 해석 태도를 관찰하고 이것이 어떻게 수사학적 경전 해석으로까지 발현되었는지 고찰하고자 한다. 주로 어의語義 · 어법語法 · 어세語勢를 중심으로 분석할 것이다.

두 번째 절에서는 위백규『맹자차의』의 수사학적 경전 해석과 그 특징을 분석할 것이다. 이 또한 이에 앞서 위백규의 문학관과 경전 해석 태도, 그리고 수사학적 비평 대상을 살피고, 그의 문학관과 경전 해석 태도가 어떻게 수사학적 경전 주석서의 형태로 연결되는지 고찰하고자 한다. 이를 토대로 중국과 일본의 대표적인 수사학적 경전 주석서와의 차이를 거론하고자 한다. 이를 위해 우운진의『맹자논문』과 히로세 탄소의『독맹자』와 비교하여 위백규의『맹자차의』가 갖는 수사학적 경전 해석의 특수성을 제시할 것이다.

1. 이황李滉의 『맹자석의孟子釋義』

이황(李滉, 1501~1570)은 「성학십도」와 『주자서절요』 등 성리학 저술을 남긴 조선 전기의 대표적인 학자다. 그가 남긴 『경서석의經書釋義』는 사서를 포함한 칠서七書를 주석한 것으로 조선 시대 경전 주석서의 선편을 잡고 있다.⁶⁾ 더욱이 『경서석의』는 교정청언해의 편찬 과정에서도 영향을 미치는 등 조선 시대 경학사 연구에 중요한 자료 중의 하나이다.⁷⁾

1) 그의 문학관과 경학관

① 문학관

이황도 유학자들의 일반적 문학관인 문이재도文以載道를 견지하였다. 그는 제자들을 훈계하며 "유가儒家의 의미는 남다르니, 문예文藝에 공교한 것도 유가의 일이 아니며, 과제科第에 나아가는 것도 유가의 일이 아니다"라고 한 바 있다.⁸⁾ 이는 그가 과거 합격을 목표로 공부하는 것을 비판함과 함께 문장 예술을 추구하는 일 또한 배격한 것을 의미한다.

하지만 이황의 『퇴계선생문집』과 『퇴계언행록』 등을 두루 살펴보면 그의 문학관은 그렇게 단순하지만은 않다.[9] 그는 오직 도학만을 중시하지 않았고, 문학 또한 긍정하였다.[10] 일례로 조목(趙穆, 1524~1606)이 "마음과 행동이 올바르지 않다면 문학이 있은들 무슨 소용이 있겠습니까?"[11]라며 문학을 경시하는 발언을 한 것을 두고 퇴계는 다음과 같이 대답하였다.

  문학을 어찌 소홀히 할 수 있겠는가. 배우는 이유는 마음을 바르게 하는[正心] 것이기 때문이다.[12]

  '정심正心'은 『대학』 8조목 "성의정심誠意正心"의 '정심正心'을 의미하는 바, 이는 수기치인修己治人을 이루는 가장 첫 단계이다. 이황은 유학의 8조목을 매개로 '문학'을 '도학'과 연결하였다. 궁극적으로 문학은 마음을 바르게 함과 동시에 나아가 자기 자신의 몸과 마음을 가다듬고 남을 바르게 다스리는 역할을 한다고 인식한 것이다. 이는 문학이란 개인의 인격 수양에 도움을 주기 때문에 그것을 소홀히 할 수 없다는 깨달음이 그 저변에 깔려있다.
  당시 조선 지식인들은 도본문말道本文末의 논의를 활발하게 주고받았다. '도본문말'의 논리는 '도道'를 이루면 '문文'은 부수적으로 따라온다는 의미를 갖고 있다. 물론 이황도 이 본말의 논리를 기본적으로 인식하고 있다. 그러나 앞의 인용문에서도 알 수 있듯이, '문학'에 대한 공부가 거꾸로 마음을 바로잡는 데[道學] 긍정적 영향을 미칠 수도 있다고 제시함으로써 문의 주체성과 그 효용성을 긍정하고 있다. 요컨대 퇴계는 도학과 문학은 경중의 문제이며 궁극적으로 양자가 상보 관계에 있다고 파악하고 있다.
  특기할 점은, 이황이 단순히 문학이 '감상의 즐거움'을 주기 때문이 아니라 문학이 도덕 감정을 배양하는 데 이로움을 준다는 점에서 우호적인 입장을 취했다는 사실이다. 이는 감상의 즐거움과 도덕성의 배양이라는 양자적 근거를 취한 주희와 차이가 있는 지점이다.[13]

이황이 문학을 인격 수양의 수단으로 간주한 것은 그 효용성이 문장의 예술성으로 인한 심미적 감흥이 아닌 도덕 감정에 영향을 미침으로써 진정한 가치를 지닌다고 생각하였음을 의미하거니와, 그의 문학관이 '도덕주의적 효용론'에 입각해 있음을 보여주는 징표다.[14]

그런데 퇴계가 문학을 긍정하는 태도는 ① 문학 장르의 긍정과 ② 작문 공부의 필요성 인정 등으로 나타났다. 우선 전자부터 살펴보도록 하자.

이황은 '시'를 유독 좋아하였다. 그는 다음과 같이 말하였다.

> 짧은 시詩가 도道를 공부하는 데 방해된다고 말하지 말라. 공자의 문하인 자하와 자공도 역시 '시'를 말하였다.[15]

『논어』「팔일」 8장에 있는 주희의 주석을 보면 시를 더불어 말할 수 있는 인물로 공자는 자하와 자공을 꼽았다고 한다.[16] 이 주석에 따르면 자하와 자공 또한 '시'를 잘 짓고 시를 말하고 있는 것을 의미하며, 성인인 '공자'까지도 시를 짓고 말한 것이 된다. '더불어 말할 수 있다'는 것은 단순한 언급에 그치는 것이 아닌 창작을 포함한 시와 관련한 모든 것을 포함하는 것이다. 이에 이황은 성인인 공자와 그의 제자까지 시 학습을 밝힌 것은 시가 도학에 도움을 준다는 것을 염두에 둔 것임을 의미한다고 생각하였다. 이어지는 것도 퇴계의 언급이다.

> 시가 사람을 그르치지 않고 사람이 스스로 잘못하나니 흥이 일어나고

정에 맞으면 벌써 그만두기 어려워라.[17]

위 인용문에서 이황은 작시作詩의 그만둘 수 없음을 말하고 있다. 사람이 시에 탐닉하면 폐단이 되지만, 시 자체에 문제가 있는 것은 아니라고 하였다. 인간은 성정을 지니고 있기에, 그 성정이 사물과 접하면 자연스레 감흥이 일어나기 마련이고, 그 감흥을 시나 노래로 나타내는 것은 인간의 본능 중의 하나임을 이황은 묘사하고 있다.

실제로 이황은 목판본 문집에 전하는 것만 보아도 2,013수에 달하는 시를 창작하고 있으며, 기실 김인후(金麟厚, 1510~1560)로부터 '이백과 두보의 문장'[18]이라는 극찬을 받을 정도로 시의 경지 또한 높았다. 더욱이 당대 학자들은 퇴계의 시와 산문을 모아 책을 만들어 돌려가며 읽을 정도로, 그는 시문의 모범을 보여준 대표적 문인이기도 하다.

이황이 문학을 긍정했다는 사실은 또 다른 증거인 '작문 공부'의 필요성을 인정한 것에서도 알 수 있다.

아아! 내가 옛것을 좋아하나 너무 늦게 태어났구나. 복희씨와 헌원씨를 좇았으나 미칠 수 없었다. 내 이에 시문詩文을 공부하였는데, 누가 문장을 '지엽적인 재주'라고 하는가. 오히려 글을 잘 쓰는 방법[門]을 얻지 못하여 항상 사방을 돌아보고 뛰어다니며 가르쳐줄 사람을 구하였다.[19]

"시와 문을 배운다[學詩文]"는 것은 운율과 산문의 창작 방법을 궁구하는 것을 의미하며, 좋은 글의 문체적 특징을 고찰하는 독자의 시선과 실제 글을 쓰는 작가의 입장을 두루 포괄한다. 위 인용문에서 퇴계는 글 쓰는 방법을 궁구하는 것은 지엽적인 일이 아니기 때문에 늘 같이 공부할 수 있는 사람을 구하고 있다고 말하고 있다. 그가 「부용전운

^{復用前韻}」에서 "작문을 작은 기예라며 비웃지 마소. 마음속의 묘한 것으로 진실되게 우러나온 것이라네[莫笑文章爲小技. 胸中妙處狀來眞]"[20]라 언급 한 것도 같은 맥락을 지니고 있거니와, 이 역시 그가 글쓰기를 두고 고 민한 흔적을 볼 수 있는 대목이다.

그렇다면 이황이 문장 공부를 위해 참고한 서적은 구체적으로 무엇 일까? 정유일(鄭惟一, 1533~1576)은 이황의 언행 전반을 기술하며 다음 과 같이 말하였다.

> 그의 산문은 육경을 근본으로 하고 고문을 참고로 하여 화華와 실實을 모두 겸하고 문文과 질質이 모두 알맞아, 웅혼雄渾하면서도 전아典雅하고 청 건淸健하면서도 화평和平하였다. 그 귀결을 요약하면, 모두 순수하게 한결 같이 바른 것에서 나온 것이었다.[21]

위 인용문에서 이황은 산문을 지을 때 의리지서義理之書의 대표인 '육 경'에 뿌리를 두어야 한다고 주장하였다. 문학의 원리를 육경에 근본을 둔 것은 유학자들의 일반적인 관념이다. 도에 힘쓰다 보면 글쓰기는 자 연스레 터득할 수 있다고 생각했기 때문이다. 이황은 여기에서 한 걸음 더 나아가 육경의 문체를 본받아야 한다고 적시하였다.

『도산전서』에서 퇴계는 "작문作文을 잘 하기 위해서는 『고문진보』나 『십팔사략』을 읽는 것보다는 『시경』과 『서경』의 경문을 읽는 것이 더 좋 다"[22]고 언급한 바 있다. 이를 통해 우리는 내용 측면 외에도 형식 측면 에서 또한 육경을 글쓰기의 모범으로 생각하였던 퇴계의 사유를 재확 인할 수 있다.

한편 퇴계가 작문에서 고문古文의 중요성을 강조한 것은 어쩌면 자연 스럽다. 유학의 기본 문학관에서 경전은 고문의 모태이기 때문이다. 퇴계는 육경 이외에 '고문'이라는 별칭을 사용하며 육경과 고문의 차이를 두고 있지만, "고문을 숙독하여 마음과 입 사이에서 글에 대한 생각이 흘러 구르고 움직여야 한다"[23]라고 한 것을 보면, 그가 고문을 애독하고 문장 공부의 참고서로 활용하였음을 미루어 짐작할 수 있다.[24]

경전과 고문의 관계를 인식한 퇴계는 이 외에도, 한유, 구양수, 증공, 그리고 소식 등 당송팔대가의 문장 또한 애호하였다.[25] 이덕홍(李德弘, 1541~1596)의 『고문후집질의古文後集質疑』를 보면 이황은 한유의 문장을 비평하며 글쓰기의 전범으로 인식하는가 하면,[26] 한유가 지은 「동생행董生行」이라는 시를 두고, "화평한 기운이 상서로움을 가져옵니다"[27]라 호평하기도 하였다.

퇴계가 소식의 문장에 관대한 태도를 취한 것 역시 문학가로서 그의 시문을 긍정하였기 때문이다. 당시 조선 시대의 일부 학자들은 소식을 비난하는 경향이 적지 않았다.[28] 유희춘(柳希春, 1513~1577)과 기대승(奇大升, 1527~1572) 등이 선조宣祖에게 소식의 글을 멀리할 것을 건의한 것이 단적인 사례다. 이황은 소식보다 정명도와 정이천을 더욱 흠모한 것은 사실이나,[29] 소식의 싯구를 변형하여 활용하는 등[30] 그의 시와 인품을 호평한 것은 도학 못지않게 문학을 긍정한 것과 맥을 같이하는 사안이다.[31]

종합하면 이황은 문학이 도덕 수양에 미치는 효과를 긍정하였으며, 나아가 작문 공부의 필요성을 강조하고 있을 뿐만 아니라, '시와 부'를 긍정하고 작문과 작시에도 남다른 재능을 보여주었다. 이황은 산문에서 육경과 그 외의 선진양한 텍스트, 그리고 당송고문 등을 전범으로 삼았다. 그는 담박한 문체를 지향하고 화려한 문체를 지양하였다.[32]

그렇지만 퇴계는 경전을 두고 문예의 시각으로 바라보지는 않았다. 이 점이 주희와도 다르고 위백규와도 차이가 난다. 물론 이황과 위백규를 동일한 차원에서 논할 수 있는 것은 아니지만, 위백규의 남다른 특징은 그가 경전을 문학과 결부시킨 점에 있다. 그는 수사학적 시각으로 경문의 예술적 특징을 일목요연하게 설명하는 개성을 보여주었기 때문이다.

이는 퇴계의 『맹자석의』는 경문에 대한 심미적 감상평을 가하거나, 문장의 차원에서 경전을 대하고 있지 않다는 것을 의미한다. 반면에 위백규는 경전을 두고 수사학적 접근을 함으로써 경문에서의 어법과 어세, 그리고 어의 등과 같은 수사학적 요소를 통해 경문의 내용을 이해하려고 하였다. 퇴계는 이러한 것에 1차적 목표를 두고 있기는 하지만, 경전에서 정통적인 문학의 미적 감상을 하는 것까지 나아가지는 않았다. 이는 차후 상술하도록 하겠다.

② 문의文義 중심의 경전 해석

이황의 경전 해석 태도는 기존 연구에서 이미 자세히 다루었다.[33] 그러나 대체로 전체적인 경향을 조망하는 차원의 연구가 주를 이루고 있는 반면, 그의 경전 해석 태도와 경전 해석 사례 간의 유기적 관계를 논하는 경우는 미흡하다. 이는 『경서석의』와 그의 문집을 아우르는 통합적 연구가 부족한 것에 기인한 바가 크다.

따라서 여기서는 『퇴계선생문집』과 『퇴계언행록』, 그리고 『도산전서』 등에서 나타난 경전 해석 태도가 『맹자석의』에 어떻게 구체화하고 있는지 고찰하여, 그의 경전 해석 태도와 경전 해석 간의 상관관계를 살펴보고자 한다.[34]

이를 위해 먼저 이황의 독서관을 언급할 필요가 있다. 독서와 창작은 기본적으로 불가분의 관계에 있기 때문이다. 퇴계는 독서 시에 사견을 개입해서는 안 된다고 강조하였다. 그는 다음과 같이 말하였다.

글을 읽는 데 굳이 색다른 뜻을 깊이 추구할 필요가 없다. 다만 본문本文에 나아가 거기에 나타나 있는 그대로의 뜻을 찾으면 될 뿐이다.[35]

'색다른 뜻'을 추구한다는 것은 글을 읽는 과정에서 사사로운 견해를 개입하는 것을 의미한다. 사사로운 견해란 자기 자신의 사유 속에서 우러나온 것이기도 하지만, 소주 등을 통해 다른 학자들의 해석을 자기도 모르게 투입하여 편견을 형성하기도 한다. 이러한 독서법의 반복은 마치 타인의 설을 객관적 사실처럼 여기기도 하며, 심할 경우 고정 관념을 조성하기도 한다. 때문에 이황은 독서 시에 주관적 편견을 배제하고 글에 담긴 내재적 근거를 중심으로 글의 내용을 파악하고자 하였다.

이황의 이러한 독서 태도는 경전을 읽을 때도 적용되었다. 그는 소주는 참고만 할 뿐 모두 읽을 필요는 없으며,[36] 마음을 비우고 경문에 나타난 글을 그대로 받아들이되, 경전의 본의 파악에 중점을 두어야 한다고 강조하였다.[37] 요컨대 그는 주관적 편견을 배제하며 경문에 나와 있는 글자를 토대로 경전을 해석해야 한다고 주장한 것이다. 그는 다음과 같이 말하였다.

「중용장구서中庸章句序」의 주석에서 물재勿齋 정씨程氏가 말한 것을 보내신 편지에서 "이 설은 온당하지 못합니다. 그렇다면 정靜한 때의 공부는 어떤 일입니까?"라고 하셨습니다. 당초에 순임금께서 인심人心과 도심道心을 말한 것은 모두 이발已發한 곳에 나아가 말씀하신 것입니다. 그러므로 "정일집중精一執中"은 모두 그 발發한 것으로 인하여 힘쓰는 일이며, 정靜한 때의 공부에 대해서 언급한 것이 아닙니다. 이제 마땅히 본설本說(필자주: 경문의 말)에 의거하여 강구하고 실행할 것이지, 어찌 억지로 없는 것을 가져다 쓸데없는 말을 보태어 원래의 설(필자주: 경문의 말)과 합하여 하나의 공부로 만들어서야 되겠습니까. 이것이 이른바 '밖에서 끌어온 의리義理를 많이 삽입하여 본문本文의 바른 뜻을 어지럽게 한다'는 것으로서, 독서하는 데 가장 병통이 되므로 주자의 문하[朱門]에서 깊이 경계한 것입니다. 만약 보내온 설設대로라면 공자가 말하지 않은 것을 맹자가 말하였고, 맹자가 말하지 않은 것을 정자와 주자가 말한 것이 많은데, 이제 뒤에 나온 설을 가지고 매양 앞의 성현들이 말하지 않은 곳에 끌어 붙여서 뭉뚱그려 하나의 설로 만들어 완비됨을 추구하려 하십니까.[38]

이 글은 이황의 편지글이며, 이이의 문목問目에 답한 것이다.[39] 이이의 문목은 현재 자료가 보존되어 있지 않아 무슨 내용을 담고 있는지 구체적으로 알 수는 없다. 다만 편지 내용을 통해 유추하면 "정일집중精一執中은 동動할 때의 공부[動時工夫]"라고 한 물재 정씨의 소주[40]에 의문을 가지고 있던 이이가 "그렇다면 정精할 때의 공부는 어떤 일입니까?"라고 이황에게 여쭤본 듯하다. '정일집중'은 『서경』「대우모」의 "惟精惟一, 允執厥中[오직 정밀하게 살피고 한결같이 지켜서 진실로 그 중도를 잡으라]"을 가리킨다.

이이의 주장은 경문의 본지가 '정일집중은 정靜할 때의 공부'에 있다고 인식한 것이다. 이를테면 '정일집중' 자체가 내면 수양을 가리키는데다가, 물재 정씨의 주장처럼 이것이 동動할 때의 공부라면, 정靜할 때의 공부는 존재하기 어렵다고 생각했기 때문에 이이는 이와 같은 주장을 한 것으로 보인다. 따라서 소주에 언급된 '동動할 때의 공부'를 근거로 이이는 이와 대비되는 '정靜할 때의 공부'를 가설하여 경문의 본지를 설명하려고 한 것으로 추정할 수 있다.

그러나 이황은 이이가 경문의 본지를 잘못 이해하였다고 보았다. 그 근거로 이황은 두 가지 부분을 구체적으로 지적하였다. 첫째, 이이가

'정靜한 때의 공부'를 설정한 것은 '사견'이 반영된 결과이며, 둘째, 그의 사견은 '주석'을 자기식대로 끌어다가 경문을 해석하고자 했기 때문에 형성되었다는 것이다.

다시 말하자면, 이황은 이이가 「중용장구서中庸章句序」의 소주를 읽으면서 형성된 사적인 이론을 객관적 사실로 받아들인 결과, 마침내 주관적 편견을 형성하였다고 생각했던 것이다. 게다가 이이는 그것을 인지하지 못한 채 마치 「중용장구서」의 대문에서 '정精한 때의 공부'를 말한 것처럼 주장하고 있다는 것이다.

실제로―이이가 주장한 바와 달리―「중용장구서」는 '동動 · 정靜'을 거론했을지언정, '정할 때의 공부[靜時工夫]'는 언급하지 않았다. 심지어 '동할 때의 공부[動時工夫]'도 경문에서 언급하지 않았다. 이것은 「중용장구서」에서 소주의 형태로 물재 정씨가 한 표현에 지나지 않는다. 그리하여 이황은 이이의 주장에 반박하며, 경문을 토대로 보면 '정일집중은 마음이 이미 발한 부분[已發處]을 따라 공부하는 일'을 가리킨다고 주장한 것이다.[41]

이상의 편지 내용을 종합하면, 이황은 물재 정씨의 설이 정당하다고 옹호하며, 이이의 독서 방법에 문제가 있음을 지적하고 있다. 이어서 '정한 때의 공부'라는 주장은 옳지 않으며, 사사로운 편견을 배제하고 경문을 중심으로 『중용』을 읽어나갈 것을 강조하였다. 이는 그의 해경解經 태도를 엿볼 수 있는 대표적 사례이다.

요컨대 '주관적 편견을 배제하고 본문을 중심으로 경전을 독해'하는 것은, 이른바 경문에 내재된 근거를 통해 경전을 해석하는 태도다. 서양에서 성경[Bible]을 비평하는 전문 용어로 '본문[text] 중심 해석'이 있다. 이것은 대체로 ① 역사 문화적 배경을 근거로 해석하는 것(고거학적 접근)과 ②글자의 사전적 의미[字意]를 근거로 해석하는 것(훈고학적 접근),

그리고 ③ 문학적 요소를 근거로 하여 해석하는 것(수사학적 접근) 등 크게 세 가지로 나뉜다.

이를 유교 경전에 적용한다면 이황은 이 중에서 무엇에 중점을 두었을까? 아마도 퇴계는 문의文義, 다른 말로 표현하면 문학적 요소를 근거로 해석하는 데 중점을 두었을 것이다. 이는 당시 기대승에게 보낸 편지에서 확인할 수 있다.

> 내가 하는 독서의 졸렬한 방법은 무릇 성현聖賢이 의리를 말씀한 부분이 드러나면 그 드러난 데서 찾아 감히 경솔하게 은미한 데서 구하지 않으며, 은미하면 그 은미한 데서 연구하여 감히 경솔하게 드러난 데서 추구하지 않으며, 얕으면 그 얕은 데로 따라 감히 깊게 파고들지 않으며, 깊으면 그 깊은 데로 나아가 감히 얕은 데 머무르지 않습니다. 나누어 말한 곳은 나누어 보되 합쳐서 보는 데 해롭지 않게 하며, 합쳐 말한 곳은 합쳐서 보되 나누어 보는 데 해롭지 않게 하여, 사사로운 의견을 가지고 이리저리 끌어당겨 나눈 것을 합하여 합쳐 말하거나 합쳐 말한 것을 쪼개어 나누어 보지도 않았습니다. 이렇게 오래도록 하면 자연히 점점 조리가 정연해져 어지러운 곳을 용납하지 않게 됨을 보게 되고, 점차 성현의 말씀이 횡설수설하더라도 각각 마땅한 바가 있어 서로 방해하지 않는 것을 보게 될 것입니다.[42]

위 편지글에서 이황은 현달한 표현은 현달한 의미로, 은미한 표현은 은미한 의미로 받아들이며 문자 상으로 표현된 글 그대로를 탐구할 것을 강조하였다. 여기에서 말하는 "현달과 은미, 얕음과 깊음"은 '표현 기교상 특징'이며, "나누어 말하고 합쳐 말하는 것"은 '문장 구조상 특징'이거니와, 이는 문의를 토대로 성현의 본지를 이해해야 함을 가리킨다. 경문의 표현과 문장 구조가 나타내는 맥락적 의미를 사심을 곁들이지 않고 하나하나 객관적 지표로 삼고, 이를 통해 성현의 본지를 이해하고자 한 것이다.

이어서 이황은 글자나 글귀에 얽매이지 않고 글의 전체 맥락을 꿰뚫어 보며 본의를 파악[活看]하는 자세가 중요함을 기대승에게 강조하였다. 글자의 사전적 의미를 알아도 문의文義를 파악하지 못하면 성현이 담은 본의를 파악하기 힘들기 때문이다. 경전의 독해에서 훈고보다 문의를 중요하게 언급하는 태도는 이황의 『맹자석의』에서 어의, 어법, 어세를 고려한 경전 해석의 형태로 나타나고 있다. 이 점에서 이황은 수사를 경전 해석의 한 방법으로 인식하고 활용하였다 할 수 있다.

예컨대 이황이 『맹자석의』에서 '문세文勢'를 고려하며 경전의 독해를 강조한 것은 이를 보여준다. 문세는 글이 풍기는 분위기로, 앞서 제시한 수사의 세 요소 중 하나인 '어세[氣]'를 의미한다. 이는 감상의 영역이며 한문에서는 성조나 운율 또한 어세에 영향을 미친다. 어세를 알면 문장에서 강조하는 내용을 이해할 수 있으며, 문장의 흐름을 파악함으로써 오탈자 또한 걸러낼 수 있다. 문세를 강조하는 해석은 이황의 수사학적 경전 해석에서 볼 수 있는 주요 특징이다. 이는 향후 자세히 언급할 것이다.

2) 『맹자석의』의 수사학적 해석

『경서석의』는 이황의 사서삼경 주석서이다.[43] 사서 주석서와 삼경 주석서를 분책할 경우 각각 『사서석의』와 『삼경석의』라고도 부른다. 『경서석의』의 구성은 구결(혹은 현토)과 한문 설명으로 이루어져 있다. 이 점은 동아시아 경전 주석서에서 한국의 독특한 특징을 보여주는 대목이다.[44]

『경서석의』의 기존 연구는[45] 주로 주희의 주석 등 소주의 견해를 충실하게 반영했는지 여부[46]와 그 해석 방법상에서 '훈고'를 사용한 사례를 논하였다.[47] 대부분의 기존 논문에서 『경서석의』는 경문의 문세 등 수사학적 요소에 관심이 높았다고 서술하였으나, 이를 수사학적 경전 해석이라 부르고 그 전체 양상과 특징을 본격적으로 논의한 경우는 드물다.[48]

앞서 살펴보았듯이, 이황의 주요 경전 해석 태도는 무엇보다도 '문의 文義와 경문經文 중심의 해석'에 있었으며, 문의, 즉 문세文勢와 문맥文脈에 의거한 해석은 실제로 『경서석의』에 수사학적 경전 해석으로 구체화되었다.[49] 따라서 여기에서는 『맹자석의』를 중심으로 이황의 수사학적 경전 해석의 전반적인 특징을 살펴본 뒤, 그 주요 사례를 분석하고자 한다. 한편 『맹자석의』의 수사학적 경전 해석을 살펴보기에 앞서, 다른 『경서석의』 중에서도 『맹자석의』가 지니는 가치를 간략하게 서술하고자 한다.

이황은 사서四書 중에서도 특히 『논어』를 강조하였다.[50] 『논어』만 읽어도 다른 경전의 내용에 모두 통달하여 '도'에 입문할 수 있다고 생각했기 때문이다. 이러한 배경에서인지 『퇴계언행록』에 담긴 이황의 경서 관련 언급 중에서 여러 경서 중에서도 특히 『논어』가 많이 거론되었다.[51]

사서 중에서 『논어』와 가장 관련이 깊은 경전으로는 『맹자』를 꼽은 것으로 추측된다. 사단칠정을 논할 때(『퇴계선생문집』 권39 「답이공호答李公浩」, 『퇴계선생문집』 권16 「답기명언答奇明彦」 등)나 「성학십도」를 임금에게 진상하는 글(『퇴계선생문집』 권7 「진성학십도차進聖學十圖箚」)에서 『맹자』를 빈번히 인용하였는데, 이로써 그가 『맹자』에 담겨있는 사상적 내용과 그 가치를 존중했음을 알 수 있다.

『시석의』등 다른 경서의 석의보다도『맹자석의』는 이황의 수사학적 해석과 그 특징을 살펴보는 데 적합한 자료이다.『맹자석의』의 경우 이에 담긴 문세와 어법 등을 더욱 주목하고 있을 뿐만이 아니라,[52]『맹자』는 한국에서도 주요 문장 교과서로 활용되었기 때문이다.[53] 이수광 등 조선 시대 지식인들의 문학 작품에『맹자』의 문장표현이 자주 응용되었다.

기존 연구에서『맹자석의』의 해석학적 특징을 '문세 등 어법—문리文理—에 따른 해석'이라 밝히며 그 사례를 분석하였다.[54] 그러나 이를 '수사학적 경전 해석'이라고 규정하지는 않았다. 오히려 이를 '훈고학적 접근'에 의한 결과로 보는 경향을 띠었다. 하지만 훈고학과 문장학은 앞서 언급하였듯이, 서로 별개의 분과 학문이며 문세와 어법 등은 수사학적 요소이기 때문에 훈고가 아닌 수사학적 접근에 해당한다.

게다가『맹자석의』의 구조적 특징은 이황이『맹자』해석의 한 방법으로 '수사'를 활용하였음을 암시한다.『맹자석의』는 구결과 한문 해설로 이루어져 있다.[55] 구결은 한문을 읽을 때 구절과 구절 사이에 끼워 넣는 우리말 요소로, 한문은 순 우리말과 다른 어법과 어순을 갖고 있기 때문에 우리식 문법에 맞추어 구두 지점에다가 문법적 기능을 담고 있는 조사나 어미—구결—를 달았던 것이다.

구결은 문법적 기능을 수행하므로 문의를 이해하는 돛대 역할을 한다.[56] 한문 해설은 경문의 어법, 어세 등 수사 요소를 근거로 하여 특정한 구결을 선택하게 된 배경을 밝힘으로써 독자들의 문의文義 이해를 더욱 도왔다. 이황은 구결과 한문 해설을 통해『맹자』의 본문에 언급된 각 단어들의 함의나 품사의 용법 등을 면밀하게 궁구하여 저자의 의도와 그 문맥이 가리키는 경전의 가르침[本旨]을 밝히고자 한 것이다. 이는 '수사학'을 경전 해석에 활용한 결과로, 다음부터는『맹자석의』에 담긴 수사학적 경전 해석의 전반적인 특징과 구체적 사례를 고찰하도록 하겠다.

① 전반적 특징[57]

필자가 살펴본 결과, 『맹자석의』에서 이황이 경문의 수사학적 요소를 주해한 부분은 의외로 많은 편이다. 여기에서는 그 전반적인 특징을 개괄하고자 한다.[58]

우선 양적 측면에서 살펴보면, 이황은 총 20항목에서 경문의 어세·어법·어의 등 수사학적 요소를 논하였다.[59] 주희보다 수사학적 주석이 적다고 할 수 있으나, 이황은 『맹자』의 모든 구절을 주석하지 않고 그중에서 당시 조선에서 경문을 해석하는 데 문제시되었던 구절을 특별히 선별하여 주석하였다는 점에서 비중이 크지 않다고 할 수 없다.

이황은 우리말이 아닌 한문으로 쓰인 경문에 구결을 다는 과정에서 경문의 어세·어의·어법 등을 적극 활용하였다. 이 점에서 오히려 보다 주의 깊은 관찰이 요구된다. 앞서 언급한 바 있듯이, 우리말로 된 구결은 한문으로 된 경문의 구조적 특징을 가리켜주기 때문에 그 문의를 이해하는 데 큰 도움을 준다.

주희는 길이가 긴 경문의 수사학적 요소를 분석하는 경우가 많았으나, 이황은 그렇지 않았다. 이황은 「공손추」 상(4), 「등문공」 상(3), 「만장」 하(3), 「고자」 상(3), 「등문공」 하(2), 「이루」 상(2), 「양혜왕」 하(1), 「이루」 하(1), 「만장」 상(1) 순으로 수사학적 주해를 많이 하였다. 「양혜왕」 상, 「고자」 하, 「진심」 상, 「진심」 하는 수사학적 주해가 없다. 괄호 안의 숫자는 각 편에 담긴 수사학적 경전 해석의 수이다.

수사학적 주해의 내용을 살펴보면, 이황은 어세와 어법, 그리고 어의라는 수사의 세 요소 중에서 문세나 어기 등 '어세'[60]를 분석하고 이를 구결의 판단 근거로 사용하는 경우가 많았다.[61] 그의 총 20건의 수사학적 주석 중에서 '어세'는 총 10건으로 절반을 차지하고 있으며, 어법은 총 6건, 어의는 총 4건이다.

이황은 스스로 터득한 문의를 근거로 주희 등 소주의 해석과 다른 의견을 제기하기도 하였다.[62] 경문에 담긴 수사학적 요소를 통해 성현의 본지를 추구하고자 했기 때문이다. 소주나 주관적 견해보다도 경문의 구조적 특징이 경전을 해석하는 가장 주요한 근거라고 생각한 그의 '문의 중심의 경전 해석 태도'를 확인할 수 있는 대목이다.[63]

이는 조선 중기 이후 『주자대전차의朱子大全箚疑』를 저술한 송시열 등 노론계 지식인들을 중심으로 경학의 주된 목적이 주희의 저술을 이해하는 데 있거나 혹은 유교 경전을 궁구하더라도 주희의 주석을 옹호하는 방향으로 흘렀던 것과 대비된다. 가령 뒤에서 다룰 위백규의 경우 주석서는 물론 주자서朱子書의 발문에서조차 주희의 수사학적 역량을 칭송하였다.

이상의 논의와 앞으로 다룰 내용 등을 종합하면 이황 『맹자석의』의 수사학적 주해는 다음 다섯 가지 특징을 지닌다.

　(ㄱ) 어의나 어법보다도 '어세'를 많이 언급함

　(ㄴ) 수사학적 요소에 대한 구체적인 설명이 부족함

　(ㄷ) 표현 기교나 문장 구조가 주는 심미적 효과나 호오好惡 등의 감상평이 없음

　(ㄹ) 문장요소를 근거로 주희 등 소주와 다른 견해 제시

　(ㅁ) 수사학적 주석 또한 『맹자집주』의 보완적 성격을 지니고 있음

아래에서 어의와 어법, 그리고 어세를 중심으로 그 사례를 구체적으

로 살펴보도록 하겠다.

② 주요 사례

㉠ 어의語義

이황은 어의를 분석하며 주희 주석을 비판하기도 하였고, 존댓말이나 시제 등 대화 맥락을 설명하였다. 우선 전자의 사례부터 살펴보도록 하겠다.

첫째, 글자의 함의를 통해 주희 주석을 비판하였다. 「등문공」 하 1장 "枉尺而直尋"이라는 구절을 당시 주희의 주석을 근거로 "枉이尺만ㅎ고直이尋만타ㅎ나[굽힘이 한 자[尺]만하고 곧음이 한 길[尋]만하다 하나]"라고 해석한 구결이 있었다. 이황은 이러한 구결을 반대하며 다음과 같이 말하였다.[64]

> 지금 살펴보건대 『맹자집주』에 "굽히는 것은 작고 펴는 것은 크다[所屈者小, 所伸者大]"라는 말이 있기 때문에 이렇게 해석한 것이다. 그러나 이것은 나아가서 시행施行하는 일을 설명한 것이지, 이왕已往에 이루어진 효과를 말한 것이 아니니, 마땅히 "한 자를 굽혀 한 길을 편다"라고 해야 한다. 대개 중간에 '이而'자는 바로 힘을 들여서 그것을 한다는 말이지, 이미 그러하다는 의미가 아니다. 오직 아래 문장에 "왕심직척枉尋直尺"이라고[65] 한 부분은 가운데에 '이而'자가 없으니 이 해석을 따르는 것도 무방하다. 그러나 두 개의 '만'자는 또한 마땅히 제거해야 한다.[66]

당시 구결에서는 "枉尺而直尋"을 "굽힘이 한 자만하고 곧음이 한 길만하다 하나[枉이尺만ㅎ고直이尋만타ㅎ나]"라고 해석하였다. "왕척이직심"의 '왕枉'자를 주어로 '척尺'자를 형용사로, 그리고 '직直'자를 주어로 '심尋'

자를 형용사로 보았던 것이다. 나아가 당시 구결에서는 "왕척枉尺"과 "직심直尋" 사이에 있는 '이而'자를 순접으로 해석하였음을 알 수 있다.

이황이 생각했을 때 이는 잘못된 해석이었다. 그리고 그 오독의 배경은 주희의 주석에 있다고 그는 피력하였다. 『맹자집주』의 주희 주석에서 "굽히는 것이 작고 펴는 것이 크다[枉小而所伸者大]"라고 하며, '왕枉'자를 주어로 '척尺'자를 형용사로, 그리고 '직直'자를 주어로 '심尋'자를 형용사로 간주하였다. 당시 구결에서 이를 참고하였기 때문에 해석의 오류가 발생했다는 주장이다.

당시 구결에 따르면 "굽힘[枉]"과 "곧음[直]"은 과거에 이미 일어난 것이 된다. 그래야 그것이 한 자인지 혹은 한 길인지 판단할 수 있기 때문이다. 따라서 "굽힘이 한 길만하고, 곧음이 한 자만하여도"라고 해석된다. 그러나 이황은 "굽힘[枉]"과 "곧음[直]"은 이미 과거에 일어난 일이 아닌, 앞으로 벌어질 미래의 일이라고 보았다. 그리고 그 이유는 '이而'자에 있다고 생각하였다. "'이而'자는 바로 힘을 들여서 한 말"이라 하며 단어의 뉘앙스에 주목한 것이다.

'이而'자의 해석은 까다롭다.[67] 문맥에 따라 그 문법적인 역할이 다르다. 구절을 끊어주는 역할도 하고 주제를 전환하는 의미로도 쓰이는 등 문맥에 따라 순접으로도 쓰이고 역접으로도 쓰인다. 이황은 이 문장에서 '이而'자는 순접도 아니고 역접도 아닌 것으로 보았다. 두 단어—"왕척枉尺"과 "직심直尋"—사이에 존재하기에 '이而'자를 '하여', 즉 조건이나 인과를 나타내는 의미라고 주장하였다. 그의 관점에서는 "왕척"과 "직심" 사이에 인과관계가 없다면 '이而'자를 굳이 그 사이에 쓸 필요가 없기 때문이다.

위와 같은 근거로, 이황은 '왕枉'자를 동사로 '척尺'자를 명사로, 그리고 '직直'자를 동사로 '심尋'자를 명사로 보며, "한 자를 굽혀 한 길을 편다[尺

을 枉ㅎ야, 尋을 直ㅎ다]"라고 해석해야 한다고 주장하였다. 글자 하나하
나의 숨겨진 의미를 파악하고 문장 내에서 '而'자의 함의를 주목하였
다. 이를 통해 그가 경전을 해석할 때 주희의 주석보다 경문의 수사학
적 요소를 더 중시했음을 확인할 수 있다. 본서에서 연구 대상으로 삼
는 다른 수사학적 경전 주석서에서는 해당 구절에 수사학적 경전 해석
을 남기지 않았다.

둘째, 이황은 화자와 청자 사이의 관계도 면밀히 살폈다. 「만장」 하 7
장에는 "曰: '往役義也. 往見不義也. 且君之欲見之也, 何爲也哉.' 曰:
'爲其多聞也, 爲其賢也'[말하였다. '가서 부역함은 의義요, 가서 만나봄은 의가
아니기 때문이다. 또 군주가 그를 만나보고자 함은 어째서인가?' 말하였다. '문견聞
見이 많기 때문이며 어질기 때문입니다]"라는 문장이 나온다. 이황은 이 문장
에서 "何爲也哉"와 "爲其賢也"라는 구절에 관심을 보이며 각각 어의를
분석하였다.

우선 "何爲也哉"를 당시 "므스거슬爲ㅎ야잇가[무엇을 위하여서였나]"라
고 한 구결이 있었다. 이황은 이러한 해석에 반대하며 다음과 같이 주
석하였다.

그르다. 이것은 만장의 말이 아니고 바로 맹자가 도리어 만장을 힐문하
는 말이니, 마땅히 "위해서인가"라고 해야 한다.[68]

사실 해당 구절 "曰: '往役義也. 往見不義也. 且君之欲見之也, 何爲
也哉'"의 맨 앞에 있는 '왈'자는 화자가 불분명하여, 누가 말한 문장인지
혹은 인용문인지 애매모호하다. 당시 구결에서는 만장의 말로 간주하
며 "何爲也哉"라는 경문을 "무엇을 위하여서였나[므스거슬爲ㅎ야잇가]"라
고 해석하였다.

하지만 이황은 "往役義也. 往見不義也. 且君之欲見之也, 何爲也哉"라는 해당 구절은 맹자의 말이므로 만장이 한탄하는 말투로 해석해서는 안 된다고 보았다. 그는 도리어 맹자가 만장을 책망하며 따져 묻는 구절이라고 생각하였다. 이에 당시 구결은 옳지 않으며 "何爲也哉"는 "위해서인가"로 해석해야 한다고 이황은 주장하였다.

뒤이은 문장의 "爲其賢也"라는 구절을 두고, 당시 구결은 "爲ᄒ얘니라[위하여이다]"라고 풀이하였다. 이황은 이러한 구결에 반대하며 다음과 같이 말하였다.

맹자의 말이 아니라 바로 만장이 대답한 말이니, 마땅히 "위하여입니다"라고 해야 한다.[69]

『맹자』의 경문 "曰: '爲其多聞也, 爲其賢也.'"라는 문장 또한 '왈'자가 포함되었다. 그러나 이 구절이 누가 한 말인지 혹은 인용문인지 경문에 명시하지 않았다. 따라서 화자가 누구인지 정확하게 알기 어렵다. 당시 구결에서는 맹자가 한 말로 보며 "爲其賢也"라는 경문을 "위하여이다[爲ᄒ얘니라]"라고 해석하였다.

하지만 이황은 "爲其賢也"를 만장의 발언으로 간주하였다. 만장은 맹자의 제자이므로 반말이 아닌 존댓말을 사용해야 하며, 이에 해당 경문은 "위하여입니다[爲ᄒᄂ뇨]"라고 풀이해야 한다고 그는 주장하였다. 이처럼 이황의 「만장」 하 7장 해석은 그가 해당 경문을 수사학적으로 접근하면서, 화자와 청자를 잘 살피고 대화 상황을 고려하였음을 알려준다. 그는 『맹자』가 대화체임을 인지하고 화자와 청자에 따라 그 해석을 달리한 것으로 이해할 수 있다.

이황의 이러한 수사학적 해석은 본서가 연구 대상으로 삼는 다른 주석서와 다른 점을 보인다. 우운진은 어의가 아닌 어세에 주목하며 "문장이 명백하고 상쾌하다."는 심미적 감상평을 "且君之欲見之也, 何爲也哉. 曰: '爲其多聞也, 爲其賢也.' 曰: '爲其多聞也, 則天子, 不召師, 而況諸侯乎. …… 千乘之君, 求與之友而不可得也, 而況可召與'"라는 경문에 남겼다.[70]

ⓒ 어법語法

이황의 경우, 어법 분석에서 '도치법'을 언급하였으며 자법字法 또한 주의를 기울였다. 우선 전자부터 살펴보도록 하겠다.

「공손추」상 1장에서 맹자는 왕 노릇하는 것은 손바닥을 뒤집는 것만큼 쉬운 일이라고 말하였다.[71] 그러나 공손추는 실질적으로 그렇지 않은 사례를 들며 "그런데 지금 왕 노릇하는 것을 이와 같이 쉽게 말씀하시니, 그렇다면 문왕은 족히 본받을 만한 것이 못됩니까?"라고 물었다.[72] 문왕은 우여곡절이 많았다고 여겼기 때문이다. 이에 맹자는 "文王, 何可當也"라고 대답하였다.[73]

당시 "文王, 何可當也"라는 구절을 "文王을엇뎨可히當ᄒ리오[문왕을 어찌 가히 당하겠는가?]"라고 한 구결이 있었다. 이황은 이 구결을 반대하며 다음과 같이 말하였다.

지금 살펴보건대, 이 설은 잘못되었다. 마땅히 "문왕은 어찌 당해낼 수 있으셨겠는가[文王은엇뎨可히當ᄒ시리오]"라고 해야 한다. 맹자가 장차 상商나라 선왕의 덕이 두텁고 흐름이 오래되어, 문왕이 성덕聖德을 지니고도 천하에 왕 노릇을 하지 못했던 뜻을 말하려 하였다. 그러므로 먼저 "文王, 何可當也"라는 한 구절로 시작하였으니, 바로 이른바 '도치법'이다. 『맹자집주』에서 "당當은 적敵과 같다"라고 하였으니 뜻이 또한 분명하다.[74]

이황이 문제로 삼은 "文王을엇뎨可히當ᄒ리오"라는 구결을 현대어로 풀이하면 "문왕을 어찌 가히 당해낼 수 있겠는가?"라는 뜻이다. 이러한 구결에 따르면 "文王, 何可當也"는 공손추의 "문왕은 본받기에 부족합니까?"라는 질문에 맹자가 바로 "그렇지 않다. 누구도 문왕을 대적할 수 없다"라고 대답하며, 문왕을 찬양한 것으로 풀이된다.

하지만 "文王, 何可當也"라는 해당 구절 뒤에 나오는 내용을 보면 당대 이러한 구결은 무언가 의심쩍다. 오히려 탕왕과 무정 등 역대 왕들을 서술하면서도 문왕이 형세상 왕 노릇을 하는 데 어려움이 있음을 서술하였기 때문이다.[75] 이에 이황은 당시 구결이 잘못되었다고 생각하며, "문왕은 어찌 가히 당해낼 수 있으셨겠는가[文王은엇뎨可히當ᄒ시리오]"라는 새로운 해석을 제시하며 도치법으로 이해해야 한다고 주장하였다.[76]

이황은 맹자가 "그렇다" · "그렇지 않다"로 공손추의 질문에 대답하지 않고, 문왕은 특수한 경우임을 설명하고자 했다고 여겼다. 이에 "文王, 何可當也"는 공손추의 질문에 직접적으로 대답한 것이라기보다는, 간접적인 대답의 형태로 "문왕은 형세 상 어려움을 감당하길 어려워하셨다"라는 의미로 이해해야 한다고 역설하였다.[77] 문왕은 천하의 왕 노릇을 하지 못 했지만 본받을 만한 인물임을 공손추에게 가르쳐주기 위해 맹자가 이와 같이 말했다는 것이다.

이황의 논리에 따르면, 맹자는 "탕왕湯王으로부터 무정武丁에 이르기까지[由湯至於武丁]"라는 구절로 시작하며 역대 선왕들을 서술하였고, 그 중에서도 문왕은 '백리'에 불과한 땅을 가지고 부족한 여건에서 시작하였음을 피력하였다. 점층적 서술에 의하면 "文王, 何可當也"는 서술 내용의 결론에 해당하기 때문에 문장의 맨 뒤에 서술되어야 한다. 그러나 『맹자』 경문에서는 결론에 해당하는 문장을 맨 앞에 위치시킴으로써 이를 강조하는 '도치법'이 사용되었다고 퇴계는 생각하였다.

이러한 이황의 수사학적 해석은 본서에서 연구 대상으로 삼는 다른 주석서와 비교할 때 동이점을 보인다. 이황처럼 우운진도 어법에 주목하며 해당 경문에 특별히 점(ʃ)까지 찍고 "「상본기商本紀」를 요약하였다"며 요약법을 제시하였다.[78] 요약법은 다른 말로는 괄진법으로,[79] 주희가 『맹자』의 수사 기교를 호평하면서 가장 우수하게 평했던 수사법이다.

"文王, 何可當也"라는 해당 구절을 이황은 맹자가 강조했다고 이해한 반면, 우운진은 맹자가 『사기』의 한 편인 「상본기」를 요약했다고 파악하였다. 같은 구절을 놓고 양자가 서로 다른 수사법을 사용했다고 분석한 것이다. 이황의 수사학적 경전 해석의 특수성과 한·중·일의 수사학적 경전 해석의 다양성을 확인할 수 있는 대목이다.

두 번째 사례이다. 「등문공」 상 5장은 "墨者夷之, 因徐辟而求見孟子, 孟子曰: '吾固願見, 今吾尙病, 病愈我且往見. 夷子不來'[묵자인 이지가 徐辟을 통해 맹자를 뵙기를 원하자 맹자가 말하였다. '내 진실로 만나보기를 원했으나 지금 내가 아직 병환중이니 병이 낫거든 내가 장차 가서 만나 볼 것이다. 이자는 올 것이 없다]"라는 문장으로 시작한다. 이 문장의 마지막 부분 "夷子不來"를 당시 구결 중에서 "子는來티말라"라고 하며 "이자는 오지 마라"라고 해석한 것이 있었다. 이황은 이 구결에 반대하며 다음과 같이 말하였다.[80]

살펴보건대, 이와 같다면 마땅히 "물래勿來[오지 말라]"라고 해야 하는데 지금 "불래不來[올 것이 없다]"라고 하였으니, 이는 맹자가 "내가 가서 보겠다"고 거절하자 이에 이자夷子가 감히 오지 않은 것이다.[81]

당시 구결은 "夷子不來"의 "불래不來"를 "오지 마라"라고 해석하였다. 오지 마라의 '마라'는 금지사이다. 그러나 경문에서는 금지사 '물勿'자가 아닌 부정사 '불不'자를 사용하였다. 따라서 자법을 근거로 이황은 금지가 아닌 '부정'으로 해석해야 한다고 주장하였다. '불不'자를 "하지 마라"가 아닌 "할 것이 없다"로 해석해야 한다는 이야기다. 그리고 이황은 맹자가 '불不'자를 쓴 이유는 현재 부득이하게 이자를 만날 수 없는 상황임을 알려주려는 맹자의 심리가 있었다고 풀이하였다.

이황의 해석에 따르면 맹자가 부득이한 상황으로 인해 만나지 못 하는 것이지, 이자를 아예 만나지 않겠다는 게 아님을 표현하기 위해서 "물래勿來"가 아닌 "불래不來"라고 말한 것이 된다. '불不'자에는 '병이 다 나으면 장차 이자를 만나러 갈 것'이라는 맹자의 심리가 담겨있는 셈이다. 이는 자법字法을 통해 화자의 심리까지 해석한 것으로, 어법과 어의 분석을 겸한 형태의 주석으로 이해할 수 있다.[82]

이러한 이황의 수사학적 해석은 본서에서 연구 대상으로 삼는 다른 주석서와 비교할 때 같은 점과 다른 점을 동시에 보인다. 주희 또한 해당 구절의 '어의' 해석에 주안점을 두며, 맹자가 '병病'을 이야기한 것은 이자가 진심으로 맹자를 만나길 원한 것인지 시험해 보기 위한 것이라고 생각하였다.[83] 이황은 '불不'자를 주희는 '병病'자를 주목하는 등 근거로 삼은 글자도 달랐으며, 그것이 함의하는 바의 풀이도 달랐다.

이황은 어법과 그 의도에 관심을 보였던 반면, 우운진은 그 어세에 주목하며, "墨者夷之, 因徐辟而求見孟子, 孟子曰: '吾固願見, 今吾尙病, 病愈我且往見, 夷子不來[묵자인 이지가 서벽徐辟을 통해 맹자를 뵙기를 원하자 맹자가 말하였다. '내 진실로 만나보기를 원했으나 오늘은 아직 내가 병환중이니 병이 낫거든 내가 장차 가서 만나 볼 것이니, 이자는 올 것이 없다']"라는 경문이 "문장의 맺고 끊김이 부드럽다"고 평가하였다.[84]

이상의 이황의 어법 방면 수사학적 해석을 보면, 그가 경문을 해석할 때 주희 주석을 하나의 참고 자료로 간주하였음을 알 수 있다. 「공손추」상 1장의 주석에서는 주희의 의견에 동의하기도 했지만, 이는 동의를 위한 동의가 아닌 자신의 주장을 뒷받침하기 위해 하나의 근거로 사용한 것일 뿐이었다. 일례로 「등문공」상 5장의 주석에서 이황은 주희 주석에 매몰되지 않고 자신의 독창적 해석을 제시하였다.

Ⓒ 어세語勢 85)

이황은 어세를 근거로 능동태와 수동태를 구분하기도 하였고, 주희와 다른 주장을 제기하기도 하였으며, 주어와 목적어를 구분하기도 하였다. 그 구체적 사례를 순서대로 살펴보도록 하겠다.

첫 번째 사례이다. 「공손추」상 2장에는 호연지기를 기르는 방법을 설명하면서 "〈是〉 集義 〈所生者〉"라는 구절이 나온다. 당시 구결에서는 이 구절을 "是ㅣ 義ㅣ 集ᄒᆞ야[이것이 의義가 모여]"라고 해석하기도 하였는데, 이황은 이를 반대하며 다음과 같이 말하였다.86)

> 지금 살펴보건대 "의義를 모아"라고 해야 한다. 기氣를 기르는 사람은 진실로 먼저 이 의를 모아서 호연지기의 마음을 생성할 수 없다. 그러나 이 '집의集義'라는 두 글자는 진실로 공부를 쌓아가는 곳이니, 어찌 전혀 공부를 하지도 않고 의가 저절로 모여지겠는가? 이는 바로 여러 선생들이 비교하고 기대하는 사사로움에 관계될까 두려워했기 때문에 문세文勢와 의의意義를 돌아보지 않고 이 설을 주장한 데서 기인한 것이다.87)

이황이 문제 삼은 구결은 『맹자』의 경문 "〈是〉 集義 〈所生者〉"를 "是ㅣ 義ㅣ 集ᄒᆞ야[이것이 의義가 모여]"라고 해석한 것이다. '집集'자를 '모여',

즉 수동태로 본 것으로 이렇게 구결을 할 경우 의義가 인간의 노력이 아닌 다른 사물에 의해 수동적으로 쌓여간다고 이해될 여지가 있다.

이황은 이러한 구결을 비판하며 문장의 기세를 살펴보지 않았기 때문에 구결이 잘못된 것이라 주장하였다. 문세에 따르면 "〈是〉集義〈所生者〉"를 "의를 모아[義를 集ㅎ야]"라고 해석하며, '집集'자를 '모아', 즉 능동태로 보아야 한다는 것이다. 그리고 그는 의義는 저절로 쌓여지는 게 아닌 인간의 노력에 의해 축적된다고 설명하였다.[88]

이러한 이황의 수사학적 해석은 본서에서 연구 대상으로 삼는 다른 주석서와 비교할 때 동이점을 보인다. 이황과 달리, 우운진은 어법에 관심을 보이며 '집集'자와 바로 뒤 구절에서 나오는 '습襲'자의 자법을 거론하였다.[89] 아울러 해당 구절을 포함한 전체 문장 "是集義所生者. 非義襲而取之也, 行有不慊於心則餒矣. 我故曰: '告子未嘗知義, 以其外之也'"의 어세를 평론하기도 하였다.[90] 위백규는 '습襲'자의 자법이 보기 좋다고 평하며 이를 통해 집의集義와 기氣의 관계를 설명하였다.[91]

두 번째 사례로 이황이 어세 분석을 통해 주희와 다른 견해를 제시한 부분을 살펴보도록 하겠다. 「이루」상 1장의 "上無道揆也, 下無法守也"라는 구절을 "上이道로揆티아니ㅎ면下ㅣ法으로守티아니ㅎ야[윗사람이 도로 헤아리지 않으면, 아랫사람이 법으로 지키지 않아]"라고 구결을 한 사례가 당시에 존재하였다. 이황은 이 구결을 다음과 같이 반대하였다.[92]

지금 살펴보건대, 『맹자집주』의 문세文勢에 근거해 보면 마땅히 이와 같이 해야 할 듯하다. 그러나 이러한 곳은 『맹자집주』의 문세에 너무 얽매여서는 안 된다. 마땅히 본문의 어세를 평범하게 따라 "윗사람이 도로 헤아림이 없으며, 아랫사람이 법으로 지킴이 없어"라고 해야 한다.[93]

당시 구결에서는 "上無道揆也"를 원인으로 "下無法守也"를 결과로 보았다. 이에 따라 해당 경문을 "윗사람이 도道로 헤아리지 않으면, 아랫사람이 법法으로 지키지 않아[上이道로揆티아니ᄒ면下ㅣ法으로守티아니ᄒ야]"라고 풀이하였다.

그러나 이황은 앞 구절[上無道揆也]과 뒷 구절[下無法守也]을 인과관계가 아닌 별개의 사건, 즉 '병렬관계'로 보았다. 이에 따라 해당 경문을 "윗사람이 도로 헤아림이 없으며, 아랫사람이 법으로 지킴이 없어[上이道로揆홈이업ᄉ며下ㅣ法으로守홈이업서]"라고 해석해야 한다고 이황은 주장하였다.

중요한 지점은 이황은 당시 구결에서 이렇게 해석한 이유가 『맹자집주』에 있다고 보았다는 사실이다. 이황은 세간에서 『맹자집주』의 "위에서 도로 헤아림이 없기 때문에 아래에서 법을 지킴이 없는 것이니"[94]라는 구절을 근거로 전자[上無道揆也]와 후자[下無法守也]를 '인과관계'로 해석한 것을 지적한 것이다.

이황은 경문의 문세를 올바르게 이해한다면 양자를 '병렬관계'로 해석하는 것이 자연스럽다고 생각하였다. 상무上無와 도규道揆 사이에는 아무런 글자도 첨가되어 있지 않기 때문이다.[95] 이는 주희의 주석보다 경문의 문세를 더욱 중시한 해석으로, 이황의 '문의와 경문 중심의 해석 태도'를 엿볼 수 있다.

뒤 이어 나오는 구절 "朝不信道, 工不信度, 君子犯義, 小人犯刑"도 이황은 모두 병렬관계로 보았다. 이에 그는 "조정에서 도를 믿지 않고 공인들이 법을 믿지 않고, 군자가 의義를 범하고 소인이 형법을 범한다"로 해석해야 한다고 주장하였다. 주희가 "朝不信道, 工不信度"와 "君子犯義, 小人犯刑"을 인과관계로 보고, "조정에서 도를 믿지 않고 공인들이 법을 믿지 않아, 군자는 의를 범하고 소인은 형법을 범한다"[96]라고 해석한 것과 다르다.

이황의 이러한 수사학적 해석은 본서에서 연구 대상으로 삼는 다른 주석서와 비교할 때 동이점을 보인다. 가령 우운진은 해당 구절에는 관심을 보이지 않은 대신 이어진 문장의 마지막 구절인 "요행일 것이다[幸也]"[97]의 어세를 풀이하였다.[98]

위백규의 『맹자차의』도 해당 구절("上無道揆也, 下無法守也")의 해석 논란을 다루었다. 이황과 달리 위백규는 자법에 관심을 보였다. 그는 "朝不信道, 工不信度, 君子犯義, 小人犯刑"을 인과관계로 간주하며, "조정에서 도를 믿지 않고 공인들이 법을 믿지 않아, 군자가 의를 범하고 소인은 형법을 범한다"라 해석하였다.[99] 위백규의 해석은 주희와도 동이점을 보인다.[100] 추측컨대 한국에서 이 구절은 해석 논란이 있었던 듯하다.

세 번째 사례로 이황이 어세를 근거로 주어와 목적어를 구분한 것을 살펴보도록 하겠다. 「이루」하 19장의 "由仁義行. 非行仁義也"라는 구절을 당시 "義ㅣ 由ㅎ야行ㅎ는디라義를行ㅎ는주리아니라[인의가 따라 행하는 것이다. 인의를 행하는 것이 아니다]"라고 구결한 사례가 있었다. 이황이 이 구절에 반대하는 논리는 다음과 같다.[101]

지금 살펴보건대, 이것도 또한 공부에 관계될까 두려워했기 때문에 이와 같이 해석하여 자연스러운 뜻만 이루고 문세의 도치됨과 의리의 어긋남을 돌아보지 않은 것이다. 마땅히 "인의로 말미암아 행하신 것이다"라고 해야 한다.

대개 『맹자집주』에서 "인의가 이미 마음속에 근본한다[仁義已根於心]"라고 한 것은 바로 먼저 성인의 마음에는 인의가 본래 갖추어졌다는 뜻을 말한 것인데, 이어서 "행하는 바가 다 이것으로 말미암아 나온다[所行皆

由此出]"고 하였으니, 이 "유차由此"의 '차此'는 바로 인의를 가리켜 말한 것이다. 오직 그 인의가 본래부터 마음에 갖추어져 있는 까닭에 행하는 바가 모두 인의로 말미암아서 나오니, 이목耳目이 본래부터 몸에 갖추어져 있기 때문에 접하는 바가 모두 이목으로 말미암아 보고 듣게 되는 것과 같다. 그러므로 "由耳目而視聽"이라 할 것 같으면, "이목으로 말미암아 보고 듣는다"라고 해야 하니, 어찌 "이목이 말미암아 보고 듣는다"라고 할 수 있겠는가?

만약 "이목이 말미암는다"라고 한다면, 말미암아 보고 듣는 바의 것이 별도로 다른 물건이 있고 〈실제로 보고 듣는 것은〉 눈과 귀가 아니라는 뜻이며, "인의가 말미암는다"라고 한다면, 말미암아서 행하는 바의 것이 별도로 다른 물건이 있고 인의가 아니라는 뜻이다.

그렇다면 이 말을 한 까닭은 본래 유심有心 공부의 혐의를 힘써 피하려고 한 것인데, 도리어 인의를 버리고서 성인이 행하는 바라고 말한다면 옳겠는가? 근세의 제공諸公들 가운데 훈설訓說을 정밀하게 하려는 사람들이 매양 이와 같으니 살피지 아니할 수 없다.[102]

당시 구결에서는 "由仁義行. 非行仁義也"를 "인의仁義가 따라 행하는 것이다. 인의를 행하는 것이 아니다[義ㅣ由ᄒ야行ᄒᄂ디라義를行ᄒᄂ주리아니라]"라고 풀이하였다. 이 구결은 '인의'의 조사로 이/가를 사용하고, 인의를 주어로 삼았기에 자연스레 목적어는 존재하지 않는다. 따라서 이 구결대로 해석한다면 인의가 마치 인간에게 내재한 것이 아닌 외부에 존재하는 것이라는 오해를 낳을 수 있다.

이황은 이러한 당대 구결은 문세를 잘못 판단한 것이라고 지적하였다. 그는 '인의'는 주어가 아닌 목적어가 되어야 하며, "인의로 말미암아 행하신 것이다[仁義로由ᄒ야行ᄒ신다라]"라고 해석해야 한다고 주장하였다. 그는 유由자를 동사로 간주한 것으로, 인의는 마음속에 이미 내재되어 있으며 인간 자체가 주체가 되어 인의로 말미암아 행동한다고 생각한 것으로 간주할 수 있다.

이황의 이러한 수사학적 해석은 본서에서 연구 대상으로 삼는 다른 주석서와 비교할 때 다른 점을 보인다. 이황과 달리, 우운진은 "由仁義行. 非行仁義也"의 자법에 관심을 보이며 편안히 행하는 것과 힘써 행하는 것을 구분하였다고 해석하였다.[103] 다른 주석가들은 별다른 수사학적 해석을 남기지 않았다.

이상의 어세 분석을 종합하면, 이황은 수사의 세 요소 중 '어세'에 가장 관심이 높았으나, "생동감이 있다"·"상쾌하다" 등 구체적으로 해당 어세가 문학상 어떤 심미적 효과를 주는지는 기술하지 않았다.[104] 그의 수사학적 경전 해석은 간명성을 지니고 있기 때문이기도 하지만, 그것보다 더 중요한 이유는 그가 『맹자』를 주석할 때 주안점을 두었던 것은 작문을 하는 데 도움을 받기 위해서보다는 경문을 '해석'하고 '이해'하는 것에 있었기 때문으로 보인다.

이황의 수사학적 경전 해석의 전반은 '기존 구결 비판→수사의 세 요소를 근거로 경문 해석→적절한 구결 제시'라는 구도를 이루고 있다. 이는 그의 경문에 대한 수사학적 접근은 1차적으로 경문을 해석하고 번역하는 내재적 수사학의 영역에서 이루어졌음을 함의한다. 그의 저술 목적이 외재적 수사학보다는 내재적 수사학을 강화하는 것에 보다 무게를 두었기 때문이라 할 수 있다.

어법과 어의 등 다른 수사학적 요소를 언급할 때 구체적 설명이 적다는 것도 유사한 선상에서 파악할 수 있다. 한·중·일의 다른 수사학적 경전 주석서와 비교할 때, 어세나 어법 등을 포함하여 그 수사학적 요소의 구체적 설명이 소략하다는 사실은 이황의 『맹자석의』는 수사학적 경전 해석 중에서도 과도기적 성격을 띠고 있음을 보여준다. 경문의 구조적 특징에 대한 구체적인 설명과 심미적 감상은, 한편으로는 그 기초에 해당할 수 있는 '문의'를 이해한 뒤에야 가능하기 때문이다.[105]

유교 경전은 한문으로 쓰였다. 한문은 동아시아 공통 표기수단이지만, 기실 중국은 입말[言]과 글말[文]이 같아서 상대적으로 경문에 보다 '감상적 태도'를 보이기 쉽다. 하지만 한국의 경우, 입말[言]과 글말[文]이 다르기 때문에 그 문예적 예술미를 감상하기 이전에 그 글을 '해독'하는 일이 더욱 요구된다.[106]

아울러 한국에 유교 경전은 삼국 시대에 이미 존재하였지만, 그 내용과 문체를 강조·부각한 것은 조선이 건국되면서부터였다. 체제적 당위성을 확립하기 위해 유교 경전 해독이 시대적으로 요망되었고, 경문 이해의 깊이가 고양되는 산란기 속에 이황의 『맹자석의』가 자리하였던 것이다. 이러한 시대·문화적 배경으로 인해 그의 수사학적 경전 해석은 다른 수사학적 경전 주석서보다도 경문의 내용을 부연 설명하는 성향을 띠고 있다.

2. 위백규^{魏伯珪}의 『맹자차의^{孟子箚義}』

위백규(魏伯珪, 1727~1798)는 자가 자화^{子華}, 호는 존재^{存齋} 또는 계항^桂^巷이다. 전라남도 장흥에 거처하면서 외부와의 교류가 단절된 삶을 살았으며, 우암 학파인 윤봉구(尹鳳九, 1683~1767)에게 단기간 가르침을 받았다. 경학 · 경세학 · 지리 · 역사 · 시조 등 다양한 분야에 방대한 저술을 남겼으며,[107) 그중 경학은 말년에 저술한 『독서차의^{讀書箚義}』가 있다.[108) 『독서차의』는 사서^{四書}에 대한 위백규의 사변 결과와 수사학적 경전 해석이 담겨 있는 책으로 그 안에 『맹자차의』가 포함되어 있다.[109)

1) 그의 문학관

위백규는 유학자들의 일반적인 견해와 같이 '도^道'를 '문^文'보다 우위에 놓으며 도와 문의 일치를 주장하였다. 그는 다음과 같이 말하였다.

천지의 전체는 리^理뿐이다. 하나에 근원하여 만 가지로 전파되는데 각기 당연한 법칙이 있으니, 이것을 이른바 도^道라고 한다. 천하에는 도에 벗어난 일이 없고 도에 벗어난 물건이 없다. 성현은 사물의 법칙을 날줄과 씨줄처럼 엮어 글로 드러내었으니, 사서오경이 바로 그것이다. ……그러나 오늘날 세상에 이르러 글 자체가 별개의 한 물건이 되었다. 독서하는 선비는 하늘과 땅을 사람과 분리하고, 일과 물건을 글과 나누어 여섯 가지로 만들었다. 비록 만권의 글을 읽고 외우더라도 하늘을 알고 사람의 도리를 닦고 사물을 처리하고 응대하는 데에 아무런 도움이 없다.[110]

위백규는 '도道'는 '리理'의 속성을 내재하고 있다고 보았다. 그리고 도道에 벗어난 사물이 없다고 하며, 심지어 "〈독서를 잘 하면〉 세세하게는 밥 먹고 물 마시는 것, 더럽게는 대변과 소변을 누는 것까지 모두 도道 가운데 한 가지 일이다. 하물며 이보다 진전된 일이겠는가"[111]라고 하며 글[文] 또한 도의 범주에서 벗어나지 않는다고 보았다. 그러나 당시 사람들은 도와 문을 별개의 물건으로 파악하여 글에 알맹이가 없다고 비판하였다.

유학의 기본적인 문학관 중 하나는 문체를 통해서 한 개인의 성품과 국가의 운영 상태를 판단하는 것이다. 이러한 사유는 위백규의 글에서도 발견할 수 있다.

세 번째는 문체에 관한 폐단입니다. 문체는 임금의 교화에 크게 관련이 있으니, 『서경』의 전典·고誥와 『시경』의 풍風·아雅를 보아도 알 수 있습니다. 한나라의 문체가 말기에 쇠퇴하더니 위·촉·오 삼국이 일어나는 혼란을 맞았고, 진晉나라의 문체가 유약해지더니 오호五胡가 대두하는 혼란을 초래했습니다. 당나라의 문체는 만당晩唐에 이르러 후오대後五代가 난립하는 혼란을 맞았고, 송나라의 문체는 남송 말기에 극도로 쇠퇴하여 태학의 여러 유생이 앞다투어 남의 글이나 모아 따다 쓰는 문장을 짓더니 마침내 원나라에 의해 멸망하였습니다. 그러므로 문체의 쇠퇴와 융성은 나라를 다스리는 자가 참으로 살피지 않을 수 없습니다.[112]

문체를 치세와 연결하는 논리는 유학자들이 대체적으로 공유하던 바이다. 대개 고문과 변려문을 대비하면서 유교 경전의 문체를 닮은 고문이 흥성하던 시기를 '치세'로 불교 경전의 문체를 닮은 변려문은 '난세'로 간주하였다. 위백규는 "고문古文의 쇠퇴는 '건안칠자'부터 시작되었다고 하며, 그들의 시문詩文은 화려하지만 내실이 없어 결국 삼국과 오호, 그리고 오대의 난을 만들었다"[113]고 지적하였다. 문체가 결국에는 망국을 초래했다는 논리로, 건안칠자 이후로부터 위진남북조 시대에 유행하게 된 변려문을 비판하였다.

여기서 눈여겨보아야 할 점은, 위백규는 문체와 치세간의 연관성을 서술하면서, 문체개혁을 정치개혁의 수단으로 제시하였다는 사실이다. 문체를 정치의 결과물만으로 간주하는 데 그치는 것이 아니라 정치 개선의 도구로 활용하는 데까지 그 시야를 확대한 것이다. 이는 한유는 물론 정도전이 문본우경文本于經을 주창하며 유교 경전을 향한 관심을 환기시키고 당대 정치적 문제를 해결하고자 했던 노력과 유사하다.

문체개혁을 정치개혁의 수단으로 바라보는 입장은 위백규가 '문文'의 주체성을 인정하는 태도—문은 도에 종속되어 있지만 '도덕성 향상'에 영향을 미치기도 함—를 지녔기 때문에 가능했던 것으로 여겨진다. '문'이 도에 종속되는 '부속물이자 결과물'만으로 존재하는 것이 아니라, 한편으로는 인성을 함양시키는 주체적인 '객체'로 작용하기 때문에, '문체' 개혁을 통해 궁극적으로 '도덕성 재고'와 '사회 풍속 교화' 등이 가능하며, 치세治世로 한걸음 더 나아갈 수 있는 것이다.

실제로 『존재집存齋集』을 보면 위백규는 문文의 주체성을 인정하는 태

도를 지녔다. 이를 다른 말로 표현하면 문학을 긍정하는 입장이었다고
할 수 있다.

> 문文이란 도道의 꽃봉오리[英華]이다. 일의 자취를 묘사하여 문文이 되
> 고, 감정과 생각을 말하여 시詩가 된다.[114]

씨앗은 새싹을 틔우며 떡잎을 이루고 점차 성숙하며 마침내 꽃을 피
운다. '꽃봉오리'의 비유는 그가 문을 도의 완성체이자 총화總和로 간주
하였음을 보여준다. '문'을 도구적 수단으로 바라보는 것은 유학자들의
보편적인 시각이지만, 그는 '문'에 호의적인 태도를 지녔으며 글의 내용
적 완결성을 중시함과 동시에 글의 '형식적 완결성' 또한 중시했음을 유
추할 수 있다.

'문文'에 긍정적인 입장을 취했다는 구체적 증거는 두 가지가 있다. 첫
째, 위백규는 시와 부 등 문학 장르에 호감을 표시하였다. 그는 다음과
같이 말하였다.

> 시詩와 부賦는 쓸모가 없다고 말하지만, 또한 그것을 통해 지은 사람의
> 성품을 볼 수 있고 당시의 풍속을 증험할 수 있다. 즉 선왕이 시를 모으고
> 노래를 채집하는 예부터 내려오던 제도이기 때문에 없애서는 안 된다.[115]

당시 많은 사람들이 과거시험에서 시詩와 부賦를 없애자는 주장을 제
기하고 있었다. 과거시험 공부가 지나치게 문장의 기교를 배양하는 데
에 치중하여 호방한 지적 능력을 속박하는 것을 경계하였기 때문이다.
하지만 위백규는 '시와 부'는 철폐되어서는 안 된다고 주장하고 있다.
그의 생각에는 시부 또한 응시자의 성품을 보여주는 지표이며 당시의

풍속을 관찰할 수 있는 척도이기 때문이다.

일상생활에서도 위백규는 '시와 부'를 선호하였다.

요즘은 시詩와 부賦에 노랫가락이 붙여지지 않지만, 본래는 여기에서 음악이 생겨났다. 이는 문체가 점차 변하여 수준이 낮아지면서 음악과 마찬가지로 비슷해졌기 때문이니, 아아! 누가 우리 성조聖朝를 위해 옛것을 돌이키겠는가. 바닷가에 사는 가난한 선비는 한밤중의 유감을 견딜 수가 없다.[116]

위 인용문에서 위백규는 시부가 쇠퇴해가는 세태를 한탄하며 회복되기를 희망하였다. 그는 「도봉허공묘표道峯許公墓表」[117]에서 명銘을 지으며 "푸른 등불 아래 옛『이소離騷』를 읽으니, 하늘에 질정하여 굴원의 무리가 되리라"라고 하였는데, 굴원의『이소』를 즐겨 읽었다는 것을 통해 그가 부를 좋아하였다는 사실을 다시 한 번 확인할 수 있다.

시와 부 외에도 위백규는 '소설小說'도 즐겨 읽었다. 「유읍중제생문諭邑中諸生文」에서 글쓰기 방법을 이야기하며 다음과 같이 말하였다.

그 나머지 소소한 소가騷家와 시가詩家는 두루 보고 외우면서 익히지 않은 것이 없었고 …… 소설小說과 패사稗史도 모두 섭렵하여 그 대의를 통달하였다.[118]

'소설'과 '패사稗史'는 엄격한 도학주의자들이 중시하지 않았던 장르이다. 반면 위백규는 독서목록에 포함시켰으며 글쓰기의 교과서로 간주하였다. "대충 훑어보았다"며 에둘러 이야기하지 않고 "모두 섭렵하여 그 대의까지 통달하였다"고 이야기한 것으로 보아, '소설'과 '패사'를 상당히 존중하는 태도를 지녔음을 가늠할 수 있다.

위백규가 '문학'을 긍정했다는 두 번째 근거는 그가 '글쓰기 공부'의 필요성을 인정했다는 것이다. 그는 다음과 같이 말하였다.

우리들이 글을 보고 문장을 짓는 일은 옛사람의 관점에서 보면 매우 쓸데없는 일입니다. 그러나 오늘날 세상의 궁벽한 곳에 사는 빈궁한 선비가 늙은 부모를 위로하고 기쁘게 할 수 있는 일은 오직 이 한 가지 뿐입니다. 친구 간에 쓸쓸히 지내지 않는 것도 오직 이 한 가지일 뿐입니다. 이것이 바로 김형金兄(필자주: 김섭지)과 우리 지인들이 아침부터 저녁까지 부지런히 힘쓰기를 그만두지 못하는 까닭입니다.[119]

'그러나'라는 한정사를 사용하긴 했지만, 위백규는 부모와 친구 등 인간사에 있어서 글을 쓰는 일은 필수불가결한 존재로 보았다. 타인과 자기 자신에게 즐거움을 선사하는 존재로, 하루 종일 글쓰기 공부에 부득이하게 힘쓸 수밖에 없음을 설명하였다. 한편 위백규는 '창작[作]'을 긍정하며 다음과 같이 말하였다.

'작作'을 그치지 않아야 마침내 군자가 될 수 있다. 스스로 쉬지 않고 노력하는 것이 작作이며, 배우고 때때로 익히는 것이 작作이다. 이러한 작作은 기질을 변화시키는 공부에 저절로 힘쓰게 하여 선善을 행하는 데에 노력하게 한다. 이것이야말로 군자가 되는 이유이니, 자기 자신을 위한 공부[爲己之學]이기 때문이다. 남을 의식[爲人]하여 작作하는 사람에게는 겉치레만을 꾸미는 것이 작作이고, 은근슬쩍 불선을 숨기는 것이 작作이며, 말만 좋게 하고 얼굴빛을 곱게 하는 것이 작作이고, 애써 참으며 부끄러움을 무릅쓰는 것이 작作이다. 이러한 작作은 아무 거리낌 없이 스스로를 속

이고 남을 속인다.[120]

윗글에 의하면 '작作'은 '만들어낸 행동'을 가리킨다. 위백규는 그릇된 작作과 올바른 작作을 구분하고, 그 구체적 사례로 전자는 '억지로 꾸미는 거짓 행동'을, 후자는 '학습 및 선행과 관련된 지속적인 행동과 노력'을 가리키는 것으로 보았다. 그리고 올바른 작作은 인격도야에 긍정적 영향을 미친다고 생각하였다. 일방적으로 모든 사물은 도道의 영향을 받는 것이 아니라, 만들어낸 행동이 '배움과 선함'과 관련된 일이라면 거꾸로 인간의 '도' 형성에 영향을 미칠 수 있다고 본 것이다.

이러한 논리에 따르면 글쓰기 또한 억지로 꾸며낼 경우 그릇된 작이지만, 배움과 선함을 소재로 한 글쓰기라면 '올바른 작'이 된다. 따라서 이 올바른 '작문作文' 활동은 오히려 작가의 덕성을 쌓는 데 도움을 줄 수 있다. 위백규는 작문 활동을 친근한 존재로 간주하였다. 그리고 올바른 창작활동을 추구하는 것은 인간으로서 당연하다고 생각하였다. 문文의 자연발생성을 주장하는 것으로 여기에 도덕이 가미된 논리라 할 수 있다.

올바른 글쓰기 공부는 위백규에게 지향 대상이었다. 그는 다음과 같이 말하였다.

〈첫째〉 오늘날 과거 문장 또한 유학자의 일이다. 그러나 세상 사람들은 으레 모두 방탕하고 안일하게 장난삼아 희롱하면서 이를 익힌다. 그러나 글을 짓는 방도와 과거 문체의 지름길 또한 방심하는 자들이 능히 살펴 알 수 있는 게 아니다. 이 재齋에서는 이러한 습속을 따르지 말아야 한다.[121]

대개 글쓰기의 범주는 고문과 과문, 그리고 사장 세 가지로 나눌 수 있다. 엄격한 도학주의자들은 세 가지 영역의 글쓰기를 부정하거나, 주희와 이황과 같이 '고문'만을 긍정하는 태도를 보인다. 하지만 위백규는 여기서 한 단계 더 나아가 '과거시험의 문장'까지 긍정하는 태도를 보였다.

진지한 마음가짐으로 과시의 문체를 익혀야 한다는 그의 말을 통해, 위백규는 이것이 올바르지 않은 세태로 빠지는 것을 경계할 뿐, 과거시험을 위한 문장 공부 자체는 긍정하였음을 알 수 있다. 당대를 살아가는 사람으로서 과거시험을 위한 문장 공부는 불가피한 존재이며 이것이 잘못된 것만은 아니라는 논리이다.[122] 그리고 실제로 글쓰기 공부법을 상세하게 제시하였다.

위백규가 글쓰기 공부의 필요성을 인정했다면, 그가 전범으로 삼은 텍스트는 무엇이었을까? 그는 당대 문체가 잘못되었다고 비판하며, 「만언봉사萬言封事」에서 "문장이나 구절을 따다가 글을 지어 시속時俗에 뽐내며 화려함을 다투는 풍습이 성행"하여 선비들의 풍습이 더러워졌다고 지적하였다.[123]

심지어 "문장의 경우 근래의 문체는 모두 잘못되었다"[124]고 비판하며, 『존재집』 곳곳에서 위백규는 문체의 개선을 촉구하기도 하였다. 그리고 자신이 생각하는 이상적인 문체는 '고문'임을 밝히며, "만일 문장을 잘 짓고자 한다면 먼저 '고문'을 잘 읽은 이후에야 이를 말할 수 있습니다"[125]라고 하였다.

위백규는 앉아서 심성수양만 하면 '고문'으로 문체가 회복될 수 있다고 판단하지 않았다. 그는 학생들에게 다음과 같이 일러 말하였다.

이미 경서로써 근본을 삼고 또 뛰어난 문장가들을 우익羽翼으로 삼으면,

문장으로 표현할 때 아름답게 하려고 하지 않아도 저절로 아름답게 된다. 이는 곧 성인이 말을 하면 그대로 경전이 되고, 입을 열면 문장을 이루는 것과 같다. 자신이 간직하고 있는 것이 이미 뛰어나면 비록 변체變體로써 시험관의 눈에 들려고 더 이상 힘쓰지 않더라도 시부詩賦 · 의의疑義 · 표책 表策 · 서문序文 · 기문記文 · 간찰簡札 따위는 일거에 지어낼 수 있을 것이다. 내 가까이에서 원리를 터득함이 이와 같다면 어느 때인들 시험관의 의도 에 부합하지 않을 것이며, 어떠한 과거시험인들 합격하지 않겠는가. 문장 이 이미 이러한 경지에 이르면 남들이 저절로 뽑아줄 것이다.[126]

위백규는 "글을 잘 지으려면 우선 독서하는 방법을 알아야 한다"[127] 며 작문 공부에 있어 독서법의 중요성을 강조하였다. 윗글은 그 독서법 을 서술한 것으로, 선진양한 텍스트와 한유 및 유종원 등 당송팔대가의 글의 문체적 특징을 종합하며, 경전을 근본으로 삼아 문장가들의 글을 참고하면 과거시험에 통과할 수 있음은 물론 책의 머리말과 서간문까 지 다양한 형식의 글에 통달할 수 있게 된다고 주장하였다.

위 제시문에서 위백규는 작문 공부를 하는 데 있어 필요한 참고도서 를 두 가지로 나누고 있다. 하나는 '경서'이고 다른 하나는 '뛰어난 문장 가의 글'이다. 여기서 성인의 글과 문장가의 글을 은근히 차별화하고 있 는 점이 엿보인다. 위백규의 다른 글을 통해 미루어보면, 구체적으로 경서는 『소학』을 포함한 사서삼경 및 예서禮書를 가리키며, 뛰어난 문장 가들의 글은 『춘추좌씨전』 · 『국어』 · 『장자』 · 『열자』 · 반고 · 사마천 · 한 유 · 유종원 · 구양수 · 소식 등의 글을 포함한다.[128]

여기에서는 위백규가 제시한 문장 공부 참고서와 관련하여 두 가지 지점을 살펴보고자 한다. 위백규는 문장을 공부할 때 다른 글보다도 ① '경전을 가장 우선시'하였으며, ② 선진양한 텍스트 외에도 '당송고문가

들의 글을 참고'했다는 사실이다. [129]

우선 첫 번째 지점부터 자세히 논하도록 하자. 위백규는 필력의 비법을 다음과 같이 전하였다.

처음 공부의 시작은 『소학』을 모태로 삼고, 『중용』, 『대학』, 『논어』, 『맹자』에서 몸을 극진히 하였으며, 『주역』, 『시경』, 『서경』에서 온 힘을 다하였고, 『의례疑禮』, 『예기』, 『가례』 등의 책으로 큰 쓰임을 도왔으며, …… 〈이 때문에〉 내 문장을 본 세상 사람들은 내 문장을 매우 보잘것없다고 여기지 않고 문장을 잘 짓는다고 칭찬한다. [130]

위 인용문에서 위백규는 문장 공부에 순서가 있음을 명시하였다. 그리고 그 시작과 근본에는 '유교 경전'이 있음을 밝혔다. [131] 문장력을 향상시키기 위해 다양한 장르의 글을 공부하는 것도 중요하지만, 무엇보다도 경전을 최우선시해야 한다는 것이다. [132] 이를 통해서 그의 문본우경文本于經[경전을 문文의 근본으로 삼음] 사유를 엿볼 수 있다.

경전의 어떤 측면을 근거로 글쓰기의 전범으로 삼아야 한다고 했는지 위 인용문에서는 알기 어렵다. 게다가 유학자라면 대개 그 도학적 내용을 근거로 '유교 경전'을 문장 공부에 주요한 근본으로 삼아야 한다고 주장하기 때문에, 위백규의 위와 같은 발언은 평범해 보일 수도 있다.

하지만 아래의 인용문을 보면 위백규가 경전을 문장 공부의 최고 참고서로 삼았던 것에는—경전의 내용적 측면 외에도—또 다른 이유가 있었음을 알 수 있다. 그는 김섭지에게 작문의 요지를 전하며 다음과 같이 말하였다.

육경과 같은 경우는 존엄하고 정대한 그 기상을 먼저 터득해야 합니다. 마치 천자가 명당明堂 아홉 섬돌 위에서 단정히 두 손을 모으고 있고, 검과 패옥珮玉을 찬 문무 신하들이 엄숙하게 허리 굽혀 총총히 걸으며, 중문重門이 활짝 열려 있고 사해의 온 백성들이 우러러 존경하는 것과 같습니다. 사서四書 같은 경우는 치밀하고 엄정한 그 규모를 먼저 터득해야 합니다. 마치 대목수가 태실太室의 9층 건물을 짓는데 규구준승規矩準繩이 각기 법도에 맞아 문호門戶가 차이가 없고, 방房과 당堂이 순서가 있는 것과 같습니다. …… 글자 사용을 가볍게 하지 않은 것은 마치 방문자逄門子가 천근이나 되는 쇠뇌를 힘껏 당겨 한 발로 코끼리를 쏘아 죽이는 것과 같았습니다. 구句를 법도 있게 만드는 것은 마치 솜씨 좋은 부인이 구름 비단의 편폭을 잘라 길이가 몸의 치수에 꼭 들어맞는 것과 같습니다. 자의字意가 서로 이어지고 장법章法이 서로 전환되는 것은 마치 공중에 매어 단 사다리와 돌로 만든 잔도棧道가 하늘의 해처럼 험준하고 높은 봉우리에 얽혀 이어져 진秦나라 변방과 교통하게 된 것과 같습니다. 어조사가 서로 이어 있고 알선하는 것이 마치 사주斜柱와 허량虛樑이 서로 버티고 연결해서 거대한 건물을 완성하는데 하나라도 더하거나 뺄 수 없는 것과 같습니다.[133]

여기에서 그는 과시를 앞둔 김섭지에게 글을 잘 짓는 요지를 말하며 사서와 육경이 지닌 문체적 특징을 자상하게 알려주었다. 그리고 독서할 때 이러한 심미적 특성을 잘 감지하고 음미하며 체득해야 함을 강조하였다. 이것이야말로 진정한 '독서'라고 할 수 있으며, 이를 통해 경전에 담긴 도를 이해할 수 있음은 물론 글쓰기 역량 또한 향상될 수 있다고 보았기 때문이다.

이러한 발언은 그가 경전을 문장의 모범으로 삼으며 그 문체적 우수성 또한 높이 평가하였음을 방증한다. 대체로 조선 시대 학자들은 시는 당나라 시를 산문은 사마천의 글을 최고의 모범문장으로 삼았다. 이와 달리, 위백규는 『시경』을 최고의 시로,[134] 맹자를 최고의 문장가로 꼽았다.[135] 그리고 경전의 문체적인 특징에 대한 이해를 강조하며, 『독서차의』나 「요전설堯典說」, 그리고 「사물事物」 등에서 경문에 수사학적 해석을 가하며 이를 구체화하였다. 『존재집』을 살펴보면 경전의 문체가 주는 형식적 예술미를 감상하는 평을 종종 발견할 수 있다. 위백규가 사서오경의 문체적 우수성이 주는 심미적 쾌감에 예의주시하였음을 알 수 있는 대목이다.[136]

두 번째 지점은 그가 당송고문가의 글 또한 긍정적으로 평가하며 글쓰기의 주요 참고도서로 삼았다는 것이다. 그는 다음과 같이 말하였다.

> 문장가들의 문장에 대해서 진한 이전의 문장은 비둘기가 구만 리를 나는 붕새를 바라보듯이 하고, 다만 한유·유종원·구양수·소식 이후의 문장은 남들이 하는 말을 따라 으레 정한 양대로 외우기만 하니, 문장가의 오묘함을 언제 꿈속에서나마 보았겠는가.[137]

조선 시대에는 엄격한 도학가의 경우 당송고문가를 비판하는 경향이 있었다. 위백규 또한 당송고문가에 비판적 자세를 취했으나, 그들의 도덕성을 비판한 것이지 그 문장의 형식적인 측면은 오히려 우호적으로 평가하였다. 특히 위 예시문에서는 '소식'을 포함하여 당송고문가들의 문체를 습득해야 작문 실력이 향상되는데 요즘 사람들은 그러지 못하고 있다며 한탄하고 있다. 심지어 문체의 개선을 촉구하며 "잠箴·명銘·서序·기記는 한유·유종원·구양수·소식의 글을 숭상해야 한다"며 어떤 글의 형식에 당송고문가의 글을 참고해야 하는지 상세하게 제시하였다.[138]

위백규는 당송고문가 중에서 한유를 각별히 좋아하였다. 그는 다음과 같이 말하였다.

문장가 중에 한유와 두보가 등장한 것은 마치 도학에 정자와 주자가 있는 것과 같다. 퇴지退之가 성인의 도를 주장하고 자미子美가 충군애국忠君愛國했기 때문에 시문으로 표현되었을 때 모두 진실한 의미가 있어서 자연 여러 사람들보다 뛰어났다. 공자의 산정刪定을 거쳤다면 그 나머지 사람들은 단지 3천 중에서 3백을 취할 정도도 아니었을 것이다.[139]

위백규는 문장가로서 한유를 극히 칭송하면서 도학에 있어서 정명도와 정이천, 그리고 주희에 비유하였다. 나아가 공자가 산정한 『시경』에 비견할 정도로, 한유의 글이 우수하다고 극찬하였다. 『서경』「우공」편에 수사학적 비평을 가한 글에서 또한 "한퇴지韓退之의 「평회서비平淮西碑」는 모두 「우공」편을 숙독한 것이다"라고 하였는데,[140] 경전을 문장의 최고봉으로 삼은 것은 변함없지만 경전의 문체를 본받아 한유의 글이 서술되었음을 명시하며 성현의 문장과 한유의 글을 유사한 반열에 올려놓았다. 그는 한유를 "문을 통해 도의 경지에 들어간 유일한 사람"으로 높이 칭송하며,[141] '도학가'에 비견하기도 하였다.[142]

그렇다면 위백규가 궁극적으로 지향했던 글쓰기는 어떤 것일까? 그는 다음과 같이 말하였다.

또 이를테면 한유와 유종원의 문장, 이백과 두보 시의 경우, 문장이 높지 않은 것이 아니며, 말뜻이 깊지 않은 것이 아닙니다. 우리가 이를 보면 모두 그 아름다움에 빠져 거의 고기 맛을 모를 정도입니다. 그런데 근자에 재자才子가 쓴 문장은 한번 읽어 보면 그 의미를 모르겠고, 두 번 읽으

면 그제야 잘못된 점이 보이며, 세 번 읽으면 드디어 간장 항아리 덮개 정
도로 쓰일 뿐입니다. 이를 가지고 말하자면, 문장이 높고 말뜻이 심오해
야만 사람들의 눈에 아름다울 수 있습니다.[143)

위백규가 인식한 훌륭한 글은, 비단 내용적 완결성만을 지닌 글이 아
니었다. 형식적 아름다움과 내용적 완결성을 모두 갖춰야 하였다. 그
래야 문장이 사람에게 심미적 감동을 선사할 수 있기 때문이다. 글쓰기
공부를 하는 데 있어서, 유교 경전과 당송고문가들의 서적을 모두 강조
하고, 경전의 내용적 측면 외에도 형식적 측면을 탐구한 것은 바로 위
백규가 '형식과 내용'이 모두 아름다운 글을 추구했기 때문이다.

그가 말하는 아름다운 문장은 화려함을 특징으로 하는 아름다움을
말하는 것이 아닐 터이다. '맥락성이 있는 글', '글의 형식에 맞는 문체'
를 통해 얻을 수 있는 진선진미盡善盡美의 상태, 즉 '도문합일'의 경지를
위백규 또한 꿈꾸었던 것이다. 그가 한유는 문을 통해 도를 획득하였다
며 그 지위를 격상시켰던 것은 우연의 일치만이 아닐 것이다.

2) 그의 경학관과 비평의 실제

① 문의文義 중심의 경전 해석

위백규는 당대 학자들의 경전 해석 태도를 경계하며 다음과 같이 말
하였다.

배우는 자는 반드시 널리 읽고 두루 찾아 몸으로 완미하고 마음으로 체
득한 연후에야 몸소 실천하는 데 도움이 될 수 있는데, 말세의 폐단으로
인해 단지 종이를 뚫어서 성인을 구하고 먹을 분석해서 성품을 알고자 하

니, 훈고訓詁와 주소註疏에 빠져 지리멸렬하게 되었다. 그에 관한 글들이 집에 넘쳐나도 끝내 실제로 터득한 것이 없다. …… 근세에 이르러 과거 공부가 또 성행하니 그 천박하고 비루한 공부는 훈고학 수준에도 훨씬 못 미친다. 그리하여 정자와 주자의 글은 마침내 푸줏간의 먼지떨이[拂子]가 되거나 기생방의 신선이 쓴 글[丹經]이 되어 버려 판본에 새기는 일이 곧 드물게 되고 책을 필사하는 일도 끊어져 시골구석 선비는 보고자 하더라도 구할 수 없게 되었다.[144]

위백규는 다독과 숙독, 그리고 심독心讀을 통해 의리학을 성취할 수 있다고 생각하였다. 다양한 서적을 깊이 읽고 생각의 밀물과 썰물 과정을 거쳐야 성리학적 사유가 완성되어 비로소 자기의 것이 된다는 이야기다. 그러나 당대 지식인들은 훈고학에 빠져 책을 읽어도 얻는 게 없다고 지탄하였다. 그리고 정명도와 정이천 및 주희의 글을 읽으며 의리를 궁구하는 자들이 드물다며 의리학의 중요성을 강조하였다.[145] 한편 그는 단순히 의리학으로의 회귀만을 주장한 것일까.

위백규가 심각하게 생각한 것은 당시 사람들이 과거지학에 빠져 정명도와 정이천, 그리고 주희의 글 외에도 경전조차도 읽지 않는 점이었다. 사서나 삼경을 읽지도 않고 과거시험에 합격하기 위한 요약집이나 모범답안만 외우는 세태가 만연했던 것이다. 이에 그는 경전을 읽어야 할 것을 여러 번 강조하였는데, 도를 얻기 위해서이기도 하고 문장을 잘 쓰기 위해서이기도 하였다. 경전 독해는 궁극적으로 '과거시험'을 합격하는 데 도움을 준다며 당시 사람들을 어르고 달래며 설득하기도 하였다.

그렇다면 경전은 어떻게 읽어야 하는 것일까? 위백규는 우선 주관적 편견을 배제해야 한다며 「공거貢擧」에서 다음과 같이 말하였다.

경서에 담긴 의미는 선유先儒의 주해가 상세하여 더 이상 보탤 내용이 없다. 이름난 선비가 여기에 부연 설명을 하더라도 다시 별다른 의미가 없을 것이다. 만일 별도의 의미를 근거 없이 지어내게 된다면, 쓸모가 없을 뿐만 아니라 또한 사람의 마음을 해칠 것이다. 게다가 문장의 규식規式을 미리 정해 놓고 반드시 그와 서로 맞추려고 한다면, 어찌 이와 같이 하고서도 성인의 경서를 제대로 해석할 수 있는 자가 있겠는가. 매우 무익한 짓이니, 결코 사용해서는 안 된다.[146]

"별도의 의미를 근거 없이 지어내게 된다"는 것은 '내용'에 주관적 편견을 개입한 상태를 가리키며, "문장의 규식規式을 미리 정해 놓고 반드시 그와 서로 맞추려고 한다"는 것은 '형식'에 주관적 편견을 개입한 상태를 가리킨다. 위백규는 사심을 개입하여 경전을 해석하는 것을 경계하였다. 경전을 해석할 때, 경문의 내용과 형식 모두에서 자신의 주관적 편견을 배제하고 경문을 '글 그 자체'로 받아들여야 한다는 것이다. 그가 문의 중심의 경전 해석을 궁구하였음을 유추할 수 있다.

앞서 Ⅲ장 1절에서 살펴보았듯이 주희 또한 마음을 비우고 문의에 따라 경전을 독해할 것을 강조하였다. 한편 주희는 내용에 주관적 편견을 개입하지 말 것을 강조한 데 비해, 위백규는 내용과 형식에 주관적 편견을 모두 개입해선 안 된다고 주장하였다는 점이 특징이다. 이러한 차이점은 그가 경전을 해석하는 데 있어서 '경문의 문의를 본질적으로 이해하는 작업을 상대적으로 주희보다 중시했다'는 사실을 알려준다.

그리고 이와 같은 입장 아래, 위백규는 양웅과 육구연, 그리고 황정견 등을 다음과 같이 비판하였다.

① 선비로서 도道를 알지 못하면 문장도 아름다움을 다할 수 없다. 고금

의 문장가로는 오직 퇴지退之의 문장이 아름답고 시인으로는 오직 자미子美의 시가 아름다운데 자미는 그 자체로 하늘이 내린 자질로 도에 근접했기 때문이다. 그 나머지 시詩와 문文을 짓는 사람은 일체 그런 자질이 없다고 해도 괜찮지만, 양웅과 같은 경우에는 어찌 글재주[文才]가 탁월했던 자가 아니겠는가? 하지만 그는 독서를 제대로 하지 못한 것이 더욱 심했다. 『주역』과 『논어』는 마음을 붙이고 100번을 읽어 보면 어찌 의심할 수 있는 문장이겠는가. 그런데도 의심하려고 했으니 이는 잘못된 독서 때문이다. 그가 말한 『태현』은 더욱 이치가 없으니, 오로지 『주역』을 호로葫蘆라고 생각하여 수묵水墨으로 모호하게 그려냈는데, 장章을 그리고 구句를 그렸지만, 오직 글자는 그리지 못한 격이다. ……

② 육구연은 이른바 호걸지사였다. 그런데 "한번 음으로 한번 양으로 하는 것을 도라고 한다[一陰一陽之謂道]"라는 말을 거론하여 '음양은 형이상자形而上者'라고 하였다. 『주역』에서 만약 "하나의 음과 하나의 양이 도이다[一陰一陽謂之道]"라고 했으면 이는 음양을 가리켜 도라고 한 것이다. 지금 "한번 음으로 한번 양으로 하는 것을 도라고 한다"고 하였으니, 이는 한번 음이고 한번 양이 되는 근거가 도라는 말이다. 문장을 지을 때 어조사를 쓰는 방식도 여전히 그 차이를 연구해내지 못했는데, 하물며 오묘한 진리이겠는가. 그가 무극無極과 태극太極의 뜻을 터득하지 못한 것은 괴이할 것조차 없다.

황정견은 무극과 태극을 이해하지 못했으니, 이 시인은 따져볼 것도 없다. 왕세정의 경우, 그의 자부심이 얼마나 대단하였는가. 그런데도 "'무극이면서 태극이다[無極而太極]'라는 말은 내가 감히 따를 수 없고 '고요하게 되면 음을 낳고 움직이면 양을 낳는다[靜而生陰, 動而生陽]'라는 말도 내가 감히 따를 수 없다"라고 했으니, 그 삶이 참으로 가소로울 뿐이다. 그 방향과 형체가 없는 것을 가리켜 무극이라고 하고, 그 머리가 되는

것을 가리켜 태극이라고 하니, 태극 위에 따로 무엇인가의 영역이 있어서
무극이 되거나, 무극 아래에 별도로 무엇인가의 영역이 있어서 태극이 되
는 것이 아니다. 다만 무극은 태극이 되는 근거이다. 이른바 태극은 곧 무
극이니, 무극이 아니면 태극이 되기에 불충분하고, 태극이 아니면 무극은
모습을 드러낼 수 없다. 그러므로 "무극이면서 태극이다"라고 했으니, 여
기의 '이而'자는 하늘이 만들고 귀신이 주선한 문장의 지극히 묘한 곳이다.
왕세정이 잘못 읽어 깨닫지 못했으니, 안타깝도다. ……

③ 육상산과 황정견 등과 같은 무리는 제대로 읽어서(필자주: 내재적 수
사학 이해) 이치에 통달하여 자득하려고(필자주: 득도하여 모든 것을 체화)
노력하지 않고, 매번 서둘러 문호門戶만 세우려고 한다. 한결같이 선입견
을 가진 서투른 안목을 위주로 하면서(필자주: 주관적 편견) 다시 의심하고
생각하지 않기 때문에(필자주: 문의文義를 치밀하게 격물치지格物致知—탐구—
하지 않음) 끝내 도에 들어갈 날이 없는 것이다.[147]

위 인용문은 크게 세 부분으로 나눌 수 있다. ① 도를 알아야 문장도
아름답다. ② 그런데 좋은 문장을 짓지 못한다는 것은 도를 알지 못한
다는 증거이다. 이는 도학가든 문장가이든 마찬가지이다. 왜냐하면 도
를 알려면 문장을 아는 것이 필요하기 때문이다. ③ 따라서 경전을 읽
을 때 수사학적 접근을 반드시 수반해야 한다. 치밀하게 문의를 살피며
글을 읽는다면 도를 얻을 수 있다.

먼저 ①을 자세히 살펴보면, 위백규魏는 성인의 한 글자, 한 글자에는
의도와 목적이 있다고 판단하였다. 따라서 훈고에서 사용하는 자의字意
해석만으로는 그 내용을 파악할 수 없다고 보았다. 도식적 문자나열만
으로는 그 글을 흉내낼 수 없음은 물론이다. 여기서 도식적 문자나열이
란 그가 「공거」에서 말한 "문장 규식에 얽매임"을 의미하며, 형식에 주

관적 편견을 개입한 상태를 가리킨다. 위백규는 양웅은 성인의 문체만 흉내낼 뿐, 글의 내용적 완결성은 물론 형식적 완결성 또한 떨어진다고 하였다.

②에서 위백규는 문장력이 부족하다는 것은 역으로 도를 알지 못한 다는 증거라고 하였다. 문장의 이치를 잘 알아야 경문에 쓰인 '도'를 이 해할 수 있기 때문이다. 가령 육상산은 어조사 '지^之'자를 잘못 사용하였 으며, 위백규는 이것이 바로 그가 도를 잘 모르는 근거라고 하였다.

아울러 위백규는 육상산의 사례를 통해 도와 문의 관계를 보다 긴밀 하게 연결하면서, 도와 문이 단순한 주종 관계(→)가 아닌, 상호 영향 관 계(↔)임을 이 두 번째 부분(②)에서 밝혔다. 그리고 문장가의 사례로 전 후칠자의 대표인물인 '왕세정'이 '이^而'자의 수사학적 중요성을 알지 못 해 『주역』의 "無極而太極"이라는 구절을 이해하지 못했다고 하였다.[148]

③에서는 위백규는 경전을 읽을 때 수사학적 접근이 매우 중요하다 고 피력하였다. 육구연과 왕세정이 경전에 담긴 도를 깨닫지 못한 이유 는 모두 경문에 담긴 '내재적 수사학의 이해'가 부족하기 때문이었고, 경전에 담긴 내용[義理]을 파악하지 못하였기 때문에 결국에는 문장력 도 우수하지 못하다는 것이다. 여기서 중요한 점은 그가 '도학[道]과 문 장력[文]' 결핍의 근원으로 '수사학적 역량 부족'을 첫 번째 전제로 내세 웠다는 사실이다.

이로써 우리가 알 수 있는 사실은 '독서'를 통해 두 가지 수사학이 혼 합된다는 점이다. 위백규는 두 종류의 수사학을 동시에 언급하였다. 하 나는 내재적 수사학이며, 다른 하나는 외재적 수사학이다. Ⅱ장 1절에 서 서술하였듯이, 내재적 수사학은 책을 읽을 때 독자가 갖고 있는 수 사학적 역량을 말하며, 이 수사학적 역량을 통해 독자는 문장의 이치를 이해하고 나아가 그 내용을 파악하게 된다. 그가 ②에서 문장을 모르기 때문에 도를 모른다는 것은 바로 이 지점을 이야기한 것이다.

외재적 수사학은 글을 쓸 때 발현되는 것으로, 글쓴이가 독서를 통해 축적된 자신의 수사학적 역량을 밖으로 표출한 것이다. 우리는 이 〈외재적〉 수사학적 역량을 통해 자신이 갖고 있는 생각과 감정을 적절한 표현 기교와 문장 구조를 사용하여 글로 표현한다. 위백규가 ①에서 도를 모르면 문장도 아름답지 못하다는 것은 바로 이 지점을 이야기한 것이다.

따라서 책을 읽을 때 내재적 수사학과 외재적 수사학의 강화를 위하여 글에 담긴 표현 기교와 문장 구조 등을 탐구하는 일이 필요하다. 앞서 ②에서 말한 『주역』 "一陰一陽謂之道"의 '지之'자와 "無極而太極"의 '이而'자 같은 경우가 바로 그 구체적 사례이다. 그래야 궁극적으로 내용 [道: 義理] 파악이 가능하다.

위백규의 논리에 따르면, 수사학적 접근을 통해 문의를 긴밀하게 살피며 글을 읽었을 때, 비로소 경전의 자기화가 이루어진다. 그리고 그 결실 중 하나는, 그가 이상적으로 추구했던 내용적 완결성과 형식적 완결성을 모두 갖춘 '도문합일道文合一의 글'을 창작하는 일이다. 이것이 바로 위백규가 경전 해석에 있어서 '수사학적 접근'을 강조한 이유이자, '수사'를 통해 '의리'로 나아가고자 했던 이유이다.

이는 위백규가 경전의 내용 체득이 심성수양만으로는 이루어질 수 없다고 판단한 데서 기인한 것이며, '문을 통해 도로 나아간 한유'의 사례를 긍정한 것과 궤를 같이한다. 그리고 궁극적으로 그의 수사학적 경전 해석의 가장 큰 특징 중 하나가 '수사를 통해 의리를 설명하는 것'이었던 본질적 이유이다.

위백규는 문의를 통해 경전을 해석해야 한다고 생각하였다. 『독서차의』에서 "다만 오늘날의 읽는 자들은 문의를 이해하지 못하고서 음독과 해석만을 외우니 문장을 이해하지 못한 자가 어찌 '의리義理'를 알 수 있겠는가. 금일의 폐단을 바로잡기 위하여, 내가 먼저 문의를 깨달아서 독자로 하여금 독서의 즐거움을 음미할 수 있도록 하고자 한다"[149]라고 그 저술 배경을 밝히고 있다.

'문의'는 중국 우운진이나 일본 히로세 탄소의 글에도 등장한다.[150] 그러나 위백규는 한 발 더 나아가 노골적으로, 경전을 독해하면서 경문의 표현 기교와 문장 구조 등에 주목하여 경전의 의리를 해석하였다고 스스로 밝혔다. 『맹자차의』의 구체적 사례를 다수 발견할 수 있는데, 이는 차후 상술하도록 하겠다.

② 『맹자차의』 외 비평 관련 저술

『존재집』을 살펴보면 『맹자차의』 외에도 수사학적 접근을 한 글들이 다수 보인다. 이를 도표화하면 다음과 같다.[151]

〈표 4〉 위백규의 비평 관련 저술

종류	저술명	비평 대상과 수록된 곳
경서류	『대학차의大學箚義』	• 비평 대상: 『대학』 • 수록된 곳: 『존재집』 권5
	『논어차의論語箚義』	• 비평 대상: 『논어』 • 수록된 곳: 『존재집』 권6~8
	『맹자차의』	• 비평 대상: 『맹자』 • 수록된 곳: 『존재집』 권9
	「사물」	• 비평 대상: 『맹자』 • 수록된 곳: 『존재집』 권12 「잡저雜著 · 격물설格物說」
	『중용차의中庸箚義』	• 비평 대상: 『중용』 • 수록된 곳: 『존재집』 권10
	「사물」	• 비평 대상: 『시경』「상체」 • 수록된 곳: 『존재집』 권12 「잡저 · 격물설」

종류	저술명	비평 대상과 수록된 곳
경서류	「요전설堯典說」	• 비평 대상: 『서경』 「요전」 • 수록된 곳: 『존재집』 권11 「잡저」
	「우공설禹貢說」	• 비평 대상: 『서경』 「우공」 • 수록된 곳: 『존재집』 권11 「잡저」
	「서주서후書失書後」	• 비평 대상: 주자서 • 수록된 곳: 『존재집』 권21 「발跋」
역사서 및 기타류	「백이전설伯夷傳說」	• 비평 대상: 『사기』 「백이전」 • 수록된 곳: 『존재집』 권11 「잡저」
	「사략설史略說 · 삼황기三皇記」	• 비평 대상: 『십팔사략』 「삼황기」 • 수록된 곳: 『존재집』 권11 「잡저」
	「사물」	• 비평 대상: 양웅의 『법언』과 『태현』 등 • 수록된 곳: 『존재집』 권13 「잡저 · 격물설」

위백규가 수사학적 접근을 시도한 글은 크게 성인의 글과 문장가의 글로 나눌 수 있다. 당송 이후의 글보다는 선진양한 시대의 텍스트를 중심으로 수사학적 접근을 하였는데, 이는 그가 선진양한 시대의 문체를 글쓰기의 주요 교과서로 삼고 학습했음을 방증한다.

우선 성인의 글에 수사학적 접근을 한 사례를 살펴보면, 사서四書를 비롯하여 『서경』과 『시경』, 그리고 주자서 등이 있다. 이 중 가장 대표적인 저술은 사서를 수사학적으로 해석한 『독서차의』이다.

위백규의 『독서차의』는 『대학차의』, 『중용차의』, 『논어차의』, 『맹자차의』로 구성되어 있다. 하지만 각 사서마다 서술방식에 차이점이 있기에 그 구체적 양상을 달리한다.[152] 『논어』와 『맹자』는 대화체이지만, 『중용』과 『대학』은 서술체이다. 이에 『논어차의』와 『맹자차의』의 경우, 대화 상황을 고려하여 등장인물인 화자와 청자의 심리, 성격, 말투, 설득법, 나아가 의리를 분석하는 특징을 띤다. 반면 『대학차의』와 『중용차의』의 경우, 표현 기교나 문장 구조 등에서 저자의 의도를 발견하여 의리를 밝히는 특징을 보인다.

『논어』와 『맹자』는 같은 대화체이더라도 그 논법에 차이가 존재한다. 대체적으로 『논어』는 간략하고 분명한 어투인 반면, 『맹자』는 장황하게 설명하는 어투가 다수이다. 이에 위백규는 『논어차의』에서 허자虛字의 숨은 의미를 분석하는 경우가,[153] 『맹자차의』에서는 설득법 등 어법을 분석한 경우가 상대적으로 더 많다.[154]

『대학』과 『중용』은 본래 『예기』 속에 들어있는 글로, 학자들의 손을 거쳐 편집된 것이다. 특히 주희는 말년에 기존에 있었던 『대학』과 『중용』의 편장 구조를 수정하여 『대학장구』와 『중용장구』를 완성하였는데, 조선에서 주로 통용되던 『대학』과 『중용』도 주희의 편집을 거친 판본을 기본으로 하였다. 이러한 배경으로, 위백규의 『대학차의』와 『중용차의』는 『논어』나 『맹자』에서처럼 경문을 기본으로 하고 있다고는 하나, 근본적으로 주희의 편장 구조법에 대한 그의 견해를 내포하고 있다.

『대학』의 경우, 조선에서는 회재 이언적을 중심으로 그 편장 구조법을 둘러싼 논쟁이 진행되었다.[155] 위백규 또한 『대학차의』에서 회재설과 율곡설을 인용하며 그들의 『대학』의 편장 구조에 대한 견해를 간략하게 서술하였다. 이언적의 설에 강렬하게 반대하지는 않았지만, 위백규는 『대학차의』 「경經·1장章」에서 주희의 편장 구조법을 따라야 문리가 연결된다며 그 설에 반대 의사를 에둘러 표현하였다.[156]

『중용차의』에서는 『중용』에 담긴 형이상학적 개념과 편장 구조법을 보다 면밀하게 분석하고자 힘썼다. 여기에서 또한 그는 수사학적 비평을 응용하였다.[157] 그는 주희의 『중용장구』 또한 의리와 장절章節 나눔이 가장 중요하다고 지적하였다. 『중용차의』에서 수사학을 통한 의리 해석과 편장 구조법 분석을 가장 잘 엿볼 수 있는 부분은 위백규의 『중용』 1장과 33장 해석이다.

『독서차의』와 달리, 위백규는 『서경』과 『시경』의 경우에는 전체를 주석하지 않았다. 각각 『서경』의 「요전」과 「우공」, 『시경』의 「상체」에 수사학적 접근을 하며 그 어휘 선택과 문장 구조, 그리고 표현 기교 등을 칭송·분석하였다. 『독서차의』에 비해 내용이 소략하다고 할 수 있지만, 그 문본우경의 사유와 수사학적 비평을 살필 수 있는 유의미한 자료이다.

주자서 발문에서 또한 위백규의 수사학적 접근이 보인다. 주희의 글쓰기 역량에 대한 칭송이 중심을 이루고 있다. 위백규가 수사학적 접근을 한 성인의 글 중에서 선진양한 텍스트가 아닌 거의 유일한 글이라는 점에서 그만큼 주희를 존숭하는 입장이 반영된 것으로 보인다.[158]

후자인 문장가의 글을 비평한 사례를 살펴보면, 『사기』「백이전」과 『십팔사략』, 그리고 양웅의 『법언』과 『태현』이 있다. 사마천의 『사기』는 일찍이 선진양한 텍스트로 훌륭한 역사서이자 문장교과서로 평가받아왔다. 중국은 물론 국내에서도 유몽인(柳夢寅, 1559~1623)의 『대가문회大家文會』와 허목(許穆, 1595~1682)의 『문총文叢』 등 여러 문장 선집에 포함된 바 있다.[159] 따라서 위백규가 수사학적으로 『사기』를 해석했다는 점은 크게 특기할 만한 것은 아니나, 그중에서 「백이전」만을 해석했다는 것은 눈여겨볼 만하다.[160]

반면 『십팔사략』은 원나라 시대의 글이며, 조선 시대 학자들의 평가는 두 가지로 갈려왔다.[161] 조선 초기부터 훌륭한 문장 및 역사 교과서로 사대부들 사이에서 읽혀 온 반면, 글에 허황된 내용이 많고 축약이 심하다는 이유로 꺼리는 이들도 존재했다. 위백규는 "『십팔사략』에 만고의 문장이 들어있다"며 『주역』, 『서경』의 전모典謨, 『시경』의 아송雅頌에 견줄 만한 수준이라 할 정도로 극히 칭송하였다.[162] 『십팔사략』의 문장학적 가치를 경전과 비등한 수준으로 평가했다고 할 수 있다.

양웅(揚雄, B.C.53~A.D.18)의 글에도 수사학적 비평을 하였는데, 위백규의 다른 저술과 달리 부정적으로 평가한 것이 특징이다. 위백규는 "『논어』의 문장은 쉬우면서도 엄격하고 간략하면서도 치밀하니, 말은 땅처럼 가깝지만 뜻은 하늘처럼 멀다. …… 그러나 양웅이 「장양부長揚賦」와 「우렵부羽獵賦」를 만들고 남은 생각을 가지고 『논어』를 흉내 냈으니, 이는 『논어』를 제대로 읽지 않았기 때문이다"[163]라며 양웅을 비판하였다. 양웅은 『논어』와 『주역』의 문체를 모방하여 『법언』과 『태현』 등을 지은 것으로 잘 알려져 있다.

위백규는 "또한 독서를 잘하는 사람은 그 의미를 취하지 문장을 흉내 내지는 않으니, 의미를 취하면 살아있는 문장이 되고 문장을 흉내 내면 죽어있는 문장이 된다. 양웅의 문장은 완전히 죽은 문장이며 자구마다 손숙오孫叔敖의 흉내를 내고도 전혀 부끄러움이 없었으니, 이것이 그가 망대부莽大夫(양웅을 王莽의 신하라고 빗대는 말)가 된 이유이리라"[164]라며 양웅의 문체를 노골적으로 비하하였다.[165] 위백규가 선진양한 텍스트라고 해서 모두 수용한 것은 아니며, 경전의 문체를 흉내만 내고 그 의미를 취하지 않는 태도를 경계하였음을 알 수 있다.[166]

3) 『맹자차의』의 수사학적 해석

앞서 언급하였듯이, 위백규의 『독서차의』는 경학의 한 방법으로 '수사'를 적용하였다는 것이 가장 큰 특징이다. 어휘 배열과 문장 구성, 그리고 표현 기교 등에 초점을 두고 경전의 문장을 해석하였다는 의미이며, 본 연구에서는 이를 '수사학적 경전 주석서'로 명명하였다. 조선에서 주석서의 형태로 경문의 수사 방면을 중심으로 주해한 경우는 매우 드물다는 점에서 존재 자체만으로도 대표성을 띤다.

위백규가『독서차의』를 저술한 배경으로는 문학을 향한 관심과 당대 문체를 향한 비판 의식, 그리고 경학 중시, 이 세 가지가 복합적으로 작용한 것으로 보인다. 문체를 개선하는 일이 궁극적으로 치세에 도움이 된다는 의식에서 출발한 것이기도 하거니와, 문장과 의리 모두 중요하게 생각한 데서 기인한 것이기도 하다. 그는 경전을 수사학적으로 접근하는 행위가 경전 내용을 이해하는 데 도움을 줄 뿐만이 아니라 경전의 문체를 습득하는 데도 도움을 준다고 생각했던 것이다.

　　수사학적 경전 해석은『독서차의』전체에서 보이는 보편적인 특징이기도 하지만, 그중『맹자차의』는 더욱 강한 중요성을 띤다. 위백규는 강학을 할 때 어렸을 때부터『맹자』를 우선 학습하도록 강조했으며,[167] 맹자를 후대 문장가들의 조종祖宗이라 평하였다.[168] 대개 조선의 경우 문장가의 조종으로 사마천이나 소순을 꼽는 경우가 많았다는 점에서,『맹자』를 글쓰기의 전범으로 삼는 그의 문본우경 사유를 엿볼 수 있다.

　　위백규의『맹자차의』는 한국의 대표적인 수사학적『맹자』주석서이다. 우운진의『맹자논문』과 히로세 탄소의『독맹자』와 비교할 때,『맹자』의 표현 기교와 문장 구조 등을 중심으로 주해하였다는 점은 동일하지만 위백규 그것만의 특색 또한 선명하다. 아래에서는 첫째, 그가 수사의 세 요소 중에서 어떤 부분에 보다 관심을 기울였는지, 둘째, 당대 어떤 문학 장르의 비평과 유사점을 보이는지, 마지막으로 셋째, 주희의 수사학적 역량은 어떻게 평가했는지 등 세 가지를 중심으로 우운진과 히로세 탄소 등과 대별되는 위백규의 수사학적『맹자』해석만의 특수성을 밝히고자 한다.

① 어의語義 중심의 수사 해석

위백규의 수사학적 경전 해석의 특징 중 하나는 수사의 세 요소 중에서 '어의'를 해석하는 데 힘썼다는 점이다. 그의 주석에서는 어법과 어세만을 언급하는 경우가 드물다. 해당 구절의 어법과 어세 등이 함의하는 대화 상황, 화자와 청자의 성격과 심리, 그리고 사유 등을 설명하는 부분이 많다. 다른 방식으로 표현하면 어법과 어세, 그리고 어의 세 가지를 고루 살핀 주석서라 이해할 수 있다. 위백규가 단순히 문장학의 관점으로 경전을 바라보는 데 그친 것이 아니라, 문장을 통해 말 밖의 숨은 의미[言外衍義]를 밝히고자 하였음을 방증하기도 한다.[169]

위백규의 어의 해석에서 특기할 만한 점은, 표현 기교나 문장 구조 등을 근거로 성리학적 사유를 설명하는 경우가 많았다는 점이다. 문의를 통해 의리를 밝히는 것이 저술 목적임은 스스로 밝혔던 바이다. 이는 주희나 이황에게도 보이는 특징이지만, 위백규의 경우에는 보다 심화된 형태를 띠고 있다. 여기에서는 세 가지 사례를 통해 그 일면을 살펴보고자 한다.

첫 번째 사례는 「양혜왕」 상 7장이다. 「양혜왕」 상 7장에서 "今, 恩足以及禽獸. 而功不至於百姓者, 獨何與?[지금 은혜가 족히 금수에게 미치되 공효가 백성에게 이르지 않음은 유독 어째서입니까?]"로 시작하여 "今, 恩足以及禽獸, 而功不至於百姓者, 獨何與?[지금 은혜가 족히 금수에게 미치되 공효가 백성에게 이르지 않음은 유독 어째서입니까?]"로 끝나는 문단은 「양혜왕」 상 7장 중에서도 절정에 해당된다.[170]

이 문단에서 맹자는 비유를 통해 왕 노릇을 하는 것은 어렵지 않음을 말한다. 하지 않는 것이지 할 수 없는 것이 아니라는 이야기다. 그리고 왕 노릇을 하는 기본 방법은 '내가 지닌 인仁을 타인에게 미루는 것'에서 시작함을 설명한다. 위백규는 이 문단에서 맹자가 사용한 세세한 수사법에도 관심을 보이며 다음과 같이 말하였다.

제나라 왕이 마땅히 해야 할 일은 자기 마음의 고유한 인仁을 미루어 시행해 나가는 것뿐이다. 윗 문장에서 연이어 "어째서입니까[何與]"라고 말한 것은 왕으로 하여금 충분히 의심케 한 다음 장차 '인을 미루는 것'을 설명하기 위함이다. 인은 어버이를 공경하고 자식을 어여삐 여기는 것보다 가까운 것이 없으니, 그렇다면 어른을 우리 어른으로 섬기고 어린이를 우리 어린이로 사랑하는 것[老老幼幼]을 가지고 차츰 깨우치도록 인도할 수밖에 없다.

사물 중에서 산을 옆에 끼고 바다를 뛰어넘는 것과 경중을 비교할 만한 것은 많고도 많은데 굳이 "어른을 위해 나뭇가지를 꺾는 것[爲長者折枝]"으로 말하였으니 정말로 의외이다. 대개 '어른을 위해 나뭇가지를 꺾는 것'이 쉬운 까닭은 내 마음 고유의 공경심 때문이다. 만약 나의 어른을 위해서는 나뭇가지를 꺾고 남의 어른을 위해서는 나뭇가지를 꺾지 않는다면 이것은 미루어 행하지 못한 것이니 어찌 이것이 남의 노인에게까지 미치는 것이겠는가. 이치가 통달한 맹자의 말이 일맥관통한 것이 과연 이와 같구나. "천하를 손바닥에서 움직일 수 있다[可運於掌]"는 말은 앞 문장의 "그것을 막을 수 없다[莫之能禦]"는 말과 조응한다.

어른을 우리 어른으로 섬기고 어린이를 우리 어린이로 사랑하는 것[老老幼幼]을 이미 말해 놓고 또 이어서 처에게 모범이 됨[刑妻]을 말하였으니 진실로 자신에게 절실한 것으로 남을 깨우친 것이다. 나라를 잘 다스리는 근본은 본래 여기에서 벗어나지 않는다. "이 마음을 들다[擧斯心]"의 '심心'자는 윗글에 나오는 "족히 왕 노릇을 할 수 있다[足以王]"171)의 마음이다. 화두를 돌린 것이 명쾌하고 긴요하니 『시경』의 "집과 나라를 다스린다[御于家邦]"는 구절을 직접 증거로 댄 것은 진실로 명언이다. "옛 사람

[古之人]"은 삼황오제를 통칭한 것인데 '금今'자로 문맥을 갑자기 끊고 "유독 어째서입니까?[獨何歟]"라고 다시 물었으니 의리義理가 생동하며 문세文勢가 8월에 바라보는 파도[八月觀濤]처럼 도도하다.172)

위 인용문에서 위백규는 '인仁을 미루는 것'을 알려주기 위해 맹자가 쓴 다양한 수사법을 논하였다. 설의법, 예시법, 비유법, 인용법 등이다. 그중에서 예시법과 비유법, 그리고 인용법에서는 특히 구체적인 소재에 관심을 보였다는 점이 특징이다. 그렇다면 설의법부터 하나하나 살펴보도록 하겠다.

「양혜왕」 상 7장에서는 "恩足以及禽獸, 功不至於百姓, 獨何歟?"라는 문장이 두 번 반복되었다. 이 문장에서 위백규는 '하여何歟[어째서입니까]'라는 허사에 주목하였다. 인은 사람의 마음속에 내재되어 있기 때문에, '하여何歟'라고 되물음으로써 제선왕 스스로 자기 마음속에 있는 고유의 인을 자각하도록 유도했다고 생각한 것이다. '하여何歟'는 설의법으로 청자의 마음을 살펴볼 수 있게끔 하는 역할을 한다.

또한 위백규는 예시법과 비유법, 그리고 인용법은 모두 자신 고유의 인을 자각시키기 위해 그 소재를 선택하였다고 보았다. 노노유유老老幼幼의 예시, 위장자절지爲長者折枝의 비유, 그리고『시경』의 인용 또한 모두 인에 대한 유학의 가르침, 즉 인은 자기 자신에게 내재되어 있으며 인을 베푸는 것은 '가장 가까운 가족[親親]'에서부터 시작되어 확장되는 것임을 맹자가 염두에 두었다는 지적이다.

위백규의 이러한 수사학적 해석은 본서에서 연구 대상으로 삼는 다른 주석서와 비교할 때 동이점을 보인다. 우운진은 첫 번째 "恩足以及禽獸功, 不至於百姓獨何歟?"라는 문장에는 "크게 깨우치는 문장"이라 주석하였고,173) 두 번째 "恩足以及禽獸功, 不至於百姓獨何歟?"에는

"같은 문장이 반복되는 호응법이 사용되었다"며 호평하였다.174)

위백규와 우운진은 "恩足以及禽獸功, 不至於百姓獨何歟?"라는 경문은 청자 스스로의 마음을 살펴보게 한다는 점에는 동의하였다. 그러나 우운진은 '하여何歟'라는 허사보다는 "恩足以及禽獸功, 不至於百姓獨何歟?"라는 문장 전체의 역할을 풀이하였다는 점에서 양자는 차이가 있다. 게다가 우운진은 어의보다 어세 풀이에 힘썼으며, 호응법만을 풀이하였다.

반면 위백규는 다양한 수사법이 사용된 것에 주목하였다. 그리고 한 발짝 더 나아가 여기에는 맹자의 의도가 있었을 것이라고 가정하고, '인을 미루어 행하는 것임'을 알려주기 위해 위와 같은 다양한 수사법이 사용되었다고 결론을 내리며 그 어의를 풀이하였다.

두 번째 사례를 살펴보도록 하겠다. 위에서 살펴본 「양혜왕」 상 7장의 경문 다음에는 "權然後, 知輕重, 度然後, 知長短. 物皆然, 心爲甚, 王請度之. 抑王, 興甲兵, 危士臣, 構怨於諸侯然後, 快於心與?[저울질한 뒤에야 무게를 알며 자로 재어본 뒤에야 길이를 알 수 있습니다. 어떤 사물이든 다 그렇지만 그중에도 마음이 더욱 심하니 왕께서는 이 점을 헤아리소서. 왕께서는 전쟁을 일으켜 군사와 신하들을 위태롭게 하고 제후들과 원한을 맺은 뒤에야 마음이 유쾌하시겠습니까?]"라는 문장이 연이어 나온다. 위백규는 다음과 같이 말하였다.

앞에 '추推'자를 말해 놓고 이어서 미루는 방법을 밝혀 놓았으니,175) '권權'자와 '탁度'자는 미룸[推]의 비결이다. 비록 이를 헤아려 볼 것을 청하였으나, 어리석은 왕이 어찌 시원스레 깨달을 수 있겠는가. 그래서 마침내 냉소적인 한마디 말을 던졌으니, 특별히 '억抑'자를 발어사로 삼고.["청컨대 왕은 이것을 헤아리소서[王請度之]" 이상은 왕의 마음에 본래 있던 천리天理를 증명하여 밝힌 것이고, "억왕抑王" 이하는 왕의 마음에 본래 감추어져 있던 인욕을 들추어낸 것이다.】 '흥興'자, '위危'자, '구構'자로 사람의 마음을 두렵게 만들었으며, '쾌快'자로 제나라 왕을 꼼짝 못하도록 억눌러, 본심을 모두 말하도록 하였다. 이것은 바로 도적을 심문하는 관리[治盜官]가 판결한 문목問目과 같다.176)

위 인용문에서 위백규는 해당 경문에 억양법이 사용되었다고 분석하였다.177) 맹자는 제선왕을 달래는 듯하다가 다시 쏘아붙이는 등 엄한 어법을 사용하였다고 본 것이다. 그리고 글자 하나하나가 호랑이를 쏘는 화살처럼 상대방을 압박한다고 생각하였다. 글자마다 어투가 담겨있다는 위백규의 시각을 발견할 수 있다.

위백규는 문세를 주목한 것에 그치지 않고 여기에다가 철학적 관념을 투영하였다. 제선왕을 달래는 듯 말한 것은 마음에 본래 있던 천리를 밝히기 위해서이고, 다시 그를 쏘아붙이듯 말을 한 것은 마음에 본래 있던 인욕을 들추어내기 위한 것이라 해석하였다. 이전 예시문에서는 '하여何歟'라는 설의법을 통해 인이 마음속에 내재하고 있음을 말하였다. 이와 같은 선상에서 위 인용문에서는 경문의 "王請度之"와 "抑王"이라는 구절이 각각 '천리'와 '인욕'을 드러낸 것이라 덧붙인 셈이다.

이러한 위백규의 수사학적 해석은 본서에서 연구 대상으로 삼는 다른 주석서와 비교할 때 동이점을 보인다. 우운진은 문세가 엄하다가 순해졌다고 평하였지만, 철학적 관념을 투영하며 어세를 풀이하지는 않았다.178)

세 번째 사례는 「고자」 상 6장이다. 위백규는 "乃若其情則可以爲善矣, 乃所謂善也"라는 맹자의 말에 주목하며 다음과 같이 해석하였다.179)

맹자가 "其情則可以爲善"이라고 하였으니 참으로 명언이다. 비록 걸 주라도 자식을 낳으면 사랑할 줄 알고, 피부를 도려내면 아파할 줄 알며, 죽음을 당해서는 슬퍼할 줄 아니 진실로 이 마음을 미룬다면 인을 이루 다 쓸 수 없을 것이다. 바로 이것이 그 정情은 선善을 할 수 있다는 것이다. 곧바로 "성선性善"이라 말하지 않고 "기정其情"이라 하였으며, "기정선其情善" 이라 곧장 말하지 않고 반드시 "정즉情則"이라 하고 또 "가이可以"라는 말을 꼭 썼으니, 완곡하게 말을 하고 에둘러 인용하여 사람마다 몸 안에 천성 의 한 줄기 선善이 있다는 사실을 돌이켜 알게 하려던 것이지 처음부터 걸 주의 성性을 억지로 선이라고 부르기를 굳게 고집한 것이 아니었다.[180]

주희는 "(乃若)其情則可以爲善"이라는 경문이 '성선설性善說'을 말한 것이라 보았다. 정情은 성性이 동하여 생긴 것이며, 정情은 선善하므로, 성性은 선善하다 볼 수 있다[性→情=善]는 주장이다.[181] 그는 본문 상에서 보이는 객관적인 근거를 따로 제시하지 않았으며, '정情은 성性이 동動하 여 생긴 것'이라는 의리학적 설명을 통해 이와 같은 결론을 내렸다.

반면 위백규는 해당 구절은 성선설이 아닌 '정경향설情傾向說'을 말한 것이라 보았다. "기정其情", "가이可以"라고 한 것에는 숨은 뜻이 있으며, 맹자는 정情이 선을 '할 수 있는[可以]' 경향성을 갖고 있다고 생각했기 때문에 이렇게 말했다는 이야기이다. 만약 성선설을 말하고자 했다면 "기정其情"이 아닌 "기성其性"이라 이야기했을 것이다. 경향성이 아닌 확 정의 의미를 내포하고자 했다면 "기정선其情善"이라 말했을 것이다. 그런 데 맹자는 그러지 않았다는 주장이다.

위백규의 이와 같은 수사학적 경전 해석은, 해당 구절의 문의를 논리 적 근거로 활용하여 정情에 선의 경향성이 있음을 설명한 것이다. 그가 경전을 독해할 때 내용에 갖는 편견은 물론 형식에 편견을 갖는 것을 경계하며, 주희보다 상대적으로 경문에 담긴 수사학적 요소에 주의를 기울이며 경문을 해석하고자 했다고 이해할 수 있다.

이러한 위백규의 수사학적 해석은 본서에서 연구 대상으로 삼는 다른 주석서와 비교할 때 다른 점을 보인다. 위백규와 달리, 우운진은 어세를 중심으로 수사학적 해석을 하였다. 그는 해당 구절—"乃若其情則可以爲善矣, 乃所謂善也"—에 권(O)을 찍으며 "내약乃若"이라는 자법이 주는 심미적 감흥을 서술하였다.[182]

② 산문 비평의 영향: 편장 구성법

17~18세기 조선에서는 김창협 등이 산문 이론을 전개하면서 편장 운용의 기법을 본격적으로 언급하기 시작하였다.[183] 위백규의 『맹자차의』는 다른 수사학적 경전 주석서와 비교했을 때 편장 구성법에 많은 관심을 보였다는 특징을 갖고 있다. 위백규의 수사학적 경전 해석의 탄생에는 산문 비평의 활성화라는 당대 학술 풍토가 그 배경에 있었던 것으로 보인다.

경전이 크게 산문으로 분류된다는 점으로 미루어봤을 때, 당시 산문에 대한 문장 비평이 경전 등으로 확대되었으며, 고문을 향한 관심은 고문의 조종인 경전에 대한 수사학적 접근으로 이어졌다고 풀이할 수 있다. 여기에서는 위백규의 편장 구성법 해석 사례를 장법章法과 편법篇法으로 나누어 살펴보도록 하겠다. 「양혜왕」상 1장을 주석하며 그는 다음과 같이 말하였다.

양혜왕을 만난 것은 맹자의 맨 처음 출각出脚이니, 충분히 의리를 참작하고 시기를 헤아려서 나온 것이다. 그 일을 기록해서 책을 여는 첫 장으로 삼았기 때문에 특별히 '孟子梁惠王'의 다섯 글자로 절節을 삼았다. 맹자가 양혜왕을 만난 것은 대단한 일이다. …… 천하와 더불어 그 이로움을 함께한다면 내가 누구와 더불어 이롭지 않을 것이며, 오로지 일신一身의 이로움만 추구한다면 누군들 마음껏 이로움을 누릴 수 있겠는가? 이러한 이치가 아주 분명한데도 깨닫는 자는 거의 없다. 이것이 『맹자』 책을 여는 첫 번째 의미이니, 특별히 거론하여 사람들에게 보여 준 것이다.[184]

위 인용문은 『맹자차의』의 가장 처음 부분으로, 위백규는 『맹자』가 왜 「양혜왕」 상 1장으로 포문을 열었는지 설명하고 있다. 맹자와 양혜왕의 만남에 의의를 부여하기 위해서 "孟子見梁惠王"이라는 여섯 글자로 『맹자』의 첫머리를 시작하였다고 주장하였다. 그리고 맹자는 '리利'의 폐단을 없애야 함을 강조하기 위해 특별히 이익을 「양혜왕」 상 1장의 주요 키워드로 삼았다고 하는 등 편장 구성법에 맹자의 의도가 담겨 있다고 위백규는 풀이하였다. 이어서 그는 다음과 같이 말하였다.

만세를 위해 뭇 어리석은 이들을 개도하는 것은 중니仲尼의 대업이었다. 그러므로 "배우고 때때로 익히면 기쁘지 않겠는가. 벗이 먼 곳으로부터 찾아온다면 즐겁지 않겠는가. 남이 알아주지 않아도 서운해 하지 않는다면 군자가 아니겠는가[學習朋來不知不慍]"[185]라는 문장으로 『논어』의 첫 장을 삼았다. …… 의義와 리利를 밝혀 전국 시대戰國時代를 구한 것은 자여子輿(맹자)의 큰 공이다. 그렇기 때문에 "하필 리를 말씀하십니까. 오직 인의가 있을 뿐입니다[何必利有仁義]"를 『맹자』의 첫 장으로 삼은 것이다. 이것이 두 책을 기록한 자의 깊은 뜻이다.[186]

위백규는 위 인용문에서 『맹자』는 물론 『논어』의 편장 구성에는 작가의 의도가 담겨있다고 말하였다. 공자의 대업은 어리석은 사람들을 개도하는 것에 있었고, 맹자의 대업은 의義를 밝히고 리利를 제거하는 것에 있었기 때문에 각각 이를 중심으로 하는 내용으로 첫 장을 시작했다는 주장이다.

위백규의 이러한 수사학적 해석은 본서에서 연구 대상으로 삼는 다른 주석서와 비교할 때 같은 점과 다른 점을 동시에 보인다. 히로세 탄소 또한 「양혜왕」 상 1장의 주요 내용이 '인의仁義'와 '리利'에 있다고 하며, 이것이 책 전체의 대지라고 하였다.[187] 『논어』의 편장 구조와 연계하지 않았다는 점이 위백규와 차이가 있다. 주희와 우운진, 그리고 이황 등은 해당 경문의 편장 구성법을 언급하지 않았다.

위백규는 장법 외 『맹자』의 편법에도 관심을 보였다. 그는 「양혜왕」 하 16장의 주석을 마치며 다음과 같이 말하였다.

> 이 편은 책의 첫 권이다. 이 때문에 양혜왕을 알현한 사실로 처음을 시작하였고 노평공을 끝내 만나지 못한 것으로 끝을 맺었다. 어찌 깊은 의도가 없겠는가. "하늘의 뜻이다[天也]"라는 두 글자가 결안決案이다.[188]

「양혜왕」 하 16장은 「양혜왕」편의 마지막 장이다. 노평공이 맹자를 만나지 못한 내용을 담고 있다. 흔히 노평공이 맹자를 만나지 못한 원인에는 부득이하게 '장창'이라는 인물의 이간질이 있었다고 생각하기 쉽다. 그러나 맹자는 만약 노평공 스스로가 맹자를 진심으로 만나고 싶어 했다면, 장창이 만류하더라도 그를 만나러 왔을 것이라고 역설하였다.

「양혜왕」편의 첫 장(상 1장)은 양혜왕이 맹자를 만나는 내용으로 이루어졌다. 위백규의 논리에 따르면, 양혜왕은 그나마 맹자를 만나고자 하는 마음이 있었고 이 때문에 그를 보자마자 치국에 도움이 될 만한 것이 무엇인지 자문했다고 유추할 수 있다. 맹자는 왕도정치를 실현하고자 세상을 주유하며 왕에게 유세를 펼쳤다. 그러나 그의 유세가 받아들여지기도 하고 때로는 묵살되기도 하였다. 이를 위백규는 '하늘의 뜻'이라 생각하였다. 맹자의 평생 노고와 업적이 「양혜왕」편의 편장 구성법에 녹아있다는 시각을 위백규의 이러한 수사학적 해석에서 엿볼 수 있다.

위백규는 『맹자』의 가장 마지막 편, 「진심」 하에서도 편법에 관심을 보이며 다음과 같이 끝맺었다.

『맹자』의 처음과 끝에 기록된 것은 『논어』의 처음과 끝에 기록된 것과 대체가 한결같다. 마지막 장을 「향원」장으로 끝맺었으니 또한 어찌 의미가 없겠는가. 『논어』 「요왈」에 '부자지득방가장夫子之得邦家章'이라고 기록되어 있는 장이 하나의 예이다. 맹자는 오로지 양주와 묵적의 규탄을 업으로 삼았으니, 양주와 묵적으로 끝을 맺는 것이 당연하다.[189]

위백규는 『맹자』는 물론 『논어』의 편장 구성에도 의미가 있을 것이라 생각하였다. 그리고 맹자는 양주와 묵적을 비판하는 것을 평생의 업으로 삼았으므로 양주와 묵적으로 『맹자』의 마지막 편을 장식하였다고 주장하였다. 「진심」 하 26장은 양주와 묵적을 비판하는 내용으로 구성되어 있다.[190]

이러한 위백규의 수사학적 해석은 본서에서 연구 대상으로 삼는 다른 주석서와 비교할 때 다른 점을 동시에 보인다. 주희, 우운진, 이황, 그리고 히로세 탄소 등은 모두 「양혜왕」 하 16장과 「진심」 하 38장의 주석에서 편장 구성법을 언급하지 않았다.

③ 주희의 수사학적 역량 호평

한국에 주자학은 안향(安珦, 1243~1306)에 의해 13세기에 소개되었다.[191] 이후 조선에서 주요 통치 이념이자 사상 체계로 자리하였으며, 1910년 조선왕조가 멸망할 때까지 그 명맥을 유지하였다. 대개 중국과 일본, 그리고 미국에서 '성리학'이라는 단어는 주자학과 양명학을 포괄하는 개념이다. 이에 반해, 한국에서 '성리학'은 양명학과 반대되는 개념으로 오로지 '주자학'만을 일컫는다. 그만큼 유교 문화권에 있는 동아시아의 다른 나라들보다 주자학이 뿌리 깊게 자리하였던 것이다.[192]

조선의 유학자들 대부분은 주희를 지극히 존숭해왔다. 위백규 또한 주희를 존숭하였다. 독특한 지점은 그의 도학적인 측면 외에도 '수사학적 역량'을 높이 평가하였다는 것이다. 주자서에 발문을 쓰며 그는 다음과 같이 밝혔다.

우리 주부자朱夫子는 맹자 이후 전해지지 않던 도통을 얻어 천하의 이치에 대해 마음으로 터득하고 몸소 행하여 막힌 바가 없었다. 그러므로 겉으로 드러내 글을 지을 때 전혀 인위적인 것이 없으니, 마치 구름이 다니며 비를 내려 만물이 각기 형체를 이루는 듯하다. 그리하여 마치 붉은 복사꽃이나 하얀 오얏꽃처럼 주제에 잘 들어맞고, 오장육부처럼 한 치의 오차도 없이 맥락이 이어지며, 입을 함구하고 옥 덮개로 덮는 듯한 관쇄關鎖의 묘미가 있고, 곤륜산에서 은하수를 터놓은 듯한 기세가 있다. 도덕은 선성先聖의 뒤를 이을 뿐만 아니라 문장도 진실로 만고에 뛰어났다. 그러나 세상 사람들은 매번 유종원과 소식 이하에 대해서는 기뻐하면서, 한유와 구양수에 대해서는 벌써 싫증내고, 주부자의 글에 이르러서는 아예 눈길조차 주지 않는다.[193]

위백규는 분명 주희의 글쓰기 역량을 높이 평가하였다. 특히 주제의 적절성, 문장의 맥락성, 뛰어난 어휘 선택, 그리고 호탕한 기세 등 주희가 쓴 글의 형식적 특징을 구체적으로 서술하며 찬미하였다. 주희의 수사학적 역량은 뛰어난 문장가로 꼽히는 유종원이나 소식보다 높음에도 불구하고, 당시 사람들은 주희의 문장력을 저평가하고 있음을 탄식하였다. 그리고 다시 한 번, 주희는 도학뿐만이 아니라 글쓰기 역량 또한 뛰어남을 강조하였다.

물론 주희를 존숭하는 것은 조선 시대 학자들의 일반적 견해이다. 그러나 주희의 도학적 측면을 넘어 표현 기교 등 문장력까지 칭송하며 이렇게까지 자세히 논술하는 경우는 드물다. 학계에서 주희의 상징은 무엇보다도 그의 도학적인 성과이다. 발문은 주로 해당 서적에 대한 작자의 전체적 평가를 담는데, 독특하게도 위백규는 주자서의 발문에서 주희의 도학이 아닌 글쓰기 역량을 중심으로 평가하였다.

주희의 수사학적 역량 호평은 위백규의 사서四書 주석에서도 발견된다. 특히 『맹자차의』의 경우, 주희를 세 번 언급하며 모두 그를 높이 평가하였다. 한편 그는 「공손추」 상 2장[194]과 「등문공」 하 9장[195]을 주석하면서 주희가 존재하지 않았다면 성인의 말씀이 전해질 수 없었다고 말하는 한편, 「양혜왕」 상 1장의 주석에서는 이와는 조금 달리 다음과 같이 찬미하였다.

> 대부분의 경서에서 주자가 장章을 나눌 때 적게는 네다섯 글자로 나누기도 하고, 많게는 네다섯 줄[行]로 나누기도 하였는데, 그 안에는 모두 지극히 오묘한 의미가 있다.[196]

위백규는 주희의 편장 구성법은 모두 일리가 있다고 호평하였다. 편장 구성은 글의 앞뒤 맥락을 이해한 뒤 이를 재편집·재구성해야 하므로, 글쓰기에 대한 깊은 조예와 수사학에 대한 높은 이해가 요구된다. 따라서 위 인용문은 위백규가 주희의 수사학적 이해도를 찬미한 예라 할 수 있다. 이황은 『맹자석의』에서 주희의 문의 이해력을 높이 평가하면서도 한편으로는 이에 문제 제기를 하였다. 같은 나라에서도 학자에 따라 주희의 수사학적 역량에 다른 평가를 보인 것으로, 이러한 이황의 태도는 위백규의 글과 대조를 이룬다.

주희의 수사학적 역량에 대한 또 다른 언급은 『맹자차의』에는 보이지 않는다. 그러나 위백규의 『대학차의』와 『중용차의』, 그리고 『논어차의』에서 몇몇 발견된다. 그 특징을 대략 서술해보면 다음과 같다. 우선 『대학차의』에서는 주희의 비유법[197]과 어휘 선택법,[198] 그리고 편장 구성법을 설명하며 호평하였다.

『중용차의』에서는 주희가 문장의 기세를 잘 파악하였음을 주로 논하였다.[199] 『논어차의』에서는 오히려 주희 주석의 표현법에 대해 칭송하였다.[200] 즉, 주희의 수사학적 『논어』 해석을 풀이한 것이 아닌, 주희의 문장을 수사학적으로 접근하여 그의 표현 기교와 문장 구조 등이 훌륭하다고 평한 것이다.

위백규의 수사학적 경전 해석은, 기본적으로 주자학이라는 울타리에서 벗어나지 않는 조선 경학의 특징이 반영된 결과이다. 이러한 배경 아래 『맹자』에 대한 수사학적 접근을 하면서도, 주희의 수사학적 해석을 호평하고 나아가 주희의 비유법이나 표현 기교를 찬미하였다. 이는 이황이 문리와 어기에 따라서 주희의 주석을 옹호하기도 하고 때로는 반대 의견을 제시한 것과 상이하다.

또한 『맹자차의』의 가장 큰 특징 중 하나는 어의, 어세, 어법 등을 통해 '사단四端'과 같은 유학적 담론을 설명하였다는 점이다. 주희의 수사학적 경전 주석에서도 이와 유사한 특징이 발견된다. 위백규가 어휘 배열이나 문장의 기세 등 '수사'를 중심으로 경문經文을 해석하였지만, 기본적으로 주자학으로 대표되는 성리학(혹은 '理學')에서 크게 벗어나지는 못했음을 알 수 있는 대목이다.

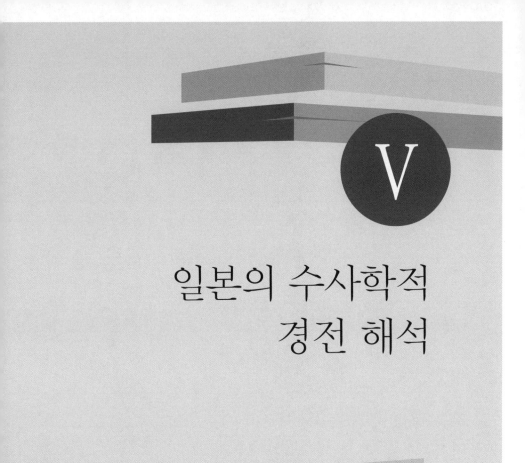

V

일본의 수사학적
경전 해석

일본에 성리학은 13세기 한 승려가 소개하였다. 이후 에도 시기에 와서 후지와라 세이카(藤原惺窩, 1561~1619), 하야시 라잔(林羅山, 1583~1657) 등이 성리학을 주요한 사상 체계로 자리매김하였다.[1] 전근대 일본은 과거시험을 시행하지 않는 데다가 무인武人이 사회를 지배하고 지식인들은 그 아래에서 실무를 담당하는 정도였다. 조선에 비해 일본의 유학은 주희의 영향력 또한 미미한 편이었으며, 주희의 경전 주석을 비판하는 일 또한 상대적으로 자유로웠다.[2]

18세기 전후에 에도 시대 지식인들은 조선과 다른 방식으로 주자학을 독법하기도 하였다. 이를테면 중국 전후칠자의 영향에 따른 고문사파古文辭派의 등장이 그것이다. 오규 소라이(荻生徂徠, 1666~1728)가 고문사파를 주도하면서 흔히 '오규 소라이 학파'라고도 한다. 고문사파는 이몽양의 "산문은 반드시 진한을 본받고, 시는 반드시 성당을 본받아야 한다[文必秦漢, 詩必盛唐]"[3]라는 문학 강령을 기치로 시문詩文을 새로운 방향으로 인식하였다.[4] 고문사파들은 유교 경전을 글쓰기의 전범으로 삼았으며, 성현의 본지를 이해하기 위해 경문의 언어 표현에 특히 관심을 가졌다.

고문사파의 특징은 고문古文과 금문今文을 분별하기 위해 애썼다는 점이다. 여기서 말하는 고문과 금문은 중국 경학사에서 말하는 것과는 사뭇 다르다. 일본의 고문사파가 말하는 고문은 경문이 쓰인 시기 이전의 문체를 가리킨다. 이에 반해 금문은 경문이 쓰인 시기 이후의 혹은 주석가 당대의 문체를 가리킨다. 시대에 따라 문체가 변화하였을 것이라는 가정 아래, 어세나 어법, 그리고 어의 등 경문의 문체적 특징을 주의 깊게 관찰하여 이를 통해 경문의 본지를 이해하는 것을 지향한다.

고문사파는 고문사古文辭를 자신들의 문학 사상은 물론 경전을 해석하는 방법으로도 응용하였다. 경전의 문체를 자신의 글쓰기에 적용할 뿐만이 아니라, 경전을 해석할 때 경문의 문체를 주요 근거로 삼는 것이 고문사파의 특징인 것이다. '고문사'를 통해 경학과 문학을 아우르는 하나의 학파가 형성된 것이며, 특히 경전 해석의 한 방법으로 고문사학이 적용된 것을 사와이 게이이치沢井啓一(1988)는 '방법으로서의 고문사학[方法としての古文辭學]'이라고 불렀다.[5]

유교 경전을 해석할 때 경문 텍스트의 구조적 특징을 중시했다는 점에서 이들 고문사파의 경전 접근 방법은 본 연구에서 말하는 '수사학적 경전 해석'과 그 맥을 같이 한다. 그 일례로 오규 소라이는 육경에 담긴 도덕적인 내용은 물론 그 문장의 구조미를 모두 존숭하였으며, 그의 『논어징論語徵』은 『논어』에 대한 수사학적 접근을 담고 있다.

『맹자』로 시선을 돌려보면, 경문에 대한 수사학적 해석을 한 사례로 이토 진사이의 『맹자고의孟子古義』가 있다. 그는 『맹자』를 사상의 전범으로 삼고 도덕적 이해를 궁구하면서도, 경문에 대한 수사학적 접근을 통하여 그 의미를 해석하는 면모를 보이고 있다. 같은 고학파라고 하더라도 후대의 오규 소라이는 『맹자』에 비판적 입장을 지니며 주석서를 남

기지 않은 것과 대조적이다.[6]

한편 이토 진사이는 경전 해석 방법에서 '수사'를 위주로 한다기보다는 이를 보조적인 수단으로 활용하는 데 그쳤다. 일본 경학의 동향을 알 수 있는『일본명가사서주석전서日本名家四書註釋全書』에 실린『맹자』주석서를 일별해 보면, 경전의 수사학을 중심으로『맹자』를 해석한 경우는 히로세 탄소의『독맹자讀孟子』가 대표적이다. 그의『독맹자』는『맹자』를 글쓰기의 모범으로 삼고, 어세와 어법 등을 위주로 해석하는 경향을 보여 주었다.

여기서는 일본의 대표적인 수사학적『맹자』해석을 살펴보고자 한다. 첫 번째 절에서는 이토 진사이의『맹자고의』에 수사학적 해석이 존재한다는 것을 제시함으로써, 의리와 고증 외에도 수사 또한 경학의 한 방법으로 일본 경학사에서 주요한 위상을 지니고 있다는 점을 밝히고자 한다. 이를 위해 그의 문학관과 경전 해석 태도를 관찰하고 이것이 어떻게 수사학적 경전 해석으로까지 발현되었는지 고찰하고자 한다. 주로 어의語義 · 어법語法 · 어세語勢를 중심으로 분석할 것이다.

두 번째 절에서는 히로세 탄소『독맹자』의 수사학적 경전 해석과 그 특징을 분석할 것이다. 일단 이에 앞서 그의 문학관과 경전 해석 태도, 그리고 수사학적 비평 대상을 살피고, 이어서 그의 문학관과 경전 해석 태도가 어떻게 수사학적 경전 주석서의 형태로 연결되는지 고찰하고자 한다. 이를 토대로 한국 · 중국의 대표적인 수사학적 경전 주석서와 비교해 보고자 한다. 비교의 대상은 우운진의『맹자논문』과 위백규의『맹자차의』이다. 이러한 비교를 통해 히로세 탄소의『독맹자』가 갖는 수사학적 경전 해석의 특수성을 이해할 수 있을 것이다.

1. 이토 진사이伊藤仁齋의 『맹자고의孟子古義』[7]

이토 진사이(伊藤仁齋, 1627~1705)는 일본을 대표하는 철학가이면서도 문학에 관심을 보이며 상당량의 문학 작품을 남겼다. 이노우에 데쓰지로井上哲次郎(2021)는 고학파 대표 인물 세 명을 꼽으며 "야마가 소코는 무사도武士道, 이토 진사이는 도덕道德, 오규 소라이는 문장文章"에 두각을 나타낸다고 하였다.[8] 이토 진사이의 문학을 이노구치 아츠시猪口篤志(2000)는 "이토 진사이는 유학 사상의 영걸이지만 시문을 잘 해서 한문학 사상에서도 주목할 만한 인물이다"라고 평하였다.[9]

1) 그의 문학관과 경학관

① 문학관

이토 진사이는 시와 산문의 유래를 다음과 같이 말하였다.

시는 『시경』 삼백 편에서 발생하였고 산문은 『상서』에 뿌리가 있다. 시는 뜻을 언어로 표현한 것[言志]이고 문은 도를 밝히는 것[明道]이라 그 쓰임새가 같지 않다. 시를 짓는 것은 진실로 괜찮으나 짓지 않아도 해가 되지 않는다. 산문의 경우는 반드시 짓지 않으면 안 된다. 언어가 아니면 뜻을 서술할 수 없고, 문이 아니면 도를 전할 수 없으니, 배우면서도 문이 없으면 입이 있으면서 말을 할 수 없는 것과 같다. …… 문은 조詔 · 주奏 · 논論 · 설說이 요체가 되며, 기記 · 서序 · 지志 · 전傳이 그 다음이다. 척독尺牘 종류는 문이라 할 수 없고 부소賦騷와 일체 희작戲作은 무익한 문자이므로 모두 지어서는 안 된다. 도에 크게 해가 된다. 섭수심葉水心은 "글쓰기가 세상 교화와 관계가 없다면 아무리 잘 썼더라도 무익하다"라고 하였다. 이것이 바로 문장 쓰는 법도이자 글을 보는 척도이다.[10]

위 인용문에서 이토 진사이는 시는 『시경』에서 산문은 『서경』에서 그 문체가 파생되었다고 밝히고 있다. 다른 글에서 그는 "『시경』 삼백 편 이후 한나라와 위나라 즈음까지만 『시경』이 남긴 영향이 그나마 보존되어 있었을 뿐 그 후에는 오직 두보의 작품만이 거의 『시경』에 가깝다"라고 하는 등 두보의 시가 훌륭한 이유는 『시경』과 가장 닮았기 때문이라고 피력한 바 있다.[11] 글짓기는 유교 경전의 문체를 모범으로 삼아야 한다는 그의 시각이 엿보인다.

또한 이토 진사이는 위 인용문에서 글쓰기 공부의 필요성을 강조하였다. 배움에는 반드시 글공부가 수반되어야 한다며, 글쓰기는 학자의 선택이 아닌 필수 업무라고 주장하였다. 그는 시보다 산문 쓰기를 더욱 중시하였으며,[12] 문체는 화려하지 않은 담박한 고문 스타일을 선호하였다.[13]

고문에 대한 관심을 담아 이토 진사이는 『문식文式』이라는 문장 선집을 남기기도 하였다. 『문식』 서문에서 그는 문장 전범 목록에 『맹자』를 선두로 내세웠다.

작문에는 유자의 글과 문인의 글이 있다. 유자의 글은 맹자, 순자, 동중서, 유협, 한유, 이백, 증공 등과 같은 부류이다. 문인의 글에 이르러서는 오로지 조각하고 채색하는 것을 일삼아 경박하고 부화하여 예법에 맞는 글의 반열에 오를 수 없다. 예전에 우리 주문공은 일찍이 한유의 글을 본받았으며 또한 남풍 증공과 후산 진사도의 문장을 매우 좋아하였으니, 어찌 그 체제體製가 올바르고 이의理意가 도달하여 법도에 딱 들어맞아 한 글자도 대충 쓰는 일이 없지 않았겠는가. 이를 통해 주문공의 글쓰기를 알 수 있다. 그러나 세상에 이학을 좋아한다고 일컬어지는 자들은 문장을 짓는 것을 버려두고 이해하지도 않으면서, 물어보면 우리의 학문과는 관계가 없다고 대답한다. 오호라! 말이 아니면 그 뜻을 이해할 수 없으며 글이 아니면 그 말을 서술할 수 없으니, 독서를 하되 글짓기를 할 수 없는 것은 입이 있으면서 말을 할 수 없는 것과 무엇이 다르겠는가. 그러므로 공자는 "말로써 뜻을 드러내고, 문채文彩로써 말을 수식한다. 말에 문채가 없으면 멀리 전해질 수 없다"라고 말하였다. 오직 우리나라의 학자들은 대체로 글쓰기에 무능하다. 대개 천하의 학문은 반드시 그 문을 얻은 뒤에 들어갈 수 있다.[14]

위 인용문에서 이토 진사이는 문장을 두 가지 부류로 나누었다. 하나는 유학자의 글이고 다른 하나는 문장가의 글이다. 후자의 문장은 화려한 수사법을 위주로 하기 때문에 글쓰기 전범으로 삼기 어렵다고 그는 생각했다. 하지만 유학자의 글은 그렇지 않다며, 이토 진사이는 유학자의 글에 계보를 설정하고 맨 앞에 맹자를 내세웠다.

나아가 이토 진사이는 도학가도 당연히 글쓰기에 종사해야 한다고 피력하며 도학과 문학의 불가분성을 강조하였다. 언어의 달의達意 기능을 긍정하였으며 문장은 도를 전달하기 위한 필수재라고 생각하였다.

위 인용문에서 이토 진사이는 "대개 천하의 학문은 반드시 그 문을 얻은 뒤에 들어갈 수 있다"라고 하였는데, 여기서 천하의 학문은 '유학의 도'를 가리킨다. 문장의 이치를 깨달은 후에야 유학의 도를 이해할 수 있다는 견해이다. 그 대표적인 인물로 이토 진사이는 한유를 꼽았다.

주희의 글이 훌륭한 이유도 한유를 본받았기 때문이라고 이토 진사이는 주장하였다. 이에 그의 문장 선집인 『문식』에도 한유의 글을 중심적으로 실었다. 한유는 특히 『맹자』의 문체를 칭송하였으며, 그의 글은 『맹자』를 닮은 것으로 잘 알려져 있다.[15] 이를 통해 『맹자』는 이토 진사이의 문본우경의 문학관에서 중요한 위치를 차지하고 있음을 유추할 수 있다.

나아가 『맹자』의 문체상 주요 특징을 이토 진사이는 다음과 같이 설명하였다.

천하에 귀한 말은 요약함에 이르러 최고가 된다. 도의 최고 경지에 이르고자 하는 사람은 최상의 요점이 아니면 터득할 수 없다. 그러나 널리 배우지 않으면 상세히 설명할 수 없고 상세히 설명하지 않으면 최상의 요점이 되는 말을 할 수 없다. 최상의 요점이 되는 말이 존재한 뒤에 도의 최고 경지에 도달할 수 있으며, 단지 널리 배우고 상세히 설명하는 것이 최종 목표가 아니다. 예컨대 맹자는 왕도를 논하면서 이렇게도 말하고 저렇게도 말하며 수없이 많은 변화를 일으켜 말을 꺼내고 또 꺼내어도 고갈되지 않았다. 하지만 그 귀결처를 찾을 때는 역시 인이라는 한 글자를 벗어나지 않았다. 이런 것을 '요약한다'고 한다. 후대 학자들은 걸핏하면 논란을 벌이고 글을 써서 자신의 설명을 더욱더 넓히고 싶어 하는데 참으로 도를 낮추는 게 아닌가.[16]

『맹자』수사법의 특징 중 하나는 상세한 설명이다. 자세한 설명 방법은 좋지 않은 화법으로 분류하는 경우도 많다. 그러나 이토 진사이는 이것이 문장의 핵심을 말하는 선제 조건이라고 주장하며 오히려 유의미하다고 평가했다. 나아가 상세한 설명에 그친 것이 아니라 그 핵심 내용을 요약하였기 때문에, 맹자의 화법에는 겸손함이 담겨 있다고 이토 진사이는 풀이하였다. 이를 통해 이토 진사이는 문본우경의 문학관을 지니고 있으며, 맹자의 문장을 긍정적으로 평가하며 글쓰기의 전범으로 삼았다는 사실을 재확인할 수 있다.

② 문의文義 중심의 경전 해석

이토 진사이의 경학은 도덕과 실천을 강조하고, 단어의 원시적 의미를 중시한 것으로 평가받고 있다. 하지만 필자가 고찰한 바로는 이 외에도 문의, 즉 경전 본문에 대한 언어학적 접근과 이해를 그는 강조하였다. 이토 진사이는 당대 학계의 학문 태도를 비판하며 다음과 같이 말하였다.

성문聖門의 학문은 도덕을 학문으로 삼았다. 오늘날 사람들이 도덕을 도덕으로 여기고 학문을 학문으로 여겨 선후본말을 분명히 나누는 것과 다르다. 그러므로 공자는 "안회라는 자는 학문을 좋아한다. 노여움을 옮기지 않았으며 과오를 두 번 범하지 않았다"라고 하였으니, 성문은 도덕 수양을 곧 학문으로 삼았음을 알 수 있다. 대개 오늘날의 사람들은 배움에 관하여 너무 많은 갈래의 등급을 갖고 있다. 초반에는 오로지 문의를 밝히는 것을 배움의 주로 삼으며, 조금 나아가서는 의론[토론]을 배움의 주로 삼고, 다시 조금 나아가서는 오로지 문장[글짓기]을 배움의 주로 삼으며, 크게 나아가서는 특별히 도덕을 배움의 주로 삼고, 나머지 서너 가지 학문은 하찮게 여긴다. 고인의 배움과 같은 경우는 그렇지 않다. 비록 전일하게 도덕을 배움으로 삼더라도 문의와 의론, 그리고 문장을 버리고 강구하지 않음이 없었으며 오로지 용의用意함이 이곳[도덕]에 있지 저곳[문장]에 있지 않았다. 오로지 독서하고 의리를 강하고 밝히는 것을 배움으로 삼는 것은 진실로 어린아이의 학문이니 논할 필요가 없다.[17)

이토 진사이는 당대 학자들이 '도덕 일방주의' 성향을 갖고 있다는 것을 문제점으로 지적하였다. 그들은 좌선 등과 같은 심성 수양에 치중하고 의리를 중심으로 경전을 해석하는 경향이 농후했기 때문이다. 이에 경전을 해석할 때 문장의 맥락을 살핀다거나, 동료들과 경문 내용에 관해 열띤 토론을 펼친다거나, 글쓰기 실력을 배양하여 자신의 의론을 제기하는 등 논리적 사유나 문학적 수양이 당대 지식인들에게 결핍되어 있다고 이토 진사이는 지적하였다.

이러한 당대 학계의 문제점은 '학문의 지나친 세분화'가 불러온 결과라고 이토 진사이는 토로하였다. 당시 일본 학자들은 도덕과 문의, 의론, 그리고 문장학 등을 서로 분리하여 별도의 학문으로 여겼기 때문에, 여러 학술 분과에서 배운 내용을 하나로 융합 내지 종합하지 않고 각각 따로 분리하여 학습하는 폐단이 발생하였으며, 그 결과 도덕이라는 한 영역에 치중하는 경향을 띤다고 그는 문제를 제기하였다.

이와 같은 비판 의식을 바탕으로 이토 진사이는 다음 인용문에서 문의 중심의 경전 해석을 강조하였다.

도를 논하는 자는 마땅히 먼저 그 혈맥을 논한 뒤에 그 의미를 논해야 한다. 독서는 마땅히 그 문세를 먼저 살핀 뒤에 그 의리의 소재를 살펴야 한다. 대개 의미는 형체가 없어 어떻게 부합하는지 알 수 없다. 의리 또한 그러하다. 그러나 혈맥과 문세는 일자 도로와 같아서 한 터럭의 착오도 용납하지 않는다. 그러므로 혈맥을 맞춘 후에 의미를 알 수 있으며, 문세를 합한 후에 의리를 변별할 수 있다. 『논어』에서 "回也. 其庶乎, 屢空. 賜不受命, 而貨殖焉. 億則屢中"이라고 하였다. 안자는 비록 단사표음도 풍족하지 않았으니 음식이 부족하여 자주 궁핍한 자와 비슷했다는 말이다. 대개 가난하면서 즐거움을 바꾸지 않은 점을 찬미한 것이다. 구설에서는 "庶乎屢空"을 "도에 가까우며 또한 가난함을 편안히 여길 수 있다[爲近道, 又能安貧]"고 풀이하였는데, 문세를 터득하지 못함이 심하다. 혹자는 "누공屢空"을 "마음속에 사심이 없음[虛中無我]"으로 풀이하였는데, 이는 노장의 종지이지 성문의 학문이 아니며, 또한 혈맥을 알지 못한 것이 된다. 나아가 식화殖貨라고 말하지 않고 화식貨殖이라고 말했다는 것을 살피면 재물 축적을 가리킨 것이 아니라 재화가 저절로 늘어난 것일 뿐임을 알 수 있다. 문세를 살피면 저절로 알 수 있다.[18]

이토 진사이는 의리만을 중심으로 하는 경전 해석을 부정적으로 바라보았다. 형이상학적 담론은 형체가 없으므로 주석가의 주관이 투영된 결과일 가능성이 높기 때문이다. 반면 혈맥과 문세는 경문에 새겨져 있는 불변의 실체이므로 신뢰할 수 있는 객관적 근거라고 그는 판단하였다. 텍스트 너머가 아닌 텍스트 내부에 경전 해석의 주요 근거가 담겨 있으므로, 경문의 문세文勢에 근거하여 의리를 파악해야 한다고 주장한 것이다. 이때 그가 말하는 문세는 문장의 흐름, 즉 어휘 배열이나 문장 구조 등을 내함하는 문의文義를 가리킨다.

이러한 배경으로 위 인용문에서 이토 진사이는 『논어』 「선진」 18장을 예로 들며 문의를 근거로 세 가지 방면에서 기존의 경전 해석을 반박하였다. 첫째, 그는 "回也. 其庶乎, 屢空"을 "안자가 누공屢空에 가깝다"고 해석하며 기서호其庶乎와 누공屢空을 연결 구조로 파악하였고, '리'나 '도' 등의 추상적인 단어를 자신의 해석에 추가하지 않았다.

그와 달리 주희는 "도에 가까우며 또한 가난함을 편안히 여길 수 있다[爲近道, 又能安貧]"라고 해석하며, 기서호와 누공을 따로 분리하고 그 사이에 '도'자를 추가하였다. '도'는 경문에 없는 단어라며, 이토 진사이는 주희가 문의를 제대로 파악하지 못했다고 힐난하였다.

둘째, 하안(何晏, 193~249)은 누공의 '공'자를 무사심으로 해석하고, 마음을 비우지 않으면 도를 알 수 없다고 풀이하였다.[19] 이토 진사이는 하안이 도가의 관점으로 경문을 해석하여 유학의 종지를 제대로 파악하지 못했다고 비판하였다. 『논어』가 기본적으로 유학의 텍스트라는 점을 홀시하여 경문의 맥락을 잘못 파악하였다는 것이다.

셋째, 주희는 "화식貨殖은 재화를 증식함이다[貨殖, 貨財生殖也]"라고 하며, 빈부는 하늘에 달려 있는데 자공이 이를 어기고 의도적으로 자산을 축적하였다고 비하하였다.[20] 그러나 이토 진사이는 경문에서 "식화殖貨"가 아닌 "화식貨殖"이라고 말한 점에 주목하였다. 경문의 어휘 배열을 주요 근거로 삼고 해석하면 재화가 자연스레 늘어난 것일 뿐이며, 자공을 비하하는 뉘앙스 또한 해당 경문에 담겨 있지 않다고 그는 주장하였다. 경문에 담긴 문학적 요소를 경문 해석의 주요 근거로 삼아야 한다는 것이다.

한편 『동자문』에서 이토 진사이는 개인적 사견이나 후대 주석에 의거하지 않고, 경전의 본문 그 자체를 숙독함으로써 공맹의 본의를 파악해야 한다고 하였다.[21] 이는 주석가의 주관적 견해를 배제하고, '경문'이라는 객관적 근거를 토대로 내용을 이해하는 것을 가리킨다. 이토 진사이의 선문의先文義 · 후의리後義理라는 주장은 바로 이러한 태도에서 출발하였다.

선문의 · 후의리의 해석 태도는 그의 다른 문장에서도 어렵지 않게 발견할 수 있다. 가령 「진심」 상 1장에서 리理를 통해 '심心과 천天, 그리고 성性'을 연결하는 해석이 송대 장재(張載, 1020~1077)로부터 시작되어 주희 이후 동아시아 주자학자들 사이에서 보편화되었다.[22] 이를 이토 진사이는 "『맹자』라는 책을 읽으려는 사람은 당연히 맹자의 말들을 가지고 서로 증명해야지 자기 뜻대로 풀이해서는 안 된다. 옛 해석에서 설명한 것들은 모두 억지 견해이지 맹자의 본뜻이 아니다"[23]라고 비판하였다. 이를 통해 그의 문의 중심 경전 해석 태도를 엿볼 수 있다.

2) 『맹자고의』의 수사학적 해석

① 전반적 특징

현재까지 『맹자고의』 연구는 많이 이루어진 편이다. 그러나 수사학적 경전 해석을 의리 및 훈고와 구별하며 별도의 해석 방법론으로 『맹자고의』를 분석한 경우는 매우 드물다. 앞서 살펴보았듯이, 이토 진사이의 주요 경전 해석 태도는 무엇보다도 선문의 · 후의리에 기반을 두고 있었으며, 문의에 근거한 해석은 『맹자고의』에 수사학적 경전 해석으로 구체화되었다.

필자가 살펴본 바, 어휘 배열이나 문장 구조 등 수사학적 요소를 언급한 경우를 『맹자고의』에서 적지 않게 발견할 수 있다. 주요 사례들을 고찰하기에 앞서, 본 장에서는 그 전반적인 특징을 살펴보고자 한다. 『맹자고의』에서 발견되는 수사학적 접근은 다음 다섯 가지 특징을 지닌다.

　(ㄱ) 어법이나 어세보다 '어의'를 더 많이 언급

(ㄴ) 수사학적 요소에 대한 구체적인 설명이 부족

(ㄷ) 표현 기교나 문장 구조가 주는 심미적 효과나 호오好惡 등의 감상평이 매우 드묾

(ㄹ) 수사학적 주석 또한 『논어』와 연관하여 논함

(ㅁ) 문장 요소를 근거로 주희와 다른 견해를 제시

다섯 가지 특징 중에서 (ㄱ)·(ㄴ)·(ㄷ)은 본서의 Ⅴ장 1절 2) ② 주요 사례에서 논하기로 하고, 본 장에서는 (ㄹ)과 (ㅁ)을 간단히 살펴보고자 한다.

첫째, 『맹자』의 수사법을 『논어』의 수사법과 연결하였다. 「양혜왕」 하 16장 "魯平公將出, 嬖人臧倉者請曰: '…… 臧氏之子, 焉能使予不遇哉[노나라 평공이 외출하려는데 총애 받는 신하 장창이라는 자가 여쭈었다. '…… 장씨 집안의 아들이 어떻게 나를 임금과 만나지 못하게 할 수 있겠느냐]"라는 구절에 이토 진사이는 다음과 같이 설명하였다.

성현의 탄생은 이 세상과 깊은 관계가 있다. 성현이 한 번 세상에 출현하면 말세라도 요순·하은주 삼대의 태평한 세상을 만들 수 있다. 하늘이 천하를 평화롭게 다스리고자 한다면 저 장臧씨의 무리들이 어떻게 〈노평공을〉 막는 행동을 할 수 있겠는가. 지금 장씨의 말이 실행된 것은 하늘이 아직 천하를 평화롭게 다스리고자 하지 않아서이다. 탓할 게 무엇이 있는가. 천명을 아는 일은 학문의 최대 목표이니 활 쏘는 사람에게 과녁이 있는 것과 같다. 그러므로 이 편은 처음부터 끝까지 왕도의 핵심을 총괄하여 말했는데, 이 장에 와서 특별히 하늘을 설명하는 말을 실은 것은 『논어』의 마지막에 "명을 알지 못하면 군자가 될 수 없다"는 말을 실은 것과 같다. 매우 심오하다.[24]

「양혜왕」하 16장은「양혜왕」편의 마지막 장이다. 이토 진사이는 천명을 아는 것과 모르는 것의 차이로 맹자의 유세가 왕에게 받아들여지기도 하고 때로는 묵살되기도 했다고 판단하였다. 왕도정치의 실현과 천명은 불가분의 관계를 갖고 있기 때문에「양혜왕」편의 첫 장은 왕도정치로 시작하고,「양혜왕」편의 마지막 장은 천명으로 마무리했다고 이토 진사이는 분석하였다.

나아가 위 인용문에서 이토 진사이는「양혜왕」편의 편장 구성은『논어』와 유사점이 있다고 보았다.「양혜왕」편의 마지막을 '천명'으로 끝맺은 것은『논어』마지막 편의 마지막 장(「요왈」3장)에 "명을 알지 못하면 군자가 될 수 없다[不知命, 無以爲君子也]"는 말을 실은 것과 일맥상통한다는 주장이다.

『맹자』의 경우 천명을 알아야 왕도정치를 실현할 수 있다는 의미에서「양혜왕」편의 마지막 장을 '천명'으로 끝맺었고,『논어』의 경우에는 천명을 알아야 군자가 될 수 있다는 의미에서『논어』「요왈」편의 마지막 장을 '천명'으로 끝맺었다고 보았다. 편장 구성에는 맹자의 수사적 의도가 있다는 이토 진사이의 시각이 돋보인다.

이토 진사이의 이러한 수사학적 해석은 본서에서 연구 대상으로 삼는 다른 주석서와 비교할 때 같은 점과 다른 점을 동시에 보인다. 위백규의 경우 '장법章法'에 관심을 보였는데,『논어』의 편장 구조와 연계하지 않았다는 점이 이토 진사이와 차이가 있다.[25] 주희, 우운진, 이황, 그리고 히로세 탄소 등은 모두「양혜왕」하 16장의 주석에서 편장 구성법을 언급하지 않았다.

둘째, 이토 진사이는『맹자』경문의 문의를 근거로 주희의 주석이 옳고 그름을 가늠하였다.「공손추」상 2장 "其爲氣也, 至大至剛, 以直養而無害, 則塞于天地之間"에 이토 진사이는 다음과 같이 주석하였다.

선배 유학자가 만든 '체단體段'의 설은 잘못되었다. 호연이라는 두 글자를 체단으로 설명하고 나면 '가장 강하다'고 다시 말할 수 없다. 호연이라는 말에는 역시 '성대하다'는 뜻만 있을 뿐, '가장 강하다'는 뜻은 발견할 수 없다. 또 앞에서 "말로 표현하기 어렵다"고 한 것과 서로 자연스레 어울리지 않는다. 〈호연지기는〉 가장 크고 가장 강한 것인데 무슨 '말하기 어려운 게' 있겠는가. 그러므로 이는 기를 기르는 방법을 말한 것임을 알겠다. 배우는 사람은 그 말뜻을 보고 자연스레 깨달아야 한다.[26]

위 인용문에서 언급한 선배 유학자는 주희를 가리킨다. 주희는 경문의 "至大至剛"을 '체단體段(사물의 형상)', 즉 호연지기의 형상과 그 특징을 맹자가 설명한 것이라고 풀이하였다.[27] 주희의 해석을 따를 경우 해당 구절은 "기氣됨이 지극히 크고 지극히 강하니, 정직함으로써 잘 기르고 해침이 없으면, 〈이 호연지기가〉 천지天地 사이에 꽉 차게 된다"라고 번역할 수 있다. 주희의 이러한 주석은 그의 주관적인 견해일 뿐 실제로 경문 안에 명시된 것이 아니다.

주희의 해석을 반대하며 이토 진사이는 "至大至剛"은 호연지기의 특성이 아닌 호연지기를 기르는 '방법'을 설명한 것이라고 주장하였다. 이토 진사이의 해석에 따를 경우 해당 구절은 "그 기는 가장 크고 가장 강함에 머무르는 것이니 조장함이 없이 〈기를〉 기르고 해침이 없으면 천지 사이에 가득 찬다"라고 번역할 수 있다.

이토 진사이는 문장의 흐름을 이러한 주장의 근거로 삼았다. 먼저 앞 구절에서 호연지기의 특성을 말로 표현하기 어렵다고 말했는데,[28] 곧바로 이를 설명한다는 것은 앞뒤 맥락이 맞지 않다고 이토 진사이는 주장하였다. 아울러 '호연'의 함의를 논하며, 호연에 '가장 강하다[至剛]'라는 의미가 이미 담겨 있으므로 같은 의미의 표현을 중언하지 않았을 것이라고 설명하였다. 이를 통해 이토 진사이가 주희 주석의 옳고 그름을 판단할 때도, 문의를 주요 근거로 사용하였다는 점을 알 수 있다.

이러한 이토 진사이의 수사학적 해석은 본서에서 연구 대상으로 삼는 다른 주석서와 비교할 때 같은 점과 다른 점을 동시에 보인다. 문의를 통한 주희 주석 비판은 위백규의 주석에서는 발견하기 어렵다. 오히려 위백규는 주희의 수사학적 역량을 높이 평가하였다. 반면 히로세 탄소의 주석에서는 적지 않게 등장하며, 금문과 고문을 구별하며 주희의 주석을 비판한다는 특징을 갖고 있다. 이러한 특징은 오규 소라이를 중심으로 하는 고문사파의 특징이기도 하다.

금문과 고문의 구별을 통해 주희 주석을 비판하는 사례는 고학파 이토 진사이의『맹자고의』에서는 발견하기 어렵다. 이 점을 통해 고학파와 고문사파 사이에서도 수사학적 경전 해석의 특징은 차이를 보이며, 고문사파인 히로세 탄소의 경우 앞 시대의 이토 진사이에 비해 경문에 대한 수사학적 접근이 보다 세분화 및 전문화되었다는 사실을 추정할 수 있다.

다음 장에서는 동양의 수사 삼 요소인 '어의와 어법, 그리고 어세'를 중심으로『맹자고의』에 담긴 수사학적 해석의 구체적 사례를 살펴보도록 하겠다.

② 주요 사례

㉠ 어의語義

『맹자고의』의 수사학적 주석은 대부분 어의 해석으로 구성되어 있다. 본 장에서는 세 가지 사례를 통해 이토 진사이의 어의 해석이 지닌 특징을 살펴보고자 한다.

첫째, 경문의 수사법을 통해 이에 담긴 맹자의 의도를 파악한 사례이다. 「양혜왕」 하 6장 "曰: '四境之內不治, 則如之何. 王顧左右而言他'[맹자가 말하였다. '사방 나라 안이 다스려지지 않으면 어떻게 하시겠습니까?' 왕이 좌우를 둘러보며 딴소리를 하였다]"에 이토 진사이는 다음과 같이 주석하였다.

나랏일은 그 책임이 본래 왕에게 있지 신하에게 있지 않다. 그러므로 맹자는 이것을 넌지시 일깨워 왕의 마음을 움직이려고 먼저 두 가지 일을 만들어 얘기한 것이다. 왕을 위하는 뜻이 참으로 깊고 간절하다 하겠다. 하지만 왕은 좌우를 둘러보며 딴소리를 하였으니, 맹자가 왕을 저버린 것이 아니라 왕이 맹자를 저버렸음을 알겠다.[29]

위 인용문에서 가리키는 두 가지 일은 '친구가 자신의 처자식을 홀대한 경우'와 '옥사를 맡은 관리가 일을 제대로 처리하지 못하는 경우'이다. 이토 진사이의 주장에 따르면 해당 경문의 대화는 다음과 같이 구성할 수 있다. 맹자가 두 가지 경우를 설정하여 잘못의 귀책 사유가 누구에게 있는지 제선왕에게 질문하자, 제선왕은 모두 행동의 주체에 잘못의 책임이 있다고 대답하였다. 하지만 맹자가 '나라를 제대로 다스리지 못하는 경우'에는 누구에게 책임이 있는지 묻자, 제선왕은 선뜻 '왕'이라고 대답하지 못하고 얼버무리며 딴청을 부렸다.

해당 경문에서 맹자가 질문법과 가설법을 사용한 목적은 제선왕을 계몽시키는 것에 있다고 이토 진사이는 생각하였다. 가설법을 통해 맹자 자신의 주장을 은연중에 표현하고, 질문법을 통해 제선왕 스스로의 판단을 유도했다고 분석한 것이다. 제선왕 스스로 옳고 그름을 판단하여 왕도를 실천할 수 있도록 직설 화법보다는 가설과 질문이라는 우회적 표현을 사용했다고 이토 진사이는 주장하였다.

이러한 이토 진사이의 수사학적 해석은 본서에서 연구 대상으로 삼는 다른 주석서와 비교할 때 같은 점과 다른 점을 동시에 보인다. 주희는 해당 경문에 사용된 가설법을 언급하였으며, 제선왕에게는 훌륭한 일을 할 수 있는 역량이 없다고 평가하였다는 점에서 이토 진사이의 주석과 유사점을 보인다. 반면 주희는 질문법은 언급하지 않았으며, 해당 경문에서 사용된 수사법의 목적은 청자의 '계몽'에 있다는 견해 또한 갖고 있지 않다는 점에서 이토 진사이의 주석과 차이가 있다.[30] 한편 우운진은 해당 경문이 풍기는 심미적 감흥을 서술하였다.[31]

둘째, 경문의 수사법을 통해 맹자의 심리를 파악한 사례이다. 「양혜왕」하 15장 "君請擇於斯二者[왕께서는 이 두 가지 중에서 선택하십시오]"라는 구절을 이토 진사이는 다음과 같이 풀이하였다.

맹자가 또 문공을 위해 한 가지 계책을 세워 준 것이다. 계획을 결정할 수 없었기 때문에 이 두 가지 방도를 만들어 깨우쳐 준 것이다. 태왕의 일은 큰 덕의 극치이며, 어떤 사람의 말은 나라를 지키는 평범한 법도이다. 어떤 사람의 말은 사람들이 할 수 있는 것이지만, 태왕의 일 같은 경우 큰 덕을 가진 사람이 아니면 실행할 수 없다. 맹자는 태왕의 일을 문공에게 말했으니, 그에게 바란 것이 깊다고 할 수 있다.[32]

해당 경문의 내용은 다음과 같다. 등문공이 타국의 침입을 면하지 못하자, 맹자에게 혜안을 물었다. 이에 맹자는 '자국을 떠났지만 백성을 지켰던 태왕의 방안'과 '떠나지 않았지만 백성을 지키지 못했던 어떤 사람의 방안' 두 가지를 등문공에게 제시하였다. 그리고 무엇보다도 훌륭한 정치를 시행하면 자연스레 침략은 멈출 것이고 백성들도 왕을 따를 것이라고 맹자는 조언하였다.

이토 진사이는 맹자가 '태왕의 계책'을 언급한 이유가 있을 것이라고 추측하였다. 태왕은 큰 덕이 있는 사람이므로 용단을 실행할 수 있었고 아울러 나라와 백성을 지킬 수 있었기 때문에, 만약 등문공이 우매한 위정자라면 맹자는 이러한 태왕이 아닌 다른 사례를 예시로 들었을 것이라고 이토 진사이는 생각하였다. 맹자는 등문공에 대한 기대감을 갖고 있었기 때문에 태왕의 일화를 언급하였다고 이토 진사이는 분석한 것이다. 맹자가 사용한 예시법에 등문공을 향한 맹자의 긍정적인 평가가 내포되어 있다는 견해이다.

이러한 이토 진사이의 수사학적 해석은 본서에서 연구 대상으로 삼는 다른 주석서와 비교할 때 같은 점과 다른 점을 동시에 보인다. 우운진은 맹자가 두 가지 계책을 제시한 것은 물론, 태왕의 계책을 설명하는 문장이 어떤 사람의 계책을 설명하는 문장보다 더 길다는 점에 주목하며 맹자의 문장력을 호평하였다.[33] 우운진의 이러한 해석은 맹자가 태왕의 계책을 보다 강조하려는 의도가 있었다는 점을 독자들에게 알려준다.

우운진의 해석은 해당 경문을 보다 문예적 측면에서 접근하였다는 점에서 이토 진사이와 차이가 있다. 그러나 맹자가 '태왕의 방안'을 언급한 것에는 이유가 있을 것이라고 추측한 점에서 이토 진사이와 우운진의 관점은 유사점을 보인다. 반면 이들과 달리 주희는 맹자가 제시한 두 가지 계책에 관심을 보였지만, 해당 경문에서 이 두 가지 중 어떤 계책에 맹자가 방점을 두었는지 밝히지 않았다.[34]

셋째, 『맹자』에 사용된 비유법을 통해 인간의 본성이 지닌 속성을 설명한 사례이다. 「이루」하 18장 "徐子曰: '仲尼亟稱於水曰 …… 故聲聞過情, 君子恥之'[서자가 말하였다. '공자께서는 자주 물에 대해 말씀하시면서 …… 그러므로 군자는 명성이 실제보다 큰 것을 부끄러워한다']"라는 구절에 이토 진사이는 다음과 같이 주석하였다.

맹자의 말에는 언제나 흐르는 물에서 의미를 가져온 것이 있는데 바로 공자가 물에 대해 자주 언급한 뜻과 같다. 어떤 경우에는 사단의 마음을 불이 막 타오르기 시작하는 것에 비유하고, 어떤 경우에는 양심이 생기는 것을 초목이 싹트는 것에 비유하기도 한다. 맹자는 "잘 기르면 어떤 생물도 자라지 않는 게 없다[苟得其養, 無物不長]"(「고자」 상 8장)고 한 적이 있는데, 도를 논하고 덕을 논하며 마음을 논하고 학문을 논할 때 모두 이 구절에서 나오지 않은 게 없다. 하지만 후대의 여러 유학자들이 혹 깨끗한 거울처럼 고요한 물을 성인의 마음에 비유하는 것은 잘못이라고 할 수 있다. 또 맹자는 "바다로 나아가 넘실거린다[進放乎海]"고 말하지 않고, "온 바다에서 넘실거린다[放乎四海]"라고 말하였다. 이는 "천지 사이에 가득 찬다[塞于天地]"(「공손추」 상 2장)는 말과 같은 뜻이다. 확충하는 공적은 한 계를 지을 수 없으며 그저 자신의 천성을 다하면 될 뿐이 아니라는 말이다. 이는 후세의 성리설로 모두 설명할 수 있는 게 아니다.[35]

위 인용문에서 이토 진사이는 철학적 담론을 설명할 때 맹자가 사용한 '비유법'을 칭송하였다. 「공손추」 상 6장에서 '사단지심을 불에 타오르는 것에 비유한 경우[凡有四端於我者, 知皆擴而充之矣, 若火之始然, 泉之始達],' 「고자」 상 8장에서 '양심을 초목이 싹트는 것에 비유한 경우[孟子曰: 牛山之木, …… 莫知其鄕, 惟心之謂與]',[36] 그리고 「이루」 하 18장에서 '성인의 마음을 물에 비유한 경우'이다.

이토 진사이는 맹자가 성性을 흐르는 물[流水]에 비유한 것은 송대 정이가 성을 '고요한 물[止水]'[37)에 비유한 것보다 훨씬 탁월하다고 평가하였다. '흐른다'는 것은 유동성을 함의하므로, 인간의 끊임없는 노력을 통해 본성을 닦고 사단을 확충해서 인의예지를 실천한다는 의미를 갖기 때문이다.[38] 맹자가 비유법을 사용한 데에는 숨은 의미가 있을 것이라고 생각하고, 이를 자기주장의 주요 근거로 삼으며 인간의 본성에 정주학과 다른 풀이를 내놓은 이토 진사이의 해석이 돋보인다.

이토 진사이의 이러한 수사학적 해석은 본서에서 연구 대상으로 삼는 다른 주석서와 비교할 때 다른 점을 보인다. 우운진은 해당 경문은 매우 긴박한[最緊] 느낌을 준다며 수사법을 분석한 뒤 심미적 감상평을 남겼다.[39] 주희, 이황, 위백규, 히로세 탄소 등은 비유법 등의 수사법을 언급하지 않았다.

ⓛ 어법語法

『맹자』에서 활용된 어법은 매듭법, 괄진법, 가설법 등 다채로우며, 이토 진사이도 다양한 어법에 관심을 보였다. 본 장에서는 세 가지 사례를 제시하여 이토 진사이의 어법 해석의 특징을 살펴보고자 한다.

첫째, 맹자가 사용한 인용법을 분석한 사례이다. 「양혜왕」 하 3장 "以大事小者, 樂天者也, …… 畏天之威, 于時保之[큰 나라를 가지고 작은 나라를 섬기는 사람은 하늘의 뜻을 즐거워하는 사람이며 …… 《시경》에 '하늘의 위엄을 두려워해 이에 나라를 보전한다'고 하였습니다]"에 대해 이토 진사이는 다음과 같이 말하였다.

시는 「주송·아장」편이다. 시時는 '이것'이라는 말이다. 맹자는 이 시를 인용해 지혜로운 사람이 나라를 보전한 사건을 증명하였다. ㅇ이 부분은 맹자가 옛날의 어진 사람과 지혜로운 사람의 일을 인용해 제나라 선왕 스스로 옛사람들의 이웃 사귀는 방도를 체득하도록 권한 것이다.[40]

『시경』「주송·아장」편은 문왕을 명당에 제사하여 상제를 배향하는 내용을 담고 있다. 훌륭한 왕을 숭배하는 것은 하늘을 숭배하는 것이므로, 왕은 하늘이 내린 복을 받고 나라를 보전할 수 있다는 논리 또한 갖고 있다. 이 까닭에 이토 진사이는 "이 시를 인용하여 지혜로운 사람이 나라를 보전한 일을 증명했다"고 말하였다.

이토 진사이는 맹자가 이러한 인용법을 사용한 또 다른 이유는 제선왕이 깨달음으로 자연스레 도달할 수 있도록 유도하기 위해서라고 설명하였다. 직설적으로 말하기보다는 인용법을 통해 우회적으로 맹자 자신의 의사를 전달하고, 청자인 제선왕이 이웃 나라와 원만하게 지내는 방법을 스스로 터득할 수 있도록 도왔다는 견해이다.[41]

이러한 이토 진사이의 수사학적 해석은 본서에서 연구 대상으로 삼는 다른 주석서와 비교할 때 다른 점을 보인다. 우운진은 인용법을 특별히 거론하지 않았지만, '낙천樂天과 외천畏天에 담긴 어세가 상쾌하다'며 심미적 감상평을 남겼다.[42] 히로세 탄소는 "以大事小"라는 경문의 사事자에 담긴 문학적 쓰임을 호평하였다.[43]

둘째, 맹자가 사용한 비유법을 분석한 사례이다. 「이루」 상 2장 "孟子曰: '規矩方員之至也, …… 不以堯之所以治民治民, 賊其民者也'[맹자께서 말씀하셨다. '규구는 직각과 원을 그리는 완벽한 도구이며 …… 요임금이 백성을 다스리던 방법으로 백성을 다스리지 않으면 백성을 해치는 것이다']라는 구절을 두고 이토 진사이는 다음과 같이 설명하였다.

규구規矩라는 기구는 아주 가까이 있지만 장인들에게는 하루도 없어서는 안 될 물건이다. 맹자는 이 물건을 요순의 도에 비유했으니 훌륭한 비유라 하겠다. 배우는 사람들이 이 뜻을 이해한다면 요순의 도는 높지도 낮지도 않은 실은 천하의 영원한 법칙임을 알게 될 것이다.[44]

해당 경문에서 맹자는 성인을 그림쇠[規矩]에 비유하며 양자의 공통점으로 '완벽성'을 꼽았다. 이토 진사이는 규구 비유의 탁월성에 찬사를 보내며 맹자가 제시한 완벽성 외에도 근접성과 불가결성이라는 두 가지 공통점을 규구와 성인이 공유하고 있다고 말하였다. 이토 진사이는 규구와 성인은 인간에게 꼭 필요한 존재라는 점에서 양자가 유사하다고 보았으며, 그는 학자들이 비유가 지닌 이러한 함의를 이해한다면 요순의 도 또한 우리에게 가까운 것이라는 사실을 깨닫게 될 것이라고 주장하였다. 이토 진사이가 규구의 비유를 호평한 이유도 바로 여기에 있다.

이러한 이토 진사이의 수사학적 해석은 본서에서 연구 대상으로 삼는 다른 주석서와 비교할 때 다른 점을 보인다. 주희는 '리理'를 통해 해당 경문을 풀이하는 성향을 보였으며,[45] 우운진은 해당 경문에서 "規矩方員之至也, 聖人人倫之至也"라는 구절에서 사용된 대구법을 호평하였다.[46] 히로세 탄소는 수사법을 언급하지 않았다.[47]

셋째, 맹자의 다양한 수사법을 분석한 사례이다. 「양혜왕」하 2장 "齊宣王問曰: '文王之囿, …… 民以爲大, 不亦宜乎?'[제나라 선왕이 물었다. '문왕의 동산은 …… 백성들이 크다고 하는 것도 당연하지 않습니까?']"라는 구절을 이토 진사이는 다음과 같이 설명하였다.

이 장은 맹자가 선왕의 질문을 이용해 진정한 왕이 되는 길을 밝히려고 한 것이다. 그러므로 문왕의 동산에 대해서는 존재 여부를 논하지 않고, 꼴 베고 나무하며 꿩 잡고 토끼 잡는 일을 금지하지 않았던 것만을 설명해 그렇게 하지 못하는 선왕을 심하게 책망하였다.[48]

설명의 편의를 위해 해당 경문을 재구성하면 다음과 같다. "문왕의 동산이 70리나 되었다고 하는데 과연 이러한 규모의 동산이 존재했는 가?"라는 제선왕의 질문에 맹자는 묵언법을 사용하며 실제로 존재했는 지는 잘 모르겠다는 투로 대답을 얼버무렸다. 자신의 질문에 정확한 답을 얻지 못한 제선왕은 "문왕 동산의 규모"를 다시 물으며 맹자에게 대답을 요청하였다. 맹자는 궁금증을 유발하며 "문왕은 동산을 백성들과 함께 이용했기 때문에 면적이 넓어도 백성들이 즐거워하는 반면, 제선왕의 동산은 폐쇄적이기 때문에 백성들이 오히려 크다고 불평을 토로한다"고 알려주었다.

이토 진사이는 해당 경문에서 사용한 질문법, 묵언법, 그리고 화제선택법이라는 세 가지 수사법에 주목하였다. 맹자가 질문법과 묵언법을 활용하여 자신이 원하는 질문을 제선왕이 하도록 유도한 뒤에, 나아가 왕에게 던지고자 하는 메시지, 즉 진정한 왕이 되는 방법을 제선왕에게 전달했다고 분석한 것이다. 이러한 해석은 경문을 수사학에 입각하여 이해한 결과라고 할 수 있다.

이러한 이토 진사이의 수사학적 해석은 본서에서 연구 대상으로 삼는 다른 주석서와 비교할 때 같은 점과 다른 점을 동시에 보인다. 우운진는 이토 진사이와 마찬가지로 "문왕이 70리나 되는 동산을 갖고 있었는지의 여부"는 크게 중요한 문제가 아니라고 생각하였다. 하지만 우운진은 맹자의 화제선택법은 매우 절묘하고 이치가 있다며, 그 의의를 호평하였다.[49] 반면 히로세 탄소는 경문의 "臣始至"는 이전 문장에 사용된 구법과 완연히 다르다고 단순한 평을 남겼다.[50]

ⓒ 어세語勢

앞서 언급하였듯이, 이토 진사이『맹자고의』에서 어세 분석은 소략한 편이다. 심미적 감상평이라는 뚜렷한 성격을 지닌 것도 아니다. 그러나 그 일면을 살핀다는 차원에서 여기에서는 두 가지 사례를 살펴보고자 한다.

첫째, 억양을 분석한 사례이다. 「양혜왕」 상 7장 "王曰: '吾惛, …… 罔民, 而可爲也'[왕이 말했다. '제가 어리석어 …… 백성들에게 그물질하는 일을 할 수 있겠습니까?']"라는 구절에 이토 진사이는 다음과 같이 말하였다.

> 항恒은 항상이라는 말이다. 산産은 생업을 말한다. 항산은 일정한 생활을 할 수 있는 일을 말한다. 항심은 사람들이 일정하게 갖고 있는 선한 마음을 말한다. 벽辟은 벽僻[치우침]과 같은 뜻이다. 망罔은 그물을 친다는 말로 보지 못하도록 속여 잡는 것이다. 근본으로 돌아가지 않으면 안 된다고 강하게 말한 것이다.[51]

해당 경문에서 맹자는 '그물질[罔]'이라는 표현을 사용하였다. 이토 진사이는 여기에 다소 강한 어투가 담겨 있다고 풀이하였다. 이 외 말투나 억양을 분석한 사례는 「양혜왕」 상 2장[52] 등을 꼽을 수 있다. 이토 진사이의 이러한 수사학적 해석은 본서에서 연구 대상으로 삼는 다른 주석서와 비교할 때 같은 점과 다른 점을 동시에 보인다.

위백규는 "'망민罔民' 두 글자는 천고의 오열"이라고 하며 글자에 담긴 감정을 풀이하였다.[53] 망罔자에 담긴 강한 어세를 주목한 것은 이토 진사이와 동일하지만, 위백규는 어의 풀이를 하였다는 점에서 그와 다르다. 우운진은 해당 구절이 "평온하고 상쾌하다[平恬淸暢]"며 그 어세를 풀이하였는데,[54] 이토 진사이나 위백규의 그것과 상반된 느낌을 받았다는 점이 신선하다.

두 번째 사례는 분장分章의 재조정이다.[55] 「만장」 상 2장 "萬章問曰: '詩云娶妻如之何? …… 故誠信而喜之, 奚僞焉'[만장이 물었다. 『시경』에 아

내를 얻을 때는 어떻게 해야 하는가? …… 그러므로 진실로 믿고서 기뻐하셨으니, 어찌 거짓이셨겠는가]"라는 구절의 말미에 이토 진사이는 다음과 같이 덧붙였다.

이 장은 옛 판본에는 다음 3장의 글과 이어져 한 장으로 되어 있다. 지금 문세文勢를 상세히 살펴보니 3장은 이 장과 의미는 동일하지만 뒷부분의 문장에서 따로 다른 단서를 보여주기 때문에 나누어 별개의 장으로 만들었다. 그러므로 앞뒤의 여러 장들과 각자 비슷한 종류대로 모아 두고 섞이지 않도록 하였다.[56]

위 인용문에서 언급한 '옛 판본'은 주희의 『맹자집주』를 가리킨다. 『맹자집주』에는 「만장」 상 2장에 두 가지 일화, 즉 "순임금이 부모님께 알리지 않고 장가를 간 일화[萬章問曰: 詩云娶妻如之何? …… 曰: 帝亦知告焉則不得妻也]"와 "순임금이 아우인 상에게 미움을 받은 일화[萬章曰: 父母使舜完廩捐階, …… 故誠信而喜之, 奚僞焉]"가 함께 실려 있다. 이토 진사이는 문장의 흐름에 따르면 이 두 일화는 나누어 별도의 장으로 구성해야 한다고 주장하였다.

이토 진사이의 견해에 의하면 앞부분 '순임금이 부모님께 알리지 않고 장가를 간 일화'는 「만장」 상 2장이 되며, 뒷부분 '순임금이 아우인 상象에게 미움을 받은 일화'는 「만장」 상 3장이 된다. 따라서 주희『맹자집주』의 「만장」 상은 '모두 9장'인 반면, 이토 진사이『맹자고의』의 「만장」 상은 '모두 10장'으로 장절의 수가 서로 다르다. 이 외에도 이토 진사이가 문장의 흐름에 따라 장이나 절의 구조를 재편성하는 사례는 「공손추」 상 2장 등에서도 발견할 수 있다.[57]

이러한 이토 진사이의 수사학적 해석은 본서에서 연구 대상으로 삼는 다른 주석서와 비교할 때 다른 점을 보인다. 위백규는 "『맹자』의 이 장은 성인이 아니면 할 수 없는 말"이라고 하며 두 가지 근거를 제시하였다. 첫째는 비천한 말이라고 여겨지는 제나라 동쪽 말을 예시로 든 맹자의 과감한 성격이고, 둘째는 아이러니한 상황을 이해한 그의 깊은 통찰력이다.[58] 이는 해당 구절은 맹자가 저술하였다는 위백규의 인식인데, 이토 진사이가 「만장」편의 저자를 만장으로 추정한 것과 다르다. 우운진은 각 구절에 담긴 문세를 평가하였으며, 히로세 탄소 또한 "표현력이 뛰어나고 절묘하다"며 심미적 감상을 남겼다.[59]

이상의 내용을 종합하면, 본 장은 이토 진사이의 『맹자고의』를 주요 연구 대상으로 삼고, 경학의 한 방법으로서 수사학적 경전 해석이 일본에서도 보편적으로 존재한다는 사실을 구명하는 것을 목적으로 하였다. 전근대 동아시아에서 철학가나 문학가를 막론하고 유학자라면 경전을 글쓰기의 전범으로 삼았으며, 이토 진사이도 이러한 관점을 갖고 있다.

『맹자』의 내용적 측면은 물론 문학적 측면 또한 이토 진사이는 긍정적으로 바라보았다. 『맹자』를 이해하는 데 있어 '의리'보다도 '문의', 즉 경문에 담긴 문학적 요소를 더욱 중요하게 생각하였다. 이러한 그의 문의 중심 경전 해석은 『맹자고의』에서 수사학적 주석으로 발현되었다. 이는 주희의 『맹자집주』나 이황의 『맹자석의』 등에서도 보이는 특징인바, 한·중·일의 수사학적 경전 해석이 갖는 보편성으로 이해할 수 있다.

이토 진사이의 수사학적 『맹자』 해석은 그의 경학관이 갖는 특징을 함께 내포하고 있다. 『맹자』의 수사법을 『논어』의 수사법과 연관하여 설명하였으며, 경문의 문세를 근거로 주희 등 다른 경학가들과 다른 견해를 제시하기도 하였다. 또한 어맥을 통해 '고의古義[공맹의 본의]'를 밝혀야 한다는 저술 목적 또한 그의 수사학적『맹자』해석에 반영되었다. 어법이나 어세보다도 '어의'를 많이 언급하였으며, 표현 기교나 문장 구조가 주는 심미적 감상평이 드물다는 점 등에서 그러하다.

　일본의 수사학적 경전 해석에서 이토 진사이의『맹자고의』는 기초 성격을 띤다. 맹자가 사용한 요약법이나 비유법 등을 강조하며 설명하였지만, 괄진법이나 정보대기법 등 고차원의 수사법을 논하는 사례는 드물다. 하지만 이토 진사이의 수사학적『맹자』해석은 그 자체로 의의가 있다. 그의 경전 해석은 후대 일본 경학가들의 문의 중심의『맹자』읽기에 일정한 기여를 하였고, 그 결과 히로세 탄소의『독맹자』등과 같이 전문화된 수사학적 경전 주석서가 등장하는 데 마중물 역할을 하였다고 할 수 있다.

2. 히로세 탄소廣瀬淡窓의 『독맹자讀孟子』

히로세 탄소(廣瀬淡窓, 1782~1856)는 분고국[豊後國] 히타[日田]현 사람이다. 자는 염향廉鄕 혹은 자기子基이며 호는 담창淡窓이다.[60] 에도 시대 후기 유학자이자 교육자이며[61] 한시에도 능하여 규슈[九州] 최고의 시인으로 칭송받았다.[62] 그는 16세에 오규 소라이 학파인 가메이 쇼요(龜井昭陽, 1773~1836)에게 사사받은 바 있다.

자신의 천직은 유학 공부라는 깨달음에 히로세 탄소는 장남으로 태어났지만 가업을 동생에게 물려주고 줄곧 유업儒業에 힘썼다. 1806년 홀로 숙사塾舍를 개설하였으며, 그의 숙사는 차츰 규모가 커져 1817년 일본 최대 사숙인 '함의원咸宜園'으로 발전하였다. 이후 제자로 명부에 오른 자가 약 4천여 명에 달할 정도로 함의원은 일본의 거대한 교육 기관으로 거듭났다.

히로세 탄소 사상의 특징은 육경의 내용을 '경천敬天'으로 종합한 것이다. 그는 『담창시화淡窓詩話』, 『원사루시초遠思樓詩鈔』, 『석현析玄』, 『의부義府』, 『우언迃言』등 총 120여 권의 저술을 남겼다. 이 중에서 경학 관련 저술은 『약언約言』, 『야우료필기夜雨寮筆記』, 『독논어讀論語』, 『독맹자』, 그리고 『독

좌전讀左傳』 등이 있다. [63]

현재 히로세 탄소의 연구는 일본에서 활발하게 이루어지고 있는 편이다. [64] 주로 그의 시문학과 교육 사상, 그리고 경천 사상 쪽으로 연구가 집중되어 있다. 그의 경학 연구는 정약용의 사상을 비교한 연구와 그의『독논어』를 분석한 연구가 있다. [65] 영미권에서는 그의 교육사상을 중심으로 연구를 진행하였다. [66]

1) 그의 문학관

히로세 탄소는 경술과 문장이 뛰어난 인물로 당시 지역 사회에서 정평이 나 있었다. 스스로의 경술과 문장에 어떤 관점을 갖고 있냐는 질문에 히로세 탄소는 다음과 같이 대답하였다.

> 무릇 사군자士君子의 사업은 안으로는 도덕道德이요, 밖으로는 경제經濟이니, 이는 그중에 큰 것이다. ······ 장구훈고章句訓詁의 학문과 시문詩文을 다듬는 기술은 번쇄하고 지엽적인 기술일 뿐이니 어찌 높고 낮음을 따지겠는가? [67]

여기서 사군자士君子란 높은 덕행을 소유한 사람이자 유학을 업으로 삼는 선비를 말한다. 히로세 탄소는 사군자가 가장 먼저 해야 할 일은 도덕, 즉 내면의 덕성을 쌓고 이를 실천에 옮기는 것으로 생각하였다. 실천에 옮기는 것은 일상생활의 영역에 그치지 않고, 경국제세經國濟世 즉 나라를 잘 다스리고 백성들의 삶을 구제하는 치국의 영역까지 망라한다고 하였다. 도덕성 배양과 이를 바탕으로 한 경국제세의 수행은 유학에 종사하는 자가 가장 우선해야 할 일이라고 히로세 탄소는 주장하고 있다.

반면에 훈고와 시문은 부차적 일로 히로세 탄소는 간주하였다. 문자
文字의 뜻을 고증하고 시문을 짓는 일은 학문의 지엽적인 부분이기 때문
에 누가 더 높고 낮은지 평가하는 것조차 불필요하다는 시각을 그는 내
비친다. 이러한 시각을 '도문관'과 연결하여 가정해 보면, 시문은 문학
의 영역이므로 부차적이며 도는 치국과 직결되는 사안이므로 본질적이
다. 따라서 히로세 탄소의 도문관은 도를 중심에 두는, 이른바 문文보다
도道를 중시하였다고 할 수 있을 것이다.

시문을 짓는 법을 논할 때도 히로세 탄소는 문보다 도를 중시하는 태
도를 드러내었다.

> 글을 쓰는 법을 여쭙자 〈히로세 탄소는〉 "술을 만드는 방법은 물은 적
> 고 쌀이 많아야 좋은 술밑[醅]이 된다. 사辭는 물과 같고 의意는 쌀과 같다.
> 말은 간략하고 뜻은 깊이 있어야 소위 명문名文이다"라고 대답하였다.[68]

위 인용문에서 히로세 탄소는 글 쓰는 일을 '술 제작'에 비유하였다.
물은 적고 쌀이 많아야 좋은 술을 제작할 수 있는 것처럼, 사辭가 적고
의意가 풍부해야 좋은 문장을 지을 수 있다는 것이다. 여기에서 사는 글
의 형식을 의미하고 의는 글의 내용을 의미한다. 표현 기교보다 문장의
실린 내용에 깊이가 있어야 좋은 글이라는 논리다. 이를 통해 글쓰기에
서 문보다 도를 더 중시하는 그의 입장을 재확인할 수 있다.

그러나 히로세 탄소는 유학의 기본적 문학관을 공유하고 있지만, 자
세히 살펴보면 그렇게 단순하지만은 않다. 문보다 도를 중시하였다고
하더라도 그는 문학을 배제하지 않고, 싱딩히 우호적인 태도를 갖고 있
었다. "문은 종신토록 행해야 하는 사업"[69]이라고 말하기도 하였다. 그

예로 그는 ① 시와 패관소설 등 문학 장르를 애호愛好하였고 ② 글쓰기 공부의 필요성을 강조하였다. 그의 문학관이 갖는 특징을 구체적으로 살펴보도록 하겠다.

우선 히로세 탄소는 다음과 같이 말하였다.

> 요즘 유학을 배우는 자는 오직 훈고·고증을 일삼지 않으면, 시詩·부賦·문장文章을 일삼을 뿐이다. 중고中古에 중국과 통신하는 일이 끊어진 이후로 문학이 나날이 쇠하였고, 무가武家가 기승을 부리는 데 이르러서는 유가의 학술은 모두 천대를 받았다.[70]

"문학이 쇠하였으며 무가武家가 기승을 부리는" 이유로 히로세 탄소는 헤이안 시대 이후, 중국과의 소통이 부족한 점을 제시하였다. 그 결과 유가의 학술마저 쇠퇴하였다고 판단하였다. 이러한 히로세 탄소의 관점은 무武 위주의 사회는 결국 우문右文의 발전을 저해한다는 사유에서 출발하였다. 문학과 학술의 빈곤을 야기하는 연유를 히로세 탄소는 도학에 주목하지 않고 '무'에 중심을 둔 것이다. 당대 조선이나 중국과는 사뭇 다른 논리다.

이 논리는 우문 정치를 강조하는 중국이나 조선과 달리 일본은 '무' 중심의 사회라는 차이에서 나온 것이다. 아울러 치국을 위해 '무'만으론 한계를 지닌다는 사실과 함께 '무' 중심의 사회에서도 문학을 중시했다는 사실을 히로세 탄소가 주시했다는 점을 확인할 수 있다.

기실 유학을 종주로 하는 우문 위주의 사회를 히로세 탄소는 지향하였다. 여기에서는 엄격한 성리학자들의 도문관과 달리 문학과 도학은 서로 대립하는 존재가 아니라 함께 병행하는 동전의 양면과 같은 존재다. 그런 점에서 위 인용문에서 말하는 문학은 유학의 학술 전반을 지칭하는 것으로 이해할 수 있음은 물론이다.

무엇보다 다양한 문학 장르를 히로세 탄소는 좋아하였다. 그가 가장 선호한 장르는 '시'이다. 『담창전집淡窓全集』을 보면 히로세 탄소가 "내 어렸을 때부터 시를 좋아하였다"[71]라 하는 등, 시를 선호했다는 문장을 종종 발견할 수 있다. 그의 『원사루시초』 등의 저작을 통해 알 수 있듯이 그는 상당한 양의 시 작품을 남기기도 했다.

히로세 탄소의 '시 사랑'은 주변 인물에게도 각별한 시선을 받았다. 어떤 사람은 그에게 시가 대체 어떤 이익을 주는지 물을 정도였다.

어떤 사람이 나에게 "그대는 시를 좋아하는데, 시가 무슨 이익이 됩니까?"라고 물었다. 나는 "그대는 술을 좋아하는데 술은 무슨 이익이 됩니까?"라고 물었다. 질문한 자는 "어찌 이익을 운운하십니까. 우리의 성性이 좋아하는 바입니다"라고 말하였다. 나는 "저 또한 성이 좋아하는 바입니다"라고 말하였다.[72]

위 제시문에서 히로세 탄소는 시를 좋아하는 마음은 본연적 심성心性에서 나오는 것으로 이익이 되는지 여부를 운운할 필요가 없다고 강변하였다. 자연적으로 끌리는 마음에 시를 좋아하는 것일 뿐, 좋아하는 것 자체는 이익을 따질 수 없고 저절로 그렇게 된다는 논리이다.

누군가는 술에 끌리는 마음이 있기 때문에 술을 좋아하는 것처럼, 히로세 탄소 자신 역시 본능적으로 시의 장력에 끌려 시를 좋아하는 것이었다. 시를 애호하는 것은 '성性 기호嗜好'와 마찬가지로 자연스러운 성품에서 나온 것이니 굳이 이익으로 따질 수 없다는 데 히로세 탄소는 방점을 두고 있다.

시 애호가 히로세 탄소는 자신의 취미뿐만이 아니라 학생 교육에도 시를 응용하였다. '시 효용론'의 사유에 기댄 결과, 제자를 가르치는 데 '시'를 적극 활용하였다는 의미이다. 다음에서 그는 시가 교육에 어떤 효용을 주는지 구체적으로 설명하고 있다.

시문詩文의 도道는, 문文은 뜻을 서술하는 것을 위주로 하고 시詩는 정情을 서술하는 것을 위주로 합니다. 그러므로 정이 없는 사람은 반드시 시를 짓는 데 능할 수 없으며, 시를 짓더라도 시가 되지 않습니다. 이런 사람은 비록 단정하고 엄숙한 군자라고 하더라도 일을 행함에 분명 인정人情을 다하지 않는 부분이 있습니다. 공자께서는 "온유돈후溫柔敦厚한 것이 『시경』의 가르침이다"라고 하셨습니다. 이 네 글자[溫柔敦厚]는 오직 한마디로 '정'이라는 글자를 형용形容할 수 있을 뿐입니다. 이 때문에 저는 제자에게 시를 배우라고 권합니다. 그대도 시를 좋아하기 때문에 대화가 여기까지 이르렀습니다.[73]

위 제시문은 시문의 방향을 두루 거론하고 있다. 특히 히로세 탄소는 시를 두고 '시언지詩言志'가 아닌 '시연정詩緣情'설說의 논리를 펼친다. 주지하듯이 '시언지'는 『서경』 「우서」편의 「순전」에 등장하는 "시는 뜻을 말한 것이요, 가는 말을 길게 읊는 것이요, 성은 길게 읊는 것에 의지하는 것이요, 율은 읊는 소리를 조화롭게 하는 것이다[詩言志, 歌永言, 聲依永, 律和聲]"를 의미한다. 흔히 중국 문학사에서 조비(曹丕, 187~226)나 육기(陸機, 260~303)의 시연정설과 대비적으로 거론되는 명제다. 대체로 '시언지'는 유가들의 문예이론인 문이재도론文以載道論으로 발전하여 '온유돈후溫柔敦厚'와 같은 성리학적 미적 개념으로 표출되기도 하며, 주로 교화적 관점에 무게를 두고 전개되는 경우가 많다.

그런데 '온유돈후'를 인정人情과 연결하여 '시연정설'의 입장에서 시를 논하는 것도 그의 개성적인 문제의식이지만, 문학에서 인정을 중시한 것은 정통 유학자들의 시선과는 사뭇 다른 문학 의식이다. 시연정설에서 중요한 사안은 인정을 잘 표출하는 데 있거니와, 『시경』의 핵심을 '온유돈후'로 파악하고 이를 정에 연결한 것에서 히로세 탄소의 문학적 지향을 엿볼 수 있는 대목이다.

히로세 탄소가 문학에서 중요하게 인식한 인정은 문학 장르에서 쉽게 파악할 수 있다. 하지만 그렇다고 해서 그가 인정을 표출한 모든 문학을 훌륭하게 본 것은 결코 아니다. 오직 취향趣向을 충분히 축적하여 충만하게 채운 다음에 붓을 들어야 좋은 글을 쓸 수 있다고 히로세 탄소는 힘주어 말하였다.

다른 글에서 그는 글을 쓰고 싶은 마음[趣向]과 글 쓰는 행위[筆]를 전쟁에서의 장수와 졸병으로 비유하였다. 무엇보다 글 쓰는 행위에 앞서 충분히 취향을 쌓은 다음에 글을 적어야 붓이 저절로 따라와 훌륭한 시문이 된다는 점을 히로세 탄소는 비유를 통해 강조하였다. 취향이 충분히 쌓이지 않았는데 글을 쓰는 것은 마치 전쟁을 하고 싶지 않은 병사를 전쟁에 동원하는 격이라 결국 실패하고 만다는 것이다.[74]

시를 공부하여 온유돈후의 인정을 충분히 쌓고, 이런 바탕 위에서 시문을 창작해야 원하는 글을 얻을 수 있다는 점을 히로세 탄소는 강조하고자 했다. 그리하여야 독자도 그 작품에서 작가의 정을 파악할 수 있기 때문이다. 이러한 경지는 단순히 인정을 표출하는 것과는 사뭇 다른 방향이다.

히로세 탄소가 제자들에게 시를 가르치는 이유도 정감을 쌓고 축적하는 것은 온유돈후함으로 나갈 수 있다고 믿었기 때문이다. 이는 시 공부와 시 창작에 있어서 작가와 독자에게 정감이 주는 심미적 효용성을 긍정한 것이다. 이러한 관점에서는 군자도 시를 짓고 시를 향유하는 것 역시 당연하다 할 수 있다.

일본 최대 사숙으로 발전한 그의 '함의원'에서 '시교詩教'를 중요하게
여기고 이를 강조한 것도 그의 시 인식에서 연유하였다. 인간의 인정을
살피고 인정을 잘 드러내는 문학은 충분히 배울 가치가 있다고 한다면,
이 논리에 따르면 인정을 잘 드러낸 패관문학이라 하더라도 충분한 의
미를 찾을 수 있을 것이다.

히로세 탄소가 패관소설에 긍정적 태도를 보인 것도 이 같은 배경에
서이다.

> 경經 · 사史 · 자子 · 집集은 물론이요 비록 패관소설이라도 또한 천고의
> 시간 동안 전해진 것은 인정人情을 잘 표현한 것이다. …… 자질구레하고
> 은미한 인정을 잘 묘사하였으니 후세 사람들이 미칠 수 없다.[75]

위 제시문에서 히로세 탄소는 패관소설 중에서 인정을 잘 표출한 작
품은 오랫동안 전해진다는 사실을 중요하게 평가하였다. 그는 육경은
물론 패관소설도 모두 독서의 재미를 준다고 생각하며, 『야우요필기』
에서 "육경은 비유하자면 진수陳壽의 『삼국지』와 같고 불서佛書는 『수호
전』 · 『서유기』와 같아서 …… 『삼국지』를 읽을 때면 한 권이 끝나기도
전에 하품을 견뎌내고, 두 패사稗史를 읽을 때는 고기의 맛도 거의 잊고
자기도 모르게 손과 발이 춤을 추게 된다"[76]고 하였다.

이러한 평가의 바탕에는 경전과 패관소설 모두 당대의 인정을 담고
있다는 점이 그 핵심에 있다. 은미한 인정을 살피다 보면 패관소설이
주는 부정적인 측면이 아니라 그것에서 오히려 심미적 쾌락감을 획득
할 수 있기 때문에 경전을 읽을 때와 마찬가지로 손과 발이 저절로 춤
추는 경지를 맛볼 수 있다는 것이 히로세 탄소의 논리이다.

두 번째로, 히로세 탄소가 '문文'에 긍정적인 태도를 가졌다는 점은 그가 글쓰기의 능력을 신장할 것을 강조했다는 지점에서 유추할 수 있다. 그는 『우언』에서 다음과 같이 말하였다.

　교관을 맡은 자는 문학을 평생의 임무로 삼아야 한다는데 참으로 그러하다. 그것이 아무리 넓고 심오하더라도 천착해야 한다. 병학은 '무武'에 속하지만 병서를 강하는 것은 언어를 사용하는 데 지나지 않으며, 경사經史의 강설도 마찬가지이다. 그러므로 문학의 한 과목에 속한다.[77]

위 제시문에서 히로세 탄소는 모든 과목의 교관은 '문학'을 반드시 공부해야 한다고 주장하였다. 이는 병술을 가르치는 무관의 교관 또한 마찬가지이다. 병술 관련 서적은 언어로 이루어져 있다. 이 때문에 그 표현 기교와 문장 구조를 제대로 이해하지 않고서는 그 내용을 제대로 파악할 수 없다. 더욱이 교관 스스로 문장이나 표현 능력이 낮으면 교과 내용을 학생들에게 온전히 전달하기도 어렵다.

다양한 과목의 전공생들이 모두 문학을 필수 과목으로 배워야 한다는 히로세 탄소의 논리는, 문학이 사회 모든 영역에 영향을 미친다는 견해와 핵심 가치를 공유한다. 그가 이처럼 문학의 역할과 효용을 높이 평가한 것은 한문 쓰기에 대한 관심 증가라는 시대적 욕구와 히로세 탄소 개인의 문학에 대한 관심이 그 배경에 있다.

에도 시대 지식인들이 유학의 중요성을 인식했다고 하더라도 기본적으로 일본은 무사武士의 나라다. 히로세 탄소는 무력武力과 문력文力을 동시에 중시하였다. 개인적으로는 육체적 능력인 무력의 신장을, 국가적으로는 군사력 증강을 위한 '문력'을 강조하였다. 따라서 학제에서 '문학'을 지정 과목에 포함하거나, 병학兵學을 가르치는 교관도 표현 능력 신장에 힘을 기울여야 한다는 그의 발언은, 그가 문인文人 외에도 무사武士도 글쓰기 공부에 힘써야 할 필요가 있다고 주장한 것으로 이해할 수 있다.[78)

그렇다면 히로세 탄소는 문장력을 어떻게 키울 수 있다고 생각했을까? 그는 문장력은 도덕적 수양을 통해 저절로 향상된다고 보지 않았다. 시문을 짓는 방법을 그는 다음과 같이 설명하였다.

> 공자께서는 "세 사람이 길을 걸어가면 반드시 그 가운데 나의 스승이 있다. 좋은 것을 선택하여 따르고, 좋지 않은 것은 〈거울로 삼아 스스로를〉 개선해야 한다"라고 하셨다. 시문詩文을 짓는 일 또한 마찬가지이다. 지인들의 글을 관찰하여 잘 지은 작품을 따르고 잘 짓지 못한 작품은 스스로를 성찰하는 방편으로 삼을 뿐이다.[79)

히로세 탄소는 문장력을 키우는 방법으로 '참고 대상'의 중요성을 거론하였다. 타인의 글을 잘 살피고 그중 좋은 문장을 취사선택하여 반면교사로 삼아야 한다는 주장이다. 그가 글쓰기에서 무엇보다 강조한 것은 다작多作과 내면적 수양의 중시가 아니라 훌륭한 롤모델을 삼고 이를 탐구의 대상에 두어야 한다는 점이었다. 이러한 방식을 강조했다는 점에서 그의 글쓰기는 '전범 삼기'에 방점을 두었다.

그리하여 히로세 탄소는 작문 공부에 전범으로 삼을 만한 텍스트들을 다음과 같이 제시하였다.

> 중국에서 문文을 배우는 자는 먼저 「단궁」을 암기하고 난 뒤에 스승으로부터 글을 짓는 것을 허락받는다. 우리나라는 「단궁」에 그치지 않고 가까이로는 『논어』와 『맹자』 등을 암기할 정도로 읽어야 한다. 그렇게 하면 붓

을 들 때 자연스레 그 어세가 자신의 문장에 드러나고 구법에 품위가 생긴다. 또한 육경십삼가六經十三家의 류도 숙독해야 한다. 그 이후에 당송의 여러 문장가의 문체까지 서로 합하여 글을 짓는다. 이것이 바로 대성하는 방법이니 옛날에 명가들도 모두 이렇게 공부하였다.[80]

「단궁」은 『예기』의 편명이다. 중국에서는 「단궁」을 암기한 뒤 글을 쓸 자격이 생겼다고 히로세 탄소는 전하였다. 반면 일본에서는 「단궁」은 물론 『논어』와 『맹자』를 암기 및 정독해야 필력 향상에 도움이 된다고 주장하였다. 구독口讀과 심독心讀을 통해 경문의 문체를 자연적으로 습득하는 등 내재적 수사학을 향상시키고, 아울러 체화한 문체를 바탕으로 자신의 글쓰기에 반영하여 외재적 수사학을 발현시킬 수 있다는 논리이다.

여기서 유념할 점은 히로세 탄소가 글쓰기 전범으로 여러 텍스트를 제시하는 와중에도 그 중요성에 차등을 두었다는 사실이다. 그는 글쓰기 공부에 가장 훌륭한 전범은 십삼경十三經이라고 생각하였다. 물론 암기와 정독에 차이를 두며 그중에서도 『논어』와 『맹자』를 더 중시하는 태도를 보였지만, 그는 기본적으로 경經을 문의 근본으로 하는 '문본우경文本于經'의 사유를 견지하였다.

그 문본우경 사유에서 눈여겨보아야 할 점은 '사서와 육경을 시의 형식에 비유'하였다는 사실이다.

경학經學이라는 것은 각각 오로지하는 바가 있다. 시인이 여러 체體에 있어서 각각 뛰어난 분야가 있는 것과 같다. 『시경』과 『서경』은 오언고시이고, 『역경』은 칠언고시이며, 『예기』는 오언율시이고, 『의례』는 오언배율이며, 『주례』는 칠언율시이고, 『대학』과 『중용』은 오언절구이며, 『논어』와 『맹자,는 칠언절구이다. 경학을 하는 자들이 사서四書를 많이 연구하는 것은 시인들이 절구를 힘써 짓는 것과 같다.[81]

히로세 탄소는 사서육경의 경문에 법칙과 운율이 있다고 생각하였다. 이에 그는 경전을 각각 오언고시, 칠언고시, 오언율시, 오언배율, 칠언율시, 오언절구, 칠언절구 등에 비유하였다. 사서 육경을 시체詩體로 분류하는 태도는 히로세 탄소만의 독특한 사유 방식의 소산이다. 본서에서 연구 대상으로 삼는 경학가들에게서는 이 점을 발견할 수 없다. 그는 『맹자』 경문에도 운율이 있다고 생각하며 이를 근거로 주희와 경문을 다르게 해석하기도 하였다. 그 사례는 후술하도록 하겠다.

일본 에도 시대에서도 문본우경은 유학자들의 보편 문학관이었다. 오규 소라이를 기치로 한 고문사파들도 마찬가지로 문본우경의 문학관을 공유하였다.[82] 히로세 탄소 또한 고문사파에 속한다. 그러나 그는 오규 소라이와 달리 당송 고문이나 명대 전후칠자의 고문에 우호적이지만은 않았다.

아나이 도쿠[孔井德]가 "우리나라는 5~60년 전까지 고문사가 성행하였습니다. 〈그런데〉 지금은 당송의 문체를 오로지 행하고 있습니다. 양자의 득실은 어떠합니까?"라고 여쭈었다. 〈히로세 탄소는〉 "고문古文이라는 것은 당과 송, 그리고 명대에 모두 위주로 하였다. 고문사라고 하는 것은 '이몽양·하경명·왕세정·이반룡의 무리'가 창도하였다. 우리나라는 오규 소라이가 오로지 그 문체를 좋아하였기 때문에 단번에 천하에 널리 퍼졌으나 필경 변체變體(비정통파)이지 정격正格(정통파)이 아니며, 당송을 배우는 것만 못하다고 생각한다. 다만 당송을 배우는 것도 폐단이 있다. ……
당송문唐宋文의 여류餘流는 대개 모두 살이 드러나고 뼈가 앙상하게 튀어나

와서 고문의 함축미에 미치지 못한다. 이 점을 명심해야 한다."라고 대답하였다.[83]

위 제시문에서 히로세 탄소는 문장의 전범을 세 가지 층위로 나누었다. 첫째, 선진양한 텍스트와, 둘째, 당송대 고문, 셋째, 전후칠자의 고문이 바로 그것이다. 그는 선진양한 텍스트는 '고문古文'이라고 불렀으며, 당송대 고문은 '당송문唐宋文'으로, 전후칠자의 고문은 '고문사'라고 불렀다. 그리고 고문, 즉 선진양한 텍스트를 글쓰기의 전범으로 삼은 것은 당송문과 명대 고문사 모두의 공통점이라고 말하였다.

세 종류로 문장의 전범을 나눈 것은 물론이거니와, 히로세 탄소는 각각 다른 비중을 두고 그 문장을 선호하였다. 그는 당송문과 명대 고문사를 글쓰기의 모범으로 삼고 이를 따르고 있지만, 명대 고문보다는 당송 고문이 더 좋다고 밝혔다. 당송고문에도 한편으로는 단점이 존재한다며 약간의 회의적인 입장을 표명하기도 하였다.[84] 그리고 당송문은 고문의 함축미에 미치지 못한다며, 최종적으로 그가 가장 선호하는 문체는 선진양한 텍스트인 '고문'이라고 피력하였다.

히로세 탄소는 자신이 선호하는 문장가를 나열하며 다음과 같이 순위를 매겼다.

〈문장가〉16명을 가지고 순위를 정해 보면 1위는 두보요, 2위는 소식이요, 3위는 이백이요, 4위는 도연명이요, 5위는 한유요, 6위는 백거이요, 7위는 왕유요, 8위는 유종원이요, 9위는 육유요, 10위는 왕사정이요, 11위는 황정견이요, 12위는 장사전이요, 13위는 육덕명이요, 14위는 왕부지요, 15위는 냉호연이요, 16위는 양만리이다.[85]

히로세 탄소가 선호하는 문장가 순위를 보면 대개 당송대 인물이다. 이반룡이나 왕세정 등 명대 전후칠자는 보이지 않는다. 고문사파의 창시자인 오규 소라이는 명대 이반룡과 왕세정의 문장을 당대 한유나 유종원의 그것보다 더 선호한 것과 차이가 있다. 고문사파를 기치로 하여도 히로세 탄소는 오규 소라이의 문장관을 비판적으로 계승하였던 것으로 보인다.

한유는 위백규와 우운진이 가장 선호했던 문장가였지만, 히로세 탄소에겐 도연명보다 더 후순위인 5등에 불과하다. 그의 제자 또한 "한유와 유종원의 문장은 『좌전』과 같다"[86]라고 하며, 한유의 문장을 의론체가 아닌 서사체로 분류하고, 경전이 아닌 역사서에 비견하였다.

위백규와 우운진이 한유의 문장을 극도로 칭송한 것과 달리, 히로세 탄소는 한유의 문장을 선호하는 밀도가 상대적으로 낮다. 이는 히로세 탄소가 당송문唐宋文을 따르면서도 비판적인 입장을 함께 지녔기 때문이기도 하지만, 여러 문학 장르 중에서도 '시'를 선호하였기 때문인 것으로 추정된다.

히로세 탄소가 선호했던 문체는 무엇일까? 그는 "『시경』「칠월」·「동산」의 담아淡雅함은 성인의 시詩요, 『주역』「단전」·「효사」·「계사」의 연오淵奧함은 성인의 문文이다"[87]라고 하였다. 이상의 논의를 종합하면 히로세 탄소는 담박한 스타일의 고문을 선호하였으며, 그중에서도 '유교 경전'을 문장의 전범 중에서 최우선시하였다.

2) 그의 경학관과 비평의 실제

① 문의文義 중심의 경전 해석

히로세 탄소는 일본 유학이 역사적으로 세 번의 큰 변화를 겪은 것으로 풀이하였다. '제1 대변기'는 오진 천황(應神天皇, 200~310) 시대에 해당하며 한적漢籍이 전해져 예악 제도를 통해 국정과 민속이 모두 변하였다고 하였다. '제2 대변기'는 무가기武家期에 해당하며 유학이 침체되었으며 불가[浮屠氏]에 의해 가까스로 보존되었다고 하였다. '제3 대변기'는 히로세 탄소 당대인 에도 시대에 해당하며 유학이 크게 부흥하여 황실에까지 영향을 미쳤다고 하였다.

에도 시대의 유학은 또다시 세 번 변한 것으로 히로세 탄소는 간주하였다. '제1 소변기'는 후지와라 세이카와 하야시 라잔 등에 의해 주자학이 발달하였으며, '제2 소변기'는 이토 진사이가 복고설을 제창하면서 송학은 고古를 잃었다는 이유로 비판받았고, '제3 소변기'는 오규 소라이 등에 의해 고문사학이 성행하였다고 히로세 탄소는 지적하였다.[88]

제2 소변기와 제3 소변기는 주자학을 비판하는 분위기 속에서 일본 유학의 독자적인 전개가 이루어지던 시기다. 당시 일본의 사회 문제 해결에 주자학이 한계가 있다는 의식이 존재하였다. 이에 경세의 해결책을 경전 속에서 찾고자 하는 시도가 진행된 것이다. 히로세 탄소가 지적하였듯이, 주자학은 고를 상실하였다는 이유로 이토 진사이와 오규 소라이 등 당대 유학자들에게 비판받았다. 여기서 말하는 '고'는 유교 경전이 실제로 작성되었던 선진 시대로 성인 본지를 가리키는 것이기도 하다.

히로세 탄소는 송대 유학자들이 경전의 본지를 제대로 이해하지 못하였던 근본적인 이유가 '훈고에 얽매임'·'고문사 이해가 부족함' 두 가지에 있다고 생각하였다. 그는 다음과 같이 말하였다.

제생들은 훈고를 좋아하면 시문을 좋아하는 경우가 많고, 시문을 좋아하면 의리를 좋아하는 경우가 많다. 훈고는 깊이 음미할 요소가 있는 게 아니니 오직 아는 곳을 쉽게 여기며 나아가 힘을 쏟을 뿐이다.[89]

훈고와 사장, 그리고 의리. 이 세 가지는 별개의 학술 분과로 간주하는 것이 오늘날의 일반적인 통념이다. 이와 달리 히로세 탄소는 훈고와 시문, 그리고 의리 이 세 가지 학문은 별개가 아니라 서로 유기적인 관계를 갖고 있다고 생각하였다. 가령 송대 정통 성리학자가 의리에 주목하면서도 시문을 짓고 때때로 훈고에 힘썼듯이, 한 분야를 좋아하면 다른 분야도 좋아하는 경우가 다반사라고 히로세 탄소는 피력하였다. 그 기저에는 세 학문을 하나의 통합 학문으로 인식하는 그의 사유가 내재하여 있다.

히로세 탄소에게 이 세 가지는 모두 학문의 필수 요소이지만 그 경중에는 차이가 있다고 생각하였다. 그 중요성을 논할 때 훈고가 가장 후순위에 위치한다고 그는 말한다. 훈고의 필요성을 인정하면서도, 깊이 탐구할 대상은 아니라고 히로세 탄소는 판단한 것이다. 경전을 해석하는 방법으로 논하여 볼 때, 그는 '훈고와 의리, 그리고 문학' 세 가지 중에서 의리와 문학을 보다 중시하였고 훈고는 상대적으로 등한시한 것으로 보인다.[90] 이에 위 제시문에서도 훈고에 천착하지 말아야 한다고 피력하고 있다.

이 '훈고'는 히로세 탄소가 주자학을 비판하는 주요 근거 중 하나였다. 그는 다음과 같이 말하였다.

> 다만 양명학은 주자학이 격법格法에 빠져 훈고에 구애되는 폐단을 고쳤으니, 이것이 그 장점이다. 〈그러나〉 그 학문(양명학)의 폐단을 언급하자면, 사람들로 하여금 독서에 힘쓰게 하지 않아서 고古에 무지하게 만들었다는 것이다.[91]

위 제시문은 양명학의 장단점을 제시하면서 주자학에 비판적인 의견도 함께 제기하고 있다. 히로세 탄소는 주자학이 성인의 본지를 제대로 파악하지 못했던 것은 바로 자구字句를 해석하고 글자를 풀이하는 데 얽매였기 때문이라고 생각하였다. 이 때문에 양명학의 장점으로 '주자학의 의리를 비판한 것'보다도 '주자학의 훈고에 빠지는 점을 개선한 것'을 꼽았다.

히로세 탄소에 따르면 주자학이 '고古'를 잃은 두 번째 까닭은 고문사 이해가 부족하기 때문이었다. 『독맹자』와 『독논어』에서 주희 주석을 비판하며 금문과 고문을 모르기에 주희가 성인의 본지를 제대로 파악하지 못했다는 등 경전 해석에서 히로세 탄소는 '고문사' 이해의 중요성을 강조하였다.

경문을 독해할 때 고문사 이해를 중시하는 것은 오규 소라이로부터 출발한 고문사파의 주요 경전 해석 방법이다. 따라서 히로세 탄소의 경전 해석 태도를 보다 잘 이해하기 위해서는 오규 소라이의 발언이 도움이 된다. 오규 소라이는 다음과 같이 말하였다.

> 독서의 방법은 고문사를 알고 고언古言을 아는 것이 우선이다. 송대 여러 선생들의 경우 기품과 자질이 명민하였으며 지조도 고매하였으니 어찌 한漢·당唐의 여러 유자들이 미칠 수 있는 바이겠는가? 그러나 한유와 유종원이 등장한 이래로 문사文辭가 크게 변하여 언어에 고금古今이 달라졌다. 그 후에 태어난 여러 선생들은 금문으로 고문을 보고, 금언으로 고언을 보았기 때문에 그 마음 씀씀이는 근면하였지만 끝내 옛 도道를 터득하지 못하였다.[92]

오규 소라이는 송대 유학자들의 독서 방법에 문제가 있다고 생각하였다. 언어가 시대에 따라 변화한다는 사실을 인지하지 못한 채, 송대의 문사文辭[今文]를 통해서 고대의 문사[古文]를 독해하려 했다는 것이다. 따라서 그는 이를 개선하기 위해 고대의 '고문사'를 잘 이해하고 습득하는 일이 필요하다고 생각하였다.[93] 경전을 수사학적으로 접근하여 경문의 구조적 특징, 즉 표현 기교나 문장 구조 등을 통해 그 내용을 해석하고자 한 것이다. 히로세 탄소가 금문과 고문을 구별하여 경문을 해석하고자 했던 것 또한 바로 이러한 문제의식이 자리하고 있었다.

또한 오규 소라이는 "육경은 모두 사史이고 모두 사辭이다"[94]라고 한 바 있다. 그가 말하는 '사辭'는 언어 혹은 글자 단위를 가리키는 것이 아니라 글의 표현 기교, 문장 구조 등 그 형식적 특징을 가리킨다. 현대어로 말하면 '수사'에 가깝다.[95] 유교 경전은 기본적으로 어세, 어법 등 수사학적인 요소로 이루어진 텍스트라는 시각으로, 이를 이해하기 위해서는 수사학적 접근이 필요하며 유교 경전은 글쓰기의 전범이 된다[文本于經]는 이야기이기도 하다.

오규 소라이의 경전 해석은 내재적 수사학 이해뿐만이 아니라 외재적 수사학 이해 또한 그 목표로 하고 있었다. 그리하여야 문장력 상승은 물론 성인의 본지를 제대로 이해할 수 있기 때문이다. 그는 "사가 아니면 뜻을 전할 수 없다"[96]고 하였던 바, 문의 주체성을 인식하며 경전 해석의 한 방법으로 '수사'를 강조한 것이다.

히로세 탄소도 "시·서·예·악은 모두 문이다"[97]라고 하며 '육경'을 '문'으로 간주하였다.[98] 여기서 그의 '문'은 오규 소라이의 '사'로 이해할 수 있다. 오규 소라이와 마찬가지로 그 또한 유교 경전은 성인의 도가 담겨 있는 성스러운 존재이자 어세나 어법 등으로 이루어진 텍스트라는 시각을 갖고 있었으며,[99] '문'에 의거하여 경전을 해석하는 태도를 중시하였다. 그는 다음과 같이 말하였다.

내가 경전을 설명함에 오직 본문本文에 있는 것을 알 뿐이지, 주해註解에

있는 것은 알지 못한다.[100]

히로세 탄소는 본문을 중심으로 경전의 본지를 이해하였다. 다른 학자들의 주석에 흔들리지 않고 자신의 주관적 견해를 앞세우지도 않으며, '본문'에 나와 있는 객관적 근거를 토대로 성인의 본지를 이해·해석하고 자신의 설을 확립한 것이다. 다른 말로 표현하면 '문의文義' 중심의 경전 해석 태도를 보였다고 할 수 있다.

한대나 송대 주석은 물론이거니와 에도 중기 이전의 일본 학자들 주석도 히로세 탄소에게 일종의 지침서에 불과하였다. 경전 해석의 골자는 성인이 의미를 담아 한 글자 한 글자 새겨 넣은 경문 위의 활자들이므로, 히로세 탄소는 이 자수처럼 수놓인 활자들을 주요 근거로 삼고 계왕개래繼往開來의 학문을 당대에 구현하고자 하였다.

문의 중심의 경전 해석 태도는 히로세 탄소의 독서 태도에서도 엿볼수 있다.

독서 방법을 여쭙자 다음과 같이 대답하셨다. "눈이 보는 바를 입으로 외우고, 입이 외우는 바를 마음으로 보존하면, 한 자를 외우면 한 자를 터득하게 되고 한 장을 외면 한 장을 터득하게 된다"[101]

위 제시문에서 히로세 탄소는 사사로운 견해를 개입하지 않고 글자와 문맥 등 객관적 근거를 토대로 한 글자 한 글자 의미를 되새겨가며 독서할 것을 피력하고 있다. 이 외에 『논어』를 주석하면서 그는 "'인仁'자는 『논어』의 가장 중요한 뜻이다. 그 뜻은 여러 가지이나 마땅히 문文을 따라 해석한다"[102]라고 하는 등 문에 의거하여 해석할 것을 곳곳에서 강조하였다.[103]

요컨대 히로세 탄소의 문의 중심 경전 해석 태도는 『독맹자』에서 텍스트의 어세와 어법을 분석하고 경문을 해석하며, 금문과 고문을 구분하면서 주희의 주석에 이의를 제기하는 형태로 전개되었다. 이는 히로세 탄소의 수사학적 경전 해석의 주요 특징이므로 뒤에서 상술하도록 하겠다.

② 『독맹자』 외 비평 관련 저술

히로세 탄소의 『담창전집』을 살펴보면 『독맹자』 외에도 수사학적 접근을 한 글들이 적지 않다. 이를 도표화하면 다음과 같다.

〈표 5〉 히로세 탄소의 비평 관련 저술

종류	서명	내용
경서류	『담창전집』 상, 『독논어』	• 비평 대상: 『논어』 • 특징: 수사학적 해석과 의리 해석
	『담창전집』 상, 『독맹자』	• 비평 대상: 『맹자』 • 특징: 수사학적 해석과 의리 해석
	『담창전집』 상, 『독좌전』	• 비평 대상: 『좌전』 • 특징: 수사학적 해석과 내용 해석
시문류	『담창전집』 상, 『육교기문六橋記聞』 권1~10	• 비평 대상: 경經·사史·시詩·문文(주로 시는 성당盛唐, 산문은 진한秦漢) • 특징: 경사시문을 해설 및 감상. 작문법, 작가론, 문장론 등을 주제로 문인들과의 문답을 담음
	『담창전집』 중, 『담창시화』 권1~2	• 비평 대상: 청대까지의 중국 고시古詩 • 특징: 한시 비평과 작시법 등을 주제로 문인들과의 문답을 담음

히로세 탄소의 수사학적 접근을 담은 저서는 크게 경서류와 시문류로 나눌 수 있다. 그는 선진양한 텍스트인 『논어』, 『맹자』, 『좌전』 등에 대한 수사 분석과 문장 비평을 중심으로 주석서를 저술하였다. 그는 시문류의 문장학적 가치에도 관심이 많았으며 주로 당송대 시문을 위주

로 수사학적 접근을 하였다.[104] 그의 시문류의 문장 비평은 대개 문답의 형식을 이루고 있다. 따라서 본서에서는 경서류만을 간략하게 살펴보도록 하겠다.

유교 경전에 문장 비평을 시도한 사례는 『독논어』와 『독맹자』, 그리고 『독좌전』이 있다. 세 권의 체계는 동일하다. 원문을 모두 실은 게 아니라 해당 경문의 어구를 적출하고 미비尾批의 형식으로 경문 아래에 자신의 해석과 비평을 기술하였다. 각 경전의 모든 장을 해석하지 않고 자신이 필요하다고 생각하는 구절만 선별하여 주석한 것 또한 공통점이다.

저서별로 그 특징을 간략하게 살펴보도록 하겠다. 『독논어』는 『논어』에 대한 주석서이다. 주희의 『논어집주』, 오규 소라이의 『논어징』, 가메이 난메이(龜井南冥, 1743~1814)의 『논어어유論語語由』 등을 참고 및 인용하였다. 전체적인 해석은 주희나 가메이 난메이보다 오규 소라이의 해석에 동의하는 지점이 더 많다.[105]

히로세 탄소의 『논어』 해석이 지닌 또 다른 특징은, 성인(공자)의 문장력을 자주 칭송하면서도 동시에 『논어』의 작가는 공자가 아닌 다른 사람이라고 추측했다는 점이다. 『논어』를 쓴 작가의 수사학적 역량도 긍정적으로 평가하며 작가가 특정 자법이나 구법을 사용한 데에는 의도가 있다고 파악하였다.[106]

독서지침을 알려주는 경우도 많았다. 가령 「자한」 12장의 "子貢曰: (중략) '…… 我待賈者也'[자공이 말했다. (중략) '…… 나는 좋은 값을 기다리는 자이다']"라는 대목을 두고, "구求자와 대待자는 가볍게 봐야 한다. 천착하여 설을 만들 필요가 없다"[107]라고 하였다.

통경通經 의식이 그의 『논어』 해석에서 발견되기도 한다.[108] 히로세 탄소는 『논어』를 주석하면서 『논어』의 다른 장은 물론 다른 경전과 함께 보는 것이 좋다고 제안하는 경우가 많다. 가령 「이인」 12장 "子曰: '放

於利而行, 多怨'[공자께서 말씀하셨다. '이익에 따라 행동하면 원망이 많다']"
『대학』의 마지막 장과 함께 보는 게 좋다고 하였다.[109] 아울러 『논어』의
편장 구성법에 관심을 보이며 분석하는 경향이 『독맹자』 등 그의 다른
경전 주석서보다 상대적으로 두드러진다.[110]

『독맹자』는 『맹자』에 대한 주석서이다. 조기, 주희, 이토 진사이, 오규
소라이, 오카 핫쿠(岡白駒, 1692~1767), 가메이 쇼요 등의 글을 참고하였
다. 히로세 탄소는 전체적으로 주희보다는 오규 소라이의 설을 따르고
있다. 이들의 설을 무조건 수용한 것이 아니라 비판적으로 계승하면서
스스로의 독자적인 주장을 개진하였다.[111]

가령 오규 소라이는 「변도辨道」 등에서 맹자를 비판하였지만 히로세
탄소는 그렇지 않았다. 오히려 맹자를 공자와 함께 병칭하며 그를 존경
하였으며,[112] 『맹자』를 글쓰기의 전범으로 삼고 그 문장학적 가치를 존
숭하였다. "문세가 유창하다",[113] "조어가 간묘하다"[114] 등 『맹자』 경문
에 감상평을 남기는 것은 물론, "『맹자』의 문장은 준마를 타고 가파른
언덕을 내려가는 것과 같다"며[115] 그 어세의 특징을 총평하며 그 문장력
을 칭송하였다.

히로세 탄소의 『맹자』 해석이 지닌 또 다른 특징은, 금문과 고문을 구
별하며 주희의 주석을 비판하는 사례가 그의 다른 주석서보다 더 자주
등장한다는 점이다. 그는 주희의 시대와 맹자의 시대에는 서로 다른 문
체가 사용되었는데도 불구하고, 주희는 이를 분별하지 못하였기 때문
에 경전을 종종 잘못 해석하였다고 비판하였다.

고금문의 차이를 통한 주희 주석 비판은 「이루」 상 14장 "罪不容於
死"와 「등문공」 상 4장 "勞之來之" 등의 주석에서 보인다. 그 특징은
뒤에서 자세히 살펴보도록 하겠다. 이 외에도 히로세 탄소의 주희 주
석 비판은 「양혜왕」 하 4장 "春省",[116] 「이루」 하 27장 "公行子",[117] 「만

장」상 1장 "怨慕",[118] 「고자」상 2장 "性猶湍水",[119] 「진심」하 25장 "謂神",[120] 「진심」하 33장 "君子行法"[121] 등의 주석에서 보인다.

마지막으로 『독좌전』은 히로세 탄소의 『좌전』 주석서이다. 서사법 등 수사 기법에 대한 분석이 『독좌전』의 주요 내용으로 구성되어 있다. 히로세 탄소는 『좌전』의 내용은 대체로 비판하는 관점을 유지하지만, 『좌전』에 담긴 문장학적 해석은 경우에 따라 긍정 또는 부정적인 관점을 동시에 보인다.

『좌전』의 어법과 어의, 그리고 어세 등에 히로세 탄소는 골고루 주의를 기울였다. 가령 어법의 경우, 어휘선택법에 주목하며 좌구명이 왜 그러한 단어를 사용하였는지 그 함의를 설명하였다. 『좌전』의 서사법에 대한 긍정과 부정 또한 히로세 탄소의 해석에 중심을 이루고 있다.

어의의 경우, 경문의 표현 기교와 문장 구조 등을 통해 알 수 있는 작중 인물들의 심리 등을 서술하였다. 마지막으로 어세의 경우, 『좌전』 환공 6년 "以爲後圖, 少師得其君[후일을 위한 계책이니 장차 소사가 그 임금의 신임을 받게 될 것입니다]"라는 문장에 히로세 탄소는 "간명하고 기묘하다"[122]라는 심미적 감상평을 남기기도 하였다.

히로세 탄소는 다른 선진양한 텍스트의 문체와 『좌전』의 문체를 함께 비교하여 탐구하기도 하였다. 『좌전』 장공 6년 "서제噬臍[배꼽을 물어뜯으려 하여도 입이 닿지 아니함]"라는 표현이 『사기』「백이열전」의 "준마駿馬의 꼬리에 붙음[附驥尾]"[123]이라는 표현과 어세가 유사하다고 풀이한 것이 한 예이다.[124] 독자들은 감식력을 통해 『좌전』의 좋은 표현과 나쁜 표현을 잘 살피며 글쓰기 참고서로서 삼아야 한다고 그는 지속적으로 피력하였다.

히로세 탄소는 『좌전』의 서사법에 견강부회가 있고 진실하지 않아서 후대의 패관소설과 유사하다고 비하하기도 하였다.[125] 『좌전』은 견강부회를 통해 문체의 미학을 향상시킨다는 점에서 『삼국지연의』와 『수호지』 등에 비유하기도 하였다.[126] 그의 문학관을 보면 패관소설을 긍정적으로 평가하기도 하였지만, 그의 전반적인 발언으로 미루어 봤을 때 『좌전』을 항구불변의 경전으로 간주했느냐의 문제는 의문으로 남는다.

3) 『독맹자』의 수사학적 해석

『독맹자』는 히로세 탄소의 다른 수사학적 주석서 중에서도 그의 수사학적 경전 해석의 특징을 살펴볼 수 있는 가장 주요한 자료이다. 그는 『맹자』를 의론체 산문 작성에 주요한 참고서로 간주하였다.[127] "잡문雜文을 지을 때는 오히려 평담한 문체를 사용하지만, 의리를 논할 때는 문체에 수식을 가한다"라고 그는 말한 바 있다.[128] 히로세 탄소가 『좌전』이나 『사기』 등 서사체 산문보다도, 의론체 산문인 『맹자』를 읽을 때 표현기교나 문장 구조에 더욱 예의주시하였다는 사실을 유추할 수 있다.

오규 소라이 등 다른 고문사파 지식인들은 『맹자』 주석서를 남기지 않거나 주석서를 남기더라도 수사학적 내용을 기술하는 경우는 전체 주석의 일부분을 차지할 뿐이다. 히로세 탄소는 『맹자』를 경전으로 존숭하며 문장학적 가치 또한 높이 평가하였고,[129] 글쓰기 공부에 있어 일상생활에서나 교육에서나 『맹자』의 표현 기교와 문장 구조 등을 강조하였다. 이러한 점에서 히로세 탄소의 『독맹자』는 일본의 대표적인 수사학적 『맹자』 주석서라고 할 수 있다.

우운진의 『맹자논문』과 위백규의 『맹자차의』와 비교했을 때, 히로세 탄소의 『독맹자』는 차이점도 갖고 있다. 첫째, 수사의 세 요소 중에서 어떤 부분에 보다 관심을 기울였는지, 둘째, 당대 어떤 문학 장르의 비평과 유사점을 보이는지, 마지막으로, 주희의 수사학적 역량은 어떻게 평가했는지 등이다. 여기에서는 이 세 가지를 중심으로 우운진과 위백규 등과 대별되는 히로세 탄소의 수사학적 경전 해석이 갖는 특수성을 밝히고자 한다.

① 어법語法 중심의 수사 분석

히로세 탄소의『독맹자』는 어의, 어법, 어세 중에서 어법에 대한 분석이 상대적으로 가장 많다. 가령 그는 「양혜왕」 상 7장의 총 9개 부분에 주석을 했으며,[130] 이 중에서 글의 구조적 측면에 해당하는 어법을 가장 많이 언급하였다. 순수하게 어법만 언급하는 경우는 4번이고,[131] 어법 분석과 심미적 감상평을 겸하는 경우는 3번이며,[132] 어법을 통한 어의 분석은 2번이다.[133] 여기에서는 히로세 탄소의 수사학적 경전 해석의 특징을 보다 면밀히 살펴보기 위해서, 그의 「양혜왕」 상 7장의 주석에서 순수하게 어법만을 분석한 사례와, 어법 분석과 심미적 감상평을 겸하는 사례를 살펴보고자 한다.

우선 순수하게 어법만을 분석한 사례이다. 「양혜왕」 상 7장에는 "有復於王者曰: '吾力足以擧百鈞, 而不足以擧一羽, 明足以察秋毫之末, 而不見輿薪, 則王許之乎, 則王許之乎?'[왕께 아뢰는 자가 말하기를 '제 힘이 삼천 근을 들 수는 있으나 깃털 하나는 들지 못하며, 제 시력이 가는 털끝을 살필 수는 있으나 수레에 실린 나무 섶은 보지 못합니다.'라고 한다면 왕께서는 이를 인정하시겠습니까?]"라는 구절이 있다. 히로세 탄소는 다음과 같이 주석하였다.

전국 시대의 글은 비유가 뛰어나므로 본받을 만하다.[134]

맹자는 전국 시대의 인물이다. 히로세 탄소는 전국 시대의 글은 비유법에 뛰어나며, 그중『맹자』의 비유법이 가장 우수하다고 생각하였다.

그는 「공손추」 하 8장의 주석에서 "비유법은 맹자가 가장 뛰어나다"라고[135] 호평한 바 있다. 위 제시문에서도 '삼천 근을 듦[擧百鈞]과 깃털 하나를 듦[擧一羽]'의 비유와 '가는 털끝을 살핌[察秋毫之末]과 수레에 실린 나무 섶을 봄[見輿薪]'의 비유를 사례로 들면서, 독자들이 비유법의 모범으로 삼을 만하다고 히로세 탄소는 평하였다.

이 두 가지 비유법 외에도 히로세 탄소는 「양혜왕」 상 7장의 또 다른 수사법에 관심을 기울였다. "挾太山以超北海, 語人曰: '我不能.' 是, 誠不能也, 爲長者折枝, 語人曰: '我不能.' 是, 不爲也, 非不能也[태산을 옆에 끼고 북해를 뛰어넘는 것을 사람들에게 말하기를 '나는 도저히 할 수 없다'라고 한다면 이는 진실로 할 수 없는 것이지만, 어른을 위하여 나뭇가지를 꺾는 것을 사람들에게 말하기를 '나는 도저히 할 수 없다'라고 한다면 이는 하지 않는 것이지 할 수 없는 것은 아닙니다]"라는 경문에서 히로세 탄소는 "어인왈語人曰"이라는 세 단어에 관심을 보이며 다음과 같이 주석하였다.

질문 도중에 "어인왈語人曰"이라는 세 글자를 포함시켰으니 큰 깨우침이 있다. 윗글에 있는 "有復於王者曰" 또한 비유이기 때문에 문장을 바꾸어 글을 쓴 것이다.[136]

해당 경문의 전후 내용은 다음과 같다. 맹자는 "지금 왕의 은혜가 금수에게 미쳤으면서 그 효과가 백성들에게 이르지 않음은 유독 어째서입니까?"라는 질문을 양혜왕에게 여러 번 되물었다. 반복 질문을 통해 맹자는 왕의 마음속에 선한 마음을 들추어내고 동물을 가엾게 여기는 것처럼 백성들 또한 아끼며 왕도정치를 시행할 것을 촉구하고자 하는 것이다.

이어서 맹자는 왕도정치라는 것은 '하지 않은 것[不爲]'이지 '할 수 없는 것[非不能]'이 아니라고 하였다. 이를 양혜왕에게 설명하기 위해서, 맹자는 '할 수 없는 것[不能]'과 '하지 않는 것[不爲]'의 차이를 보여줄 수 있는 여러 가지 비유법을 사용하였다. 해당 경문에서 왕 노릇을 할 수 없는 게 아니라는 점을 설명하기 위해 맹자가 사용한 비유법은 세 가지이다. 첫째는 '거백균擧百鈞과 거일우擧一羽'의 비유이며, 둘째는 '찰추호지말察秋毫之末과 견여신見輿薪'의 비유이고, 셋째는 '협태산挾太山과 절지折枝'의 비유이다.

위 제시문에서 히로세 탄소는 맹자가 사용한 비유법은 물론 "어인왈語人曰"이라는 자법字法에도 관심을 보였다. 앞에서는 '백균을 듦[擧百鈞]과 깃털을 듦[擧一羽]'과 '가는 털끝을 살핌[察秋毫之末]과 수레에 실린 나무 섶을 봄[見輿薪]'의 비유를 들었으며, 이 구절에서는 '태산을 옆에 끼고 북해를 뛰어넘음[挾太山以超北海]', '나뭇가지를 꺾음[折枝]'의 비유를 들었지만, 맹자는 문장 표현의 단조로움을 피하기 위해 그 사이에 세 글자 "어인왈"을 삽입하였다는 점을 히로세 탄소는 지적하였다.

히로세 탄소는 전자와 후자 모두 비유법을 사용하였더라도 맹자가 발설하는 대상을 '신하가 양혜왕에게', '양혜왕이 남에게'로 이차원화하면서 논의의 설득력을 높였다고 분석하였다. 깃털과 백균의 비유에서는 "왕께 아뢰는 자가 말하기를[有復於王者曰]"이라고 시작하였기 때문에 신하가 양혜왕에게 말하는 사례가 된다. 반면 협태산挾太山과 절지折枝의 비유에서는 "사람들에게 말하기를[語人曰]"이라고 하였기에 양혜왕이 다른 사람에게 이야기하는 사례가 된다.

히로세 탄소의 분석에 따르면, 우선 맹자는 비유법을 사용하여 '하지 않은 것[不爲]'과 '할 수 없는 것[不能]'의 차이를 양혜왕에게 보다 쉽게 설명하였다. 또한 "사람들에게 말하기를[語人曰]"을 통해 표현법을 달리하여 문장의 단순화를 피하였고, 나아가 해당 사례를 자기 자신을 넘어서 '남'에게로 확장하여 적용 가능성의 범위를 확대하였다고 히로세 탄소는 해석하였다.

이와 같은 히로세 탄소의 수사학적 경전 해석은 본서의 연구 대상인 다른 주석서와 비교했을 때 공통점과 차이점을 동시에 보인다. 주희는 해당 구절의 비유법에 관심을 보이지 않고 질문법에 관심을 보이며 그 어의를 분석하고 있다.[137] 반면에 우운진은 해당 구절이 주는 심미적 감흥을 서술하였으며, 비유법을 따로 언급하지는 않았다.[138] 하지만 위백규는 깃털과 백균 등의 비유법이 사용된 것에는 의도가 있다고 생각하며 그 어의를 설명하였다.[139]

두 번째 사례는 어법 분석과 심미적 감상평을 겸하는 경우이다. 「양혜왕」상 7장 "是故, 明君制民之産, 必使仰足以事父母, 俯足以畜妻子, 樂歲, 終身飽, 凶年, 免於死亡[그러므로 현명한 임금은 백성의 생업을 마련해 주되, 반드시 그들로 하여금 위로는 부모를 충분히 섬길 수 있고 아래로는 처자식을 충분히 기를 수 있게 하여, 풍년에는 한 해가 다 가도록 배부르고 흉년에는 죽음을 면하게 해 줍니다]"라는 문장의 "종신終身"이라는 두 글자에 관심을 보이며 그는 다음과 같이 말하였다.

"종신終身"이라는 글자는 높고 간명하며 면밀하지 못하니 고문의 오묘함이다. 좌씨의 "爲羈終世[一生을 나그네로 外國에서 지냄]"라고 한 것 또한 그 오래됨을 말한 것이다.[140]

히로세 탄소는 군주가 백성의 생업을 제정해 준다고 해도 백성들이 일 년 내내 늘 배부를 수는 없다고 생각하였다. 겨울에는 식량부족이 따를 수밖에 없기 때문이다. 풍년은 대체로 먹을거리가 넉넉한 날이 많을 뿐이지 실제로 매일같이 식량이 넘쳐흐르는 것은 아니다. 따라서 그는 맹자의 "종신"이란 표현은 과장법이 사용된 사례로 간주하였다.

과장법은 선진양한 텍스트가 갖는 미묘한 매력이라고 히로세 탄소는 평가하였다. 그는 고문에서 과장법이 사용된 또 다른 사례로 『좌전』의 "爲羈終世"[141]를 제시하였다. 본서에서 연구 대상으로 삼는 다른 주석서는 『맹자』의 경문[終身]에 주석을 남기지 않았다. 히로세 탄소가 고문과 금문의 어법 차이에 관심이 그만큼 많았다는 사실을 파악할 수 있다.

마지막 사례로는 『맹자』의 어법을 분석하며 어세를 함께 겸한 경우이다. 「양혜왕」 상 7장 "王之不王, 非挾太山以超北海之類也, 王之不王, 是折枝之類也[왕께서 왕 노릇을 하지 않는 것은 태산을 옆에 끼고 북해를 뛰어넘는 것과 같은 종류가 아니라, 왕께서 왕 노릇 하지 못하심은 바로 나뭇가지를 꺾는 것과 같은 종류입니다]"에 다음과 같이 주석하였다.

한 구절을 다시 요약[括]하였다. 문세文勢가 유창하다.[142]

해당 구절에서 맹자는 "王之不王"이라는 표현을 두 번 반복하면서 앞의 말을 요약하였다. 이는 전체 문단을 한마디로 요약하는 괄진법에 해당한다. 맹자는 전체 문단을 요약함과 동시에 "王之不王"이라는 구절을 두 번 반복하며 자신이 말하고자 하는 바의 주제를 보다 선명하게 드러내고자 하였다. 이에 히로세 탄소는 괄진법은 물론 반복법 사용에도 주의를 기울이며 해석하고 있다. 그는 여기에 그치지 않고 해당 구절의 문세가 유창하다며 심미적인 감상평 또한 남겼다.

이러한 히로세 탄소의 수사학적 경전 해석은 본서가 연구 대상으로 삼은 다른 경전 주석서와 비교할 때 동이점을 보인다. 우운진은 "한 구절을 중첩하여 뚝 끊기는 것이 감탄스럽다[疊一句頓挫咏歎]"[143]라 하며

"王之不王"이 반복법으로 사용되었음을 거론한 바 있다.

　반면 히로세 탄소와 우운진이 해당 구절을 바라보는 시선은 달랐다. 히로세 탄소는 문세가 유창하다고 표현했고, 우운진은 '돈좌頓挫'라고 하며 문세에 굴곡이 있다고 평하였다. 두 지식인들의 이러한 해석 차이는 같은 수사법에 주목하였어도 문장을 통해서 받는 감상적 느낌은 독자마다 상이하다는 점을 알려준다.

② 시詩 비평 방식[韻律]의 적용

　위백규와 우운진의 『맹자』 주석서와 대별되는 히로세 탄소의 『독맹자』만의 또 다른 특징은 『맹자』의 경문을 해석하면서 운율, 즉 '성운'에 주목하였다는 점이다. 히로세 탄소는 「양혜왕」 하 4장 "師行而糧食[군대를 데리고 다니면서 양식을 먹음]"에 대해 다음과 같이 말하였다.

　　운어韻語를 사용하여 글이 매우 진기하고 예스럽다.[144]

　운어韻語는 시행詩行의 일정한 자리에 같은 소리의 글자를 규칙적으로 다는 것을 말한다. 압운押韻이라고도 하며 현대식으로 표현하면 랩에서 라임을 맞추는 것이 이에 해당한다. 운어는 주로 한시에서 사용되는 것으로 알기 쉽다. 그러나 선진 시대 이전에는 시 외에도 방언이나 산문 등 대부분의 글에서 사용되었다. 선진 시대 문장의 특징 중 하나로 논할 수 있는 것이다.[145] 히로세 탄소는 과연 어떤 운어를 발견하고 이와 같은 주석을 한 것일까. 「양혜왕」 하 4장 "師行而糧食"이 포함된 전체 문단을 시 형식처럼 편집하여 보면 다음과 같다.

　　今也不然

師行而糧食

飢者弗食

勞者弗息

　두 번째 행과 세 번째 행, 그리고 네 번째 행 마지막 글자는 모두 중국 고운古韻의 '직운職韻'[146]으로 운어를 사용하였다. 운어는 주로 시에서 사용되며 글의 소리 영역에 해당된다. "師行而糧食"으로 시작되는 이 네 구절은 『시경』을 인용한 문장도 아닌 맹자가 말하는 부분이다. 히로세 탄소는 맹자의 말에서 운어를 발견하고 이를 감탄한 셈이다.

　운자韻字—글자의 소리—를 향한 관심은 「등문공」상 4장 "勞之來之"에 대한 그의 해석에서도 살펴볼 수 있다.

　　다음 네 구절은 모두 고서古書의 언어이니, 구절마다 운韻을 쌓은 것[礎韻]이고 래來는 입성入聲으로 『시경』에는 이러한 사례가 많다. 주자주에서 거성去聲이라고 한 것은 잘못된 것이다.[147]

　초운礎韻이란 단어는 다른 고서나 기록에서 사용된 사례가 보이지 않는다. 다만 위 제시문을 통해 유추해 보면, 이 네 구절에서 말하기의 편의성을 위해 '지之'자가 마치 주춧돌처럼 반복해서 사용된 것을 형용하는 단어로 추정된다. 이 네 구절은 왕력王力의 『중국시율학中國詩律學』(2005)에서 경전의 운율법의 한 사례로 소개된 바 있다.[148] 위 제시문에서 말하는 다음 네 구절은 "匡之直之, 輔之翼之, 使自得之, 又從而振德之"라고 한 요임금의 말 전체를 가리킨다. 분석의 편의를 위해 해당 경문을 시처럼 편집하여 보면 다음과 같다.

勞之來之
匡之直之
輔之翼之
使自得之
又從而振德之

　　주희는『논어집주』에서 "勞之來之"를 "수고로운 자를 위로해주며 멀리서 온 자를 오게 한다[勞者勞之, 來者來之]"라고 주석하였다. 래來자를 거성去聲으로 본 해석으로, 지之자를 '멀리서 온 자[來者]'를 의미하는 '기其'자의 쓰임—대명사—으로 파악한 것이다. 반면 히로세 탄소는 주희의 주석을 비판하며 시의 운각자韻脚字를 경문 해석의 도구로 사용하였다.

　　운각韻脚은 한시에서 글귀 끝에 다는 운자를 가리킨다. 위 다섯 구절의 마지막 단어 래來(lə: 중국 古韻 표기),[149] 직直(dĭək),[150] 익翼(ʎĭək),[151] 득得(dək), 덕德(dək)[152]은 모두 운각을 사용한 예에 해당된다. 운각자를 사용하면 대체로 그 다음에 오는 之자는 아무런 의미가 없는 허사虛辭로 쓰인다. 공영달(孔穎達, 574~648)의『모시정의毛詩正義』는 그 대표적인 사례로『시경』의 "물 흐름에 따라 이쪽저쪽에서 따고[左右流之]"와 "자나 깨나 생각한다[寤寐求之]"라는 구절을 꼽았다.[153]

　　히로세 탄소의 해석에 의하면 이 다섯 글자 뒤에 오는 '지之'자는 대명사가 아닌 실제로 아무런 의미가 없는 허사이며 그 앞의 술어를 운각자로 사용하기 위해 붙여진 글자가 된다. 이러한 분석에 따르면 주희의 해석과 달리 래來자는 입성入聲이 되며,[154] "勞之來之"는 글자 그대로 '수고롭게 하며 오게 한다'로 해석해야 한다. 위 제시문에서 히로세 탄소는 시의 운율법을 채용하여 경문에 대한 이해도를 높이고 주희 주석의 옳고 그름까지 가려내었다.

시의 운율법을 사용하여 『맹자』의 경문을 해석한 점은 히로세 탄소의 수사학적 경전 해석에서 보이는 특징이다. 이는 시 비평 방식을 경문 해석의 도구로 사용한 것이며, 앞서 히로세 탄소의 문학관에서 살펴보았듯이 그가 각 경전 문체의 특징을 시체詩體의 형식을 빌려 구분했던 태도와 궤를 같이 한다. 히로세 탄소가 경전을 글쓰기의 전범으로 간주했던 점과 평소 한시 애호가였던 취향이 이 해석법에 영향을 미친 것으로 이해할 수 있다.

③ 문의文義를 통한 주희 주석 비판

히로세 탄소는 『맹자』 경문의 문학적 요소를 근거로 주희의 주석이 옳고 그름을 철저하게 따졌다.[155] 그의 주희 주석에 대한 비판은 「고자」 편에서 특히 많이 등장한다.[156] 「고자」 상 2장 "성은 여울목과 같다[性猶湍水]"는 구절을 히로세 탄소는 다음과 같이 해석하였다.

> 여울물[湍水]의 비유를 통해 본성이 습속에 의해 변함을 말하였다. 주자의 "앞의 말로 인하여 조금 변하였다"[157]라고 한 주석은 크게 잘못되었다.[158]

맹자는 인간의 본성이 선하다[性善]고 하며 성性을 육체적인 욕구 그 이상의 고차원적인 것으로 규정한다. 하지만 주희는 「고자」 상 1장에서 고자가 사람의 성을 단순한 육체적인 욕구나 성질로 이해하였다고 간주하였다. 따라서 「고자」 상 2장 고자의 "성은 여울목과 같다[性猶湍水]"라는 발언을 보고, 주희는 '맹자의 웅변으로 고자가 설득을 당해 「고자」 상 2장에 와서는 인간에게 고차원적인 성이 있음을 믿게 되었다'고 인식하였다. 그래서 그는 『맹자집주』에서 "앞의 말로 인하여 조금 변하였다"라고 풀이하였다.

주희의 이러한 주석은 주관적인 견해일 뿐 실제로 글 안에 명시된 것이 아니다. "성은 여울목과 같다[性猶湍水]"는 말을 글자 그대로 해석한다면 실제로 고자가 맹자에게 설득되었는지 여부는 알 수 없다. 이에 히로세 탄소는 주희가 경문에 주관적 시각을 투영하여 말의 앞뒤를 맞추려 한 점을 비판하였다. 이는 경문을 이해하려고 할 때 의리보다 문장이 우선임을 명시한 사례라 하겠다.

주희의 주관적 견해를 투영한 해석을 비판한 사례는 「진심」 하 33장 "군자는 법을 행한다[君子行法]"에 대한 히로세 탄소의 주석에서도 엿보인다. 우선 이와 관련된 『맹자』의 경문부터 살펴보면 다음과 같다.

　　움직이고 행동하는 것이 저절로 예에 맞는 것은 성덕盛德이 지극한 것이다. 죽은 자에게 곡하고 슬퍼하는 것은 산 사람을 위해서가 아니며, 일정한 덕을 지켜 굽히지 않는 것은 녹을 구해서가 아니고, 말을 반드시 미덥게 하는 것은 행실을 바르게 하려고 해서가 아니다. 군자는 법을 행하여 [君子行法] 명命을 기다릴 뿐이다.159)

"군자는 법을 행한다[君子行法]"는 구절 앞에는 네 가지 행실이 나온다. 하나는 움직이고 행동하는 것이 저절로 예에 맞는 것이다. 둘째는 죽은 자에게 곡하고 슬퍼하는 것이다. 셋째는 일정한 덕을 지켜 굽히지 않는 것이다. 넷째는 말을 반드시 미덥게 하는 것이다. 주희는 이 네 가지 일은 성인의 일이고 마지막에 나오는 법을 행하는 것[行法]은 군자의 일이라고 해석하였다.160) 성인은 법을 만드는 주체이므로 그 법을 행하는 수동적인 객체가 될 수 없다고 주희는 생각했기 때문이다. 덕을 상위 체제로 법을 하위 체제로 보는 유학의 사유가 담긴 해석이다. 이를 두고 히로세 탄소는 다음과 같이 평가하였다.

> 군자 운운한 것은 윗글을 포괄하는 것이다. 주자가 두 구절로 나눈 것
> 은 글에 대해 아직 온당하지 못한 것이다.[161]

문의에 의거해서 보면, 앞의 세 구절은 그 대상이 명시되지 않았으
며 더욱이 '성인'이라는 단어는 명시되지도 않았다. 따라서 히로세 탄소
는 앞의 세 가지 모두 군자의 일에 포함된다고 보며 해당 경문을 직렬
식 문장으로 이해하였다. 그리고 직렬식 문장이 아닌 성인과 군자라는
이분법의 병렬식 문장으로 본 주희의 해석은 그의 사견이 투영된 것[162]
으로 글을 읽는 법(혹은 한문 문법)을 아직 모른다며 부정적으로 평가하였
다.

한편 히로세 탄소는 고문과 금문을 구분하여 주희 주석의 옳고 그름
을 가리기도 하였다. 그는 「이루」 상 14장 "罪不容於死"를 두고 다음과
같이 말하였다.

> '용容'은 『한서漢書』의 "입이 닳도록 칭찬한다[稱之不容於口]"[163]와 같다.
> 죽어도 남은 죄가 있음을 말하였다. 주자가 용을 용서함[許]이라고 한 것
> 은 오늘날의 말이지 옛날 말이 아니다.[164]

히로세 탄소는 "罪不容於死"의 '용容'자가 『한서』의 "입이 닳도록 칭
찬한다[稱之不容於口]"의 '용'자와 같은 의미라고 생각하였다. 『한서』와
『맹자』는 모두 선진양한 텍스트[古文]에 속하며, '불용不容+명사'라는 같
은 문법 체계로 구성되어 있기 때문이다. 그는 주희가 '용'자를 용서함
[許]으로 해석한 것은 송대宋代의 '용'자 의미를 해석한 것이므로 주희가

고문을 금문으로 오해했다고 주장하였다.

　이처럼 히로세 탄소의 주석은 시대의 흐름에 따라 언어가 변천해 가는 점을 견지한 결과물이다. 옛날 말[古言]과 오늘날의 말[今言]의 차이를 두고 분석했다는 지점에서는 우운진의 『맹자논문』과 위백규의 『맹자차의』와 비교했을 때 차별성을 띤다. 요컨대 고문과 금문의 구분은 한 · 중 · 일의 수사학적 『맹자』 주석서 중에서도 히로세 탄소의 『독맹자』에서 주로 볼 수 있는 일본 경학만의 특색이다. [165)

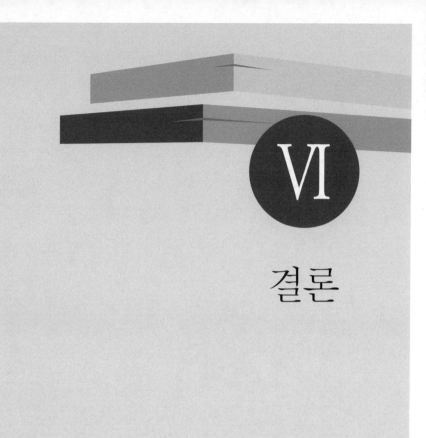

VI

결론

본서는 기존의 경학 연구 방법과 달리 한·중·일의 수사학적『맹자』해석 연구를 통하여 그 특징과 가치를 구명究明하는 것을 목적으로 하였다. 전근대 동아시아 지식인들이 경학의 한 방법으로서 '수사修辭'를 사용하였다는 사실을 밝히고, 동아시아 삼국의 대표적인『맹자』주석서를 대상으로 수사학적 시각으로 접근하여 그 공통점과 차이점을 제시하고자 했다. 이를 위하여 '방법으로서의 동아시아'라는 연구 시각으로 본서의 주제에 접근하였다.

결론에서는 앞에서의 내용을 요약하고 의의를 서술하는 것으로 논의를 마무리하고자 한다. 기존 학계는 경전 해석의 방법을 의리와 훈고라는 이분법적 시각으로 바라보았다. 하지만 이와 달리 어휘 배열이나 문장 구조, 표현 기교 등과 같은 경문의 구조적 특징을 해석하는 사례는 일찍이 동중서의『춘추번로』등에서부터 존재하며, 우리가 알고 있는 경전 집주인 주희의『맹자집주』를 포함한 여러 주석서에서 이러한 문장 중심의 경전 해석 방법을 어렵지 않게 찾을 수 있나. 이는 경문의 수사학적 측면을 중시한 주석이므로, 여기서는 이를 '수사학적 경전 해석'으로 규정하였다.

수사학적 경전 해석은 경문의 어휘 배열과 문장 구성, 그리고 표현 기교 등에 초점을 두고 경전의 문장을 이해하는 것으로, 경전의 문학적 가치를 칭송하며 이를 글쓰기의 전범으로 삼는 것을 주요 특징으로 한다. 이러한 특징이 담긴 수사학적 경전 주석서는 경전 해석에서 '수사'를 중시하는 태도와 '수사의 모범'으로 경전을 학습하는 태도를 동시에 보인다.

한·중·일의 『맹자』 주석서에서 수사학적 경전 해석은 공통적으로 발견된다. 중국에서는 주희의 『맹자집주』와 우운진의 『맹자논문』을 대표적으로 들 수 있으며, 한국에서는 이황의 『맹자석의』와 위백규의 『맹자차의』를 들 수 있고, 일본에서는 이토 진사이의 『맹자고의』와 히로세 탄소의 『독맹자』를 들 수 있다. 이에 본서는 동아시아 삼국의 대표적 주석서를 대상으로 그 구체적 사례를 분석하고 이를 토대로 각 주석서의 동이同異를 면밀히 고찰하였다.

이를 통해 우리는 『맹자』를 포함한 유교 경전은 전근대 동아시아에서 사상의 전범이었음은 물론, 동시에 오래된 문장의 정전이었음을 함께 확인할 수 있었다. 이를테면 '문文은 경전에 근본을 둔다[文本于經]'는 사유를 기반으로, 경문의 표현 기교나 문장 구조 등을 통해 『맹자』의 문학적 특성을 탐구하거나, 이를 자신의 글쓰기에 적용하려는 노력은 당대 지식인들 사이에서 적지 않게 존재해 왔다. 이러한 학술적 배경을 자양분으로 삼아 수사학적 경전 해석은 산생하고 점차 확대되어 갔다.

한편 본서는 이러한 수사학적 경전 주석서의 분석에 앞서, 문본우경 文本于經의 이론적 토대를 제공하고 발전시킨 동아시아 삼국의 대표적인 문예론을 먼저 고찰하였다. 이에 중국 유협과 한유의 논리를 살피고, 이와 관련하여 한국의 정도전과 성현의 논리, 그리고 일본에서는 후지와라 세이카와 오규 소라이의 경전 수사학을 논하였다. 이들은 약간의 차이가 있지만, 대체로 유교 경전을 글쓰기의 전범으로 삼았으며, 글을 쓸 때 형식[文]보다 내용[道]을 중시하였고, 문학 장르와 작문 공부의 필요성에 긍정적인 태도를 가졌으며, 담박한 스타일의 문체도 선호하였다. 이러한 문예적 교집합은 이들만의 특수한 것이라기보다 유교를 근간으로 하는 전근대 동아시아 지식인들의 일반적인 문학관으로 기능한 바 있다. 본서의 연구 대상인 경학가들 역시 기본적으로는 동일한 문학관을 소유하고 있었다.

무엇보다 경전을 글쓰기의 전범으로 삼는 태도는 — 역설적으로 보이지만 — 경전의 내용적 측면을 존숭하는 것과도 궤를 같이 한다. 경전의 사상적 측면을 강조하는 입장과 경전의 문학적 측면을 강조하는 입장은 유학 내부에서 얼핏 대립하는 듯하지만, 불교나 도교 등 외부에서 보면 서로 양립하는 것이었다. 이에 본서는 송대 이전까지 『맹자』가 중국에서 글쓰기 전범이 되는 전개 과정을 고찰하였고, 그 결과 유교 경전이 어떻게 사상의 전범이 되었고 동시에 글쓰기의 정전으로 존숭받게 되었는지 그 과정을 확인할 수 있었다.

본서의 가장 핵심 논제인 한·중·일의 지식인들이 추구한 수사학적 경전 해석은 다음 네 가지 공통점을 지니고 있었다. 첫째, 경문의 문체에 심미적 감상평을 남겼으며, 둘째, 경문의 어휘 배열과 표현 기교, 그리고 문장 구조 등을 분석하였고, 셋째, 경문의 수사학적 특징을 분석하면서 전거典據를 사용하지 않았으며, 넷째, 『맹자』의 문학적 가치와 함께 그 사상적 가치 또한 존숭하였다. 요컨대 이 네 가지 공통점은 수사학적 경전 주석서의 주요 특징이자 전제 조건이라 할 수 있다.

이러한 수사학적 경전 해석의 보편성은 그들의 문학관과 경전 해석 태도와도 무관하지 않았다. 중국의 주희와 우운진, 한국의 이황과 위백규, 그리고 일본의 이토 진사이와 히로세 탄소는 모두 문학 장르를 애호하였고, 글쓰기 공부의 필요성 또한 인정하였으며, 문의文義 중심의 경전 해석 태도를 보였다. 그들은 『맹자』를 글쓰기 모범으로 존숭하며 그 표현 기교와 어휘 배열, 그리고 문장 구조 등을 주해하여 문장의 전범으로 삼아 학습하고자 하였던 것이다.

하지만 그들이 보여준 수사학적 경전 해석의 농도에는 차이가 있었다. 주희의 『맹자집주』와 이황의 『맹자석의』, 그리고 이토 진사이의 『맹자고의』는 경문의 수사 해석이 주석의 절대적 비중을 차지한 것은 아니었으나, 우운진의 『맹자논문』과 위백규의 『맹자차의』, 그리고 히로세 탄소의 『독맹자』는 수사학을 주석서 전체를 통괄하는 주요 해석 방법으로 사용하였다.

이에 우운진과 위백규, 그리고 히로세 탄소의 세 저술을 각국의 대표적인 수사학적 『맹자』 주석서로 주목할 수 있는데, 본서는 그 차이점을 중점적으로 살핀 바 있다. 요컨대 한·중·일의 대표적인 수사학적 『맹자』 주석서는 모두 '수사'를 경전 해석의 주요 방법으로 사용하였지만 그 해석은 각기 다른 특징을 보여주고 있다.

첫째, 중점을 두고 설명하는 수사학적 요소가 달랐다. 우운진은 자字나 구句 등의 심미적인 요소이자 말투, 문장의 기운 등을 의미하는 '어세語勢'에, 위백규는 자나 구 등의 의미적인 요소이자 화자의 사유와 심리 등을 가리키는 '어의語義'에, 그리고 히로세 탄소는 자나 구 등의 구조적인 요소이자 설득법, 문장 구조 등을 가리키는 '어법語法'에 보다 관심을 기울였다.

이러한 차이는 각국의 학술 풍토와 연관이 있다. 중국은 『소비맹자』 등과 같은 수사학적 경전 주석서의 전범이 존재하였고, 여기서 어세를 비평하는 경향을 드러내었기 때문에, 우운진은 그러한 문예적 영향을 받아 경전 해석을 더욱 새롭게 발전시키고자 했다. 한국은 동아시아 삼국 중에서 주자학의 영향을 상대적으로 더 많이 받았기에, 위백규는 『맹자』를 문장학적 차원에서 바라보면서도 수사학적 요소를 통해 의리를 밝히는 해석 태도를 비중 있게 추구하였다. 이에 반해 일본의 히로세 탄소는 경전의 수사법에 관심을 깊이 보여 주었던 고문사파에 속하는 인물이었으므로, 어법 분석을 상대적으로 더욱 비중 있게 다루었던 것으로 보인다.

둘째, 서로 다른 문학 장르의 비평 양식을 경전 주석에 접목하였다. 우운진은 『맹자』를 주석하면서 소설 비평에 주로 사용되던 '평점評點'을 편집 방식으로 사용하였다. 위백규는 『맹자』에 수사학적 접근을 하면서 편장 구조 분석에 보다 관심을 기울였다. 히로세 탄소는 『맹자』를 칠언 절구에 비유하며 경문의 운율을 근거로 경전을 해석하였다.

이러한 차이는 각국에서 유행하던 문예 비평과 관련이 있다. 청대에는 김성탄 등에 의해 소설 평점이 유행하였으며, 조선 후기 김창협 등을 중심으로 산문의 편장 구조를 향한 관심이 증가한 것도 이러한 학술적 흐름과 관련이 깊다. 에도 시대에는 중국 문학의 유입 증가로 시작詩作이 일종의 유행처럼 번져 시 비평을 경전 주석과 관련시켰다.

셋째, 동아시아 삼국에서 주희의 수사학적 역량을 달리 바라보았다. 우운진과 히로세 탄소는 주희의 글쓰기 역량이나 문장 이해력을 부정적으로 평가한 반면 위백규는 주희의 문장 이해력과 글쓰기 능력을 높이 평가하였다.[1] 특히 히로세 탄소는 금문今文과 고문古文을 구별하는 등 『맹자』의 구조적 특징을 근거로 주희 주석을 비판하였다. 우운진은 송나라 유학자들이 과도하게 의리 중심으로 경문을 해석하였으며 그 원인은 그들의 문장력과 문장의 이해 부족에 있다고 주장하였다.

이러한 점은 각국의 학술적 흐름과도 무관하지 않다. 중국과 일본의 경우, 주자학에 비교적 자유로웠던 것에 반해 한국의 경우에는 수사학적 경전 해석도 기본적으로 주자학에서 크게 벗어나지 않으려는 경향을 보여주었다. 이는 조선 경학의 특수성이 작용한 결과로 볼 수 있다. 이처럼 17~19세기 동아시아 삼국에서 주자학으로부터 탈피하고자 하는 원심력이 서로 다르게 작용하였지만, 결국 수사학적 경전 해석마저도 그 구심력에서 완전히 벗어날 수는 없었다.

결과적으로 한 · 중 · 일의 대표적인 수사학적 경전 주석서가 갖는 보편성과 특수성은 우리에게 세 가지 사실을 알려준다.

첫째, 전근대 동아시아에서 경학과 문학은 서로 적극적으로 교감하였다는 사실이다. 경학은 문학의 영역과 긴밀하게 조응함으로써, 산문과 소설, 그리고 시 비평에서 주로 사용되는 비평 양식이 경문을 해석하는 데 종종 응용되었다. 이와 달리 거꾸로 시나 산문에서의 『맹자』 인용, 그리고 이에 담긴 성리학적 색채 등 경학이 문학에 미친 영향 등도 이미 학계에서 주목해 왔다. 그러나 수사학적 경전 해석처럼 문학이 경학에 미친 영향을 논의한 사례는 많지 않았고 그러한 시각의 연구 성과도 그다지 진전되지 못하였다.

그런데 고문을 향한 관심 증가와 고문 중에서 어떤 텍스트를 문장의 전범으로 삼을 것인가는 동아시아 삼국 지식인들에게 중요한 문제였다. 유교 경전은 글쓰기의 전범으로 존숭받았지만 실질적으로 이를 작문의 교과서로 학습할 것인가는 또 다른 문제였다. 혹자는 시대적 거리를 이유로 유교 경전보다도 당송 고문 혹은 명대 전후칠자의 고문을 학습하고자 했고, 혹자는 유교 경전은 성인이 쓴 글이므로 일반인들은 범접할 수 없는 문체라고 생각했다.

본서에서 거론한 인물들은 모두 유교 경전을 글쓰기의 정전으로 삼으며 그 문체를 적극적으로 학습하고자 했다. 이는 '문본우경'이라는 전근대 동아시아의 기본적인 문학관을 충실하게 이행하고자 한 것이기도 하며, '고古'를 지향하는 사유가 사상 외에도 문장학의 영역에서 결실을 맺은 것이기도 하다. 따라서 본서에서 연구 대상으로 삼은 수사학적 경전 주석서들은 당대 지식인들이 어떤 고문을 전범으로 삼을 것인가의 문제를 『맹자』라는 공유물을 놓고 적극적으로 논의하며 그 해답을 구하고자 한 실질적인 결과물이다.[2]

둘째, 당대 사회 문제를 해결하기 위한 열쇠를 경전의 수사학에서 찾고자 했던 움직임이 동아시아 삼국에서 존재했다는 것이다. 명·청 교체와 서세의 동전東傳 등 동아시아 국제질서의 전환에 따른 위기의식의 소산으로 17~19세기 한·중·일의 지식인들 사이에서는 기존의 사상 체계를 반성하거나 회의하는 등 근본적인 성찰이 이루어졌다. 전근대 지식인들은 경전을 바탕으로 사상적 원칙을 세우는 전통을 갖고 있었으며, 주석서는 그 고민과 번뇌의 표출구였다. 이에 우운진과 위백규, 그리고 히로세 탄소는 자신의 주석서에서 의리나 훈고 중심의 경전 해석보다도 '수사' 중심의 해석을 강조하면서 양자의 단점을 극복하고, 성현의 본지를 이해하여 경세經世의 단서로 삼고자 했음을 유추할 수 있다.

셋째, 경문에서 어떤 수사학적 요소를 논할 것인가는 주석가의 손에 달려 있었다는 점이다. 『중용』 13장에 "도끼자루를 벰이여, 도끼자루를 벰이여, 그 법칙은 멀리 있지 않다[伐柯伐柯, 其則不遠]"라는 구절이 있다. 도끼자루를 베는 법칙은 그 도끼자루를 쥔 자기 손안에 있다는 의미이다. '도끼자루의 법칙'처럼 수사학적 경전 해석 또한 그 붓을 쥔 주석가의 손 안에 있었다. 『맹자』에 특정 비유법이나 서차법이 사용되었기 때문에 이를 분석 및 해석한다기보다는, 주석가가 그것이 중요하다고 생각하기 때문에 그것에 주목하였던 것이다.[3]

이들의 수사학적 경전 해석을 보면 각각 다른 수사학적 요소에 관심을 보였음은 물론이거니와 모두 같은 문장을 놓고 수사학적 접근을 한 것도 아니었다. 같은 문장을 두고도 다른 수사법을 분석하기도 하였는데, 이는 앞서 살펴본 「양혜왕」 상 1장 "王亦曰仁義而已矣. 何必曰利?" 해석에서 확인할 수 있다. 주희는 맹자가 '리利'를 말하지 않고자 했다는 점에서 생략법을 사용하였다고 보았지만, 위백규는 맹자가 '인의仁義'를 말하고자 했다는 점에서 화제제시법이 사용되었다고 하였다. 우운진은 앞에 있는 문장(王何必曰利? 亦有仁義而已矣)의 구조를 바꾸어 장을 끝맺었다고 말한 반면, 히로세 탄소는 앞에 있는 문장과 호응을 이룬다고 풀이하였다. 이러한 수사학적 경전 해석의 차집합들은 도끼자루의 법칙으로 이해 가능하다.[4]

끝으로 앞에서 논의한 것을 종합하면 기존의 경학 연구와 다른 세 가지 의의를 지적할 수 있을 것이다.

첫째, 유교 경전을 그동안 학계에서 사상의 전범으로 주로 지각해 온 것을 재인식하고자 하였다. 여기서는 수사학적으로 경전에 접근한 사례가 보편적으로 존재해 왔다는 사실을 입증함으로써 경전의 문학 정전으로서의 가치와 기능을 재조명하는 학술적 근거를 제시하였다. 이는 유교 경전이 철학서이냐 아니냐는 해묵은 논쟁에서 벗어나, 보다 다양한 학제를 통해 전근대 동아시아의 경학을 이해하는 연구의 장을 여는 도르래 역할을 할 것이다.[5]

둘째, 본서는 '방법으로서의 동아시아'라는 새로운 경학 연구 방법론을 일신할 것이다. 이러한 연구 방법으로 살펴본 결과, 17~19세기 경전에 대한 수사학적 접근의 증가는 일국적 현상에 그치지 않았다. 한국과 중국, 그리고 일본의 학문 장에서 공통적으로 보이는 현상이었다. 또한 각 수사학적 경전 주석서의 차이점은 각국의 경학은 문학과 긴밀하게 조응하였다는 사실을 알려준다. 한국의 경우 수사학적 경전 해석이 중국이나 일본에 비해 두드러지지 않았다. 이러한 사실을 미루어 봤을 때, 이는 일국적 시야를 넘어 동아시아적 시각으로 각국의 경학 성과를 바라보고, 타자의 거울을 통해 주체를 비춰 보는 자세를 통해 얻어진 결과인 것이다.

셋째, 유학은 중국의 전유물이라는 인식이 외부에서 존재해 온 것에 대한 반성적 성찰이다. 이러한 인식은 유학을 동아시아 철학(East Asian Philosophy)이 아닌 중국 철학(Chinese Philosophy)이라고 부르는 데서 여실히 드러난다. 불교는 인도에서 출발하였으나, 인도 종교(Indian Religion)라고 총칭하지 않는다. 유학은 중국에서 시작된 것이 사실이나 한국과 일본은 이를 내재화하며 '경학'을 유학의 전통을 기반으로 하는 학문으로 발전시켜 나갔다.[6]

동아시아의 공통문자로 기술된 한문학 또한 마찬가지이다. 한문학은 한국과 일본에서 독자적인 학문으로 성장했음에도 불구하고, 여전히 영미권에서는 한문으로 쓰인 모든 글을 한문학(Sinographic Literature)이 아닌 중국 문학(Chinese Literature)으로 부르고 있다.[7] 따라서 본서는 수사학적 경전 주석서 내에도 보편성과 특수성이 존재한다는 사실을 제시함으로써, 동아시아 내에서 유학의 다원적인 모습과 함께 학술의 다채로운 형상을 발견하는 데 도움을 줄 것이라 기대한다.

앞에서 이미 논제와 관련한 상세한 서술과 경학사적 의미를 상술하였지만, 여전히 미진하고 향후 더 연구할 부분이 적지 않다. 따라서 향후 연구 과제를 제시하며 마무리하고자 한다.

첫째, 한·중·일의 대표적인 수사학적 『맹자』 주석에 한정하여 사례를 분석하였지만, 다른 인물들의 수사학적 『맹자』 주석서를 더 발굴하여 보완할 필요가 있다. 앞선 논지를 통해 경학사의 뚜렷한 학술적 경향성을 거론하기 위해서는 더 많은 주석서의 발굴과 파악이 필요할 것이다. 둘째, 수사학적 경전 해석은 『맹자』 외에도 『논어』와 『서경』 등 여러 경전 주석서에 존재한다. 주석서의 형태 외에도 문장 선본이나 일반 산문에서 또한 경전에 대한 수사학적 접근을 살필 수 있다. 셋째, 수사학적 해석과 주석가의 사유 간 연관성을 고찰하는 논의가 필요하다. 가령 문장 구조를 나누는 방법에 따라 경문의 의미가 달라지므로, 이를 논하는 일은 주석가의 사상적 지향점을 도출하는 주요한 근거가 될 수 있기 때문이다. 이러한 몇 가지 문제는 향후 연구를 통해 더욱 깊이 있게 고찰하고자 한다.

〈부록〉

청대 수사학적『맹자』주석서와

그 목록(총 26종)

| 부록 | 청대 수사학적 『맹자』 주석서와 그 목록(총 26종)

　　현재까지 밝혀진 청대 수사학적 『맹자』 주석서(1912년 신해혁명 이전)는 총 26종이다. 생몰 연도 및 간행 연도의 순서로 이를 나열하면 다음과 같다.[1]

〈표 6〉 청대 수사학적 『맹자』 주석서(1912년 신해혁명 이전)

No.	저자명/서명	평점 사용여부	소장 및 수록처
1	손조흥(孫肇興, 1583~1661) 『산보사서약설刪補四書約說』	사용	• 『속수사고전서續修四庫全書』 권164와 『중국고적총목中國古籍總目』에 수록; 절강대학浙江大學, 상해도서관上海圖書館에 소장.
2	김성탄(金聖歎, 1608~1661) 『석맹자사장釋孟子四章』	사용	• 『중국고적총목』, 『관화당재자서휘고貫華堂才子書彙稿』, 『김성탄평점재자전집金聖嘆評點才子全集』 등에 수록; 북경대학도서관北京大學圖書館과 하버드대 옌칭도서관 등에 소장.
3	범이매(范爾梅, ?~?) 『맹자찰기孟子札記』	–	• 『속수사고전서』 권158과 『중국고적총목』에 수록; 절강대학, 상해도서관 등에 소장.
4	탕내하(湯來賀, 1607~1688) 『맹자평점孟子評點』	사용	• 탕내하의 「맹자평점서孟子評點序」에 소개; 원전 자료는 미견未見.
5	왕훈(王訓, 1614~1683) 『칠편지략七篇指略』	사용	• 북경대학도서관과 국가도서관國家圖書館 등에 소장.
6	위희(魏禧, 1624~1681) 『맹자견우장孟子牽牛章』	사용	• 『속수사고전서』 권1409, 『위숙자문집외편魏叔子文集外編』, 『중국고적총목』 등에 수록; 섬서성도서관陝西省圖書館, 상해도서관 등에 소장.
7	저흔(儲欣, 1631~1706) 『비점맹자집주批點孟子集注』	사용	• 복단대학도서관復旦大學圖書館, 상해도서관, 남경도서관南京圖書館, 호남도서관湖南圖書館, 천진도서관天津圖書館 등에 소장; 『상해부진서사서목上海富晉書社書目』 수록. • 주희의 『맹자집주』에 평점.
8	왕유광(汪有光, ?~?) 『표맹標孟』	사용	• 『속수사고전서』 권157과 『중국고적총목』에 수록; 국가도서관, 상해도서관, 북경사범대학도서관 등에 소장.
9	심이룡(沈李龍, ?~?) 『중전소평맹자重鐫蘇評孟子』	사용	• 『사고전서총목四庫全書總目』 수록; 국가도서관, 하버드옌칭도서관 등에 소장. • 명대 『소비맹자蘇批孟子』의 중각본重刻本.

No.	저자명/서명	평점 사용여부	소장 및 수록처
10	왕원(王源, 1648~1710) 『맹자평孟子評』	사용	• 『중국고적총목』에 수록; 북경대학도서관에 소장.
11	왕우박(王又樸, 1681~1760) 『맹자독법孟子讀法』	사용	• 『시례당전집詩禮堂全集』과 『중국고적총목』에 수록; 북경대학도서관, 천진도서관, 하버드대 옌칭도서관 등에 소장.
12	진이중(陳履中, 1693~1769) 『맹자논문孟子論文』	사용	• 대련도서관大連圖書館에 소장.
13	유대괴(劉大櫆, 1698~1780) 『평점맹자評點孟子』	사용	• 『중국고적총목』에 소개; 원전자료는 미견.[2]
14	조승모(趙承謨, ?~?) 『맹자문평孟子文評』	사용	• 『속수사고전서총목제요續修四庫全書總目提要』와 『중국고적총목中國古籍總目』에 수록; 국내 부산대학교, 북경대학도서관, 국가도서관, 상해도서관, 북경인문과학연구소, 하버드대 옌칭도서관 등에 소장.
15	주인기(周人麒, 1705~1784) 『맹자독법부기孟子讀法附記』	사용	• 『사고미수서집간四庫未收書輯刊』에 수록; 북경대학도서관, 천진도서관, 국가도서관, 상해도서관 등에 소장.
16	우운진(牛運震, 1706~1758) 『맹자논문孟子論文』	사용	• 북경대학도서관, 국가도서관, 상해도서관 등에 소장; 『공산당전집空山堂全集』에 수록.
17	강준(康濬, 1741~1809) 『맹자문설孟子文說』	사용	• 절강대학, 상해도서관 등에 소장; 『속수사고전서』 권158과 『중국고적총목』에 수록.
18	조대완(趙大浣, ?~?) 『증보소비맹자增補蘇批孟子』	사용	• 국가도서관, 상해도서관에 소장, 국내는 서울대 규장각한국학연구원, 성균관대 존경각, 국립중앙도서관 등에 소장.
19	고영(高玲, ?~?) 『신각비점맹자독본新刻批點孟子讀本』	사용	• 『중국고적총목』에 수록; 섬서사범대학도서관陝西師範大學圖書館 소장. • 주희의 『맹자집주』에 비점.
20	옹석서(翁錫書, ?~?) 『증정비점진서산맹자집편增訂批點真西山孟子集編』	사용	• 상해도서관에 소장.
21	왕여겸(王汝謙, 1777~1855) 『맹자논문孟子論文』	사용	• 『중국고적총목』, 『청속문헌통고清續文獻通考』에 수록; 국가도서관, 하남대학도서관河南大學圖書館에 소장.

No.	저자명/서명	평점 사용여부	소장 및 수록처
22	오민수(吳敏樹, 1805~1873)『오남병선 생평점맹자吳南屏先生評點孟子』	사용	• 천진사범대학도서관天津師範大學圖書館 소장.
23	심보정(沈保靖, 1827~1903)『독맹집설 讀孟集說』	–	• 『중국고적총목』에 수록; 북경대학도서관에 소장.
24	오여륜(吳汝綸, 1840~1903)『맹자점감 孟子點勘』	사용	• 국가도서관에 소장.
25	요영개(姚永概, 1866~1923)『맹자강의 孟子講義』	사용	• 『안휘고적총서安徽古籍叢書』에 수록; 안휘성도서 관安徽省圖書館에 소장.
26	고보영(高步瀛, 1873~1940) 集 解ㆍ오개생(吳闓生, 1878~1949) 評點『맹 자문법독본孟子文法讀本』	사용	• 『중국고적총목』에 수록; 상해도서관에 소장. • 오개생『맹자평점孟子評點』의 수정판이며『맹자 평점』은 미출간.

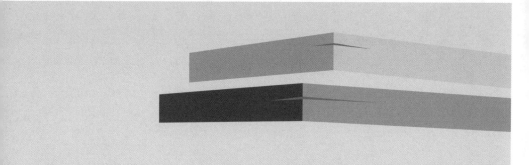

|주|

|서론

1) 여기서 경전은 '유교 경전'을 지칭한다. 경전 수사학은 이론이나 방법론의 측면을 가리키는 반면 수사학적 경전 해석은 그 하위 체제로 경전 비평의 실제를 가리킨다. '경전 수사학'은 범범하게 말하면 경전을 수사학의 관점에서 바라보는 입장으로 표현할 수 있다. 그 목적 측면에서 바라볼 때 이는 문본을 중심으로 경전을 해석[내재적 수사학(해석학)]하려는 의지의 반영이기도 하지만, 경전의 문체를 학습하여 이를 스스로의 글쓰기에 적용[외재적 수사학(문장학)]하려는 의도의 표출이기도 하다. 따라서 본서에서 지칭하는 경전 수사학은 경서를 문장의 전범으로 여기는 시각과 경서를 수사학의 관점에서 비평 또는 해석하는 시각을 동시에 내함한다.

2) 진재교(2014b)는 동아시아 삼국의 문사들이 직접 만나지는 않았지만 동 시기에 왕세정의 문장론이라는 동일한 논제를 두고 이국 밖에서 문예 공론장을 형성한 점을 주목하였다. 자세한 내용은 다음을 참조. 진재교(2014b), 「조선조 후기 文藝 공간에서의 王世貞」, 『한국한문학연구』 Vol.54, 한국한문학회, pp.164~167.

3) 조선 시대에 『사기』의 수사학적 접근은 다음을 참조. 박경남(2016), 「王世貞의 『史記』 인식과 계승 양상: 16·17세기 조선 문인들의 『사기』 수용과 계승 양상과 관련하여」, 『대동문화연구』, Vol.93, 성균관대학교 대동문화연구원.

4) 『대가문회』는 유몽인이 역대 고문의 정수를 정선한 것이며, 모두 21권 11책으로 권3에 『사기』를 실었다. 『한사열전초』는 1607년(선조 40) 무렵 최립이 초학자들의 고문 학습을 위해 『사기』와 『한서』의 列傳 부분만을 선정한 후 句讀點과 口訣을 달아 편찬하였다.

5) 조선 시대 『사기』 문장 비평에 관한 저술은 다음을 참고. 이성규(1992), 「조선후기 士大夫의 『史記』 이해」, 『진단학보』 Vol.74, 진단학회, pp.108~113, pp.134~146; 翟金明(2017), 「文本的力量: 以朝鮮漢籍所涉 『史記』·『漢書』資料爲基礎的硏究」, 中國社會科學院 博士學位論文, pp.11~18, pp.162~212, pp.282~287.

6) 이현호(2011)는 조선 시대 『사기』 문장을 수록한 선집에서 담긴 편은 「백이열전」과 「범저전」이 12회로 가장 많고, 다음이 「신릉군전」 11회, 「화식열전」 10회 등이라고 하였다. 이현호(2011), 「朝鮮後期 『史記』 批評 硏究」, 부산대학교 박사학위논문, p.57.

7) 조선 후기 『사기』 「화식열전」의 수사학적 주석서는 다음을 참조. 안대회(2020), 「조선 후기 『史記』 「貨殖列傳」 주석서의 문헌적 연구」, 『대동문화연구』 Vol.110, 성균관대학교 대동문화연구원; 안대회(2021), 「『史記』 「貨殖列傳」 주석서와 그 修辭學的 주석: 18세기 조선의 주석서를 중심으로」, 『대동문화연구』 Vol.113, 성균관대학교 대동문화연구원.

8) 이성규(1992)는 조선 시대 『사기』와 관련된 저술 전체를 대상으로 하여, 그 특징을 첫째 포폄과 평가, 둘째 문체와 문장론, 셋째 사례와 서법론, 넷째 고증과 주해 등 네 가지로 나누고 일일이 목록화하였다. 자세한 내용은 다음을 참고. 이성규(1992), 앞의 논문, pp.134~146.

9) 李月辰(2020)은 명청대는 물론 조선과 일본에서 간행된 『사기평림』 판본을 상세히 고찰하였다. 조선 시대 『사기평림』의 간행본과 그 서지사항은 다음을 참고. 李月辰 (2020), 『「史記評林」及其傳播接受研究』, 陝西師範大學 博士學位論文, p.161.

10) 본래 명나라의 『사기평림』 간행본은 원문과 삼가주, 그리고 역대 150여 명의 『사기』 평론으로 구성되어 있다. 삼가주는 南朝 裵駰(?~?)의 『史記集解』와 唐代 司馬貞 (679~732)의 『史記索隱』 및 張守節(?~?)의 『史記正義』를 가리키는 속칭이다. 그러나 조선유통본 『사기평림』은 평론이 모두 삭제되어 있다. 사실상 『사기』 원문과 삼가주만이 조선에서 유통된 것이다.

11) 국내 학계에서 『사기찬』의 저자를 왕세정으로 오인하는 경우도 있지만, 현재 중국 학계의 다수는 왕세정은 『사기찬』의 서문을 작성했을 뿐이며 능치륭을 『사기찬』의 저자로 보고 있다.

12) 楊昊鷗(2015)는 같은 시기 『시경』 비평서는 11종, 『초사』는 8종, 『좌전』은 13종, 『전국책』은 10종, 『한서』는 6종 뿐이었다고 하였다. 명대 『사기』 산문 비평서에 대한 자세한 목록은 다음을 참고. 楊昊鷗(2015), 『論『史記』文章學經典地位在明代的形成』, 『學術研究』 Vol.8, 廣東省社會科學界聯合會, pp.155~156.

13) 명청대 『사기평림』의 간행본에 대한 서지사항과 목록은 다음을 참고. 李月辰(2020), 앞의 논문, pp.137~152.

14) 일본의 『사기평림』 수용과 전파는 다음을 참조. 楊海崢(2015), 『從『史記評林』到『史記讀本』: 作爲教材的『史記』與日本漢學教育』, 『文學遺産』 Vol.4, 中國社會科學院文學研究所, pp.169~174; 楊海崢(2017), 『日本『史記』研究論稿』, 北京: 中華書局, pp.6~14.

15) 에도 시대 『사기평림』 간행본의 서지사항과 목록은 다음을 참고. 李月辰(2020), 앞의 논문, pp.152~161.

16) 메이지 시대에 출현한 『사기평림』 교정판 및 증보판은 다음을 참고. 池田英雄 著, 張新科·朱曉琳 譯(1993), 『從著作看日本先哲的『史記』: 古今傳承1300年間的變遷』, 『唐都學刊』 Vol.4, 西安文理學院, pp.8~9.

17) 일본의 오견사 『사기논문』 수용과 전파는 다음을 참조. 王豪(2022), 『吳見思『史記論文』在日本的傳播與影響考論』, 『渭南師範學院學報』 Vol.37, 渭南師範學院.

18) 그는 오견사 외에 청대 李晩芳(1691~1767)의 『讀史管見』 및 일본의 森回節齋 (?~?)의 『太史公序贊蠡測』과 西毅一(1843~1904) 등의 평점을 참고하였다.

19) 賴山陽(1781~1832)의 『古文典刑』은 『사기』의 7편을 골라서 평점을 붙이며, 오견사의 『사기』 문장평을 함께 참고로 제시했다. 가령 그는 「항우본기」에 평점을 남기며, 빨간색으로는 자신의 비평을 담고 검은색으로는 『사기논문』의 본문을 덧붙였다. 賴

山陽은 오견사와 마찬가지로 「항우본기」의 문장을 매우 높이 평가하였다.

20) 신경준 『장자』 주석서의 특징과 그 의의는 다음을 참조. 김남형(2013), 「申景濬의 『文章準則莊子選』研究(1): 문헌적 성격 검토를 중심으로」, 『한국학논집』 Vol.51, 계명대학교 한국학연구원; 신익철(2016), 「申景濬의 『莊子』 讀法과 『詩則』에 담긴 시의식」, 『반교어문연구』 Vol.43, 반교어문학회.

21) 조선 시대 『장자』의 산문 예술 수용은 다음을 참조. 안세현(2010), 「조선중기 한문산문에서 『장자』 수용의 양상과 그 의미」, 『한국한문학연구』 Vol.45, 한국한문학회.

22) 『晩全先生文集』 卷5, 「略敍柳西厓而見行跡」. "某每見公出語驚人, 自歎以爲不及. 一日公來見某曰: '吾數日前, 讀韓文 「原道」·「莊子」 「秋水篇」數遍, 覺得文思頓進.' 因出示一策文, 波瀾浩浩, 光彩刮目, 又非復前日所見文字也. 自是詩賦論策, 皆爲一時擧子中獨步, 未幾, 公果捷巍科, 登顯仕."

23) 조선 시대 임희일 『장자권재구의』의 수용 경로와 그 영향은 다음을 참조. 최재목(2003), 「朝鮮時代における林希逸 『三子鬳齋口義』の受容」, 『양명학』 Vol.10, 한국양명학회; 최정이(2013), 「조선시대 道家書 간행 및 版本 분석」, 경북대학교 석사학위논문.

24) 조선 시대에 임희일 『장자권재구의』의 간행본은 다음을 참조. 김호(2018), 「林希逸 『莊子口義』在朝鮮的傳播·刊行與其文化內涵」, 『유교문화연구』 Vol.30, 성균관대학교 유교문화연구소; 王晩霞(2015), 『林希逸文獻學研究』, 北京: 中國社會科學出版社, pp.218~235.

25) 조선 시대 『장자』 관련 서적의 유통은 다음을 참조. 서주영(2016), 「朝鮮書目書의 『莊子』 書目 考察」, 『중어중문학』 Vol.66, 한국중어중문학회.

26) 중국의 『장자』 산문 비평사는 다음을 참조. 李波(2007), 「淸代莊子散文評點硏究」, 華東師範大學 博士學位論文, pp.16~63; 徐聖心(2018), 「文學性 『莊子』 詮釋學: 公安·竟陵·桐城取例合論」, 『中國文化』 Vol.47, 中國藝術硏究院, pp.76~80.

27) 임희일 『장자권재구의』의 특징과 중국에서의 영향력은 다음을 참조. 方勇(2008), 『莊子學史』 卷2, 北京: 人民出版社, pp.347~379.

28) 이 외에도 명대 육서성의 『남화진경부묵』은 모두 곽상과 임희일의 주석을 거론하였으며, 석덕청의 『莊子內篇注』, 초횡의 『장자익』, 孫應鰲(?~?)의 『莊義要刪』, 陸可敎(1547~1598)·李廷機(1542~1616)의 『莊子玄言評苑』, 그리고 진심의 『장자품절』 등에서도 임희일의 해석을 인용하였다.

29) 중국에서의 임희일 『장자권재구의』 간행본은 다음을 참조. 王晩霞(2018), 앞의 책, pp.198~207.

30) 일본에서 임희일의 『장자권재구의』가 갖는 위상은 다음을 참조. 孫亦平(2014), 『東亞道教研究』, 北京: 人民出版社, pp.472~473; 任立(2017), 「『莊子鬳齋口義』及其在日本的影響」, 武漢大學 博士學位論文, pp.76~138; 池田知久(2009), 『道家思想の新研究: 「莊子」を中心として』, 東京: 汲古書院, pp.735; 武内義雄(1978), 「林希逸口義の渡來と流行」, 『武內義雄全集』 卷6, 東京: 角川書店.

31) 일본 중세 선승의 장자학은 다음을 참조. 王迪(2000), 「從書誌考察日本的老莊研究狀況: 以鎌倉‧室町時代爲主」, 『漢學研究』 Vol.18, 漢學研究資料及服務中心, pp.35~44; 芳賀幸四郎(1956), 『中世禪林の學問および文學に關する研究』, 東京: 日本學術振興會, pp.190~214.

32) 『莊子鬳齋口義棧航』, "我先人羅山翁講經之暇, 繙『南華口義』, 粗記其出處於釐百數十件, 未畢而罷矣."

33) 『答祖博』, "餘思註疏難古而未若『口義』麼爲明快也. 況古人論郭象麼麼霧露乎!"

34) 일본에서 임희일의 『노자』 및 『장자』 해석이 미친 영향은 다음을 참조. 大野出(1997), 『日本の近世と老莊思想: 林羅山の思想をめぐって』, 東京: ぺりかん社.

35) 일본에서 유통한 임희일 『장자권재구의』의 간행본과 이를 연구 및 교감한 작품은 다음을 참조. 方勇(2008), 「『南華真經口義』在國內外歷史上的影響」, 『莊學史略』, 四川: 巴蜀書社, p.291; 王晚霞(2018), 앞의 책, pp.207~218.

36) 대표적으로 Benjamin A. Elman(2001)은 청대의 학술 풍토를 논하면서 송대와 명대의 학술사를 '성리학'으로 청대의 학술사를 '고증학'으로 분류하였다. 물론 philosophy를 성리학으로, philology를 고증학으로 번역하는 것이 적절한가의 문제는 여전히 논쟁거리로 남아 있다. 현재 한국어 서명은 『성리학에서 고증학으로』, 중국어로는 『從理學到樸學』이라고 번역하며, 그는 이러한 번역어가 적절하다고 하였다.
John Makeham(2003)도 전근대 『논어』를 해석하는 방법으로 철학과 고증을 꼽았다. 劉瑾輝(2007)도 義理와 考據를 기준으로 청대의 『맹자』 주석서를 분류‧분석하였다. 劉瑾輝(2007), 『淸代孟子學硏究』, 北京: 社會科學文獻出版社, p.29; Elman, Benjamin A.(2001), 『From Philosophy to Philology』, Los Angeles: UCLA Asian Pacific Monograph Series. pp.ⅹ~ⅺ; Makeham, John(2003), 『Transmitters and Creators: Chinese Commentators and Commentaries on the Analects』, Cambridge, Mass.: Harvard University Press, p.9.

37) 결과가 아닌 과정에 주목하여 동아시아 문화교류사를 관찰하는 자세가 가져다주는 장점은 다음을 참조. 黃俊傑(2012a), 『東亞文化交流中的儒家經典與理念: 互動, 轉化與融合』, 上海: 華東師範大學出版社, pp.7~12.

38) 미국과 중국에서는 양명학을 성리학에 포함시키는 반면, 한국과 일본에서는 양명학과 성리학은 서로 다른 것으로 간주한다. 한국과 일본에서 성리학을 주자학의 異稱이라고 생각하기 때문이다. 고증학은 그 개념을 정의하는 데 더욱 난점이 있다. 일부에서는 훈고학과 고증학을 서로 별개로 보거나, 일부는 훈고학을 고증학의 범주에 포함시키기도 한다. 훈고학은 넓은 의미의 小學이라는 이유를 들어 고증학을 소학으로까지 간주하는 사례도 있다. 중국의 경우 고증학의 대칭으로 '樸學'이란 단어가 자주 쓰인다. 박학은 '樸實之學'의 준말로 아직 학술적인 개념으로 정립되어 있지 않다. 이렇듯 고증학의 개념 정의는 의견이 분분한 까닭에 학계에서는 여전히 고증학의 개념과 범주를 합의하지 못하고 있다. 이는 비단 동아시아에서 뿐만이 아닌 전 세계적인 현상이라고 할 수 있다. 필자는 2018년 4월 보스턴대학교에서 개최된 〈Seeking a Future for Sinograph Studies〉 워크숍에서 한문학 내 동아시아 비교 연구

를 활성화하는 방안을 발표하면서, 개념의 중의성과 다양한 異稱의 존재를 동아시아 비교 연구를 제한하는 한 가지 원인으로 제시하였다.

박학의 의미는 다음을 참조. 임형택(2018), 「19세기 사상사의 지도와 박규수」, 『환재 박규수 연구』, 서울: 학자원, pp.71~72.

국외의 유사한 문제 제기는 다음을 참고. Kornicki, Peter Francis(2018), 『Languages, Scripts, and Chinese Texts in East Asia』, Oxford, UK: Oxford University Press, p.10; Pollock, Sheldon(2015), 『World Philology』, Cambridge, Mass.: Harvard University Press, pp.1~6.

39) 한국의 경우 최근 10년 동안(2009~2019)의 연구를 살펴보면, 절반 이상이 정약용의 경학을 연구한 것이다. 총 197건 중에 116건이 정약용, 27건이 이익, 15건이 윤휴, 그리고 39건이 그 외이다.

40) 다나카 가시로田中加代(1993)는 『독맹자』에 담긴 수사학적 해석을 높이 평가하였다. 자세한 내용은 다음을 참고. 田中加代(1993), 『廣瀨淡窓の研究』, 東京: ぺりかん社, p.296.

41) 위 다섯 명의 주석가들은 '文本于經[文은 경전을 근본으로 한다]'이라는 전제에 입각하여, ① 경전 '해석'에 있어 '修辭'를 예의주시하였으며(경문을 해석할 때 주요 근거로 어법이나 문장의 기세를 제시), ② 경전을 '수사의 모범'으로 학습(경문에 담긴 수사학적 요소—語義·語法·語勢—를 분석)하고자 하였다. 전근대 동아시아의 수사 3요소와 수사학적 경전 주석서의 특징은 뒤에서 상세히 논하도록 하겠다.

42) 한국에서 17~19세기 경학의 성황이 갖는 의미는 다음을 참조. 임형택(2009), 『문명의식과 실학』, 파주: 돌베개, pp.116~122.

43) Edwin O. Reischauer(1974)는 동아시아는 ① 유교문화, ② 한자문화, ③ 불교문화, ④ 가족중심문화 등의 여러 문화적 특징을 공유한다고 하였다. 호리 도시카즈堀敏一(2006)는 역사적 문명권으로서 동아시아 세계에 ① 한자문화, ② 유교, ③ 율령제, ④ 불교 네 가지 지표가 있음을 지적하였다. 黃俊傑(2015)은 문화적 의미의 동아시아는 ① 유교, ② 한자, ③ 불교, ④ 한의학 등 네 가지 문화를 공유한다고 하였다. 연구자마다 다소 차이가 있으나, 문화적 의미의 동아시아가 공유하는 요소로 ① 유교문화, ② 한자문화, ③ 불교문화 세 가지를 공통적으로 꼽았음을 알 수 있다.

黃俊傑(2015), 「동아시아의 '관점'에서 생각하기」, 『동아시아는 몇 시인가?』, 서울: 너머북스, pp.99~102; 堀敏一(2006), 『東アジア世界の形成: 中國と周邊國家』, 東京: 汲古書院, p.5; Reischauer, Edwin O.(1974), 「The Sinic World in Perspective」, 『Foreign Affairs』Vol.52 No.2, Council on Foreign Relations, pp.341~344.

44) 이우성(2005), 「동아시아와 한국」, 『동아시아학의 모색과 지향』, 서울: 성균관대학교 출판부, p.13.

45) 그 이유는 종교적 기능을 수행한 불교와 달리, 유교는 고대로부터 전장제도와 정치 문물에 커다란 영향을 미쳤기 때문이다. 따라서 중세와 근대시기에 그 정도와 방향의 차이가 존재하더라도 역사적으로 동아시아 삼국은 유교 문화권이라고 할 수 있다. 자세한 내용은 다음을 참고. 이우성(2005), 앞의 논문, pp.13~15.

46) 黃俊傑(2009)은 "동아시아적 시각은 동아시아 각 지역을 포괄하기 때문에 '송명이학', '일본유학', '한국유학'과 같은 일국적 관점보다 유학 전통의 다원성과 다양성을 더 잘 파악할 수 있다"고 하였다. 黃俊傑 著, 최영진·안유경 譯(2009), 『동아시아 유교경전 해석학』, 서울: 문사철, p.10.

47) 『朱子語類』 卷19, 「語孟綱領」. "『孟子』文章, 妙不可言.' 文蔚曰: '他每段自有一二句綱領, 其後只是解此一二句.' 曰: '此猶是淺者, 其他自有妙處. 惟老蘇文深得其妙.'"

48) 『朱子語類』 卷19, 「語孟綱領」. "『孟子』, 全讀方見得意思貫. 某因讀『孟子』, 見得古人作文法, 亦有似今人間架."

49) 『朱子語類』 卷19, 「語孟綱領」. "『孟子』之書, 明白親切, 無甚可疑者. 只要日日熟讀, 須敎它在吾肚中先千百轉, 便自然純熟. 某初看時, 要逐句去看它, 便覺得意思淺迫. 至後來放寬看, 卻有條理. 然此書不特是義理精明, 又且是甚次第文章. 某因讀, 亦知作文之法."

50) 劉熙載, 『藝槪』. "韓文出于『孟子』."

51) 劉熙載, 『藝槪』. "東坡文亦『孟子』."

52) 전근대 중국에서 『맹자』가 갖는 문장 학습서로서의 지위는 다음을 참조. 董洪利 (1997), 『孟子硏究』, 南京: 江蘇古籍出版社, pp.118~119.

53) 『淵泉全書』 卷7, 「鶴岡散筆」. "聖人之書, 不可以文辭求也. 然文章之盛實, 未有如聖賢之書者. 至於『孟子』, 則開闔奇正萬變悉具, 後世作者如韓·歐·三蘇之文, 其原皆出於此, 讀者亦不可不知也. 今姑擧其一段言之. …… 此蓋古人省文之法, 後世作家有意省文, 雖字句矯健, 而剪截之痕亦不可揜, 雖高古如左氏尙不免此."

54) 전근대 한국에서 『맹자』가 갖는 문장 학습서로서의 지위는 다음을 참조. 이가원(1975), 「맹자가 우리 문학에 끼친 영향의 가지가지」, 『맹자』, 서울: 현암사, pp.543~561.

55) 임형택(2009)은 "동양이란 개념은 일본 근대가 처음 만든 것은 아니지만 서양의 대칭으로서 통용한 것은 사실이다. 문제점은 중국 근대의 경우는 동양이란 개념을 자아 속에 매몰시킨 데 있었으며, 일본 근대의 경우는 동양이란 개념으로 자아를 팽창시킨 데 있었다"라고 하였다.

동양은 원래 동쪽 바다를 뜻하는 말로 본디 고유 명사가 아닌 서쪽과 남쪽 등에 대칭하는 상대적 개념이었다. 한자문화권에서 동양이란 단어가 특정한 의미를 갖게 된 것은 서양에 대칭된 이후로, 1864년판 『만국공법』에 대서양의 대칭으로 대동양이 사용된 바 있다.

고야스 노부쿠니子安宣邦(2005)는 일본에서 '동양'의 문화적 개념은 헤겔의 저술인 『역사철학강의』의 오리엔탈리즘적 시각[oriental despotism]에 영향을 받아 '서구-비서구'·'문명-비문명' 구도를 내재하고 있다고 하였다. 중국에서는 '중심과 주변' 등 중화주의적 인식 아래 '동양'이란 단어를 사용한 사례가 보인다.

한자문화권에서 동양이란 개념의 형성과 의미는 다음을 참조. 임형택(2009), 앞의 책, pp.95~104. 헤겔의 '동양' 개념이 일본에 미친 영향은 다음을 참조. 고야스 노부쿠니 著, 이승연 譯(2005), 『동아, 대동아, 동아시아』, 서울: 역사비평사, pp.51~74.

56) '동아' 개념의 생성과 의미는 다음을 참조. 고야스 노부쿠니 著, 이승연 譯(2005), 앞의 책, pp.75~111.

57) 탈냉전 시대에 동아시아적 연대와 동아시아적 시각의 필요성은 다음을 참고. 최원식(1995), 「탈냉전 시대와 동아시아적 시각의 모색」, 『동아시아, 문제와 시각』, 서울: 문학과지성사, pp.73~103.

58) 방법으로서의 동아시아는 다케우치 요시미竹内好(1981)의 "방법으로서의 아시아"를 동아시아 연구 방법으로 차용한 것이기도 하다. 자세한 내용은 다음을 참고. 竹内好(1981), 『方法としてのアジア』, 東京: 築摩書房.

59) 한문학에서 동아시아의 보편성과 특수성은 다음을 참고. 진재교(2009), 「동아시아에서 한국 한문학의 보편성과 특수성」, 『인문연구』 Vol.57, 영남대학교 인문과학연구소, pp.229~264.

60) 동아시아의 시각으로 전근대 지식인들의 『맹자』 해석을 연구한 사례는 한국, 영미권, 중화권, 그리고 일본에서 모두 전반적으로 미진한 편이다. 한국과 대만의 경우 그 중요성을 인식하고 있으며, 특히 대만에서 黃俊傑(2005; 2007)과 蔡振豐(2010) 등의 주요한 성과가 있다. 그러나 그마저도 『맹자』의 철학적 해석을 연구하는 데 치우쳐 있다. 『맹자』를 넘어 사서삼경으로 확대하여 보아도, 영미권의 경우 동아시아적 시각으로 한·중·일의 유학을 비교한 연구는 드물다. 각 분야를 전공한 여러 학자들의 연구 성과를 편집한 저서가 대부분이다. 대표적으로 Elman 外(2002)는 한국·중국·일본·베트남의 경학을 다루고 있다. 단일 연구자가 한·중·일의 유학을 비교 연구한 경우는 Ivanhoe(2016)가 있다. 필자(2019)는 최근 10년(2009~2019)간 동아시아 『맹자』 해석을 둘러싼 국내외의 선행 연구를 살피고 그 특징과 문제점을 제시하였다. 선행 연구의 자세한 내용은 다음을 참고. 유민정(2019), 「한·중·일의 수사학적 경전 해석: 『孟子』 주석서를 중심으로」, 성균관대학교 박사학위논문, pp.18~20.
蔡振豐(2010), 『朝鮮儒者丁若鏞的四書學: 以東亞爲視野的討論』, 臺北: 國立臺灣大學出版中心; 黃俊傑(2005), 『東亞儒學研究的回顧與展望』, 臺北: 臺灣大學出版中心; 黃俊傑(2007), 『東亞儒學: 經典與詮釋的辯證』, 臺北: 臺灣大學出版中心; Elman, Benjamin A. · John B. Duncan · Herman Ooms, eds.(2002), 『Rethinking Confucianism』, Los Angeles: UCLA Asian Pacific Monograph Series; Ivanhoe, Philip J.(2016), 『Three Streams: Confucian Reflections on Learning and the Moral Heart-Mind in China, Korea, and Japan』, New York: Oxford University Press.

61) 진재교(2013)는 한국과 중국, 그리고 일본 학계가 동아시아적 시각이 부족하다고 지적하며, 동아시아적 시각에 입각한 한문학 연구의 가능성을 제기하였다. 진재교(2013), 「한국한문학 연구와 '동아시아': 동아시아 한문학의 가능성」, 『학문장과 동아시아』, 서울: 성균관대학교출판부, pp.18~20.

62) 이러한 방법론을 연구 담론으로 확대하면 '동아시아 고전학'으로 표현할 수 있을 것이다. 국내에서 처음으로 진재교(2014a)는 '동아시아 고전학'이라는 학적 담론과 그 가능성을 제기하였다. 동아시아 고전학의 궁극적인 지향은 동아시아 삼국에 현재 존

재하는 대립적 인식을 넘어 공동의 이해를 구축하기 위한 장을 마련하는 것이다. 이 러한 담론의 구체적인 결실은 진재교 外(2023)의 단행본에서 확인할 수 있다.

진재교(2014a), 「동아시아 古典學과 한문교육: 그 시각과 방법」, 『한문교육논집』 Vol.42, 한국한문교육학회; 진재교 外(2023), 『동아시아 고전학의 안과밖』, 서울: 성 균관대학교출판부.

63) 수사학적 경전 주석서를 고찰한 연구는 위백규의 『讀書箚義』를 다룬 김성중(1999; 2002; 2005; 2007)과 필자(2013; 2018)의 논문이 있다. 두 연구자 모두 위백규의 수 사학적 경전 해석을 자세하게 분석하였지만, '수사'를 경학의 한 방법으로 인정하며 그 연원을 밝히지 못했다는 점이 아쉽다.

김성중(1998), 「存齋 魏伯珪의 『論語箚義』 硏究」, 고려대학교 석사학위논문; 김성 중(2002), 「存齋 魏伯珪의 『孟子箚義』硏究」, 『신진문철』, 서울: 월인; 김성중(2005), 「存齋 魏伯珪의 『論語箚義』에 대한 一考察: 著述經緯와 虛字를 중심으로」, 『대동문 화연구』 Vol.50 기념호, 성균관대학교 대동문화연구원; 김성중(2007), 「魏伯珪의 『論 語箚義』에 대하여: 修辭 방면의 분석을 중심으로」, 『한국실학연구』 Vol.14, 한국실학 학회; 유민정(2013), 「存齋 魏伯珪의 『孟子』 해석 硏究」, 성균관대학교 석사학위논 문; 유민정(2018), 「위백규의 수사학적 경전 해석」, 『퇴계학보』 Vol.143, 퇴계연구 원, pp.137~175.

64) You, Min Jung(2018), 「New Trends in Commentaries on the Confucian Classics: Characteristics, Differences, and Significance of Rhetorically Oriented Exegeses of the Mengzi」, 『ACTA KOREANA』 Vol.21 No.2, CrossRef.

65) 유교 경전은 동아시아 전통사회에서 문 · 사 · 철의 역할을 동시에 수행했다는 시각 아래, Wiebke Denecke(2011; 2016) 외 David Schaberg(2001)와 Wai—yee Li(2007) 도 '문학'이라는 학제를 통해 유교 경전을 연구하였다. 이들은 다양한 시각을 통해 전근대 동아시아의 유학 전통을 연구할 필요가 있다는 문제의식을 공유하고 있다. 자세한 내용은 다음을 참고. Schaberg, David(2001), 「A Patterned Past: Form and Thought in Early Chinese Historiography」, Cambridge, Mass.: Harvard University Press, pp.12~13; Denecke, Wiebke(2006), 「Disciplines in Translation: From Chinese Philosophy to Chinese What?」, 『Culture, Theory & Critique』 Vol.47 No.1, Taylor & Francis, pp.23~38; Li, Wai—yee(2007), 「The Readability of the Past in Early Chinese Historiography」, Cambridge, Mass.: Harvard University Press, pp.31~33; Denecke, Wiebke(2011), 「The Dynamics of Masters Literature: Early Chinese Thought from Confucius to Han Feizi」, Cambridge, Mass.: Harvard University Press, pp.326~347.

66) Bruce Rusk(2012)는 고대 중국의 지식인들은 『시경』을 경전으로 이해하는 과정에서 우선적으로 『시경』의 문학적 특성을 이해했음을 밝혔다. 그리고 고대 중국에서 『시 경』이 당대 시문학의 전승과 창작에 미친 영향을 분석하였다. Rusk, Bruce(2012), 「Critics and Commentators: The Book of Poems as Classic and Literature」, Cambridge, Mass.: Harvard University Press, p.3.

67) 龔鵬程(2008)은 전근대 중국에서 '육경은 모두 문학[六經皆文]'이라는 시각으로 유

교 경전의 문학성을 분석한 저술을 연구하였다. 입론에서는 경학사와 문학사의 균형을 맞추며 그 기원을 탐색하였으며, 아울러 경전의 문학성을 고찰한 저술이 명·청 이후로 증가하게 된 배경과 그 의의를 밝혔다. 다만 본론의 분석사례를 봤을 때, 그의 연구는 문학사에 다소 기울어져 있다. 그는 전근대 중국 지식인들의『시경』과『좌전』, 그리고『예기』에 대한 문학적 접근을 주로 다루었으며, 주석서 형태보다는 문장비평서의 형태를 보다 중점적으로 다루었다. 龔鵬程(2008),『六經皆文: 經學史／文學史』, 臺北: 臺灣學生書局有限公司.

68) 何俊(2021),『從經學到理學』, 上海: 人民出版社; 傅道彬(2021),『"六經"文學論』, 北京: 北京大學出版社.

69) 吳飛(2024),「經學何爲: 六經皆史·六經皆禮·六經皆文三說辯證」,『現代哲學』 Vol.1, 廣東哲學學會.

70) 張伯偉(2017),「東亞視野下的經學與文學: 以『孟子』在中韓歷史上的影響爲中心」, 한중인문학회 국제학술대회, pp.36~43.

71) 열거해보면 김성탄의『釋孟子四章』, 汪有光의『標孟』, 趙承謨의『孟子文評』, 康濬 의『孟子文說』등이 있다. 본서의〈부록〉에서 총 26종의 청대 수사학적『맹자』주석 서를 도표화하였다. 청대 수사학적『맹자』주석서의 목록과 특징 등은 江志豪(2004) 와 龔鵬程(2008), 그리고 李暢然(2011)의 저술에 보인다. 이 중에서 李暢然(2011) 의 연구가 가장 상세하다.
江志豪(2004),「牛運震之文章評論學」, 香港中文大學 博士學位論文, pp.72~80; 龔鵬程(2008), 앞의 책, pp.7~8; 李暢然(2011),『淸代孟子學史大綱』, 北京: 北京 大學出版社, pp.191~194.

72) 江志豪(2004)는 우운진의 다른 저술과 청대 수사학적『맹자』주석서와의 비교를 통해『맹자논문』의 특징과 의의를 면밀히 고찰하였다. 董洪利(1997)는 수사학적 경전 주석서의 대표로『맹자논문』을 꼽았으며, 井東燕(2007)은『맹자논문』의 특징을 간략하게 언급하였고, 任曉陽(2013)은 우운진이『맹자논문』에서 분석한 대구법 및 비유법 등을 전반적으로 살펴보았으며, 王建軍·劉瑾輝(2014)는『맹자논문』에 담긴 수사학적 비평을 탐구하였다.
江志豪(2004), 앞의 논문, pp.26~80; 董洪利(1997), 앞의 책, p.321; 井東燕 (2007),「牛運震傳略」, 蘭州大學 碩士學位論文, pp.46~47; 任曉陽(2013),『孟子 論文』研究」, 廣西師範大學 碩士學位論文; 王建軍·劉瑾輝(2014),「牛運震『孟子 論文』探析」,『陽州大學學報』Vol.18, 陽州大學, pp.73~81.

73) 일본의 경우, 주로 에도 시대 古文辭派들이 언어학적 방법을 동원하여 경전을 이해한 바 있다. 그들은 주로 어휘 배열, 음운 등을 통해 주희의 해석을 비판하였다.

74) 메이지 시대 竹添光鴻(1842~1917)의『孟子論文』도 일본의 수사학적『맹자』해석을 살펴볼 수 있는 중요한 자료이다.

75) 林少陽(2009),『"修辭"という思想: 章炳麟と漢字圈の言語論的批評理論』, 東京: 白 澤社.

76) 수사학적『시경』해석의 연구는 중국에서 많이 이루어진 편이다. 劉毓慶(2001)은 명

대에 등장했던 『시경』에 대한 문학비평을 집중적으로 고찰하였다. 朱孟庭(2007)은 선진 시대부터 청대에 이르기까지 『시경』을 문학적으로 해석한 연원을 살폈으며, 특히 김성탄 등 청대에 『시경』을 문학적으로 해석하는 문헌을 꼼꼼하게 분석하였다. 張洪海(2018)는 명대와 청대를 중심으로 『시경』을 評點한 사례를 탐구하였다. 그가 말하는 평점은 흔히 방점을 찍는 것을 포함하여 경문에 대한 문학적 비평[literary criticism]까지 포괄하는 광의적 의미를 가리킨다.

劉毓慶(2001), 『從經學到文學: 明代『詩經』學史論』, 北京: 商務印書館; 朱孟庭 (2007), 『淸代詩經的文學闡釋』, 臺北: 文津出版社; 張洪海(2018), 『『詩經』評點史』, 上海: 上海社會科學院出版社.

評點의 광의와 협의는 다음을 참조. 張洪海(2018), 앞의 책, pp.5~7; Rolston, David L.(1997), 『Traditional Chinese Fiction and Fiction Commentary: Reading and Writing between the Lines』, Stanford, Calif.: Stanford University Press, p.25.

II 경전 수사학의 발단과 성립

1) 『四庫全書總目提要』卷1, 「經部總敍」. "自漢京以後, 垂二千年, 儒者沿波, 學凡六變. …… 要其歸宿, 則不過漢學宋學兩家互爲勝負."

2) 『二程遺書』卷18. "古之學者一, 今之學者三, 異端不與焉. 一曰'文章之學,' 二曰'訓詁之學,' 三曰'儒學之學,' 欲適道, 舍儒學之學不可."

3) 중국에서 문학의 원천적 의미와 개념 분화는 郭紹虞의 『中國文學批評史』(2011)를 참조하였다. 袁行霈의 『中國文學槪論』(2010) 또한 郭紹虞(2011)와 유사한 설명이 보인다. 한편 金莉(2017)는 위진 이전에 중국에서 '문학' 관념이 생겨났다고 하며, 서방의 유미주의적 문학관이 유행했던 것은 晩淸 이후로 보고 있다. 서양에서도 현대의 '순문학' 개념이 생겨난 것은 19세기 전후라고 하였다.
袁行霈(2010), 『中國文學槪論』, 北京: 北京大學出版社, pp.1~5; 郭紹虞(2011), 『中國文學批評史』上, 北京: 商務印書館, pp.7~22, pp.53~59; 金莉 外(2017), 『西方文論關鍵詞』1, 北京: 外語敎學與硏究出版社, p.595.

4) 袁行霈(2014)는 漢代의 경학과 문학은 긴밀한 관계를 갖고 있었다고 보았다. 그는 "한대에 경학과 문학은 서로 호혜관계를 갖고 있었다. 『한시외전』은 『시경』을 해독한 것이었으며, 역사서의 문체는 미학성을 갖고 있었다. 『역림』은 『주역』에 관한 것으로 사언시 형식으로 저술되었다. 양웅의 『법언』은 『논어』의 문체를 모방하여 지은 것이다. 이들은 문학작품은 아니지만 문학과 경학의 가치를 겸하고 있다"고 주장하였다. 袁行霈 主編(2014), 『中國文學史』1, 北京: 高等敎育出版社, p.143.

5) 명대 邱濬(1421~1495)과 청대 戴震(1723~1777)을 예로 들 수 있다. 구준은 『大學衍義補』에서 '文章之學'을 '詞章之學'으로 표현하였다[古之學者一, 今之學者三, 異端不與焉. 一曰'詞章之學,' 二曰'訓詁之學,' 三曰'儒者之學.' 欲趨道, 舍儒者之學不可]. 대진은 『戴震文集』卷9 「與方希原書」에서 훈고가 아닌 制數를 학문분과로 제시하였다[古今學問之途, 其大致有三, 或事于義理, 或事于制數, 或事于文章].

6) 이 구절은 『近思錄』卷2 「爲學」에도 인용되었다. 한국과 일본은 이러한 인식을 흡수·발전시켰다. 한국의 경우 朴世采(1631~1695)의 『南溪先生朴文純公文正集』卷47 등에 보인다.

7) 『惜抱軒文集』卷8, 「復秦小峴書」. "嘗謂天下學問之事, 有義理·文章·考證三者之分, 異趨而同爲不可廢. 一途之中, 歧分而爲衆家, 遂至於百十家. 同一家矣, 而人之才性偏勝, 所取之徑域, 又有能有不能焉. 凡執其所能爲, 而呲其所不爲者, 皆陋也. 必兼收之乃失爲善."; 『述庵文鈔』 卷1, 「述庵文鈔序」. "餘嘗論學問之事, 有三端焉, 曰: '義理也, 考證也, 文章也. 是三者, 苟善用之, 則皆足以相濟, 苟不善用之, 則或至於相害.'"

8) 陳平原(2004)은 요내가 세 가지 학문분과의 상보적 관계를 주장한 것은 궁극적으로 '문장지학'을 강조하는 데 그 목적이 있다고 주장하였다. 이에 대한 자세한 내용은 다음을 참고. 陳平原(2004), 『從文人之文到學者之文: 明淸散文硏究』, 北京: 生活·讀書·新知三聯書店, pp.386~399.

9) Martin Kern(2001)은 文章이라는 단어가 처음 보이는 문헌은 班固(32~92)의 「兩都賦」 서문이라고 하였다. 그는 동아시아에서 문장이라는 단어는 하나의 의미로 정의할 수 없는 역사적으로 누적된 개념이라고 보았다. 고대 중국에서 '문장'의 의미와 지위 변천은 다음을 참고. Kern, Martin(2001), 「Ritual, Text, and the Formation of the Canon: Historical Transitions of Wen in Early China」, 『T'oung Pao』 Vol.87, Brill, pp.43~91.

10) 현대 한자문화권에서 쓰이는 '文學'이란 단어는, 20세기 전후 영어 literature를 일본에서 번역하는 과정에서 탄생한 것으로, 기존에 한문에서 쓰던 '문학'을 채택하여 literature의 번역어로 사용하였다. literature의 대체어, '문학'은 중국과 한국에서 또한 채택되어 사용하였다. 한편 literature는 '글쓰기나 문법을 배운다'는 의미의 라틴어 literatura · litteratura에서 기원하였다. 영어 literature의 어원은 다음을 참조. https://www.etymonline.com/word/literature#etymonline_v_12314

11) 가스펠서브(2013)는 "'문법' 등 문학적 요소를 통한 경전 해석은 이미 성서비평에서 '역사문헌비평'과 함께 경학의 주요한 방법 중 하나로 여겨지고 있다. 이를 전문용어로 '문학비평[literary criticism]'이라고 한다. 성경 비평학의 한 분야로서, 성경의 문학적인 특징을 비평하는 작업을 말한다. 즉, 성경 본문을 분석해 그 구문과 구조를 밝혀내며 본문에 사용된 기초 자료를 추정하고, 그 본문의 통일성과 문체를 결정짓는 비평방법이다"라고 하였다. 가스펠서브(2013), 『교회용어사전』, 서울: 생명의말씀사, p.255.

12) Bruce Rusk(2012)는 전근대 중국에서 『시경』은 문학의 범주에서 논해지기도 하고, 문학의 범주에서 제외되어 논의되기도 하는 등 주석가들은 유동적으로 『시경』을 대했다고 했다. Rusk, Bruce(2012), 『Critics and Commentators: The Book of Poems as Classic and Literature』, Cambridge, Mass.: Harvard University Press, p.8.

13) 『春秋繁露』. "義不訕上, 智不危身, 故遠者以義諱, 近者以智畏, 畏與義兼, 則世逾近, 而言逾謹矣, 此定 · 哀之所以微其辭. 以故用則天下平, 不用則安其身, 春秋之道也."

14) 『소비맹자』의 실제 저자가 소순이 아닐 것이라는 의견이 있다. 소순 · 소식 · 소철 삼부자가 공동저자라는 설도 있다. 그 서명 또한 『蘇評孟子』, 『批點孟子』, 『孟子評』 등 다양한 이칭이 존재한다. 본서의 목적은 『소비맹자』의 진위 여부를 판단하는 것이 아니다. 본서는 실제로 『맹자』에 대한 수사학적 접근이 송대에 존재했다는 사실에 주안점을 두므로 진위 여부의 판단은 보류하도록 하겠다.

15) 李贄(1527~1602)의 『四書評 · 孟子』와 楊起元(1547~1599)의 『四書眼 · 孟子』 등 좌파 왕학의 저술에서도 경전을 문학적으로 접근한 사례가 발견되지만, 이들은 경전을 문장의 모범으로 삼지 않았다. 특히 이지는 오히려 전통 고문에서 벗어나고자 하였다. 이지의 경학은 '탈성화'가 특징인데, 본서에서 논하고자 하는 문헌들은 오히려 경전에 담긴 내용과 그 문학성을 모두 존숭하였다. 따라서 이지 등 좌파 왕학의 저술은 본서의 논의에 포함시키지 않는다.
   필자(2018)는 동아시아 삼국의 대표적인 수사학적 『맹자』 주석서와, 오규 소라이의 고문사학, 그리고 이지의 비평체 경학 세 부류의 同·異를 비교하여 도표로 나타내었다. 자세한 내용은 다음을 참고. You, Min Jung(2018), 「New Trends in Commentaries on the Confucian Classics: Characteristics, Differences, and Significance of Rhetorically Oriented Exegeses of the Mengzi」, 『ACTA KOREANA』 Vol.21 No.2, CrossRef, p.512.

16) 『孟子章句』 「孟子題辭」. "孟子長於譬喩, 事不迫切, 而意以獨至, 其言曰: '說詩者 不以文害辭, 不以辭害志. 以意逆志, 爲得之矣.' 斯言殆欲使後人深求其意, 以解 其文, 不但施於說詩也."

17) 안대회(1998)는 "(문장선집은) 모두 당대의 시대적 분위기를 짙게 담고 있으며, 選家 [선집자]의 참담고심의 흔적을 담고 있는 귀중한 문학자료이다"라고 하며 문장선집 의 가치를 서술하였다. 안대회(1998), 「조선시대 문장관과 문장선집」, 『한국 고문의 이론과 전개』, 서울: 태학사, p.237.

18) 중국의 최초 문장선집으로 일컬어지는 摯虞(?~311?)의 『文章流別集』은 『맹자』를 포함하지 않았다. 다만 각 장르의 기원이 육경임을 밝히고 있다. 한문의 문체를 분 류한 최초의 서적으로 일컬어지는 陸機(261~303)의 『文賦』는 유교 경전—이 때에 는 육경—은 글쓰기의 롤모델로 삼기에 부적절하다고 서술하기도 하였다. 陳德秀 (1178~1235)는 『文章正宗』 「綱目」에서 "'議論'類 문장은 육경과 『논어』 및 『맹자』를 원조로 삼는다[議論: 大抵以'六經'·'論語'·'孟子'爲祖]"라고 하며 『맹자』를 포함한 경전을 문장의 전범으로 삼았다. 그러나 진덕수는 성인의 글은 범접할 수 없기 때문 에 선본 대상으로 삼을 수 없다고 밝히고 있다.(『文章正宗』 「綱目」. "議論: 然聖賢大 訓, 不當與後之作者同錄. 今獨取『春秋』內·外傳所載, 諫爭論說之辭先漢以後諸 臣所上書疏封事之屬, 以爲議論之首.")

19) 『경사백가잡초』는 요내의 『古文辭類纂』을 보완한 것이다. 『고문사류찬』은 『맹자』를 포함한 유교 경전을 선본 대상으로 삼지 않았다. 중국번이 『경사백가잡초』에 『맹자』 등 유교 경전을 포함한 것은 의리학과 고증학, 그리고 문장학이라는 세 영역의 학술 분과에서 문장학을 강조했던 요내의 주장을 실천한 것이라 볼 수 있다.

20) 「양혜왕」 상 1장~4장을 평론하였다. 자세한 내용은 다음을 참고. 金聖歎 著, 林乾 主編(1999), 「釋孟子四章」, 『金聖歎評點才子全集』 卷2, 北京: 光明日報出版社.

21) 그 외에도 '文辭'나 '散文藝術'이라는 표현도 사용되었다. 김성중(2002)은 '문사' 방면 의 주석서라고 하였고, 董洪利(1997)는 '산문예술'에 대한 주석서라고 하였다. '문사' 는 중국에서 사용하는 단어이며 글자 단위라는 의미가 강하다. '산문예술'이라는 표 현은 글의 미학성에 초점을 둔 것으로 논변의 기술까지 포괄하지 않는다. 두 단어 모 두 그 특징을 설명하는 단어로 적합하나, 이를 해석학적으로 어떻게 적용하였는지를 의미하는 하나의 '학적 개념'으로까지 확장하기 어렵다. 김성중(2002), 「存齋 魏伯珪 의 『孟子箚義』 硏究」, 『신진문철』, 서울: 월인, p.216; 董洪利(1997), 『孟子硏究』, 南 京: 江蘇古籍出版社, p.118, p.321.

22) '文章學'의 '文章'이라는 단어는 동아시아 한자문화권에서 다양한 의미를 갖고 있다. 『漢語大詞典』을 보아도 총 9개의 정의가 있다. 그중에서 전근대 학술 분과를 논할 때

사용되는 '문장'은 '詞章'의 이칭이며, 현대어로는 '文學'을 가리킨다. 그리고 현대의 학제에서 문학은 글쓰기 및 문학에 관한 학문을 아우른다.

23) 陳必祥(1987), 『古代散文文體槪論』, 臺北: 文史哲出版社, p.101.

24) 홍석주의 『紀里經』과 홍길주의 「皐津經傳」, 「甘誓」, 「武成」은 각각 『春秋公羊傳』과 『대학』, 『서경』의 문체를 패러디한 것이다. 박무영(2008)은 홍석주의 작품에 경전의 문체가 지니는 엄숙성이 여전히 '태도'로 반영되고 있는 데 반해, 홍길주 작품은 경전을 완전히 탈권위화하는 태도가 감지된다고 주장하였다. 자세한 내용은 다음을 참고. 박무영(2008), 「경전 패러디와 기호 조작의 세계: 홍길주작, 「皐津經傳」과 「甘誓」, 「武成」의 작품론으로」, 『한문학보』 Vol.18, 우리한문학회.

25) 이지는 속문학을 경전보다 더 존숭하였으며, 성인보다 童心이 더 우위에 있다고 주장하였다. 문체는 전통 고문에서 벗어나고자 하였다. 이지의 문학관은 다음을 참조. 遊國恩(1986), 『中國文學史』 3·4, 香港: 圖書刊行社, p.143.

26) 전근대 동아시아 지식인들의 도덕주의적 문학관은 다음을 참고. 임형택(1984a), 「16세기 사림파의 문학의식: 주로 李珥를 통해서 본 성리학의 문학론 一端」, 『한국문학사의 시각』, 서울: 창작과비평사, p.33; 袁行霈(2010), 앞의 책, pp.15~18; Liu, James J. Y.(1975), 『Chinese Theories of Literature』, Chicago: University of Chicago Press, pp.271~297.

27) 蔣伯潛·蔣祖怡(2011)는 "『논어』와 『맹자』는 똑같이 성현의 언행을 기록한 것이지만, 문장의 체제와 풍격은 같지 않다. 『논어』는 간략하고 질박한 기술인데 비해, 『맹자』는 기세가 웅장하고 규모가 크며, 정세가 급격하고도 복잡하게 변화하는 장편의 의론이다. …… 따라서 『맹자』를 숙독하면 문장 방면, 특히 의론문 방면에 많은 도움이 될 것이다"라고 말하며, 의론체 산문을 쓸 때 『맹자』가 전범이 된다고 하였다. 蔣伯潛·蔣祖怡(2011), 『經與經學』, 北京: 九州出版社, p.213.

28) 『주역』 「건괘·문언전」의 '수사입기성' 외에도 다른 문헌에서 '수사'라는 표현을 찾아볼 수 있다. 가령 元代에 '수사'라는 표현이 들어간 王構의 『修辭鑒衡』이라는 저술이 있다. 전근대 중국의 수사학은 다음을 참고. 鄭子瑜(1984), 『中國修辭學史稿』, 上海: 上海敎育出版社; 易蒲·李金苓(1989), 『漢語修辭學史綱』, 長春: 吉林敎育出版社; 袁暉 外(1990), 『漢語修辭學史』, 合肥: 安徽敎育出版社; 周振甫(2006), 『中國修辭學史』 1·2, 南京: 江蘇敎育出版社; 丁秀菊(2015), 『先秦儒家修辭研究』, 山東: 山東大學出版社.

29) 『周易』 「乾卦·文言傳」. "'九三曰: 「君子, 終日乾乾, 夕惕若厲, 无咎.」 何謂也?' 子曰: '君子, 進德修業. 忠信, 所以進德也, 修辭立其誠, 所以居業也.'"

30) 周策縱(1993), 「『易經』修辭立其誠辨」, 『中國文哲研究集刊』 Vol.3, 臺北: 中央研究院 中國文哲研究所, pp.30~46.

31) 시중의 주요 국어사전 6종을 살펴보면, 모두 修辭를 '말이나 글을 아름답게 꾸미는' 미사로 정의하고 있다. 중중사전과 일일사전에서도 한국처럼 장식적 기능에 맞춰 각각 xiūcí와 しゅうじ를 정의하고 있다.
〈한국〉 신기철·신용철(1981), 『새 우리말 큰 사전』 상, 서울: 삼성출판사, p.1562;

운평어문연구소(1999), 『DESK 국어사전』, 서울: 금성출판사, p.1301; 이희승(2007), 『엣센스 국어사전』, 파주: 민중서림, p.1516; 고려대학교 민족문화연구원 국어사전편찬실(2009), 『고려대 한국어대사전』, 서울: 고려대학교 민족문화연구원, p.3648; YBM Si-sa 사전편찬실(2009), 『엘리트 국어사전』, 서울: YBM si-sa, p.1365; 국립국어원, 『표준국어대사전』, http://stdweb2.korean.go.kr.

〈중국: Baidu〉修辭(figure of speech; rhetoric), 即文辭或修飾文辭. '修'是修飾的意思, '辭'的本來意思是辯論的言詞, 後引申爲一切的言詞. 修辭本義就是修飾言論, 也就是在使用語言的過程中, 利用多種語言手段以收到儘可能好的表達效果的一種語言活動.

〈일본: コトバソク〉言葉を効果的に使って, 適切に表現すること. また, 美しく巧みな言葉で飾って表現すること. また, その技術.

32) 동아시아의 전통적 '수사' 개념은 다음을 참조. 김헌(2004), 「레토리케'(Rhêtorikê)는 '수사학'(修辭學)인가?」, 『한국수사학회 학술대회』, pp.1~11; 김월회(2005), 「말 닦기와 뜻 세우기[修辭立其誠]: 고대 중국인의 수사 담론과 그 저변」, 『한국수사학회 월례학술발표회』, pp.1~10; 정우봉(2006), 「한국 수사학사에 있어 수사 담론과 그 맥락」, 『민족문화연구』 Vol.45, 고려대학교 민족문화연구원, pp.109~132.

33) 이태준(1998), 『문장강화』, 서울: 창작과비평사, p.23.

34) 자세한 내용은 다음을 참고. 정우봉(2006), 앞의 논문, p.122.

35) 『설문해자』의 단옥재 주석에 "문자를 쌓아서 편장을 이루고, 詞를 쌓아서 辭를 이룬다[積文字而成篇章, 積詞而成辭]"라고 하였다. 이에 따르면 辭는 최소 단위인 형태소나 단어[字]만을 지칭하는 게 아니라, 단어를 포함한, 편, 장, 그리고 글 전체 단위까지를 포괄할 수 있다.

36) 이종오(2007~2008)는 "수사학은 웅변술('말 잘하기 기술')과 변론술('설득의 기술')이다. 사실 모든 수사학은 플라톤의 것을 제외한다면 다분히 '아리스토텔레스적'이라고 말할 수 있다(『수사학』 1, p.283)"라고 하였다. 아리스토텔레스의 수사학 연구는 다음을 참조. 아리스토텔레스 著, 이종오 譯(2007~2008), 『수사학』 1・2・3, 서울: 리젬.

37) Ralph Weber(2014)는 비교 문화 연구에서 개념어 정의가 난해한 점을 지적하면서, 꼼꼼하고 세밀한 개념 정의보다는 범범하고 추상적인 개념 정의와 이에 의한 용어 선택이 필요하다고 하였다. Weber, Ralph(2014), 「On Comparative Approaches to Rhetoric in Ancient China」, 『De Gruyter』 Vol.68 No.4, De Gruyter, p.934.

38) 한국에서는 18세기를 전후로 다양한 용어를 사용하여 산문을 수사학적 관점으로 분석한 사례가 발견된다. 자세한 내용은 다음을 참고. 정우봉(2003), 「『雪橋藝學錄』의 散文修辭學 硏究」, 『한국한문학연구』 Vol.32, 한국한문학회.

39) 여기에서 '語義'는 사전적・문자적 의미에 대한 풀이가 아니라 그 문자나 문맥이 갖고 있는 함의에 대한 풀이를 가리킨다. 가령 語義는 화자의 심리상태나 성격, 혹은 문맥을 통해 '義理'를 설명하는 경우가 한 예가 될 수 있다. 수사의 세 요소로서 '어의'는 '어세'와 '어법'과 함께 언급되는 경우가 종종 보이는데, 이는 성리학이 기본적

으로 '성인의 본지를 밝히는(성현의 의리발명)' 학문이기 때문이라고 생각한다.

40) 『昆侖集』卷11. "吾於文章, 亦云然. 文質彬彬有道, 明理以樹其本, 擇術以端其趣, 修辭以致其用. 三者闕一, 不可."

41) 『眉巖先生集』卷18, 「經筵日記」. "上曰: '凡文字吐釋之間, 或者以爲小事, 不必留意. 然聖賢有言, 未有不得於文義, 而能通其精微者.'"

42) 文義의 개념은 '文'의 내용이냐 형식이냐에 따라 그 정의가 다르다. '文'의 내용적 특징을 가리킬 경우, 문의는 문장의 의리 혹은 문장의 내용을 의미한다. 반면 '文'의 형식적 특징을 가리킬 경우, 문의는 즉 글의 형식·구조를 의미한다. 본서에서 말하는 문의는 모두 '文'의 형식·구조를 가리킨다. 따라서 '文'의 내용적 특징을 지칭할 경우에는 '文意'라는 단어를 사용하여 양자를 구분하고자 한다.

43) 『存齋集』卷9, 『孟子箚義』. "但今讀者不解文義, 徒誦音釋, 不達於文者, 烏能知義理哉."

44) 『孟子集注』, 「告子」上 5章. "二章問答, 大指略同, 皆反覆譬喻以曉當世, 使明仁義之在內, 則知人之性善, 而皆可以爲堯舜矣." 자세한 분석은 본서 Ⅲ장 1절 주희의 『맹자집주』 참고.

45) 『存齋集』卷9, 『孟子箚義』. "起頭因王言而先擧利, 結尾因己言而先擧仁義, 仍以何必利翻蹴了. 口氣英爽, 令人悚悟. 一章之內, 起結分明, 此是後來文章家祖宗. 大凡『孟子』一書, 每章麟軸管鎖, 縝密緊切, 中藏無限造化, 亦文章家豪雄妙絶者也."

46) 『小倉山房文集』卷18, 「答惠定宇書」. "六經者, 亦聖人之文章耳."; 『小倉山房文集』卷18, 「答定宇二書」. "六經者文章之祖, 猶人家之有高曾也."

47) 傅道彬(2010)은 장학성의 '육경개사'는 유교 경전을 사회생활에 관한 평범한 기록으로 바라보며, 신성하게 여겨졌던 경전에 대한 시각을 전환하였다고 주장하였다. 그리고 이는 '육경개문'의 이론적 가능성을 열었다고 말하였다. 傅道彬(2010), 「六經皆文與周代經典文本的詩學解讀」, 『文學遺産』Vol.5, 中國社會科學院 文學研究所, p.4.

48) 『虛白堂文集』卷12, 「與楸功書」. "夫六輕者, 聖人之行, 而文章者, 六之土直, 爲文而不法乎古, 則猶禦風而無翼也, 爲文而不本乎經, 則猶凌波而無楫也."

49) 『四佳文集』卷4, 「東文選序」. "文者, 貫道之器. 六經之文, 非有意於文, 而自然配乎道. …… 今之學者誠能心於道, 不文於文, 本乎經, 不規規於諸子, 崇雅黜浮, 高明正大, 則其所以羽翼聖經者, 必有其道矣."

50) 『徂徠集』卷27, 「答屈景山」.

51) 에도 문단의 명대 전후칠자 수용은 다음을 참고. 노경희(2013), 「17세기 전반 조선과 18세기 에도 문단의 明代 前後七子 詩論 수용」, 『고전문학연구』Vol.43, 한국고전문학회; 藍弘嶽(2017), 『漢文圏における荻生徂徠: 醫學·兵學·儒學』, 東京: 東京大學出版會, pp.106~137.

52) 도교의 문학관에서는 옛글이 문장의 전범이 되기 어렵다. 가령 『抱朴子』에서는 시대가 흐를수록 문체가 더 좋아지며, 문장의 전범은 과거가 아닌 현재 혹은 미래의 문장

이라고 하였다. 하지만 유교의 문학관은 복고를 지향하기 때문에, 시대마다 정도의 차이가 있으나 기본적으로는 유교 경전으로 대표되는 옛글[古文]이 글쓰기의 원천이 자 전범이 된다. 경문에 대한 수사학적 접근은 유학의 '古'에 대한 지향이 문장학의 영역에서 발휘된 형태라고 볼 수 있는 것이다. 경문의 문장학적 가치를 존중하는 것은 유학자들의 보편적인 관념이었으나, 이를 연구 대상으로 삼는지 여부는 학자들마다 그 노선을 달리하였다 할 수 있다.

53) 일본에서 유교 경전을 문장의 전범으로 삼은 경우를 살펴보면 현존 자료 중에서 가장 이른 작품으로 쇼토쿠 태자의 17조 헌법이 있다. 그 문체상 특징을 오카다 마사유키岡田正之는 "육조의 폐습인 부화한 태가 없고 자구도 정련되고 조어도 간결 고고하며, 『시경』·『서경』·『논어』·『맹자』·『효경』·『좌전』·『예기』·『관자』·『묵자』·『순자』·『한비자』·『사기』·『문선』 및 불서 등에서 널리 문사의 재료를 취하여 힘써 답습을 피하고 원문의 일부를 변화하여 '之'를 사용하였다"고 말하였다. 이노구치 아츠시著, 심경호·한예원 譯(2000), 『日本漢文學史』, 서울: 소명출판, p.35 재인용.

54) '경전 수사학'의 정의는 본서의 Ⅰ장 1절 경전과 수사학에 있는 주석 1) 참조.

55) 한국의 경우, 신라 시대에는 『맹자』가 국학에서 배제되었다. 조선 시대에 들어와 '四書'가 강조됨에 따라 『맹자』의 문학적 가치 또한 조명 받은 것으로 추측한다.

56) 문본우경의 시각은 유협 이전에도 존재했다. 그러나 체계화된 이론으로 성립한 것은 유협의 『문심조룡』이다. 『문심조룡』의 문학비평서로서의 가치는 다음을 참고. 王運熙(2014), 『文心雕龍探索』, 上海: 上海古籍出版, p.3.

57) 『文心雕龍』「原道」. "文之爲德也大矣, 與天地并生者, 何哉? …… 心生而言立, 言立而文明, 自然之道也. …… 爰自風姓, 曁于孔氏, 玄聖創典, 素王述訓, 莫不原道心以敷章, 研神理而設敎. …… 故知道沿聖以垂文, 聖因文而明道, 旁通而無滯, 日用而不匱. 『易』曰: '鼓天下之動者存乎辭.' 辭之所以能鼓天下者, 乃道之文也."

58) 원문을 보면 유협의 '도심'이 '자연의 이치를 담은 마음'을 가리킴을 유추할 수 있으며, 실제로 같은 견해가 다음 저술에서 보인다. 鄧國光(2011), 『經學義理』, 上海: 上海古籍出版社, p.257; 王志彬 譯注(2012), 『文心雕龍』, 北京: 中華書局, pp.1~3.

59) 『文心雕龍』의 '文心'은 그가 「書志」에서 밝힌 것처럼 글을 쓸 때의 마음가짐이라는 뜻이다. 그리고 '雕龍'은 용을 조탁하듯이 글을 쓸 때 섬세함과 미적 감각이 필요함을 말한다. 유협은 제목에서 '마음을 다스리는 일'과 '미적인 표현 능력을 키우는 일' 모두 글쓰기의 주안점임을 명시하고 있는 것이다. 그리고 이를 경전에 대한 이론과 비평을 통해 구체적으로 제시하고 있다.

60) 『文心雕龍』「宗經」. "三極彝訓, 其書曰'經,' 經也者, 恒久之至道, 不刊之鴻敎也. …… 自夫子刪述, 而大寶咸耀, 於是『易』張十翼, 『書』標七觀, 『詩』列四始, 『禮』正五經, 『春秋』五例, 義旣挺乎性情, 辭亦匠於文理."

61) 『文心雕龍』「徵聖」. "是以論文必徵於聖, 窺聖必宗於經."

62) 『文心雕龍』「宗經」. "故論說辭序, 則『易』統其首, 詔策章奏, 則『書』發其源, 賦頌歌讚, 則『詩』立其本, 銘誄箴祝, 則『禮』總其端, 紀傳盟檄, 則『春秋』爲根. 並窮高以樹表, 極遠以啟彊. 所以百家騰躍, 終入環內者也. 若稟經以製式, 酌『雅』以富, 是即山而鑄銅, 煮海而爲鹽也. 故文能宗經, 體有六義."

63) 그는 어떤 문체가 오경에서 기원했는지 서술하기 이전에, 오경의 예술미를 구체적으로 서술하며 극찬하기도 하였다. 『文心雕龍』「宗經」. "夫『易』惟談天, 入神致用. 故「繫」稱旨遠辭文, 言中事隱. ……『尙書』則覽文如詭, 而尋理卽暢, 『春秋』則觀辭立曉, 而訪義方隱. 此聖文之殊致, 表里之異體者也."

64) 『文心雕龍』「宗經」. "揚子比雕玉以作器, 謂五經之含文也. 夫文以行立, 行以文傳. 四敎所先, 符采相濟, 勵德樹聲, 莫不師聖, 而建言脩辭, 鮮克宗經. 是以以楚艷漢侈, 流弊不還, 正末歸本, 不其懿歟."

65) 배자야는 『雕蟲論』(『文苑英華』卷742)에서 남조 시대의 문학을 가리켜 "육예를 어지럽히고 추락시켰다[擯落六藝]"라고 하였다. 여기서 육예는 육경을 가리킨다.

66) 안지추는 『顔氏家訓』卷上에서 "무릇 문장은 오경에서 나왔다[夫文章者, 原出五經]"라고 하였다.

67) 김학주(2008)는 『문심조룡』이 후대에 많은 영향을 미쳤다고 하며, "유협은 문학의 자율성을 인식하면서도 그 시대의 수사 위주의 형식주의 문학 풍조를 비판하며, 당시 문단에 전아한 사상과 융합된 빼어난 문체의 회복을 아울러 제창하였다. 이것은 소명태자의 『문선』 편찬의 고전적인 문학이론과 동궤인 것이다. 『문심조룡』이 沈約(441~513)의 인정을 받고 그로부터 세상에 이름이 크게 알려졌다 하니, 유협이 소명태자의 막하로 들어가 사랑과 관심을 받은 것은 그 후의 일이다. 따라서 유협은 『문선』 편찬에 있어서도 많은 일을 하여 『문심조룡』이 『문선』 편찬의 기본지침이 되었는지도 모른다"라고 하였다. 김학주(2008), 『중국문학의 이해』, 서울: 신아사, pp.521~522.

68) '고문운동'은 唐代부터 쓰이던 단어가 아니다. 한유로부터 진작된 선진양한 텍스트를 강조하는 사조를 지칭하기 위해 고안된 단어이다. 중국 胡適(1989)이 처음으로 '고문운동'이라는 명칭을 사용하였으며 이후 다른 학자들에게까지 전파되었다. 한편 일본 東英壽(2005)는 '고문운동'을 '고문부흥'이라는 명칭으로 대체하여야 한다고 주장하였다. 胡適(1989), 『白話文學史』, 上海: 上海書店, p.33; 東英壽(2005), 『復古與創新: 歐陽修散文與古文復興』, 上海: 上海古籍出版社, p.133.

69) '고문 쓰기'를 최초로 주장한 사람은 初唐의 陳子昻(656~698)이다. 하지만 '고문'이라는 단어가 대명사로 자리 잡으며 하나의 사조가 된 것은 한유의 역할이 크다. 한편 고문운동이 하나의 사조가 된 것은 한유에 의해서이지만, '고문'이라는 단어를 처음 사용한 인물이 누구냐에 대해서는 異見이 있다. 중국번과 羅聯添 등은 '고문'이라는 단어를 한유가 처음 사용했다고 주장하였다. 반면 安贊淳(2012)은 한유 이전에 유지기의 『사통』에 고문이라는 단어가 발견되며, 한유의 고문운동은 유지기의 영향을 받았을 가능성이 있다고 주장하였다. '고문'이라는 단어의 유래는 다음을 참조. 安贊淳(2012), 「談唐宋古文之稱的緣起問題」, 『중국학논총』 Vol.36, 고려대학교 중국학연구소, pp.99~108.

70) 변려문의 특징은 다음을 참조. 심경호(2013), 『한문산문미학』, 서울: 고려대학교출판

부, p.77.

71) 전문은 다음과 같다. 『韓昌黎文集校注』卷2, 「爭臣論」. "君子居其位則思死其官. 未得位, 則思修其辭以明其道. 我將以明道也."
도를 목적으로 하고 문을 수단으로 삼는다는 주장은 다음 글에서도 보인다. 『韓昌黎文集校注』卷5, 「題歐陽生哀辭後」. "學古道而欲兼通其辞, 通其辭者, 本志乎古道者也."; 『韓昌黎文集校注』卷4, 「送陳秀才彤序」. "學所以爲道, 文所以爲理耳."; 『韓昌黎文集校注』卷3, 「答陈生書」. "愈之志在古道, 又甚好其言辭."; 『韓昌黎文集校注』卷3, 「答李秀才書」. "愈之所志于古者, 不惟其辭之好, 好其道焉爾."

72) Chang, Carsun(1958), 『The Development of Neo-Confucian Thought』, London: Vision, pp.85~108.

73) 方孝孺(1357~1402)는 성인지도를 언급한 한유의 글은 「원도」를 제외하곤 말할 만한 것이 없다고 하였다.["退之之文言聖人之道者, 舍「原道」無稱焉.(『方正學先生集』「答王秀才書」)"]

74) 『韓昌黎文集校注』卷1, 「原道」. "博愛之謂仁, 行而宜之之謂義. 由是而之焉之謂道, 足乎己而無待于外之謂德. 仁與義爲定名, 道與德爲虛位. 故道有君子小人, 而德有凶有吉. …… 凡吾所謂道德云者, 合仁與義言之也, 天下之公言也. 老子之所謂道德云者, 去仁與義言之也, 一人之私言也. …… 曰: '斯道也, 何道也?' 曰: '斯吾所謂道也, 非向所謂老與佛之道也. 堯以是傳之舜, 舜以是傳之禹, 禹以是傳之湯, 湯以是傳之文·武·周公, 文·武·周公傳之孔子, 孔子傳之孟軻, 軻之死, 不得其傳焉.'" 한유 문집 번역은 동양고전종합DB 참조.

75) 『韓昌黎文集校注』卷5, 「題歐陽生哀辭後」. "學古道而欲兼通其辭, 通其辭者, 本志乎古道也."

76) 『韓昌黎文集校注』卷2, 「答李秀才書」. "然愈之所誌於古者, 不惟其辭之好, 好其道焉爾."

77) 이는 고문운동의 실질적 성격이 사상운동이라는 사실과도 연관이 있다. Carsun Chang(1958)과 張岱年(2017)은 한유의 공은 문장보다도 '유학을 부흥시킨 것'에 있다고 주장하였다. 하지만 Carsun Chang(1958)은 한유가 신유학을 선구했다며 그 유학사상사에서의 업적이 실제로 컸음을 강조한 데 반해, 張岱年(2017)은 그가 유학을 재부활하는 데 기여했을 뿐, 주희처럼 그 사상을 심화시킨 철학가는 아니라며, 사상사에서 한유의 역할을 보다 낮게 평가하고 있다. Chang, Carsun(1958), 앞의 책, pp.85~108; 張岱年(2017), 『中國哲學大綱』, 北京: 商務印書館, p.41.

78) 李峻礎(2013)는 "고문운동은 단순한 문학운동이 아니다. 문과 도의 관계에 대한 물음이다. 도통설과 문통설의 시작이기도 하다. 한유의 도통설은 맹자 지위 승격의 길을 열었다. 북송 고문가들은 한유의 도통설을 계승 및 개조하여 이것이 이학가들의 '존맹'의 기초가 되었다"라 말하였다. 李峻礎(2013), 「唐宋古文運動及道统說與孟子地位的變遷」, 『國學學刊』Vol.3, 國際經學与文學 學术研讨會, p.28.

79) 『韓昌黎文集校注』卷3, 「與孟尙書書」. "孟子不能救之于未亡之前, 而韓愈乃欲全之于已壞之后, 其亦不量其力."

80) 李峻礎(2010)는 이 외에도 한유의 도통설과 개인의 도덕 자율성, 심성수양론 등은 『맹자』의 영향을 받은 것이라며 한유와 맹자간의 사상적 관계를 자세히 고찰하였다. 李峻礎(2010), 『漢唐孟子學述論』, 濟南: 濟魯書社, pp.274~283.

81) 張岱年(1989), 『中國古典哲學槪念范疇要論』, 北京: 中國社會科學出版社, p.161.

82) 湯一介·李中華(2011)는 한유 이후 송대와 명대에 이르기까지 중국에서 유학의 도통론에 대한 논쟁은 한유가 그 물꼬를 텄다고 말하였다. 湯一介·李中華 主編(2011), 『中國儒學史』 4, 北京: 北京大學出版社, p.640.
     한편 도통이란 표현은 한유는 사용하지 않았다. 때문에 李峻礎(2010)는 한유가 말하는 성인의 계보를 '도통론'이라고 하지 않고 '도통설'이라는 단어로 지칭하였다. '도통'이라는 단어가 처음 등장한 문헌이 무엇인가에 대해서는 이견이 있다. 전대흔은 『十駕齋養新錄』에서 "'도통'이라는 단어는 李元綱의 『聖門事業圖』에서 처음 보인다. 이원강은 第1圖를 '傳道正統'이라고 하며 정명도와 정이천이 맹자를 계승했다고 서술하였다. 그는 주자와 동시대 인물이다"라고 하였다. 高明士는 전대흔의 주장에 이의를 제기하며 이원강 이전에 李心傳이 『建炎以來繫年要錄』 卷101에서 이미 '도통'이라는 단어를 사용하였다고 주장하였다. 도통이란 표현의 유래는 다음을 참조. 李峻礎(2010), 앞의 책, p.268.

83) 반면 유협은 『원도』편에서 역대 성인들의 훌륭한 문장을 칭송하며 포희-신농-복희-요-순-백익-후직-우임금-문왕-주공-공자 등을 언급하였다. 한유의 도통설에서 언급한 인물들과 대비했을 때 다소 차이가 있다.

84) 한유가 구체적으로 고문 중에서 어떠한 서적을 읽었는지는 「進學解」의 다음 구절을 보면 알 수 있다. "先生口不絕吟于六藝之文, 手不停披于百家之編. …… 沈浸醲郁, 含英咀華, 作爲文章, 其書滿家. 上規姚姒, 渾渾無涯, 周誥. 殷『盤』, 佶屈聱牙, 『春秋』謹嚴, 『左氏』浮誇, 『易』奇而法, 『詩』正而葩, 下逮『莊』·『騷』, 太史所錄, 子雲, 相如, 同工異曲, 先生之於文, 可謂閎其中而肆其外矣.(『韓昌黎文集校注』 卷1)"

85) 소식은 『맹자』의 「공손추」 상 2장을 한유의 文勢에 비유하기도 했다. 한유의 문장론이 『맹자』의 양기론을 계승하였다는 내용은 다음을 참조. 李峻礎(2010), 앞의 책, pp.283~286.

86) 蘭翠(2014)는 한유는 「張中丞傳後敍」 등 산문뿐만이 아니라 詩歌도 『맹자』의 문체에 직접적인 영향을 받았다고 하며, 그 사례를 구체적으로 분석하였다. 자세한 내용은 다음을 참고. 蘭翠(2014), 『唐代孟子學硏究』, 北京: 北京大學出版社, pp.148~166.

87) 『韓愈志』. "韓愈「原道」, 理瘠而文則豪. …… 其實只從『孟子』之排調, 而運『論語』之偶句, 奧舒宏深, 氣之鼓湯皿."

88) 『韓昌黎文集校注』 卷2, 「答尉遲生書」. "愈白, 尉遲生足下. 夫所謂文者, 必有諸其中. 是故君子愼其實, 實之美惡, 其發也不掩. 本深而末茂, 形大而聲宏, 行峻而言厲, 心醇而氣和, 昭晰者無疑, 優遊者有餘. 體不備不可以爲成人, 辭不足不可以爲成文. …… 今吾子所爲皆善矣, 謙謙然若不足而以徵於愈, 愈又敢有愛於言乎? 抑所能言者, 皆古之道. 古之道不足以取於今, 吾子何其愛之異也? …… 若獨有愛於是而非仕之謂, 則愈也嘗學之矣, 請繼今以言."

89) 『韓昌黎文集校注』卷3,「答李翊書」. "始者, 非三代兩漢之書不敢觀."

90) 「진학해」에서 "옛 글의 진한 향기 속에 깊이 침잠하고, 그 꽃술(옛 글의 형식미)을 입에 머금고 씹어서 문장을 지어내니, 그 글이 집에 가득합니다[沉浸醲郁, 含英咀華, 作爲文章, 其書滿家]"라고 한 데서 알 수 있듯이, 한유의 문장은 고문을 체화하여 형식적 예술미를 갖췄다고 제자들에게 호평을 받기도 했다.

91) 석개 등은 도통과 문통에 맹자는 물론 한유까지 포함하였다. 자세한 내용은 다음을 참고. 李峻礎(2013), 앞의 논문, pp.37~41.

92) 풀어서 말하면, 한유는 경전의 내용을 이해하려면 경전의 문사를 학습해야 한다고 생각했으며, 이는 궁극적으로 작가이자 학습자인 자신의 글쓰기와 도덕성 배양에 긍정적인 영향을 미친다고 보았다. 글쓰기 측면만 이야기하자면, 문과 도가 一物이 되어 내용에 맞는 문체, 문체에 맞는 내용을 갖추는 '문도합일'의 경지에 오르는 것이 바로 한유가 지향하고자 했던 바라 할 수 있다.

93) 특히 李漢의 문이관도와 周敦頤의 문이재도라는 용어로 그 이론이 더욱 심화되는 과정을 거쳤다. 중국에서는 羅根澤(1984)의 연구 이후로 문이관도와 문이재도는 각각 문학가와 도학가의 문학관의 차이를 보여주는 대표적인 개념어로 인식되었지만, 최근 국내에서는 오히려 공통점이 더 많으며 두 개념어가 구분 없이 사용되었다는 관점이 우세하다.

이상하(2007)는 전자 '관도'는 문의 기능을 정의한 것이고, 후자 '재도'는 '문의 도를 싣는 기능'보다 '문은 도를 현재 싣고 있는 것'으로 정의한 것일 뿐, 오히려 양자의 지향점은 같다고 주장하였다. 사실 양자 모두 도를 더 중시하는 것은 마찬가지이며, 도와 문은 '一物'이라고 생각하는 것 또한 일치한다는 주장이다. 심경호(2013)는 사실 재도론이나 관도론이 모두 성인의 문장이나 사상을 모범으로 삼고자 한 점은 같다고 하였다. 이정환(2021)은 문이재도를 크게 두 가지 방향으로 이중 해석이 가능하다고 하며, 문이재도를 일반적인 표제어로 사용하기보다는 문맥에 따라 이에 맞게 의미를 다르게 해석해야 한다고 강조하였다.

각주에서 논한 문이관도와 문이재도, 그리고 도문일치에 관한 보다 자세한 내용은 다음을 참고. 심경호(2013), 앞의 책, pp.60~64; 羅根澤(1984), 『中國文學批評史』卷3, 上海: 上海古籍出版社, pp.189~192; 이상하(2007), 「관도·재도·도문일치의 상호관계 및 개념·성격 재고」, 『한국한문학연구』Vol.40, 한국한문학회, pp.501~527; 이정환(2021), 「道學 文論에서의 載道와 周敦頤 "文辭"의 의미와 위상에 대한 재검토」, 『퇴계학보』Vol.150, 퇴계학연구원.

94) 『朱子語類輯略』. "道也, 文之根本. 文者, 道之枝葉. 惟其根本乎道, 所以發之於文, 皆道也. 三代聖賢文章, 皆從心裏寫出, 文便是道."

95) 한유가 '수사'를 도통 전승의 주요 수단이라 생각했음은 다음 글에서 또한 확인할 수 있다. 『韓昌黎文集校注』卷2,「爭臣論」. "君子居其位則思死其官, 未得位, 則思修其辭以明其道, 我將以明道也.";『韓昌黎文集校注』卷2,「重答張籍書」. "觀古人得其時行其, 道則無所爲書, 書者, 皆所爲不行乎今, 而行乎後世者也. …… 己之道乃夫子孟軻揚雄所傳之道也.";『韓昌黎文集校注』卷2,「上李尚書書」. "愈也少從事

于文學.";『韓昌黎文集校注』卷2,「上兵部李侍郎書」. "性本好文學, 因困厄悲愁無
所告語, 遂得究窮于經傳史記百家之說沈潛乎訓義, 反復乎句讀, 磐磨乎事業, 而
奮發乎文章.";『韓昌黎文集校注』卷3,「答李翊書」. "君子則不然. …… 用則施諸人
捨則傳諸其徒, 垂諸文而爲後世法.";『韓昌黎文集校注』卷3,「上宰相書」. "其業則
讀書著文歌頌堯舜之道."

96) 주희의 문학관은 본서 Ⅲ장 1절 주희의『맹자집주』에서 재론할 것이다.

97) 關愛和(2001),「經學同文學的分野與衝突: 以唐宋與淸代古文運動爲例」,『河南大
學學報』Vol.41 No.4, 河南大學, p.3.

98) 張伯偉(2017)는 소순의『소비맹자』가 주희가『맹자』를 수사학적으로 접근하는 데 긍
정적인 영향을 미쳤다고 하였다. 龔鵬程(2008) 또한 비슷한 주장을 펼치고 있다. 龔
鵬程(2008),『六經皆文: 經學史/文學史』, 臺北: 臺湾學生書局有限公司, p.8; 張伯
偉(2017),「東亞視野下的經學與文學: 以『孟子』在中韓歷史上的影響爲中心」, 한중
인문학회 국제학술대회, p.40.

99) 주희 이후로 四書의 체계가 등장하였으므로『대학』과『중용』도 포함되나, 이는『예기』
의 일부분이므로 도표에 포함하지 않았다. 한편 주희는『춘추』를 경전이 아닌 하나의
역사서로 간주했다.

100) 단, 유협-한유-주희 순으로 '도'가 더욱 강화된다.

101) 단, 유협-한유-주희 순으로 정도가 약화된다.

102) 이병도(1987)는 "고구려는 오경과『사기』,『한서』등의 역사서, 그리고『문선』등
의 문헌을 중요하게 여겼다는 사실이『구당서』에 보이며, 백제 또한 서적은 오경과
자·서가 있으며, 표·소를 짓는 것을 모두 중화의 규범을 따르고 있다고『구당서』
「동이전」에 기록되어 있다"고 하였다. 고구려와 백제, 그리고 신라 등 삼국 시대의
유교 경전 수용에 대한 자세한 내용은 다음을 참고. 이병도(1987),『한국유학사』, 서
울: 아세아문화사, pp.14~52.

103) 『三國史記』卷46,「薛聰列傳」. "以方言讀九經, 訓導後生."

104) 「大朗慧和尙白月葆光塔碑」. "上曰: '弟子不佞, 小好屬文, 嘗覽劉勰文心, 有語
云:「滯有守無, 徒銳偏解. 欲詣眞源, 其般若之絶境!」則境之絶者, 或可聞乎?'"

105) 이규보의 구체적인 발언은 찾기 어려우나, 정요일(1990)은「答全履之論文書」의 문
장 전체의 전후관계를 볼 때 그의 문본우경 사유를 발견할 수 있다고 하였다. 정요
일(1990),『한문학비평론』, 인천: 인하대학교출판부, p.67.
고려 시대의 유학과 문학간의 관계는 다음을 참고. 심경호(2006),『한국유학자의 문
학사조와 문학 활동」,『한국유학사상대계 4: 문학사상편』, 안동: 한국국학진흥원,
pp.121~135.

106) 진재교(2010)는 "유교이념에 바탕을 둔 문학은 조선조에 발전하지만, 그 단초는 이
미 고려 후기의 문학에도 두루 나타난다. 이는 고려 후기 신흥사대부의 문학을 통해
확인할 수 있거니와, 이들은 유교의 이념을 문학사상 내지 문학이론의 중요한 토대
로 삼고 이를 기반으로 문학 활동을 한 바 있다"라고 하였다. 진재교(2006),「유교문

학사상과 현실비판의식의 문학적 형상」, 『한국유학사상대계 4: 문학사상편』, 안동: 한국국학진흥원, p.215.

107) 임형택(2009), 「조선경학의 역사적 의미와 그 정리사업」, 『민족문화』 Vol.33, 한국고전번역원, p.89.

108) 김충열(1984), 『고려유학사』, 서울: 고려대학교출판부, p.55.

109) 조선 전기 정도전과 성현 등 사대부들의 문학관은 다음을 참조. 임형택(1984b), 「이조 전기의 사대부문학」, 『한국문학사의 시각』, 서울: 창작과비평사, pp.359~371.

110) 『三峯集』卷3, 「陶隱文集序」, "日月星辰, 天之文也, 山川草木, 地之文也, 詩書禮樂, 人之文也. 然天以氣, 地以形, 而人則以道, 故曰: '文者, 載道之器.' 言人文也, 得其道, 詩書禮樂之敎, 明於天下, 順三光之行, 理萬物之宜, 文之盛至此極矣." 조선 시대 문집 번역은 모두 한국고전번역원DB 참조.

111) 『三峯集』卷3, 「陶隱文集序」, "士生天地間, 鍾其秀氣, 發爲文章, 或揚于天子之庭, 或仕于諸侯之國. 如尹吉甫在周, 賦穆如之雅, 史克在魯, 亦能陳無邪之頌, 至於春秋列國大夫, 朝聘往來, 能賦稱詩, 感物喩志, 若晉之叔向, 鄭之子産, 亦可尙已, 及漢盛時, 董仲舒・賈誼之徒出, 對策獻書, 明天人之蘊, 論治安之要, 而枚乘・相如, 遊於諸侯, 咸能振英摛藻, 吟詠性情, 以懿文德. 吾東方雖在海外, 世慕華風, 文學之儒, 前後相望. 在高句麗曰乙支文德, 在新羅曰崔致遠, 入本朝曰金侍中富軾・李學士奎報, 其尤者也. 近世大儒, 有若雞林益齋李公, 始以古文之學倡焉, 韓山稼亭李公・京山樵隱李公, 從而和之. 今牧隱李先生早承家庭之訓, 北學中原, 得師友淵源之正, 窮性命道德之說, 旣東還, 延引諸生. 見而興起者, 烏川鄭公達可・京山李公子安・潘陽朴公尙衷・密陽朴公子虛・永嘉金公敬之・權公可遠・茂松尹公紹宗, 雖以予之不肖, 亦獲側於數君子之列."

112) 『三峯集』卷3, 「陶隱文集序」, "子安精深明快, 度越諸子, 其聞先生之說, 默識心通, 不煩再請, 至其所獨得, 超出人意表, 博極群書, 一覽輒記. 所著述詩文若干篇, 本於『詩』之興比, 『書』之典謨, 其和順之積, 英華之發, 又皆自禮樂中來, 非深於道者, 能之乎?"

113) 『三峯集』卷5, 「佛氏雜辨」 「闢異端之辨・跋尹起畎」, "三峯先生所著『經國典』・『心氣理』及詩若文, 皆行于世, 獨此『佛氏雜辨』一書, 先生所以閑先聖詔後人, 平生精力所在, 而湮沒不傳, 識者恨之. 歲戊午, 予以生員在成均館, 吾同年韓奕, 先生之族孫也. 得此書於家藏亂帙之中, 持以示予, 觀其文辭豪逸, 辨論纖悉, 發揮性情, 擯斥虛誕, 眞聖門之藩籬, 而六經之羽翼也."

114) 정도전은 『佛氏雜辨』 등에서 『맹자』의 말을 다수 인용하였다. 양으로만 보면, 오히려 『논어』보다 인용 횟수가 더 많을 정도이다. 그 내용을 살펴보면 심성론과 정치제도에 관한 것이 주를 이루고 있다. 이는 정도전이 성리학을 기반으로 조선에 새로운 정치사회제도를 설계하는 데 『맹자』가 일정한 기여를 하였음을 함의한다.

115) 『佔畢齋文集』 卷1, 「尹先生祥詩集序」, "文章者, 出於經術. 經術, 乃文章之根柢也. 譬之草木焉, 安有無根柢, 而柯葉之條鬯, 華實之穠秀者乎."

116) 權近(1352~1409)도 "또한 스스로 생각해보건대, 聖君과 賢相의 공덕이 풍성하여 천지에 이르고 사해에 빛이 난다 해도 문신의 말[詞]에 의탁한 뒤에라야 후세에 전 해질 수 있다[又竊自念, 聖君賢相功德之盛, 格于天地, 光于四海, 然必托於文臣 之詞, 而後可以傳於後世(『太祖實錄』卷12, 6년 12월 24일)]"라고 말하며 문장의 힘을 강조한 바 있다.

117) 한편 이는 정도전 혼자서 창안한 새로운 문학관이 아닌, 여말선초 신진사대부들이 공유하였던 문학관이었다. 김성룡(2004)에 따르면 여말선초의 문학관은 다음 세 가 지 특징을 지닌다. ① 도문상수론(문학은 사회의 흥망성쇠와 상관한다는 것), ② 성 정문학론(문학은 문인의 수양과 상관한다는 것), ③ 삼재문학론(문학은 진리와 상관 한다는 것). 이 세 가지 특징은 여말선초는 물론 조선 후기까지 한 시대를 가르는 문 학관으로 확고하게 자리잡았다. 세 가지 특징에 대한 보다 상세한 내용은 다음을 참 고. 김성룡(2004), 『한국문학사상사』, 서울: 이회문화사, pp.489~504.

118) 『東文選』卷91, 「恩門牧隱先生文集序」. "有天地自然之理, 即有天地自然之文. 日 月星辰得之以照臨, 風雨霜露得之以變化, 山河得之以流峙, 草木得之以敷榮, 魚 鳶得之以飛躍. 凡萬物之有聲而盈兩儀者, 莫不各有自然之文焉, 其在人也. 大而 禮樂刑政之懿, 小而威儀文辭之著, 何莫非此理之發見也."

119) 권근의 문학관은 다음을 참조. 전수연(1998), 『권근의 시문학 연구』, 서울: 태학사, pp.58~64.

120) 『四佳文集』卷4, 「東文選序」. "乾坤肇判, 文乃生焉, 日月星辰, 森列乎上, 而爲天 之文, 山海岳瀆, 流峙乎下, 而爲地之文. 聖人畫卦造書, 人文漸宣."

121) 『陽村先生文集』卷16, 「鄭三峯道傳文集序」. "周衰道隳, 百家並起, 各以其術鳴而 文始病. 漢之司馬遷 · 楊雄之徒, 其言猶未醇雅, 及佛氏入中國, 斯文益病, 魏晉 以降, 蓁塞無聞."

『四佳文集』卷4, 「東文選序」. "文者, 貫道之器. 六經之文, 非有意於文, 而自然配 乎道. …… 今之學者誠能心於道, 不文於文, 本乎經, 不規規於諸子, 崇雅黜浮, 高明正大, 則其所以羽翼聖經者, 必有其道矣."

122) 조선 중기 이후 고문론 전개는 현재 국내 학계에서 이미 많은 논의가 진행된 상태이 다. 선행 연구는 조선 중기 이후의 고문론을 당송파와 의고파로 나누며 그들의 문학 관과 산문 비평의 특징 등을 살펴보았다는 점에서 유의미한 연구 결과를 남겼다. 다 만 경전은 사상의 전범은 물론 문장의 원류이자 다른 고문들의 전범으로 기능하였 던 바, 고문 중에서도 특수한 위치에 놓여 있었다고 할 수 있다. 그러나 이 부분에 대한 논의는 그동안 소홀히 여겨져 왔다.
아울러 경전을 글쓰기의 전범으로 다루는 일은 기존 연구에서는 '경전에 대한 탈성 화'로 바라보기도 했으나, 기실 본서에서 살펴보았듯이 경전의 문체적 가치와 사상 적 가치에 대한 존숭은 오히려 궤를 같이 하는 경향을 보인다. 따라서 경전을 고문 의 일부분으로 다루며 연구를 진행하는 것은 물론, 경전을 진한 및 당 · 송대 등 다 른 고문들과 분리하고, 경전의 글쓰기를 전범으로 활용한 양상을 치밀하게 살피는 등 별도의 논의 및 연구가 필요하다고 생각한다.

조선 중기 이후 고문론 전개는 다음을 참고. 정민(1989), 『조선후기 고문론 연구』, 서울: 아세아문화사; 김도련(1998), 『한국 고문의 원류와 성격』, 서울: 태학사; 송혁기(2006), 『조선후기 한문산문의 이론과 비평』, 서울: 월인; 김철범(2012), 『한문산문 글쓰기론의 논리와 전개』, 서울: 보고사; 하지영(2019), 『18세기 진한고문론의 전개와 실현 양상』, 서울: 소명출판.

123) 김매순은 "육경은 오래되었고, 『논어』, 『맹자』, 『중용』, 『대학』 이후로 문장에 도를 실은 것이라곤 오직 『주자대전』이 해당할 수 있을 것이다. 배우는 자들이 마땅히 마음을 다해야 할 것이다[六經, 尙矣, 自『語』・『孟』・『庸』・『學』以下, 文而載道者, 惟朱先生『大全』, 可以當之. 學者所宜盡心也"(『臺山集』 卷7, 「朱子大全箚疑問目標補序」)]"라고 하며, 육경을 글쓰기의 모범으로 삼는 것은 시간적 거리로 봤을 때 비현실적이라고 생각했다.

124) 『三峯集』 卷3, 「陶隱文集序」. "土生天地間, 鍾其秀氣, 發爲文章, 或揚于天子之庭, 或仕于諸侯之國."

125) 김풍기(1996)는 "고려 후기 이래 기는 문학론의 중요한 부분을 차지해 왔다. …… 조선 시대를 지나면서 문학론에 등장하는 기의 함의는 시대와 개인의 생각에 따라 변화를 보이지만, 기가 문학론에서 유용한 용어로 정착된 것은 대체로 유학의 영향과도 관련을 가진다"고 하였다. 김풍기(1996), 『조선전기문학론연구』, 서울: 태학사, pp.19~20.
한국에서 文氣論의 전개는 다음을 참조. 김도련(1998), 앞의 책, pp.217~244.

126) 『虛白堂文集』 卷12, 「與楗功書」. "夫六經者, 聖人之言行, 而文章者, 六經之土苴. 爲文而不法乎古, 則猶禦風而無翼也, 爲文而不本乎經, 則猶凌波而無楫也. 書自誥命之文不傳, 而爲制爲誥, 皆『書』之派也. 詩自六義之趣不講, 而爲賦爲頌, 皆『詩』之流也. 曰紀傳, 卽『春秋』之遺策也, 曰序贊, 卽『禮』與『易』之遺體也. 茫茫歷代數千載之間, 詞人才子, 孰不法乎古本乎經也?"

127) 『虛白堂文集』 卷12, 「與楗功書」. "文章體格, 發揮於漢而流衍於晉, 盛行於唐而大備於宋. 如董仲舒「天人三策」, 鼂錯之「賢良策」, 嚴安・徐樂・主父偃之陳事・諸葛孔明前後「出師表」, 是皆得『書』之敎. 小司馬之「索隱」, 班固之贊述, 范曄之記言, 是皆得『禮』之敎. 梁丘之經師, 揚雄之「太玄」・『法言』, 是皆得『易』之敎. 公孫弘之博學, 杜預之精敏, 是皆出於『春秋』. 賈誼・相如・枚乘・鄒陽之徒・曹・劉・應・阮・陶・謝・王・徐之輩, 奇而怪, 淸而健, 華而藻, 莫非三百篇之遺音. 然則漢・魏・晉之間諸子之學, 雖或悖於六經, 而實有賴於六經也."

128) 『虛白堂文集』 卷12, 「與楗功書」. "李・杜之詩, 蔚有雅・頌之遺風. 愚溪之文, 深得『春秋』之「內傳」. 昌黎「淮西之碑」, 點竄二典之字, 「原道」・「原毀」, 專倣孟軻之書. 蘇東坡讀「檀弓」一篇, 曉文法, 趙忠獻以『論語』半部, 定天下. …… 上自盛・晚唐, 下至南・北宋, 高才巨手拔茅而起, 其議論雖若悖於六經, 而取與則悉出入乎六經也. 本乎六經, 故其爲文也, 攬之而無窮, 用之而不竭, 托之語言而通暢發越, 施之事業而焜燿無窮."

129) 『맹자』를 육경과 동일한 선상에 놓고 문장의 전범으로 간주하는 발언은 이이에게서

도 발견할 수 있다. 『栗谷先生全書拾遺』卷3, 「與宋頤菴」. "大抵古人之所謂文者, 與今人異. 古人之文, 無意於爲文者也. …… 噫, 孰知夫不文之文, 是乃天下之至文耶. 以之爲『語』·『孟』, 以之爲六經, 以之爲三百篇. 或奇或簡, 或勸或戒, 旨趣之精, 聲律之協, 咸出於自然耳."

130) 『佔畢齋文集』卷1, 「尹先生祥詩集序」. "經術之士, 劣於文章, 文章之士, 闇於經術. 世之人有是言也, 以余觀之, 不然. 文章者, 出於經術, 經術, 乃文章之根柢也. 譬之草木焉, 安有無根柢, 而柯葉之條鬯, 華實之穠秀者乎?"

131) 『慵齋叢話』卷1, 「成俔撰」. "經術文章非二致. 六經皆聖人之文章, 而措諸事業者也. 今也爲文者不知本經, 明經者不知爲文, 是則非徒氣習之偏, 而爲之者不盡力也."

132) 『虛白堂文集』卷12, 「與秣功書」. "抱六經者無不被譏, 占風雲者咸以爲能. …… 善用之則僥倖於進取, 不善用之則文與意悖, 詞與道乖, 如天吳·紫鳳顚倒短褐, 機關日益軸解, 態度日益疏樛."

133) 『虛白堂文集』卷12, 「與秣功書」. "然則爲文莫如渾厚醞藉簡嚴, 而必先收衆流趨大本也. 今之議者曰: '明經率皆鄙拙, 不可取法.' 是大不然. 非『詩』·『書』之簧鼓人也, 用之者失機軸也."

134) 문기론 등 성현의 문학관은 다음을 참고. 이래종(1987), 「용재 성현의 문학론」, 『한문학논집』 Vol.5, 근역한문학회.

135) 이래종(1987)은 성현의 문학론의 특징으로 문장의 형식미와 문장의 기세 추구를 꼽았다. 자세한 내용은 다음을 참고. 이래종(1987), 앞의 논문, pp.160~167.

136) 정요일(1990)은 성현이 화려한 문체를 추구했다고 하였으며 다음 문장을 근거로 삼았다. 『虛白堂文集』卷13, 「文變」. "譬如庭樹樹枝·柯·花·葉紛鬱, 然後得庇本根, 而樹必碩茂. 調飮食者當審五味瀣瀝之宜, 然後乃得其和. …… 大抵詩文華麗則取華麗, 淸淡則取淸淡, 簡古則取簡古, 雄放則取雄放, 各成一體而自底於法. 豈有愛梅竹而欲盡廢群卉, 好竽瑟而欲盡停衆樂乎?" 정요일(1990), 앞의 책, pp.70~71.

137) 이래종(1987)과 정요일(1990)은 성현은 김종직 등에 비해 상대적인 화려함을 추구한 것이지 그의 문장은 본질적으로 육경에 근본을 두고 있다고 주장하였다. 이래종(1987), 앞의 논문, pp.160~164; 정요일(1990), 앞의 책, pp.70~71.

138) 성현이 변려문을 지양하고 온후하고 간엄한 문장을 선호하였다는 사실은 「文變」과 「與秣功書」에서 확인할 수 있다. 『虛白堂文集』卷13, 「文變」. "記事者當典實, 而不知者以爲當倂儷也. 平淡非文病也, 其弊至於委靡. 端正非文病也, 其弊至於疏散. 倂儷非文病也, 其弊至於鄙俚."; 『虛白堂文集』卷12, 「與秣功書」. "非文藻之不足也, 渾厚之不足也. 非豪邁之不足也, 醞藉之不足也. 非華麗之不足也, 謹嚴之不足也. …… 然則爲文莫如渾厚醞藉簡嚴, 而必先收衆流趨大本也."

139) Ⅱ장 1절 3) 일본: 후지와라 세이카와 오규 소라이는 「일본 에도 시대의 경전 수사학: 후지와라 세이카와 오규 소라이의 논리를 중심으로」라는 제목으로 『대동문화연

구」Vol.126(성균관대학교 대동문화연구원, 2024.6)에 실린 글을 조금 수정한 것이다.

140) 국내에서 후지와라 세이카는 충분히 연구되지 않았다. 단위 논문은 대부분 그의 사상과 조선 유학자 강항과의 관계 등을 다루고 있다. 그의 문학 및 문장관은 『일본문학사』 등의 번역서에서 일부 다루면서 국내에 소개되었다.

141) 일본의 경우 후지와라 세이카의 『文章達德綱領』을 다룬 논문이 있다. 大島晃(1999)은 그 구성 및 인용 저작을 상세히 분석하였다. 大島晃(1999), 「『文章達德綱領』の構成とその引用書: 『文章歐冶』等を中心に」, 『漢文學解釋與研究』Vol.11 No.2, 漢文學研究會.
중국의 경우도 후지와라 세이카의 연구를 찾아볼 수 있으며, 그의 사상은 물론 문학관을 조명하였다. 대표적 연구는, 鈴木章伯(2014), 「藤原惺窩研究」, 武漢大學 博士學位論文; 王明兵(2010), 「藤原惺窩研究」, 東北師范大學 博士學位論文; 張紅(2018), 「藤原惺窩『文章達德綱領』的文學思想及其杜詩觀」, 『中國文學研究』No.1, 湖南師范大學.
중국과 일본에서 이루어진 후지와라 세이카의 연구 현황은 다음을 참고. 鈴木章伯(2014), 앞의 논문, pp.7~34.

142) 『문장달덕강령』의 출판 배경과 경위는 다음을 참고. 大島晃(1999), 앞의 논문, pp.23~25.

143) 가장 많이 인용한 서적은 명대에 편찬한 오눌의 『문장변체』와 高琦(?~?)의 『문장일관』, 그리고 胡廣(1370~1418) 등의 『성리대전』이다. 그 체계 및 구성을 살펴보면 『문장변체』를 롤모델로 삼고 이를 계승 및 발전시키고자 한 흔적을 발견할 수 있다. 『문장달덕강령』에 인용은 다음을 참고. 大島晃(1999), 앞의 논문, pp.21~49; 鈴木章伯, 앞의 논문, 2014, p.160; 張紅(2018), 앞의 논문, pp.169~171.

144) 후지와라 세이카는 『문장달덕강령』을 매우 심혈을 기울여 편찬한 것으로 보인다. 제자 하야시 라잔과의 서신에서 "『문장달덕강령』은 아직 탈고되지 않았으며, 이는 옛사람들의 말을 모아 놓은 것일 뿐이며, 私言을 하지 않은 것은 그 참혹할까 두려워서이다[達德綱領』未脫稿, 且此編唯類聚古人之成說而已, 曾不著一私言乎其間, 是恐其僭踰也(『惺窩先生文集』卷10, 「與林道春書」)]"라고 하였다.

145) 『文章達德綱領』 卷1, p.8a. "『大學』・『論語』・『孟子』・『中庸』・『禮』・『書』・『詩』・『春秋』・『易』皆聖賢明道經世之書, 雖非爲作文設, 而千萬代文章皆從是出."

146) 『文章達德綱領』 卷1, pp.13b~14a. "薛敬軒曰: 『易』雖古於『書』, 然伏羲時但有卦畫而無文辭, 文辭實始於『書』. 故凡言德・言聖・言神・言心・言道・言中・言性・言天・言命・言誠・言善・言一之類, 諸性理之名, 多見於『書』. 『書』之後乃有『易』之辭及諸經書. 聖賢發明性理之名, 雖有淺深不同, 實皆原於『書』也."

147) 『文章達德綱領』 卷1, p.30a. "萬世文字之祖起於『易』, 『易』祖於河圖, 河圖者, 天之文也. 天以是文寄於河圖, 以示聖人, 聖人遂則之以作『易』."

148) 『文章達德綱領』 卷1, p.14a. "又曰: 『書』以前雖已有文籍, 皆不傳. 今文籍可見者, 自『書』「堯典」始."

149) 『文章達德綱領』卷1, p.49a. "六經之文, 諸子不及者, 聖人也. 諸子之文, 史不及者, 賢人也. 六經之中, 「周書」不及「商」, 「商書」不及「夏」, 「夏書」不及「虞」, 世降也."

150) 『文章達德綱領』卷1, p.11a. "夫文章者, 原出五經. 詔·命·策·檄, 生於『書』者也. 序·述·論·議, 生於『易』者也. 歌·詠·賦·頌, 生於『詩』者也. 祭·祀·哀·誄, 生於『禮』者也. 書·奏·箋·銘, 生於『春秋』者也. 故凡朝廷憲章, 軍旅誓誥, 敷暢仁義, 發明功德, 牧民建國, 皆不可無."

151) 『文心雕龍』, 「宗經」. "故論說辭序, 則『易』統其首. 詔策章奏, 則『書』發其源. 賦頌歌讚, 則『詩』立其本. 銘誄箴祝, 則『禮』總其端. 紀傳盟檄, 則『春秋』爲根. 並窮高以樹表, 極遠以啟彊. 所以百家騰躍, 終入環內者也. 若稟經以製式, 酌『雅』以富, 是即山而鑄銅, 煮海而爲鹽也. 故文能宗經, 體有六義."

152) 『文章達德綱領』卷1, p.11a. "有一等人專於爲文, 不去讀聖賢書. 又有一等人知讀聖賢書, 亦自會作文, 到得說聖賢書, 却別做一箇詫異模樣說. 不知古人爲文, 大抵只如此, 那得許多詫異!"

153) 『文章達德綱領』卷1, pp.9a~10b. "文之體, 莫善於『書』·『詩』. 君之於臣, 誥命而已, 即後世書疏之體也. 紀述之體, 如「堯典」·「禹貢」等作, 後世紀志·碑記·敘事之文始於此. 問答之體, 如「微子」·「君奭」等篇, 後世論辨往復之文始於此. 若後世詩詞一類, 則自虞夏賡歌而下, 備見於『三百篇』之風·雅·頌. 舍是之外, 亦未見有能易者. 至制誥·牋表·啓劄, 胥爲騈儷, 而後文始盡變矣. 甚者紀事實錄之文, 亦爲四六之體, 吟詠情性, 且尚對偶之工. 至於末流, 連篇累牘, 雖百千萬言, 而辭不足, 果何日而可復返於雅厚質實之歸乎?"

154) 『文章達德綱領』卷1, p.49a. "六經之文, 諸子不及者, 聖人也. 諸子之文, 史不及者, 賢人也."

155) 『文章達德綱領』卷6, pp.3b~4b. "姑擧其最而言, 則『易』之卦畫, 『詩』之詠歌, 『書』之記言, 『春秋』之述事, 與夫『禮』之威儀, 『樂』之節奏, 皆已列爲六經而垂萬世. 其文之盛, 後世固莫能及, 然其所以盛而不可及者, 豈無所自來, 而世亦莫之識也. 故夫子之言曰: '文王旣沒, 文不在玆乎?' 蓋雖已決知不得辭其責矣, 然猶若逡巡顧望而不能無所疑也."

156) 『文章達德綱領』卷2, p.35a. "『詩』·『書』之文有若重復, 而意實曲折者. 『詩』曰云: '誰之思, 西方美人, 彼美人兮, 西方之人兮.' [此思賢之意, 自曲折也] 又曰: '自古在昔先民有作.' [此考古之意, 自曲折也] 『書』曰: '眇眇予末小子.' [此謙托之意, 自曲折也] 又曰: '孺子其朋孺子其往.' [此告戒之意, 自曲折也]."

157) 그중 하나로, 『文章達德綱領』卷2, p.35a. "文有上下相接, 若繼踵然, 其體有三. 其一曰: '叙積小至大.' 「中庸」曰: '能盡其性, 則能盡人之性, 能盡人之性 則能盡物之性. 能盡物之性, 則可以贊天地之化育. 可以贊天地之化育, 則可以與天地參矣.' 此類是也."

158) 『文章達德綱領』卷3, p.19b. "'『易』之有象以盡其意, 『詩』之有比以達其情. 文之作也, 可無喻乎. 博采『經傳』,' 約而論之, 取喻之法, 大槩有十略條于後."

159) 『陽村先生文集』卷16,「鄭三峯道傳文集序」."周衰道隱, 百家並起, 各以其術鳴而
文始病. 漢之司馬遷·楊雄之徒, 其言猶未醇雅, 及佛氏入中國, 斯文益病, 魏晉
以降, 蓁塞無聞.";『四佳文集』卷4,「東文選序」."文者, 貫道之器. 六經之文, 非
有意於文, 而自然配乎道. …… 今之學者誠能心於道, 不文於文, 本乎經, 不規規
於諸子, 崇雅黜浮, 高明正大, 則其所以羽翼聖經者, 必有其道矣."

160) 『文章達德綱領』卷3, p.84a."朱子曰:'道者, 文之根本, 文者, 道之枝葉. 惟其根
本乎道, 所以發之於文, 皆道也. 三代聖賢文章, 皆從此心寫出, 文便是道.'"

161) 『文章達德綱領』卷3, pp.84a~84b."今東坡之言曰:'吾所謂文, 必與道俱.' 則是文
自文而道自道, 待作文時, 旋去討箇道來入放裏面, 此是它大病處. …… 如唐禮樂
志云:'三代而上, 治出於一. 三代而下, 治出於二.' 此等議論極好, 蓋猶知得只是
一本. 如東坡之說, 則是二本, 非一本矣."

162) 『文章達德綱領』卷6, pp.3b~4b."朱子曰歐陽子云:'三代而上, 治出於一, 而禮樂
達于天下. 三代而下, 治出於二, 而禮樂爲虛名.' 此古今不易之至論也. 然彼知政
事禮樂之不可不出於一, 而未知道德文章之尤不可使出于二也. 夫古之聖賢, 其
文可謂盛矣, 然初豈有意學爲如是之文哉? 有是實於中, 則必有是文于外, 如天有
是氣, 則必有日月星辰之光耀. …… 韓愈氏出, 始覺其陋, 慨然號於一世, 欲去陳
言, 以追詩書六藝之作, 而其弊精神, 糜歲月, 又有甚於前世諸人之所爲者. 然猶
幸其略知不根無實之不足恃, 因是頗泝其源而適有會焉, 於是「原道」諸篇始作."

163) 『文章達德綱領』卷1, p.47a."作文以理爲主. '自六經以下, 至於諸子百氏騷人辯
士論述, 大氐皆將以爲寓理之具也. 故學文之端, 急於明理, 如知文而不務理, 求
文之工, 世未嘗有也.'"

164) 『文章達德綱領』卷1, p.45a."聖賢之文, 自道中流出, 如江河之有源, 而條理貫通.
後人不知道而有意爲文, 猶斷港絶潢之無本, 雖強加疏鑿, 終亦不能貫通爲一, 真
無用之贅言也."

165) 『文章達德綱領』卷1, p.40a."問:'作文害道否?' 曰:'害也. 凡爲文, 不專意則不
工, 若專意則志局於此, 又安能與天地同其大也?'"

166) 『周易』,「乾卦·文言傳」."'九三曰:「君子, 終日乾乾, 夕惕若厲, 无咎.」何謂也?'
子曰:'君子, 進德修業. 忠信, 所以進德也, 修辭立其誠, 所以居業也.'"

167) 『文章達德綱領』卷1, pp.30a~31b."明道先生曰:「修辭立其誠」, 不可不子細理
會. 言能修省言辭, 便是要立誠. 若只是修飾言辭爲心, 只是爲僞也. 若修其言辭,
正爲立己之誠意, 乃是體當自家「敬以直內」·「義以方外」之實事. ……「終日乾乾」,
大小大事, 却只是「忠信所以進德」爲實下手處,「修辭立其誠」爲實修業處.'"

168) 수사입기성을 둘러싼 해석은 본서 Ⅱ장 1절 2) "수사입기성"의 두 시각 참고.

169) 『文章達德綱領』卷1, pp.33a~35b."爲文必在養氣. 氣與天地同, 苟能充之, 則可
配序三靈, 管攝萬彙, 不然, 則一介之小夫爾. 君子所以攻內不攻外, 圖大不圖小
也. …… 嗚呼! 人能養氣, 則情深而文明, 氣盛而化神, 當與天地同功也. 與天地
同功, 而其智卒歸之一介小夫, 不亦可悲也哉!"

170) 후지와라 세이카의 「양기법」은 『문전』의 「양기법」이 집약되어 있다. 大島晃(1999)은 후지와라 세이카의 양기설은 『古文矜式』의 양기설을 중시하며 구상하였다고 분석하였다. 후지와라 세이카의 양기설은 다음을 참조. 大島晃(1999), 앞의 논문, pp.31~33.

171) 『文章達德綱領』 卷1, p.53a. "養深, 則發於文詞者沛然矣. '有德者必有言'是也."

172) 인품의 경우, 『文章達德綱領』 卷1, p.50a. "文章與人品同. 自古大聖大賢, 非有英雄氣量者, 不能到也. …… 熟讀『孟子』, 以昌吾氣, 細看『堯典』, 以恢吾量, 參以『史記』諸紀世家列傳, 以博其趣. 大要只是要有英雄擔負天地之氣, 要有英雄包含古今之量."

기질의 경우, 『文章達德綱領』 卷1, p.52b. "裴度云'文之異, 在氣格之高下·思致之淺深, 不在礫裂章句, 嚷廢聲韻也.'"

173) 『惺窩先生文集』 卷3, 「次韻梅菴由己幷序」. "今時之詩, 小巧淺露, 而多爲用事屬對所牽强, 失優遊不迫之體."

174) 『文章達德綱領』 卷6, p.9a. "古人文章, 大率只是平説而意自長. 後人文章務意多而酸澀. 如離騒初無奇字, 只恁説將去, 自是好. 後來如魯直恁地著力做, 却自是不好."

175) 이노구치 아츠시猪口篤志(2000)는 "문학으로 말하면 오규 소라이야말로 일대의 거벽이라고 할 수 있다"라고 평하였다. 이노구치 아츠시 著, 심경호·한예원 譯(2000), 앞의 책, p.326.

176) 오규 소라이에 관한 국내 기존 연구는 그의 고문사학의 전반적인 특징과 이반룡과 왕세정의 계승 측면에서 주로 이루어졌다. 본 연구는 그의 고문사학 내에서도 육경을 위주로 고찰하고자 한다. 소라이의 고문사학은 종경론에 뿌리를 두고 시작되었으며, 종경론은 유학의 보편적인 문학관이라는 점에서 그의 육경의 문학적 측면에 대한 논의는 고문사학 연구에서나 일본한문학사 연구에서나 고찰할 만한 대상이라고 생각한다. 이에 필자는 육경의 문학적 측면에 대한 소라이의 논의를 그의 고문사학 밖으로 꺼내어 '경전 수사학'이라는 새로운 틀 안에서 고찰하고자 하는 것이다.

국내 오규 소라이의 고문사학에 관한 연구는 다음을 참고. 이규필(2017), 「荻生徂徠의 古文辭學에 대한 반성적 고찰을 위하여」, 『한국한문학연구』 Vol.66, 한국한문학회; 이기원(2009), 「오규 소라이의 고문사학」, 『일본사상』 Vol.16, 한국일본사상학회; 이효원(2007), 「許穆과 荻生徂徠의 尙古主義 문학사상 비교연구」, 서울대학교 석사학위논문; 하지영(2015), 「18세기 조선과 일본 문단에서의 상고적 문학론의 배경과 그 추이」, 『고전문학연구』 Vol.48, 한국고전문학회; 하지영(2016), 「고문을 회복하는 두 가지 방식: 신유한과 오규 소라이를 중심으로」, 『한국한문학연구』 Vol.61, 한국한문학회.

일본에서 오규 소라이의 문학관 연구는 다음을 참고. 日野龍夫(1975), 『徂徠學派: 儒學から文學へ』, 東京: 築摩書房; 高山大毅(2016), 『近世日本の「禮樂」と「修辭」: 荻生徂徠以後の「接人」の制度構想』, 東京: 東京大學出版會; 白石真子(1998), 「荻生徂徠文論の形成をめぐって: 正德元年の東野·周南との書簡を中心に」, 『漢文

學解釋與研究』Vol.11 No.1, 漢文學研究會.

177) 『南壺谷聞見別錄』,「人物」,「稱爲文士者八人」. "觀其所爲詩文, 則該博富贍, 多讀古書, 而詩則全無調格, 文亦猶昧蹊徑."

178) 『徂徠集』卷22,「與富春山人」, pp.10a~10b. "今人不讀書, 不識文章. 僅據書題, 而又不推其所由始, 迺欲以持古今文章之衡, 難矣哉."

179) 白石真子(1998)는 "소라이의 문론은 고문사학의 근간이며, 소라이의 문론은 소라이학을 밝히는 필수 과정이기도 하다"라고 하며 오규 소라이의 문론이 형성되는 과정을 탐구하였다. 白石真子(1998), 앞의 논문, pp.25~44.

180) 『徂徠集』卷27,「答屈景山」, pp.22b~23a. "六經辭也. 法具在焉, 孔門而後先秦西漢諸公, 此其選也, 降至六朝, 辭弊而法病, 韓柳二公倡古文, 一取法於古."

181) 『四家雋』,「雋例六則」, p.25. "按六經十三家, 萬世不朽之言, 文章本業, 外此而無有焉."

182) 『四家雋』,「序‧二」, pp.17~18. "先生之言曰: '讀李王二家書, 始識有古文辭, 於是取六經而讀之, 稍稍得物與名合矣. 物與名合而後, 訓話始明, 六經可得而言焉.'"

183) 『徂徠集』卷27,「與竹春庵」, p.13a. "若以不佞素所媚習歟, 則莫若師古已. 上焉六經, 中焉先秦西京, 下焉明李‧王‧汪三家, 亦師古者. 其文主乎辭, 而道在焉."

184) 『徂徠集』卷27,「與竹春庵」, p.14a. "故宋人之病, 皆在不修辭, 辭猶色邪. 苟修其辭, 瑤池瓊泉, 不假淪漪, 何須風不. 故『十翼』,『爾雅』,『公』,『穀』,『戴記』, 皆文之至. 傳注豈病文乎. 故歐蘇非文之至者, 而程朱之言害乎文也. 足下苟能學古修辭則文與道, 豈必裂焉哉."

185) 『徂徠集』卷28,「復安澹泊」, pp.8a~8b. "六經之言, 本自平穩, 故聖人之道, 萬世可行, 至於宋儒, 則務爲新奇之說, 以強人之所不能焉."

186) 『徂徠集』卷26,「與江若水」, pp.6b~7a. "酬其來意, 道理言辭, 固是二端, 然欲修辭, 須先問其理, 予未得芳氏所言之理, 則茫難下手也. 大氐素問說運氣處, 本自它書攙人, 細玩文辭, 迥然不同, 況素問雖祖述聖人, 其書出戰國時, 採綴緝成, 有如百家衣體者, 其理有不合造化處, 語亦非如六經精粹者, 今外六經, 而欲一据素靈以斷造化, 是難矣."

187) 『徂徠集』卷26,「與江若水」, p.5b. "蓋其作文字, 一字一句, 皆將古人文字來, 爲例爲格, 依樣畫葫蘆也."

188) 『徂徠集』卷25,「復柳川內山生」, p.15b. "六經者, 文也. 故欲學孔子, 必自文章始. 文章之道, 論世爲先. 故善爲而後, 六經明, 孔子之道, 可得矣."

189) 吳夏平(2016)은 당나라 중기에 육경개문의 관념이 형성된 것으로 보고 있다. 吳夏平(2016),「試論中唐"六經皆文"觀念的生成」,『文學遺產』No.6, 中國社會科學院文學研究所, p.56.

190) 『徂徠集』卷19,「譯文筌蹄題言十則」, p.4b. "書唯有六經爲至奧妙者, 而『詩』風謠歌曲, 典誥榜諭告示, 『春秋』爛朝報, 『禮』爲儀註, 『易』即卦影發課, 假使聖人生於此方, 豈能外此方言, 別爲深奧難解語哉, 道雖高深, 語唯是語言?"

191) 오규 소라이의 시경론을 村山吉廣(1995)은 "주희는 『시경』을 의리나 권선징악의 입장으로 해석한 반면 오규 소라이는 『시경』을 사람의 정감을 위주로 해석하며 그 문예성에 주의를 환기시켰다"고 하였다. 若水俊(2014) 또한 오규 소라이의 시정론에 주목하며 "그는 『시경』을 인정으로 해석했지만 완전히 유교 경전의 테두리에서 벗어난 것은 아니었다"고 하였다. 오규 소라이의 시경론은 다음을 참조. 村山吉廣(1995), 「日本詩經學史」, 『동양학국제학술회의논문집 제5회』, 서울: 성균관대학교 대동문화연구원, pp.10~13; 若水俊・鍋島亞朱華(2014), 「徂徠學中的『詩經』」, 『國際漢學論叢』Vol.4, 樂學書局, p.71.

192) 『荻生徂徠全集』 卷4, 『論語徵』, "夫聖人之道曰'文.' 文者物相雜之名. 豈言語之所能盡哉. 故古之能言者文之, 以其象於道也."

193) 田原嗣郎(1991)은 『변명』 「문질체용본말」의 주요 내용을 소개한 바 있다. 그 자세한 내용은 다음을 참고, 田原嗣郎(1991), 『徂徠學の世界』, 東京: 東京大學出版會, pp.72~76.

194) 『日本思想大系』 卷36, 『辨名』, 「文質体用本末」 八則. pp.251~252. "文者, 所以狀道而命之也. 蓋在天曰'文', 在地曰'理.' 道之大原出於天. 古先聖王法天以立道, 故其爲狀也禮樂燦然, 是之謂文. 『論語』曰: '文王旣没, 文不在玆乎,' 是直指道爲文也. 『中庸』曰: '文王之所以爲文也,' 是形容聖人之德, 而含其能法天也. …… 是堯舜以後所謂道, 皆文也. 如夏尙忠, 殷尙質, 周尙文, 世儒見以爲至周始文矣. …… 夏殷皆因堯舜之道, 制作禮樂, 故三代之道, 均之文矣."

195) 高山大毅(2016)는 오규 소라이에게 예악과 수사는 긴밀한 관계를 지닌다는 점에서 착안하여, '인간 사이의 교류'를 지향한다는 관점에서 그 예악 제작과 수사 실천 등의 이슈를 연구하였다. 자세한 내용은 다음을 참고. 高山大毅(2016), 앞의 책, p.2.

196) 『日本思想大系』 卷36, 『辨名』, 「文質体用本末」 八則. p.252. "大氏君子所以爲君子, 乃以文, 文即中也, 非取文質之中也. 是聖人立教本意爲爾, 學者察諸."

197) 『荻生徂徠全集』 卷19, 「譯文筌蹄題言十則」, p.13b. "夫文章之道, 達意修辭二派, 發自聖言. 其實二者相須. 非修辭則意不得達, 故三代時二派未嘗分裂."

198) 『四家雋』, 「雋例六則」, p.30. "學文章要識法."

199) 『四家雋』, 「序・一」, pp.5~6. "之於古, 雖盡易面目而至諸體之區, 則率由以無所遺焉, 則前條之所立, 豈又有不可變者存歟. 故余又恒言韓柳効古爲韓柳者也, 李王効韓柳爲李王者也. 乃今要之釣是水靑其跡異耳, 未見其有大逕庭況優劣乎. 且夫韓柳之專法時, 或修辭與李王之主辭, 曾不舍法. 蓋法非辭不達, 辭非法不立. 孰先孰後, 又夫無論."

200) 『徂徠集』 卷22, 「與平子彬」, p.13a. "辭與言不同, 足下以爲一. 倭人之陋也. 夫辭者, 言之文者也. 言欲文, 故曰: '尙辭.' 曰: '修辭.' 曰: '文以足言.' 言何以欲文, 君子之言也. 古之君子, 禮樂得諸身, 故修辭者. 學君子之言也. 足下所稱, 昌黎以還, 質勝而文乚, 豈足以爲文邪. 是無它, 不知修辭之道, 乃積字成句, 所以質也. 是謂野人之言, 非君子之言也. 孟子以後, 既有是過,『論語』·『左傳』·『戴記』則否."

201) 『徂徠集』卷28,「復安澹泊」, pp.8a~8b. "六經之言, 本自平穩, 故聖人之道, 萬世可行, 至於宋儒, 則務爲新奇之說, 以强人之所不能焉. 要之昌黎好議論, 務理理, 其風至宋益盛, 程朱二公生于其世, 習以爲常, 不知求諸事與辭, 亦不自覺其與古背馳耳."

202) 방법으로서의 고문사학은 다음을 참고. 沢井啓一(1998),「「方法」としての古文辭學」,『思想』Vol.766, 岩波書店, pp.116~131.

203) 『徂徠集』卷27,「答屈景山」, p.24b. "古文辭之學, 豈徒讀已邪? 亦必求出諸其手指焉, 能出諸其手指, 而古書猶吾之口自出焉. 夫然後直與古人相揖於一堂上, 不用紹介焉."

204) 오규 소라이의 고문사학에서 문학과 경학간의 긴밀한 관계는 다음을 참조. 日野龍夫(1975),『徂徠學派: 儒學から文學へ』, 東京: 筑摩書房, p.2; 揖斐高(2009),「擬古論: 徂徠·春臺·南郭における摸擬と変化」,『日本漢文學研究』Vol.3, 二松學舍大學21世紀COEプログラム, pp.5~29.

205) 이규필(2017)은 "徂徠에게 고문의 수사는 육경의 진의를 정확히 안다는 경학적 측면의 핵심 키워드이기도 하지만, 동시에 문장 창작이라는 측면에서도 그와 등가의 중요성을 지닌다"라고 하였다. 이규필(2017), 앞의 논문, p.77.

206) 『徂徠集』卷19,「譯文筌蹄題言十則」, p.12b. "古書是根本. …… 後世百萬卷書籍皆他兒孫."

207) 『徂徠集』卷27,「答屈景山」, p.23b. "六經·『論語』·『左』·『國』·『史』·『漢』, 古書也."

208) 『四家雋』,「序·一」, p.1. "夫文章, 六經以還左氏·司馬·揚雄·班固則尚矣乎. 後之學者, 莫得而閒然也."

209) 『徂徠集』卷19,「譯文筌蹄題言十則」, pp.12b~13a. "古書語皆簡短, 後世文辭皆冗長, 簡短者, 當加多少言語助字, 義始通. 冗長者, 芟去其多少言語助字, 乃成古辭. 此其大略. 故古書辭多含蓄, 有餘味, 後世文辭, 義趣皆露, 莫有雋永, 故慣讀後世文者, 止見一條路徑, 熟讀古文辭者, 每有數十路徑, 瞭然乎心目間. 條理不紊, 及讀到下方, 數十義趣, 漸次不用, 至於終篇, 歸宿一路."

210) 『四家雋』,「序」, p.16. "累朝不乏人著作, 日多亦非不盛也. 然文章之道, 未融宋元之弊, 塗人耳目, 曾不能特起拔出者, 亦且百年矣."

211) 『徂徠集』卷19,「四家雋例六則」, p.20a. "然其書本以便擧業. 擧業主論策, 故其選主議論, 而不及敘事也. 夫文章之道, 闕一不可矣."

212) 『徂徠集』卷19,「譯文筌蹄題言十則」, p.14a. "是文章八大家, 明世諸家何及, 豈非矮人看場比乎, 亦緣講師經生勉强作文章, 狃其平常所言, 遂謂文章非議論不可巳. 殊不知議論敘事二者, 是文章大網領. 試觀專學韓柳歐蘇者, 決不能作敘事也. 有謂古今自別, 何苦強模擬上古科斗時語, 此大不知道理者言也."

213) 『徂徠集』卷27, 「答屈景山」, pp.23a~23b. "紲辭, 故不能敍事. 夫明圈是務, 欲瞭
然乎目下者, 注疏之文非邪? 是以末流之弊, 語錄不啻也. 明李王二公, 倡古文辭,
亦取法於古, 其謂之古文辭者, 尙辭也, 主敍事, 不喜議論, 亦矯宋弊也."

214) 『日本思想大系』卷36, 『學則』, p.256. "世載言以還, 言載道以還."

215) 『荻生徂徠全集』卷2, 『譯文筌蹄初編』. "韓柳以達意振之, 宇宙一新, 然韓柳求諸
古故振, 歐蘇求諸韓柳, 故又衰, 降至元明, 文皆語錄中語, 助字別作一法, 夐與
上古不合, 古今之間, 遂成一大鴻溝, 故李王以修辭振之, 一以古爲則, 可謂大豪
傑矣."

216) 소라이가 편찬한 고문사 관련 서적은 『四家雋』, 『古文矩』, 『絶句解』, 『絶句解拾遺』,
『唐後詩』 등이다. 『사가준』을 제외하고는 이반룡과 왕세정을 중심으로 다루었다. 한
편, 白石眞子(1998)는 오규 소라이가 한유와 유종원의 글을 이반룡과 왕세정의 글
과 함께 병렬하여 다루는 경우를 오규 소라이의 '후기 고문관'이라고 하며 오규 소라
이가 명대 고문사학에서 벗어나 스스로의 고문사학을 형성한 것이라고 평가하였다.
자세한 내용은 다음을 참조. 白石眞子(1998), 앞의 논문, pp.25~44.

217) 송대 도학가들은 제자서 중의 하나였던 『맹자』에 경전의 지위를 부여하였다. 그리고
그들은 맹자를 공자, 증자, 자사를 잇는 도통으로 인정하였다. 대표적인 글로는 주
희의 「讀余隱之尊孟辨」이 있다. 주희의 尊孟辨은 다음을 참고. 안병주(1986), 「주
자의 '尊孟辨'의 의미: '讀余隱之尊孟辨'을 중심으로」, 『유교문화사상연구』 Vol.1,
한국유교학회, pp.95~113; 周淑萍(2007), 『兩宋孟學研究』, 北京: 人民出版社,
pp.48~138; 近藤正則(1981), 「讀余隱之尊孟辨'に見える朱子の孟子不尊周への
對應」, 『日本中國學報』 Vol.33, 日本中國學會, pp.101~115.
한편 『맹자』의 경전으로서의 지위를 부정하는 인물들도 있었는데 대표적인 글로는
司馬光의 『疑孟』과 李覯의 『常語』가 있다. 이에 대한 자세한 내용은 다음을 참고.
夏長樸(1989), 『李覯與王安石硏究』, 臺北: 臺灣大學出版社, pp.59~94; 黃俊傑
(1997), 『孟學思想史論』, 臺北: 中央硏究院 中國文哲硏究所, pp.159~171; 夏長
樸(1997), 「司馬光疑孟及其相關問題」, 『臺大中文學報』 Vol.9, 國立臺灣大學 出版
委員會, pp.115~144; 周淑萍(2007), 앞의 책, pp.139~200.

218) 『文心雕龍』 「諸子」. "諸子者, 入道見志之書. 太上立德, 其次立言. 百姓之羣居,
苦紛雜而莫顯, 君子之處世, 疾名德之不章. 唯英才特達, 則炳曜垂文, 騰其姓氏,
懸諸日月焉. …… 聖賢並世, 而經子異流矣."

219) 『文心雕龍』 「諸子」. "硏夫孟荀所述, 理懿而辭雅."

220) 『文心雕龍』 「風骨」. "若夫鎔鑄經典之範, 翔集子史之術, 洞曉情變, 曲昭文體, 然
後能孚甲新意, 雕畫奇辭."

221) 龔剛(2014)은 유지기의 『사통』을 장학성의 육경개사의 시원으로 보았다. 유지기가
경전을 역사서로 바라보고 이에 대한 문학비평을 한 것은, 이후 청대 장학성의 '육
경개사', 즉 '경전은 모두 역사서이다'와 유사한 맥락으로 이해할 수 있다. 다만 장학
성은 '육경'을 말한 반면, 유지기는 '오경'을 강조했다는 점이 다르다. 周勳初(1995)

는 육경개사설의 연원은 매우 오래되었지만 하나의 명확한 명제로서 적극적인 논술을 가한 것은 장학성이라고 하였다. 周勳初(1995),「淸儒'六經皆史'說 辨析」, 제5회 동양학국제학술회의, p.12; 龔剛(2014),「論錢鍾書對'六經皆史'·'六經皆文'說的傳承發展」,『中華文史論叢』Vol.115, 上海古籍出版社, p.256.

222) 유지기의 구체적인 비평을 살펴보면,『주역』과『시경』,『상서』,『춘추』,『예기』, 그리고『춘추좌씨전』의 문장도 비평 대상에 포함되긴 하였으나, 그중에서 특히『상서』와『춘추』의 수사법을 집중적으로 비평하였다. 이는 그 문장이 史體에 가깝기 때문인 것으로 보인다.

223) 『史通』「內篇」「六家」. "古往今來, 質文遞變, 諸史之作, 不恆厥體. 權而爲論, 其流有六. 一曰『尚書』家, 二曰『春秋』家, 三曰『左傳』家, 四曰『國語』家, 五曰『史紀』家, 六曰『漢書』家. 今略陳其義, 列之於後. …… 原夫『尚書』之所記也, 若君臣相對, 詞旨可稱, 則一時之言, 累篇鹹載. 如言無足記, 語無可述, 若此故事, 雖有脫略, 而觀者不以爲非. ……『春秋』家者, 其先出於三代. 案『汲冢瑣語』太丁時事, 目爲『夏殷春秋』. 孔子曰:'疏通知遠,『書』教也. 屬辭比事,『春秋』之教也.'知『春秋』始作, 與『尚書』同時."

224) 『史通』「內篇」「論贊」. "夫擬『春秋』成史, 持論尤宜闊略. 其有本無疑事, 輒設論以裁之, 此皆私狗筆端, 苟衒文彩, 嘉辭美句, 寄諸簡冊, 豈知書之大體, 載削之指歸者哉? 必尋其得失, 考其異同, 子長淡泊無味, 承祚儒緩不切, 賢才間出, 隔世同科. 孟堅辭惟溫雅, 理多愜當. 其尤美者, 有「典」·「誥」之風, 翩翩突突, 良可詠也. 仲豫義理雖長, 失在繁富."

225) 『史通』「內篇」「編次」. "昔『尚書』記言,『春秋』嗣子諒闇, 未逾年而廢者, 既不成君, 故不別加篇目. 是以魯公十二, 惡·視不預其流, 及秦之子嬰, 漢之昌邑, 鹹亦因胡亥而得記, 附孝昭而獲聞. 而吳均『齊春秋』乃以鬱林爲紀, 事不師古, 何滋章之甚與!"

226) 『史通』「外篇」「惑經」. "又案『春秋』之文, 雖有成例, 或事同書異, 理殊畫一. 故太史公曰:'孔氏著『春秋』, 隱·桓之間則章, 至定·哀之際則微, 爲其切當世之文, 而罔褒忌諱之辭也.' 斯則危行言遜, 吐剛茹柔, 推避以求全, 依違以免禍. 孟子云:'孔子曰:「知我者其惟『春秋』乎! 罪我者其惟『春秋』乎!」' 其虛美四也."; 『史通』「外篇」「疑古」. "大抵自『春秋』以前,『尚書』之世, 其作者述事如此. 今取其正經雅言, 理有難曉, 諸子異說, 義或可憑, 參而會之, 以相研覈. …… 孟子曰:'盡信『書』, 不如無『書』.'「武成」之篇, 吾取其二三簡. 推此而言, 則遠古之書, 其妄甚矣."

227) 『문선』의 선집 대상에서 유교 경전, 제자서, 역사서는 제외되었다.

228) 『문선주』가 당대 지식인들의『맹자』의 문학성 인식에 미친 영향은 蘭翠(2014), 앞의 책, pp.73~81.

229) 한 예로「原毀」에서 "古之君子, 其責己也重以周, 其待人也輕以約. 重以周故不怠, 輕以約, 故人樂爲善(『韓昌黎文集校注』卷1)"라는 문장은 실제로『맹자』「등문공」상 1장 "顔淵曰:'舜何人也? 予何人也? 有爲者亦若是'"와「이루」하 28장 "舜人也, 我亦人也. 舜爲法於天下, 可傳於後世, 我由未免爲鄕人也. 是則可憂也.

憂之如何? 如舜而已矣"라는 구절을 차용한 것이다.

230) 『韓昌黎文集校注』卷4,「送王秀才序」. "始吾讀孟軻之書, 然後知孔子之道尊."

231) 앞서 언급하였다시피 唐代 이전까지 『맹자』는 제자서 중 하나일 뿐이었다. 『漢書』「藝文志」와 『隋書』「經籍志」를 보면 『맹자』는 「子部-儒家類」에 배속되어 있다. 그러나 당나라 중기, 『맹자』가 子部에서 經部로 '승격'되어야 한다는 주장이 제기된다. 『新唐書』「選擧志」의 代宗 寶應 2년(763) 禮部侍郎 楊綰의 상소를 보면 "논어』, 『효경』, 『맹자』를 합쳐서 하나의 경전으로 만들 것"을 건의한 바 있다. 그 주장은 송대에 이르러서 마침내 실현되었다.

한편 陳振孫(1179∼1261)은 『맹자』가 자부에서 경부로 승격하는 데 한유가 일등 공신이라고 하였다. 『直齋書錄解題』卷3. "自韓文公稱, '孔子傳之孟軻, 軻死不得其傳,' 天下學者咸曰'孔孟.' 孟子之書固非荀·揚以降所可同日語也. 今國家設科取士, 『語』·『孟』並列爲經, 而程氏諸儒訓解二書, 常相表裏, 故合爲一類."

232) 두목과 피일휴의 산문이 『맹자』의 영향을 받았다는 논의는 다음을 참조. 蘭翠(2014), 앞의 책, pp.216∼250.

233) 趙翼, 『陔餘叢考』卷4,「尊孟子」. "宋人之尊孟子, 其端發于楊綰·韓愈, 其說暢於(皮)日休."

234) 이는 『맹자』의 사상사 측면에서도 유사하다. 당·송대 지식인들은 도학을 논하면서 韓·孟을 함께 칭하다가 孔·孟을 함께 칭하는 쪽으로 점차 변화해 갔다. 자세한 내용은 다음을 참고. 李峻礎(2013), 앞의 논문, p.49.

235) 『宋史』卷269,「高弁傳」.

236) 『小畜集』卷19. "讀堯·舜·周·孔之書, 師軻·雄·韓·柳之作.";『宋文選』卷7. "履孔·孟·揚雄之業, 振仲淹·退之之辭."

237) 『嘉祐集』卷12. "孟子之文, 語約而意盡. 不爲巉刻斬絶之言, 而其鋒不可犯. 韓子之文, 如長江大河, 渾浩流轉."

238) 『三蘇全書』卷3『論語說』에는 "蘇東坡云: '予爲『論語說』, 與孟子辯者八'"이라고만 되어 있고, 그 다음 문장은 일실되었다. 그러나 송대 余允文(?∼?)은 『尊孟辨』『尊孟續辨』卷下에서 그 다음 문장을 다음과 같이 기술하였다. "吾爲『論語說』, 與孟子辯者八. 吾非好辯也, 以孟子爲近于孔子也. …… 故必與孟子辯, 辯而勝, 則達於孔子矣."

239) 『蘇徹集』卷2,「上兩制諸公書」. "士之言學者, 皆曰孔孟. 何者? 以其知道而已."

240) 『朱子語類』卷130. "東坡解經, 莫教說着處直是好, 蓋是他筆力過人, 發明得分外精神."

241) 『朱子語類』卷78. "東坡『書解』却好, 他看得文勢好."

242) 『朱子語類』卷80. "讀『孟子』, 排惟看它義理, 熟讀之, 便貼作實之法首尾照應, 血脈通貫, 語愈反視, 明白峻潔, 無一字閒, 人若能如此作文, 便是第一等文章."

243) 『朱子語類』卷104. "某向卯角讀『論』·『孟』, 自後欲一本文字高似『論』·『孟』者, 竟無之."

244) 『東塾讀書論學札記』. 張伯偉(2017), 앞의 논문, p.41 재인용.

245) 일본은 과거시험이 없었기 때문에 일본 지식인들이 경전을 글쓰기의 전범으로 삼는 것은 다소 독특한 형태를 띤다.

246) 육경개사와 육경개문을 경전에 대한 탈성화로 보는 시각도 존재한다. 자세한 내용은 다음을 참고. 이용주(2009), 「고전을 '어떻게' 읽을 것인가?: 經學史의 경험을 통해 본 현대 중국의 "讀經 論爭"」, 『코기토』 Vol.66, 부산대학교 인문학연구소, pp.222~230; 傅道彬(2010), 앞의 논문, p.7.

Ⅲ 중국의 수사학적 경전 해석

1) Ⅲ장 1절은 2019년도 3월 19~21일 중국 강서성 무원에서 열린 '朱子學與多元文化國際學術研討會'(주최: 中國朱子學會 · 中華朱子學會 · 上饒師範學院 · 婺源縣人民政府)에서 필자가 「朱熹與經典修辭學解釋: 以『孟子』爲中心」이라는 제목으로 발표한 내용을 발전시킨 것이다. 해당 발표문은 약간의 수정을 거쳐 『朱子學研究』Vol.33(中國社會科學院古代史研究所, 2019.12)에 게재되었다.

2) 馬積高(1989), 『宋明理學與文學』, 長沙: 湖南師範大學出版社, p.5.

3) 莫礪鋒(2000)은 "후세의 통치 계층이 성리학을 제창할 때에 주로 治道와 敎化에 도움이 되는 공리적인 가치에 주안점을 두었으므로 성리학 가운데에서 비문학적이고 반문학적인 내용이 강조 · 부각되었다"라며 이와 같은 맥락으로 주희의 문학과 글쓰기 공부에 대한 입장이 그동안 윤색되어 왔다고 주장하였다. 莫礪鋒(2000), 『朱熹文學研究』, 南京: 南京大學, p.6.

4) 『二程遺書』卷18. "問: '作文害道否?' 曰: '害也. 凡爲文不專意則不工, 若專意 則志局於此, 又安能與天地同其大也.『書』雲'玩物喪志', 爲文亦玩物也. …… 古之學者, 惟務養性情, 其佗則不學. 今爲文者, 專務章句, 悅人耳目. 既務悅人, 非俳優而何.'"

5) 『周子通書』「文辭」. "文所以載道也, 輪轅飾而人弗庸, 徒飾也. 況虛車乎? 文辭, 藝也. 道德, 實也."

6) 『鶴林玉露』卷16. "胡澹庵上章, 薦詩人十人, 朱文公與焉. 父公不樂, 誓不復作詩, 迄不能不作也. 嘗同張宣公遊南嶽, 唱酬至百餘篇, 忽瞿然曰: '吾二人, 得無荒於詩乎?'"

7) 『二程遺書』卷18. "或問: '詩可學否?' 曰: '既學時, 須是用功, 方合詩人格, 既用功, 甚妨事. …… 某素不作詩, 亦非是禁止不作, 但不欲爲此閑言語.'"

8) 莫礪鋒(2000)은 주희의 詩를 꼼꼼히 분석하며 그 형식적 예술미를 찬미하였다. 莫礪鋒(2000), 앞의 책, pp.39~61 참조.

9) 12월에 그는 한때 명성이 높았던 시인인 胡銓과 우상 虞允文의 천거를 동시에 받게 되었다. 효종의 명을 받아 시인을 찾고 있던 호전은 "융흥 초년에 황상께서 시인을 찾아보라고 신에게 명하셨기에 신은 이미 물색하여서 여러 사람을 찾아냈습니다(『中興聖政』卷49)"라고 상주하며, 「薦賢錄」을 올려 주희를 포함한 시인 열다섯 명을 추천하였다. 束景南 著, 김태완 譯(2015), 『朱子評傳』上, 고양: 역사비평사, p.623 재인용.

10) 錢穆(2011), 『朱子新學案』5, 北京: 九州出版社, p.188.

11) 錢穆(2011), 앞의 책, p.157.

12) 『朱子語類』卷139. "人要會作文章, 須取一本西漢文 · 與韓文 · 歐陽文 · 南豐文." 본서의 『주자어류』1~13권 번역은 다음을 참조. 黎靖德 編, 이주행 譯(2001), 『(소나무판)朱子語類』1~13卷, 서울: 소나무.

13) 『朱子語類』卷139. "東坡文字明快, 老蘇文雄渾, 儘有好處. 如歐公 · 曾南豊 · 韓昌黎之文, 豈可不看? 柳文雖不全好, 亦當擇."

14) 주희는 지인에게 자식 교육을 이야기하면서 글쓰기 공부의 필요성을 인정하였으며, 당송고문가의 글 외에도 유교 경전을 글쓰기의 모범으로 삼았다. 『晦庵集』卷44,「答蔡季通」. "此兒讀『左傳』向, 畢經書要處, 更令溫繹爲佳. 韓·歐·曾·蘇之文, 滂沛明白者, 揀數十篇, 令寫出, 反復成誦, 尤善."

15) 錢穆(2011)과 莫礪鋒(2000), 그리고 束景南(2015) 모두 한유의 문장학과 도학을 언급하였다. 세 연구자 간에 차이점이 있다면, 錢穆(2011)과 莫礪鋒(2000)은 한유의 문장학적 공로를 강조하여 서술한 반면, 束景南(1995)은 도학에 있어서의 결핍을 보다 강조하여 서술한 것이다. 자세한 내용은 다음을 참고. 莫礪鋒(2000), 앞의 책, pp.23~24; 束景南 著, 김태완 譯(2015), 앞의 책, p.824; 錢穆(2011), 앞의 책, pp.160~164.

16) 한유와 주희 문장관의 同異는 〈표 2〉 문본우경의 계승과 발전(유협과 한유, 주희) 참고.

17) 주희는 과시-잡문-고문 순으로 훌륭하다고 평가하였다. 『朱子語類』卷11, "學須做自家底看, 便見切己. 今人讀書, 只要科擧用. 已及第, 則爲雜文用. 其高者, 則爲古文用, 皆做外面看."

18) 이는 다음을 참조. 莫礪鋒(2000), 앞의 책, pp.85~87.

19) 『朱子語類』卷19. "聖賢言語, 粗說細說, 皆著理會教透徹."

20) 『朱子語類』卷104. "他聖人說一字是一字, 自家只平著心去秤停他. 都不使得一毫杜撰, 只順他去. 某向時也杜撰說得, 終不濟事. 如今方見得分明, 方見得聖人一言一字不吾欺. …… 聖人說話, 也不少一箇字, 也不多一箇字, 恰恰地好, 都不用一些穿鑿."

21) 『朱子語類』卷19. "讀『孟子』, 非惟看它義理, 熟讀之, 便曉作文之法. 首尾照應, 血脈通貫, 語意反覆, 明白峻潔, 無一字閑. 人若能如此作文, 便是第一等文章."

22) 『朱子語類』卷11. "讀書遇難處, 且須虛心搜討意思. 有時有思繹底事, 卻去無思量處得."

23) 『朱子語類』卷11. "問: '如先生所言, 推求經義, 將來到底還別有見處否?' 曰: '若說如釋氏之言有他心通, 則無也. 但只見得合如此爾.' 再問: '所說「尋求義理, 仍須虛心觀之」, 不知如何是虛心?' 曰: '須退一步思量.'";『朱子語類』卷11. "大抵義理, 須是且虛心隨他本文正意看."

24) 『朱子語類』卷11. "'看文字須是虛心. 莫先立己意, 少刻多錯了.' 又曰: '虛心切己. 虛心則見道理明. 切己, 自然體認得出.'"

25) 『朱子語類』卷11. "雲: '某解「語」·「孟」, 訓詁皆存. 學者觀書, 不可只看緊要處, 閑慢處要都周匝."

26) 『晦庵集』卷31,「答張敬夫」. "以此方知漢儒可謂善說經者, 不過只說訓詁, 使人以此訓詁玩索經文, 訓詁經文不相離異, 只做一道看了, 直是意味深長也."

27) 주희의 훈고에 대한 장식의 견해는 다음을 참조. 束景南 著, 김태완 譯(2015), 앞의 책, p.779.

28) 束景南(2015)은 "주희가 보기에 한·위 경학의 유교 경전 해설은 비록 '그 意는 다 이해하지 못했지만' 오히려 '그 言은 이해하여서' 장구를 정확하게 떼어내고, 명물을 訓詁한 공은 없앨 수 없었다. 이런 견해는 그의 경학 사상이 한과 위의 훈고학과 북송과 남송의 의리학의 특징을 겸하여서 취하고 융합하여서 이해했음을 구체적으로 드러낸다. 그의 『논어』와 『맹자』에 관한 저작에는 이런 정신이 관철되어 있다"고 하였다. 束景南 著, 김태완 譯(2015), 앞의 책, p.627.

29) 莫礪鋒(2000), 앞의 책, p.12.

30) 『朱子語類』卷11. "經旨要子細看上下文義. 名數制度之類, 略知之便得, 不必大段深泥. 以妨學問."

31) 束景南(2015)은 주희의 『상서』의 해설에서도 한 글자 한 구절의 훈고에 얽매이지 않고 문장의 의미를 관통하고 의리를 밝히는 태도가 보인다고 하였다. 束景南 著, 김태완 譯(2015), 앞의 책, p.627, p.890.

32) 『晦庵集』卷31, 「答敬夫孟子說疑義」. "按此解之體, 不爲章解句釋. 氣象高遠, 然全不畧說文義, 便以己意立論, 又或別用外字體貼, 而無脈絡連綴, 使不曉者展轉迷, 惑粗曉者一向支離. …… 且如『易傳』已爲太詳, 然必先釋字義, 次釋文義, 然後推本而索言之. 其淺深近遠詳密有序, 不如是之勿遽而繁雜也."

33) 『朱子語類』卷105. "某從十七八歲讀至二十歲, 只逐句去理會, 更不通透. 二十歲已後, 方知不可恁地讀. 元來許多長段, 都自首尾相照管, 脈絡相貫串, 只恁地熟讀, 自見得意思. 從此看『孟子』, 覺得意思極通快, 亦因悟作文之法."

34) 『朱子語類』卷10. "讀書, 須看他文勢語脈."

35) 전체 내용은 유민정(2019)의 〈부록 1〉을 참고. 유민정(2019), 「한·중·일의 수사학적 경전해석: 『孟子』 주석서를 중심으로」, 성균관대학교 박사학위논문, pp.297~306.

36) 주희는 『맹자』 독해의 어려움을 종종 토론하였다. 그 이유는 『맹자』가 장문이지만 문장의 처음과 끝이 서로 이어져 있기 때문이라며 그 문장 구조의 특징을 거론하였다. 『朱子語類』卷11. "且先讀十數過, 已得文義四五分. 然後看解, 又得三二分. 又卻讀正文, 又得一二分. 向時不理會得『孟子』, 以其章長故也. 因如此讀, 元來他章雖長, 意味卻自首末相貫."

37) 위백규 『맹자차의』의 어세에 대한 분석은 다음을 참고. 유민정(2013), 「존재 위백규의 『孟子』 해석 연구」, 성균관대학교 석사학위논문, pp.92~101.

38) 「공손추」 상 1장에서 염백우, 민자건, 안연은 덕행이 있어서 말투가 친절하다고 하였으며 이는 『맹자』의 어세를 분석한 것이 아니라 이 세 사람 말투의 특징을 술회한 것뿐이다. 이 외에 「고자」 하 2장에서 曹交의 질문이 거칠고 투박하다고 보았는데 이것이 말투 때문인지 질문의 내용 때문인지는 자세히 알기 어렵다.

39) 『孟子集注』, 「梁惠王」 上 1章. "嗟乎! 利, 誠亂之始也. 夫子罕言利, 常防其源也. …… 當是之時, 天下之人, 惟利是求, 而不復知有仁義. 故孟子言仁義而不言利,所以拔本塞源而救其弊, 此聖賢之心也."

40) 『空山堂牛氏全集』卷21, 『孟子論文』卷1, p.1b. "倒轉作結, 妙極斬截. ○突然轉關, 突然收住, 文勢盤旋飛動."

41) 주희 또한 반복법을 언급했으나 어세를 설명하지는 않았다. 『孟子集注』, 「梁惠王」上 1章. "重言之, 以結上文兩節之意."

42) 『存齋集』卷9, 『孟子箚義』. "起頭因王言而先擧利, 結尾因己言而先擧仁義, 仍以'何 必利'翻蹴了. 口氣英爽, 令人悚悟. 一章之內, 起結分明, 此是後來文章家祖宗. 大 凡『孟子』一書, 每章轆軸管鎖, 縝密緊切, 中藏無限造化, 亦文章家豪雄妙絶者也. …… 明義利救戰國, 子輿之大功. 故以'何必利'·'有仁義'爲『孟』書首章. 此兩書記 載者之深意也."

43) 위백규는 화제선택법 외에도 서차법, 반복법, 조응법 등 해당 구절의 자법, 구법, 장 법 등에 걸쳐 다채로운 수사법을 분석하였다.

44) 『淡窓全集』上, 『讀孟子』p.1. "倒用前句. 呼應有法."

45) 이황은 해당 구절에 주석을 남기지 않았다. 본서에서 연구 대상으로 삼는 다른 주석 가들이 수사학적 해석을 남긴 경우는 모두 본문의 사례 분석에서 다루며 비교 분석 하였다.

46) 『孟子集注』, 「滕文公」上 1章. "程子曰: '性卽理也. 天下之理, 原其所自, 未有不 善. 喜·怒·哀·樂未發, 何嘗不善. 發而中節, 卽無往而不善. 發不中節, 然後爲 不善. 故凡言善惡, 皆先善而後惡, 言吉凶, 皆先吉而後凶. 言是非, 皆先是而後 非.'"

47) 본 연구의 수사법 해설은 다음을 참조. 장하늘(2009), 『수사법사전』, 서울: 다산초당.

48) 『空山堂牛氏全集』卷21, 『孟子論文』卷3, p.1a. "二語簡括得妙, 省卻無數筆墨."

49) 『孟子集注』, 「告子」上 5章. "二章問答, 大指略同. 皆反覆譬喩以曉當世, 使明仁義 之在內, 則知人之性善, 而皆可以爲堯舜矣."

50) 「고자」 상 4장에서는 "曰: '耆秦人之炙, 無以異於耆吾炙. 夫物則亦有然者也, 然則 耆炙亦有外與?'"라고 하며 '구운 고기[炙]'를 비유법으로 사용하였다.

51) 『孟子集注』, 「公孫丑」上 6章. "惻隱羞惡辭讓是非, 情也, 仁義禮知, 性也, 心, 統 性情者也. 端, 緒也. 因其情之發, 而性之本然, 可得而見, 猶有物在中而緒見於外 也. …… 四端在我, 隨處發見, 知皆卽此推廣而充滿其本然之量, 則其日新又新, 將有不能自己者矣."

52) 『空山堂牛氏全集』卷22, 『孟子論文』卷6, p.3b. "仍用公都子收場好."

53) 『存齋集』卷9, 『孟子箚義』. "孟季子能知以'果'字, 撞轆人言, 亦非赤愚者."

54) 위백규가 맹계자의 지적 능력을 평가한 것은 주희의 "그(맹계자)는 맹자의 말씀을 듣 고 통달하지 못하였으므로 사사로이 논한 것이다[孟季子, 疑孟仲子之弟也. 蓋聞孟 子之言而未達. 故私論之(『孟子集注』, 「告子」上 5章)]"라는 주석과 연관이 있다.

55) 『孟子集注』, 「梁惠王」上 1章. "此二句, 乃一章之大指, 下文, 乃詳言之, 後多放此."

56) 『孟子』,「梁惠王」上 1章. "王曰何以利吾國, 大夫曰何以利吾家, 士庶人曰何以利吾身, 上下交征利, 而國危矣. 萬乘之國, 殺其君者, 必千乘之家, 千乘之國, 弑其君者, 必百乘之家. 萬取千焉, 千取百焉, 不爲不多矣, 苟爲後義而先利, 不奪, 不饜. 未有仁而遺其親者也, 未有義而後其君者也."

57) 『朱子語類』卷11. "『孟子』每章說了, 又自解了. …… 故後來老蘇亦拖他來做文章說. 須熟讀之, 便得其味."

58) 『空山堂牛氏全集』卷21, 『孟子論文』卷2, p.1a.

59) 『存齋集』卷9, 『孟子箚義』. "擧一國爲忠臣孝子, 天下孰能禦之? 然悟君安知其爲利也? 孟子宜詳說仁義之利, 庶幾其省悟, 而只此寂寥兩句, 昆侖無味, 何也? 蓋教人之法, 驟語以意不到之說, 則如秦惠王之睡, 帝王反遭沮拒矣."

60) 『淡窻全集』上, 『讀孟子』p.1. "亦古之聖賢. 何必二句, 一章眼目."

61) 『孟子集注』,「滕文公」上 4章. "此四句皆古語, 而孟子引之也."

62) 대개 '曰'자에 대한 교감은 어세를 통해 이루어지는 반면, 해당 구절에서는 '어법' 설명을 함께 곁들이며 교감을 하였다.

63) 『空山堂牛氏全集』卷21, 『孟子論文』卷3, p.6b. "淸靈明晰."

64) "或勞心, 或勞力, 勞心者治人, 勞力者治於人, 治於人者食人, 治人者食於人"을 인용문으로 보았다. 이 부분에 대한 이황의 수사학적 경전 해석은 본서 Ⅳ장 1절 이황의 『맹자석의』 참고.

65) 『存齋集』卷9, 『孟子箚義』. "此下恰如龍門旣鑿, 黃河奔放."

66) 『孟子集注』,「萬章」上 6章. "此承上文, 言伊尹不有天下之事."

67) 『孟子』,「萬章」上 6章.

68) 『空山堂牛氏全集』卷22, 『孟子論文』卷5, p.8a. "括敍伊尹事, 簡明有法."

69) 『孟子集注』,「告子」下 2章. "詳曹交之問, 淺陋麤率, 必其進見之時, 禮貌衣冠言動之間, 多不循理. 故孟子告之如此兩節云."

70) 『孟子』,「告子」下 2章. "曹交問曰: '人皆可以爲堯舜, 有諸.' 孟子曰: '然.' '交聞文王十尺, 湯九尺, 今交九尺四寸以長, 食粟而已, 如何則可.'"

71) 『空山堂牛氏全集』卷22, 『孟子論文』卷6, p.3b. "瑣瑣在形體上較量極鄙俚可笑. 然文字有此偏妙趣."

72) 이를 통해 우운진은 주희의 주석에 매몰되지 않고 자신만의 독자적인 견해를 표출하였음을 알 수 있다.

73) 『孟子集注』,「公孫丑」上 2章. "說辭, 言語也, 德行, 得於心而見於行事者也. 三子善言德行者, 身有之, 故言之親切而有味也."

74) 『空山堂牛氏全集』卷21, 『孟子論文』卷2, p.5b. "此下數節文氣, 忽然一平至末數節, 乃又提起作收文字最要如此轉換."

75) 『孟子』,「公孫丑」上 2章. "宰我曰: '以予觀於夫子, 賢於堯舜遠矣.' …… 子貢曰: '見其禮而知其政, 聞其樂而知其德, 由百世之後, 等百世之王, 莫之能違也, 自生民以來, 未有夫子也.'"

76) 『淡窓全集』上,「讀孟子」p.8. "宰我之言簡淡, 子貢稍濃, 有若又加焉."

77) 청대 수사학적 『맹자』 주석서의 개관은 「소설 평점비평방법론의 경전으로의 도입: 청대에 출현한 『맹자』 주석서」라는 제목으로 『대동한문학』 Vol.63(2020.6, 대동한문학회)에 게재된 논문의 일부를 수정 및 보완하여 실은 것이다.

78) 청대 수사학적 『맹자』 주석서에 대한 연구는 2015년 한국연구재단의 글로벌역량강화 프로그램(Global Competence Support Program)의 지원으로 수행되었다. 2016년 1월 중국 북경대학도서관 고적자료실과 미국 하버드대학교 옌칭연구소에서 관련 자료를 확보하였으며, 이후 추가적인 자료 발굴과 분석은 江志豪(2004)와 李暢然(2011), 그리고 殷陸陸(2021)의 연구를 참고하였다.
청대 수사학적 『맹자』 주석서의 자세한 내용은 다음을 참고. 유민정(2019), 앞의 논문, pp.118~120; 유민정(2020), 「소설 평점비평방법론의 경전으로의 도입: 청대에 출현한 『맹자』 주석서」, 『대동한문학』 Vol.63, 대동한문학회, pp.230~247; 江志豪(2004), 「牛運震之文章評論學」, 香港中文大學 博士學位論文, pp.72~80; 李暢然(2011), 「淸代『孟子』學史大綱」, 北京: 北京大學出版社, pp.364~366; 殷陸陸(2021), 「淸代『孟子』評本硏究」, 陝西師範大學 博士學位論文.

79) 그 외에도 인쇄술의 발달과 함께 출판문화의 성장, 그리고 여기에 따르는 학술과 문예 비평의 확산 등을 그 배경으로 꼽을 수 있다.

80) 수사학적 경전 주석서의 자료 발굴은 한국에서나 중국에서나 현재 진입 단계에 있다. 최근 국내에서 정우봉(2023)은 조선학자가 편찬한 유일의 『맹자』 평점서인 尹明善(1851~?)의 『맹자비평』을 새롭게 발굴하여 소개하였다. 향후 관련 연구가 더욱 촉진될 것으로 기대된다. 『맹자비평』의 편찬과 구성은 다음을 참고. 정우봉(2023), 「『증보소비맹자』의 조선 전래와 『맹자비평』의 편찬」, 『대동문화연구』 Vol.124, 성균관대학교 대동문화연구원, pp.149~160.

81) 李暢然(2011)은 수사학적 경전 주석을 評點式과 講章式으로 나누었다. 평점식은 수사 비평을 중심으로 한 경우를 가리키며 강장식은 수사 비평과 의리 해석을 겸한 경우를 가리킨다. 자세한 내용은 다음을 참고. 李暢然(2011), 앞의 책, pp.365~366.

82) 林崗(1999)은 소설 평점비평의 특징을 '수정 및 개편'과 '자기 미학의 표출'로 보았다. 이를 미루어 볼 때 소설 평점 비평의 가장 큰 특징은 '개작'이라 할 수 있다. Huang(1994)은 소설 평점 비평을 작가의 소유권 침범의 문제를 중심으로 논하며 특히 이러한 경향은 명대 후기에 보다 두드러졌다고 하였다. 林崗(1999), 『明淸之際小說評點學之硏究』, 北京: 北京大學出版社, pp.1~14; Huang, Martin W.(1994), 「Author(ity) and Reader in Traditional Chinese Xiaoshuo Commentary」, 『Chinese Literature: Essays, Articles, Reviews』Vol.16, pp.41~67.

83) 자세한 내용은 본서 Ⅲ장 2절 3) ③ 송유의 수사학적 역량 비판 참고.

84) 『七篇指略』卷1,「七篇指略凡例」, p.1a. "七篇義理, 晦翁集註已詳, 無容再贅. 今但作文字讀, 觀其如何發端, 如何申洸, 如何轉換, 如何照應收煞, 約略指點, 而大意隱隱呈露."

85) 『七篇指略』卷1, 「七篇指略凡例」, pp.1a~1b. "頭腦·指趣·關目·照應之類, 或用重圈◎或用陰圈●, 其喫緊, 則用大圈〇. 精華, 則用中圈〇, 文采, 則用點丿. 敍次·傳神·過接及疊句疊字, 則用尖圈△. 提挈·對待·事實, 則用雙抹▯. 大截, 則用鉤∟, 小截, 則用畵一. 欲學者開卷燎然, 可望而知."

86) 저자 중에서 동성파에 속하거나 직접적인 영향을 받은 사람은 王又樸, 周人麒, 沈保靖, 姚永槪, 高步瀛, 吳闓生 등 총 6명이며, 모두 청대 중기 이후의 인물들이다.

87) 이지의 문장평에 대한 폄하는 다음 글에서 보인다. 『七篇指略』卷1, 「七篇指略敍」, pp.ⅷ~ⅸ. "昔老泉蘇氏, 有孟子批本行世. 今觀其書, 不能大有所闡發, 惑好事者, 爲之非當時手澤乎. 近世李卓吾, 亦有四書批本. 然其人狂誕, 豈能潛心於聖賢之文哉."

88) 청대 수사학적 경전 주석서와 양명좌파의 경전에 대한 수사학적 접근의 차이점은 다음을 참고. You, Min Jung(2018), 「New Trends in Commentary of the Confucian Classics: Characteristics, Differences, and Significance of Rhetorically Oriented Exegeses of the Mengzi」, 『ACTA KOREANA』Vol.21, No.2, p.512.

89) 沈保靖의『讀孟集說』은 당시『증보소비맹자』가 얼마나 영향력이 있었는지 보여준다. 그는 서문에서 "『맹자』의 문학적 표현에 대한 자신의 설을 포함하여 老泉 蘇氏와 趙氏 錦江 등의 견해 또한 함께 덧붙였다고 하였다"고 하였다. 조씨 금강은 조대완을 가리킨다. 결과적으로『독맹집설』을 저술할 때, 그가 조대완의『증보소비맹자』를 주요 참고서로 활용하였음을 알 수 있다.
『怡雲堂全集』卷上, 『讀孟集說』卷1, 「讀孟集說序」, p.1b. "然未有不深明文法而遂可以通其義理者, 爰探老泉蘇氏旁及趙氏錦江之說幷枡, 已見繁詞綴左, 以授初學, 欲其求義理於言語辭氣之表, 知其語言辭氣, 卽義理在其中矣."

90) 가령「양혜왕」상 1장의 수사법을 논하며, 왕우박의 설을 인용하고 주인기 자신의 설을 부기한 것이 하나의 사례이다. 왕우박은 '利'와 '仁義'라는 글자의 자법을 논하며, 세간의 견해와 달리「양혜왕」상 1장의 종지는 '人義'이지 '利'가 아니라고 주장하였다. 주인기는 그의 주장에 힘을 실어주며, '吾'자의 자법을 보충해서 설명하였다.
『孟子讀法附記』卷1, p.1b. "王介山曰: '仁義雖是孟子一生抱負, 然此章只主在禁王言利, 正所謂格其非心也. 俗解以仁義爲章旨者大謬. 時文中惟姜西溟一作得此意, 餘皆爲所惑斷不可從也. 蓋旣禁王言利, 而不指出一宜講求之事來, 王將何所適從乎? 此所以又言仁義. 仁義非他, 卽五畝之宅一段之王政是也. 須俟王再問, 然後答之, 而惜乎王不能問也.'";『孟子讀法附記』卷1, p.2a. "以利字爲主腦, 以仁義爲眼目, 以吾國爲線索. 吾家吾身, 君字親字, 皆從吾字生出. …… 言利則大不利也."

91) 江志豪(2004)는 "『맹자논문』이『사고전서』에 수록되어 있지 않다는 점을 근거로 그 가치를 폄하하는 시각도 존재한다. 하지만 청대 수사학적『맹자』주석서 중에서『사고전서』에 실린 경우도 없거니와, 『사고전서』소재 여부로 문헌의 우열을 가릴 수 없

다. 당시 『사고전서』 경부의 수록 기준은 주소 중심이었으므로 『맹자논문』이 이에 포함되지 않은 것은 당연한 일이었다. 주소라는 청대 중기 경학의 주류 학풍 속에서도 우운진은 수사학적 경학이라는 독자적인 해석을 꽃피웠다는 점에서 오히려 그의 『맹자논문』은 더욱 가치가 있다고 할 수 있다"고 하였다. 『맹자논문』의 가치는 江志豪 (2004), 앞의 논문, pp.79~80 참고.

92) 우운진의 『맹자논문』이 이후 청대 주석사에 미친 영향은 다음을 참조. 董洪利(1997), 『孟子研究』, 南京: 江蘇古籍出版社, pp.321~325; 王建軍 · 劉瑾輝(2014), 「牛運震 『孟子論文』探析」, 『揚州大學學報』 Vol.18 No.3, 揚州大學, pp.80~81.

93) 江志豪(2004), 앞의 논문, p.79.

94) 우운진의 생애와 학술은 다음을 참고. 임종욱(2010), 『중국역대인명사전』, 서울: 이회문화사, pp.1215~1216; 鄧洪秀(2023), 「牛運震經學硏究」, 山東理工大學 碩士學位論文, pp.6~18; 顔世菊(2000), 「牛運震和他的學述思想及出版業」, 『山東圖書館季刊』 Vol.3, 山東省圖書館學會, pp.53~54; 井東燕(2007), 「牛運震傳略」, 蘭州大學 碩士學位論文; 侯江波(2014), 「牛運震學術淵源考述」, 『德州學院學報』 Vol.30, 德州學院, p.7.

95) 본서는 우운진의 저술 대부분이 담긴 嘉慶年間(1796~1820)에 발간된 『空山堂牛氏全集』을 저본으로 하였다. 『공산당우씨전집』에는 『空山堂全集』, 『공산당문집』, 『공산당시집』 등이 수록되어 있다. 『맹자논문』은 『공산당전집』에 실려 있다. 자세한 서지정보는 江志豪(2004), 앞의 논문, pp.10~17 참고.

96) 『맹자논문』만을 단독 연구한 논문은 任曉陽(2013)과 王建軍 · 劉瑾輝(2014)가 있다. 任曉陽(2013)은 우운진에 대한 논문에서 중국의 선행 연구를 정리하면서, 중국의 기존 연구는 『맹자논문』을 일부분 언급했을 뿐이라고 지적하였다. 井東燕(2007)은 우운진의 주요 저서를 논하면서 『맹자논문』을 소개하고 있는데 이 또한 참고할 만하다. 井東燕(2007), 앞의 논문, pp.46~47; 任曉陽(2013), 「『孟子論文』硏究」, 廣西師範大學 碩士學位論文; 王建軍 · 劉瑾輝(2014), 앞의 논문.

97) 자세한 내용은 다음을 참고. 李宗焜(2011), 「牛運震『論語注』與『論語隨筆』初探」, 『古今論衡』 Vol.23, 中央硏究院 歷史語言硏究所.

98) 陳志峰(2020), 「論牛運震『詩志』之評判問題及其對『詩序』之依違與文學詮釋」, 『淸華中文學報』 Vol.23, 國立淸華大學 中國文學系, pp.5~53.

99) 鄧洪秀(2023)는 "『맹자논문』는 이미 선행 연구가 있고, 『고공기논문』은 『주례』에 관한 책이지만 그 내용이 공예와 관련이 깊기 때문에 두 종의 주석서는 연구 대상에서 제외한다"고 하였다. 鄧洪秀(2023), 앞의 논문, p.5.

100) 江志豪(2004), 앞의 논문.

101) 『空山堂牛氏全集』 卷38, 『空山堂文集』 卷1, 「空山堂文集序」 p.2a. "先生於『詩』· 『春秋』·『論語』皆有發明, 文含咀百家, 而嚴於下筆. 其言曰: '爲文三十餘年, 作墓 · 表 · 誌 · 傳, 未受人一字竄易.'"

102) 『空山堂牛氏全集』 卷39, 『空山堂文集』 卷3, 「陳布在時文稿序」, p.31a. "余於時文,獨推前明西江陳大士, 而世人或目大士爲西江派. 余嘗病之以爲不知言者耳. 文章之有派別, 文章之末流也. 大士之文, 而有派別, 大士之文之末流也. 大士之文, 非大士自爲之. 蓋原合於六經諸史之旨, 約而成章, 是以無奇."

103) 『空山堂牛氏全集』卷21, 『孟子論文』卷2, pp.12a~12b. "明日出弔於東郭氏. 公孫丑曰: '昔者辭以病, 今日弔, 或者不可乎.' 曰: '昔者疾, 今日愈, 如之何不弔.' 不便說破, 好. ○與『論語』「孺悲」章同意, 然不如「孺悲」章簡妙."

104) 『空山堂牛氏全集』卷22, 『孟子論文』卷4, p.16a. "孟子敍事清析有味, 淡宕得神. 左氏以後, 太史公以前, 另樣絶佳手筆.";『空山堂牛氏全集』卷22, 『孟子論文』卷6, p.3b. "代作問答, 靈活, 『國策』中往往有此法.";『空山堂牛氏全集』卷22, 『孟子論文』卷6, 11b. "穎刻之句極似『國策』";『空山堂牛氏全集』卷22, 『孟子論文』卷1, p.7a. "輕妙妍雅, 真左氏筆法."

105) 『空山堂牛氏全集』卷39, 『空山堂文集』卷2, 「復肅州道閣公序」, p.15a. "韓退之有言, '吾非好其文, 好其道焉爾.' 竊謂退之, 本以文自任, 而强託諸道, 以飾其說, 今僕乃躬自蹈之, 靜存當不謂然乎."

106) 『韓昌黎文集注釋』卷3, 「答李秀才書」, p.263. "愈之所志於古者, 不惟其辭之好, 好其道焉爾. 韓愈我只所以立志研究古文, 不僅僅因爲它的文辭好, 還在於我喜歡文章中蘊含的道理."

107) 『空山堂牛氏全集』卷39, 『空山堂文集』卷2, 「示門人王健」, p.28b~29a. "近讀『尚書』·『論語』·『孟子』頗有得, 如向來未讀者, 『尚書』·『孟子』已有評註, 『論語』正在纂注, 吾在廿十年, 恨不得爲諸弟子說四書. 今說之勝於前而及門者多. …… 當圖別輯『論』·『孟』評註, 善本爲諸弟子寄去耳. 吾近作古文, 頗有進, 時文又有一二十首目, 今有人爲我刊刻, 刻成亦當圖寄也."

108) 『戰國策』卷3「秦策一」에 보이며, 원문은 "文章不成者, 不可以誅罰"이다.

109) 『空山堂牛氏全集』卷39, 『空山堂文集』卷3, 「喬觀察文集序」, pp.37b~38a. "韓愈之論鹽法·論黃家賊, 蘇軾之開西湖六井議, 皆古來文書之體, 本王法·切人事, 中於當世之用. 故曰: '文理不成, 不可以誅罰.' 誅罰猶資文章, 則他可知也. 後世文侈之用繁, 而文理衰, 拘諱忌禁用典, 故其語爲鈔胥販估所習知. …… 然則古今文章升降之原, 豈在遠哉!"

110) 江志豪(2004), 앞의 논문, pp.63~64.

111) 『空山堂牛氏全集』卷39, 『空山堂文集』卷3, 「刻同門試卷序」, p.11b. "抑聞之, 文章之事, 誠難言. 得其道者, 殆寡, 蓋有得而不至者矣. 如二三子, 寧不皆以文字進第曷, 能遽語其至雖然二三子之及於是, 與予之所以拔而致之者, 不可謂無其道者也."

112) 『空山堂牛氏全集』卷38, 『空山堂文集』卷1, 「寄董景伯書」, p.5b. "竊見自先漢以來, 太史司馬遷創爲「本紀」·「世家」·「書」·「表」·「列傳」之體, 刪拾六經."

113) 『空山堂牛氏全集』卷39, 『空山堂文集』卷2, 「復肅州道閣公」, p.15b. "求田問舍竊謂即, 此行之平實, 便與聖人之道, 初不悖也. 家居無甚感慨牢騷之興詩, 故不大作古文一道, 邇日潛心於此, 頗有進近有友人欲刊一二十篇, 俟刊出當圖寄去, 今附寄詩一编古文數首, 求是正併對其文以見其人也."

114) 『空山堂牛氏全集』卷1, 『空山堂全集』卷1, 「空山堂全集序」, p.2b. "既不爲漢人穿鑿之談, 亦不作宋代鑿空之論."

115) 『空山堂牛氏全集』卷39, 『空山堂文集』卷3, 「十三經註疏序」, pp.1a~2a. "秦人火經而經存, 漢人解經而經亡. 此有激之言, 殆亦有見之論也. 蓋經籍之興隆, 在建元蒐輯, 表章炳列學官, 厥功茂哉. …… 然皆人執一議家師一說, 分門別戶持矛操戈, 簸揚讖緯之書, 淼訟白虎之觀, 解經愈繁, 背經愈遠. 後之人欲遵聖人之教, 求先王之法, 其孰從而折衷之? 夫道, 猶火也. 經, 猶薪也. 薪不際, 則火不傳. 經不明, 則道不著. 註疏不精是則操淫薪而求播燎也."

116) 『空山堂牛氏全集』卷39, 『空山堂文集』卷3, 「十三經註疏序」, p.2a. "萬古闇闇, 其又奚光焉. 唐人彰明經學, 而後『十三經註疏』定. …… 天有南北極地, 有東西岳人, 有十三經, 顧仲尼歿而微言絕, 七十子之徒散而大義乖. 惟玆『註疏』, 亦曷敢違語, 聖籍蘊奧, 以合諸所謂精微中正者."

117) 『空山堂牛氏全集』卷1, 『詩志』卷1, 「詩志例言」, p.1b~2a. "鈞竊謂'文以載道,' 非文義將安屬? 且'不以文害辭, 不以辭害志, 以意逆志,' 孟子讀『詩』之法也. 舍文辭而志奚以逆哉? 歐陽氏'六經不可以文論'一語, 蓋謂六經義蘊宏深, 不專在文辭之工耳. 若屏文法而別求之, 則詩人之語脈轉晦. 苟失語脈, 又安所得義蘊邪? 然則讀『詩』者, 涵泳於章法·句法·字法之間, 會其聲情, 識其旨歸, 俾詩人溫柔敦厚之旨, 隱躍言表, 庶幾得詩人之志矣."

118) 牛運震 撰, 崔凡芝 校釋(2012), 『空山堂史記評注校釋』, 北京: 中華書局, p.3.

119) 이와 같은 총 6종의 비평 관련 저술을 두고 江志豪(2004)는 "내용과 형식 모두 중국의 이전 시대 인물들의 문장 평론을 계승하고 창조하였다"고 평가하였다. 이러한 평가는 우운진의 수사학적 해석이 갖는 가치가 높다고 판단한 것인데, 그에 비해 국내 선행 연구에서 여섯 종의 비평 관련 저술을 다룬 경우는 매우 희소하다. 江志豪(2004), 앞의 논문, p.iv.

120) 『空山堂牛氏全集』卷39, 『空山堂文集』卷2, 「復肅州道閣公書」, p.14b~p.15a. "年內外評註『孟子』, 間以肆力於『尙書』, 憬然自失. 向所見典謨訓詁, 如見古人之意. 讀『論語』向不敢下筆, 然大段都有成見."

121) 『詩所』는 우운진 외에도 청대 方苞(1668~1749)와 姜兆錫(1666~1745)의 시경학에 영향을 주었다.

122) 中國科學院圖書館(1993), 『續修四庫全書總目提要: 經部』下, 北京: 中華書局, p.923.

123) 우운진의 『시지』에 대한 자세한 내용은 다음을 참조. 倪李鵬(2012), 「牛運震『詩志』研究」, 安慶師范學院 碩士學位論文; 龍向洋(2002), "『詩』與『經』的張力: 明清之際『詩經』文學評點", 華東師範大學 博士學位論文, p.45.

124) 그 해석을 보면 『논어집주』의 의견을 묵수만 한 것이 아니라 부족한 지점을 보완하

고자 하였다. 우운진의 『논어수필』과 주희의 『논어집주』의 관계는 다음을 참고. 鄧洪秀(2023), 앞의 논문, pp.84~92.

125) 이에 반해 우운진의 『주역해』와 『춘추전』은 의미 해석을 중심으로 구성되어 있다.

126) 『상서평주』의 특징은 다음을 참조. 鄧洪秀(2023), 앞의 논문, pp.39~53.

127) 『상서평주』의 원문은 다음을 참고. 鍾雲瑞(2020), 『山東『尚書』文獻八種』, 濟南: 山東大學出版社, pp.61~152.

128) 徐泳(2016), 『山東通志藝文志訂補: 經部』卷1, 濟南: 山東人民出版社, p.129.

129) 『사기평주』에 관한 내용은 다음을 참조. 王曉玲(2012), 「清代『史記』文學闡釋論稿」, 陝西師範大學 博士學位論文; 李小梅(2015), 「牛運震『史記評註』評點研究」, 華中師範大學 碩士學位論文.

130) 『독사규류』의 특징은 다음을 참조. 瞿林東(2009), 「『讀史糾謬』與歷代正史」, 『清史研究』Vol.75 No.3, 中國人民大學; 劉治立(2021), 「『讀史糾謬』對『三國志 · 諸葛亮傳』的評斷」, 『平頂山學院學報』Vol.4, 平頂山學院.

131) 瞿林東(2009), 앞의 논문, p.125.

132) 江志豪(2004), 앞의 논문, p.29.

133) 『孟子論文』, 民國十五年尋源學校印本. "本齋爲批評『孟子』文辭之一種, 已說明於前, 春不必甚佳, 惟流傳已少, 故特爲印行. 所有分行及評注圈點, 悉照原書, 以存其眞, 惟明知錯誤者, 間爲改正一二. 求學之要, 重在自行研究, 乃可深造精微, 得之敎授者, 僅其門徑而已, 即如此書, 可供參考之本." 殷陸陸(2021), 앞의 논문, pp.92~93 재인용.

134) 中國科學院圖書館(1993), 앞의 책, p.923. "是書又以尋常論文之法論『孟子』."

135) 江志豪(2004)는 우운진의 『맹자논문』을 청대 수사학적 『맹자』 주석서와 상호 대조하여 그 특징을 고찰하였다. 江志豪(2004), 앞의 논문, pp.72~76 참조.

136) 『空山堂牛氏全集』卷22, 『孟子論文』卷4, p.16a. "『孟子』敍事, 淸折有味, 淡宕得神. 左氏以後, 太史公以前, 另樣絶佳手筆."

137) 『空山堂牛氏全集』卷21, 『孟子論文』卷1, pp.10a~10b. "篇中, 鉤勒頓挫, 千迴百轉, 重波疊浪而後, 歸宿於此. 有綱領, 有血脈, 有過峽, 有筋節, 總在不使一直筆, 又不使一呆筆. 讀者熟復於此, 其於行文之道, 思過半矣."

138) 『空山堂牛氏全集』卷21, 『孟子論文』卷1, p.6a. "敍法簡淨."

139) °은 우운진이 경문에 표시한 평점이다.

140) 『空山堂牛氏全集』卷21, 『孟子論文』卷1, p.6a. "三句三轉. 文情盤旋宕漾, 如春雲初展飄風驟回."

141) 『空山堂牛氏全集』卷21, 『孟子論文』卷1, p.6b. "一路閃閃灼灼. 至此直下指點, 豁然分明. 連下二'也'字, 醒快不可言."

142) 『空山堂牛氏全集』卷21, 『孟子論文』卷1, p.7b. "軒爽透快."

143) 『空山堂牛氏全集』卷21, 『孟子論文』卷1, p.8a. "暢言之文, 情最酣肆."

144) 『空山堂牛氏全集』卷21, 『孟子論文』卷1, p.8a. "前文滔滔泊泊, 至此忽作如許峭語. 文情, 娟媚之極. ○承上起下, 文勢小歇. 所謂遲其聲以媚之也."

145) 『空山堂牛氏全集』卷21, 『孟子論文』卷1, p.8b. "又一大折轉, 文勢風發雲湧."

146) 『空山堂牛氏全集』卷21, 『孟子論文』卷1, p.9a. "忽作整語振筆疾掃, 文勢排山疊海, 眞成異觀."

147) 『空山堂牛氏全集』卷21, 『孟子論文』卷1, p.9a. "文勢忽整忽散, 得力處眞如破竹."

148) 『空山堂牛氏全集』卷21, 『孟子論文』卷1, p.9b. "婉痛."

149) 『空山堂牛氏全集』卷22, 『孟子論文』卷5, p.1a.

150) 『詩經』「小雅」「小弁」. "弁彼鸒斯, 歸飛提提. 民莫不穀, 我獨于罹. 何辜于天, 我罪伊何. 心之憂矣, 云如之何. …… 莫高匪山, 莫浚匪泉, 君子無易由言. 耳屬于垣, 無逝我梁, 無發我笱, 我躬不閱, 遑恤我後."

151) 『詩經集傳』卷12, 「小雅」「小弁」. "'何辜于天, 我罪伊何'者, 怨而慕也. 舜號泣于旻天曰: '父母之不我愛, 於我何哉.' 蓋如此矣."

152) 『空山堂牛氏全集』卷22, 『孟子論文』卷4, p.17a.

153) 『空山堂牛氏全集』卷22, 『孟子論文』卷4, p.17a.

154) 『空山堂牛氏全集』卷21, 『孟子論文』卷2, p.3b~p.4.a.

155) 『孟子』, 「公孫丑」上 2章. "難言也. 其爲氣也, 至大至剛, 以直養而無害, 則塞于天地之間. 其爲氣也, 配義與道, 無是, 餒也."

156) 『孟子』, 「滕文公」下 9章. "公都子曰: '外人, 皆稱夫子好辯, 敢問何也. …… 能言距楊墨者, 聖人之徒也.'"

157) 『空山堂牛氏全集』卷21, 『孟子論文』卷3, p.18b. "此篇高古沈渾, 『孟子』中壓卷文字. 「並耕」篇韓昌黎或可及, 此則非太史公, 更無第二人能望其項背矣. 宋儒乃謂蘇家父子能得孟子之妙, 眞不知孟子, 并不知蘇氏者也."

158) 『空山堂牛氏全集』卷21, 『孟子論文』卷2, p.3b. "'孟施舍之'二句, 全無關道理. 祗是借此, 點次出曾子耳. 此文家機法之妙也. 宋儒冗言繁文, 有如此诠釋否? 宋儒說理之文, 斷不能作此等筆墨矣."

159) 『맹자』「공손추」상 2장에서 맹시사 부분은 다음과 같다. "孟施舍之所養勇也, 曰: '視不勝猶勝. 量敵而後進, 慮勝而後會, 是畏三軍者也. 舍豈能爲必勝哉? 能無懼而已矣.' 孟施舍似曾子, 北宮黝似子夏. 夫二子之勇, 未知其孰賢, 然而孟施舍守約也. 昔者, 曾子謂子襄曰: '子, 好勇乎? 吾嘗聞大勇於夫子矣. 自反而不縮, 雖褐寬博, 吾不惴焉, 自反而縮, 雖千萬人, 吾往矣.' 孟施舍之守氣, 又不如曾子之守約也."

160) 『孟子集注』, 「公孫丑」上 2章. "然其所守, 乃一身之氣, 又不如曾子之反身循理, 所守尤得其要也. 孟子之不動心, 其原蓋出於此, 下文詳之."

161) 우운진과 마찬가지로 히로세 탄소도 文義를 근거로 주희 주석을 비판하였다. 모두 '수사학적 요소'를 근거로 삼았다는 점은 같지만 그 비판하는 방식과 내용은 다소 결을 달리하였다. 이는 향후 연구 과제로 남기는 바이다.

Ⅳ 한국의 수사학적 경전 해석

1) 『四佳文集』卷4, 「東文選序」. "六經之文, 非有意於文, 而自然配乎道. …… 本乎經, 不規規於諸子, 崇雅黜浮, 高明正大, 則其所以羽翼聖經者, 必有其道矣."

2) 『農巖集』卷16, 「與洪錫輔」. "首言'所謂修身在正其心,' 以喚起下文, 而繼以四有, 歷言心不正之病, 又繼以三不, 槩見身不修之端, 然後終之以此, 謂'修身在正其心,' 以結章首之意. 蓋心爲四者所動, 故失其正, 動而失其正, 故不能存主乎身而有三者之患, 此其首尾相因, 終始相成, 不容有所分截也."

3) 송시열과 이항로도 『맹자』의 문맥과 어세를 분석한 글을 남겼다. 경전에 대한 수사학적 접근은 조선 중후기 진한고문에 대한 관심 증가와도 무관하지 않다. 송시열과 이항로의 수사학적 『맹자』 해석은 다음을 참고. 張伯偉(2017), 「東亞視野下的經學與文學: 以『孟子』在中韓歷史上的影響爲中心」, 한중인문학회 국제학술대회, p.42; 18세기 조선 지식인의 진한고문 독서 증가는 다음을 참고. 하지영(2019), 『18세기 진한고문론의 전개와 실현 양상』, 서울: 소명출판, pp.93~109.

4) 『淵泉全書』卷7, 「鶴岡散筆」. "聖人之書, 不可以文辭求也. 然文章之盛實, 未有如聖賢之書者. 至於『孟子』, 則開闔奇正萬變悉具, 後世作者如韓・歐・三蘇之文, 其原皆出于此, 讀者亦不可不知也. 今姑擧其一段言之, …… 此蓋古人省文之法. 後世作家有意省文, 雖字句矯健, 而剪截之痕亦不可揜. 雖高古如左氏尙不免此."

5) 이익의 수사학적 경전 해석은 다음을 참고할 것. 함영대(2013), 「조선 맹자학의 두 경로, 『孟子釋義』와 『孟子疾書』: 『맹자』 해석에 나타난 성호의 퇴계학 수용과 관련하여」, 『국학연구』 Vol.23, 한국국학진흥원, p.199.

6) 조선 전기 경학사에서 유교 경전을 주석한 최초 인물은 권근이다. 하지만 그의 저작은 오경에 한정되어 있다. 조선 전기 주석서를 일별해보면 '사서'를 최초로 주석한 인물은 이황이며, 조선 시대 유학은 '사서'를 중심으로 이루어졌다. 조선 전기 경전 주석서 현황은 다음을 참고. 최석기(2014), 「조선전기 경서해석과 이황의 경학: 조식의 경학과 비교를 통하여」, 『국학연구』 Vol.25, 한국국학진흥원, pp.14~19.

7) 『경서석의』가 이후 교정청언해본 등 한국 경학에 미친 영향은 다음을 참고. 박소동(1995), 「퇴계 『사서석의』의 경학적 특징에 관한 연구」, 성균관대학교 석사학위논문, pp.88~90; 최석기(1996), 「조선 전기의 경서 해석과 퇴계의 『시석의』」, 『퇴계학보』 Vol.92, 퇴계학연구원, pp.63~89.
석의와 언해 간의 상관관계와 『경서석의』는 다음을 참고. 이충구(1990), 「경서언해 연구」, 성균관대학교 박사학위논문, pp.29~33

8) 『退溪言行錄』卷5, 「論科擧之弊」. "侍坐於書齋, 先生謂在座諸人曰: '儒家意味自別, 工文藝, 非儒也, 取科第, 非儒也.'"

9) 이황의 문학관에 대한 기존 연구는 대부분 시에 초점을 두었다. 본서는 '육경과 선진 양한 텍스트, 그리고 당송고문' 등을 문학의 범주에 포함시키고 그의 문학관을 재고찰하고자 한다. 이황의 문학관은 다음을 참고. 이원주(1981), 「退溪先生의 文學觀」, 『한국학논집』 Vol.8, 계명대학교 한국학연구소; 김주한(1987), 「주자와 퇴계의 문학관」,

『인문연구』, Vol.8 No.2, 영남대학교 인문과학연구소; 심경호(1997), 「퇴계의 서발문」, 『퇴계학과 유교문화』, Vol.25, 경북대학교 퇴계연구소, pp.55~57; 박종용(2018), 「퇴계이황의 한문 문장 독법 고찰」, 『대동한문학』 Vol.54, 대동한문학회; 허권수(2018), 「退溪 李滉의 詩文觀」, 第27次 儒敎思想과 退溪學 國際學術會議, 『儒敎文化의 普遍性과 地域性』, 퇴계학연구원.

10) 이황은 문장을 이야기하면서 '도'를 잊지 말아야 할 것을 늘 덧붙여 거론했다는 게 특징이다. 문장 공부의 필요성을 언급하였으나, 반드시 '본말'과 '경중'을 예의주시해야 한다고 뒤이어 말하였다. 가령 다음과 같은 내용이 있다. 『退溪先生文集』 卷41, 「伊山書院院規」. "其諸史子集, 文章科擧之業, 亦不可不爲之旁務博通. 然當知內外本末輕重緩急之序, 常自激昂, 莫令墜墮, 自餘邪誕妖異淫僻之書, 竝不得入院近眼, 以亂道惑志."

11) 『退溪言行錄』 卷1, 「敎育」. "心行不得正, 雖有文學, 何用焉?"

12) 『退溪言行錄』 卷1, 「敎育」. "文學豈可忽哉! 學問所以正心也."

13) 이황은 「도산십이곡」의 발문에서 "거의 비루한 마음을 씻어버리고, 감화되어 분발하고 마음이 화락해져서 노래하는 자와 듣는 자가 서로 유익함이 있을 것이라 본다[庶幾可以蕩滌鄙吝, 感發融通, 而歌者與聽者, 不能無交有益焉(『退溪先生文集』 卷43, 「陶山十二曲跋」)]"라고 하며, 비루한 마음을 씻고 화락한 마음을 일으키는 것에 「도산십이곡」을 지은 이유가 있다고 밝혔다. 이를 통해 그가 문학이 도덕 감정에 미치는 효용성을 긍정적으로 평가했음을 확인할 수 있다.

14) 임형택(1984a)은 고려말부터 신진사대부를 중심으로 시작되어 도를 위주로 하는 문학관이 조선 시대 문학관의 통념이 되었다고 하며 이를 '도덕주의적 문학관'으로 지칭하였다. 임형택(1984a), 「16세기 사림파의 문학의식: 주로 李珥를 통해서 본 성리학의 문학론 一端」, 『한국문학사의 시각』, 서울: 창작과비평사, p.33.

15) 『退溪先生文集』 卷3, 「次權生好文」. "莫謂小詩妨學道. 聖門商賜亦言詩."

16) 『論語集注』, 「八佾」 8章. "非得之言意之表者, 能之乎, 商·賜, 可與言詩者, 以此. 若夫玩心於章句之末, 則其爲詩也固而已矣."

17) 『退溪先生文集』 卷3, 「和子中閒居二十詠」. "詩不誤人人自誤, 興來情適已難禁."

18) 『河西先生全集』 「附錄」 卷3, 「年譜」. "退溪還鄕, 先生以詩贈別, 有夫子嶺之秀, 李·杜文章王趙筆之句."

19) 『陶山全書』 卷4, 「遺集·外篇」 「次郭詠而贈金厚之李介然所和長短句一篇却贈三君」. "嗟! 我好古而生晩兮. 追羲軒不可及. 我乃學詩文, 文章孰云是末技? 猶未得其門, 常顧走四方求其人."

20) 『退溪先生續集』 卷2, 「復用前韻」.

21) 『退溪言行錄』 卷6, 「言行通述」. "爲文本諸六經, 參之古文, 華實相兼, 文質得中, 雄渾而典雅, 淸健而和. 要其歸則又粹然一出於正."

22) 『陶山全書』 卷4, 「遺集·外篇」 「答寗」. "敏道讀『史略』幾何? 余近日思之, 此兒, 近數年間, 讀『古文眞寶』·『史略』, 皆爲失計. 恨不令先誦『詩』·『書』大文, 而先讀此雜文, 浪費日月也.『史略』, 雖不比『古文眞寶』, 然亦似越序. 今則臨畢, 須早畢後, 卽授『詩』·『書』大文, 令極爛熟."

23) 『陶山全書』卷4,「遺集·外篇」「答寓」. "送來製述, 敢爲評第, 封還. 諸作幷佳. 汝之所製, 意思亦好, 但辭或有病. 此無他荒廢之久, 語不活動, 而多疵病耳. 熟讀古文, 令流轉動盪於心口間, 則自能漸變矣. 勿疑勿沮. 緊着工夫."

24) 이황은 "하루의 반은 '의리서'를 읽고 하루의 또 반나절은 '문장서'를 읽는다[先儒云, '一日之間, 半則讀義理之書, 半則讀文章之書'(『退溪言行錄』卷2,「講辯」)]"는 선유의 말을 인용하면서, 문장 공부도 소홀히 할 수 없음을 내비치기도 하였다. 일반적으로 의리서는 유교 경전 및 관련 주석서 등 성리학 관련 저서이며 문장서는 시, 부, 당송고문 등을 가리킨다.

25) 이황이 한유, 구양수, 증공, 그리고 소순의 문장을 좋아했다는 내용은 다음을 참조. 허권수(2000),「퇴계의 중국문학 수용양상」,『퇴계학보』Vol.107, 퇴계학연구원, pp.157~182; 허권수(2018), 앞의 논문, pp.9~44.

26) 이황과 이덕홍이 한유의 문장에 대해 나눈 문답은 다음을 참고. 정재철(2015),「한유문 전범의 형성과 인식」,『한국한문학연구』Vol.60, 한국한문학회, pp.104~112.

27) 『退溪先生年譜』卷2. "講「董生行」, 啓曰: '和氣致祥. 故有所感動, 則往往祥瑞應之. 然貴在德, 不在祥, 苟無其德, 又何貴於祥也.'"

28) 소식은 정이와 사이가 좋지 않았고, 주희는 소식의 사람됨을 문제 삼은 바 있다. 그러나 앞서 언급하였듯이, 주희는 소식의 문장을 그 내용은 矜豪·譎詭하지만 그 형식적 예술미는 일부 인정하여 문장을 짓는 데 모범으로 삼아도 무방하다고 평하였다.

29) 『退溪先生文集』卷41,「心經後論」. "昔, 程允夫欲援蘇而附於程, '有蘇程之室之語,' 朱子斥之曰: '是無異雜薰蕕氷炭於一器之中, 欲其芳潔而不汚, 蓋亦難矣.' 愚謂篁墩之欲同二家, 殆亦同歸於允夫之見矣."

30) 소식의 문체를 이황이 본받았다는 내용은 다음을 참조. 허권수(2000), 앞의 논문, pp.178~179.

31) 『退溪先生文集』卷48,「靜庵趙先生行狀」. "諸生之守闕號哭, 爭囚禁府, 適足以益藉讒鋒之口, 此蘇軾所以吐舌於張方平救己之言也."

32) 이황은 위백규처럼 소설을 긍정하지 않았다. 오히려 '허구'라고 하며 비판적 입장을 취하였다. 특히「금오신화」에서 원대한 식견을 찾기 힘들다고 비평한 부분에서 이황이 소설에 회의적인 입장을 취했음을 엿볼 수 있다. 이황의 소설관은 다음을 참조. 김주한(1987), 앞의 논문, pp.23~24.

33) 이황의 경전 해석 태도는 다음을 참고.
〈사서석의〉 박소동(1995), 앞의 논문; 김영호(2001a),「이퇴계 경학사상 연구(1): 『사서석의』를 중심으로」,『동양철학연구』Vol.26, 동양철학연구회.
〈시석의〉 심경호(2005),「퇴계의 『시경』 해석과 그 특징」,『퇴계학과 유교문화』Vol.36, 경북대학교 퇴계연구소.

〈『대학석의』〉최석기(2005a),「退溪의『大學』解釋과 그 意味」,『퇴계학과 유교문화』 Vol.36, 경북대학교 퇴계연구소.

〈『중용석의』〉엄연석(2005),「退溪의『中庸』解釋과 그 특징」,『퇴계학과 유교문화』 Vol.36, 경북대학교 퇴계연구소.

〈『논어석의』〉김언종(2000),「퇴계의『논어석의』 소고」,『퇴계학보』 Vol.107, 퇴계학연구원; 이영호(2008b),「퇴계의『논어』 번역학과 해석학」,『한문학보』 Vol.18, 우리한문학회; 김진철·정시열(2012),「退溪의『論語釋義』에 대한 一考:『論語』에 대한 해석 방식을 중심으로」,『한민족문화연구』 Vol.39, 한민족문화학회.

〈『맹자석의』〉김영호(2006),「이퇴계 경학사상 연구(3): 특히 맹자설과 그 특징을 중심으로」,『온지논총』 Vol.15, 온지학회; 김진철(2009),「退溪『孟子釋義』의 해석학적 특징」,『퇴계학논집』 Vol.4, 영남퇴계학연구원; 함영대(2014),「퇴계의『孟子釋義』와 조선 전기의 맹자해석: 퇴계의 맹자학의 성격과 지향」,『국학연구』 Vol.25, 한국국학진흥원.

34) 현재까지의 이황 경학의 연구는 대체로 연구 자료도 이원화되어 있으며, 연구 자료를 통해 살펴보는 내용도 이원화되어 있다. 이황의 경학을 살필 때는 주로『경서석의』를, 이황의 철학적 사유를 살필 때는 주로『퇴계선생문집』이나『퇴계언행록』, 그리고『도산전서』 등을 주요 연구 자료로 삼는 경우가 많다. 하지만 실제로 양자는 유기적 관계를 맺고 있다. 따라서 이황의 경학을 연구할 때, 문헌에 있어서도 상호 교차 접근하여 보다 입체적으로 그의 학문을 관찰하는 시도가 요구된다. 이황 경학의 기존 연구가 보완해야 할 점은 다음을 참조. 안병걸(1987),「退溪學派의 四書註說考」,『안동문화』 Vol.8, 안동대학부설 안동문화연구소, p.23; 엄석인(2008),「退溪經學에 대한 연구 현황과 과제」,『퇴계학논집』 Vol.3, 영남퇴계학연구원, p.10.

35) 『退溪言行錄』卷1,「讀書」. "先生曰: '讀書不必深求異義. 只就本文上, 求見在之義而已.'"

36) 『退溪言行錄』卷1,「讀書」. "嘗病德弘盡看細註曰: '如谷騰霧, 如波滾沙之說, 君其省之.'"

37) 실제로「공손추」상 2장 "集義〈所生者〉"를 해석하면서,『맹자집주』의 주석에 천착하는 것을 경계한 바 있다.(『孟子釋義』 "○義어든襲ᄒ야. 此亦拘『註』文太甚之病, 雖曰 '義ㅣ,' 無妨.") 이 외에도 소주의 내용에 천착하여 경문의 내용을 오독하는 것을 경계하는 태도가『맹자석의』에 더러 보인다.

38) 『退溪先生文集』卷14,「答李叔獻問目」. "序」注勿齋程氏云云, 來諭謂 '此說未安, 然則靜時工夫, 何事耶?' 當初, 舜說人心道心, 皆就已發處言. 故精一執中, 皆因其發而加工之事, 未說到靜時工夫. 今當據本說, 而講究體行, 豈可强將所無, 而添作剩言語, 與元說合爲一工夫耶. 此所謂 '多揷入外來義理, 儳亂本文正意.' 最爲讀書之病, 朱門深戒之. 若如來說, 孔子所不言底, 孟子言之, 孟子所不言底, 程朱子言之者多矣, 今何可以後出之說, 每牽引附會於前所不言處, 袞合作一說以求備耶."

39) 「答李叔獻問目」의 번역과 해설은 다음을 참조. 이광호(2013),『퇴계와 율곡, 생각을 다투다』, 서울: 홍익출판사, pp.188~190.

40) 『四書章句集注』「中庸章句序」, 小註. "勿齋程氏曰: '固人生而静, 氣未用事, 未有人與道之分, 但謂之心而己. 咸物而動, 始有人心遺心之分焉, 精一執中, 皆動時工夫.'"

41) 이황이 인심과 도심을 '이발'로 본 것은 「중용장구서」의 "그런데 인심과 도심의 다름이 있다고 생각한 것이거니와, 이것이 때로는 形氣의 사사로움에 의해 생겨나기도 하고 혹은 性命의 바름에서 비롯되기도 하여 인간이 知覺하는 바가 서로 각기 다를 수 있기 때문이다[而以爲有人心道心之異者, 則以其或生於形氣之私, 或原於性命之正, 而所以爲知覺者不同(『四書章句集注』「中庸章句序」)]"라는 내용을 준거로 제시한 것으로 보인다. 더욱이 이 구절을 근거로 하면 인심과 도심은 이발 이후를 말한 것이고, '정일집중'은 인심과 도심을 잘 다스리기 위해 행해지는 것이기 때문에 자연스럽게 이발 이후의 일이 되기 마련이다.

42) 『退溪先生文集』卷16, 「答奇明彦·論四端七情第二書·後論」. "在滉讀書之拙法, 凡聖賢言義理處, 顯則從其顯而求之, 不敢輕索之於微, 微則從其微而究之, 不敢輕推之於顯, 淺則因其淺, 不敢鑿而深, 深則就其深, 不敢止於淺. 分開說處, 作分開看, 而不害有渾淪, 渾淪說處, 作渾淪看, 而不害有分開, 不以私意左牽右掣, 合分開而作渾淪, 離渾淪而作分開. 如此久久, 自然漸覩其有井井不容紊處, 漸見得聖賢之言橫說豎說, 各有攸當, 不相妨礙處."

43) 『경서석의』의 서지학적 검토는 다음을 참고. 서종학(1989), 「經書釋義에 대한 書誌 및 國語學的 考察」, 『인문연구』 Vol.11 No.1, 영남대학교 인문과학연구소, pp.2~17; 박소동(1995), 앞의 논문, pp.7~15; 김영호(2001a), 앞의 논문, pp.15~17; 심경호(2005), 앞의 논문, pp.32~34; 서종학(2008), 「『經書釋義』를 다시 찾아」, 『한민족어문학』 Vol.52, 한민족어문학회, pp.5~13; 김진철(2009), 앞의 논문, pp.11~15; 전재동(2016), 「『四書釋義』成書 과정과 관련 자료의 書誌 분석」, 『퇴계학논집』 Vol.18, 영남퇴계학연구원.

44) 최현배(1961)는 "다음에 釋義란 것은 '삼경사서석의', '심경석의'란 것과 같이, 한문서적에 여러 선비들의 주석을 베풀고 또 짓는 이 스스로의 의견을 덧붙인 것이다. 그러나 이 뿐이라면, 하필 '我國經書口訣釋義, 中朝所未有.'라고 할 이가 없는 것이다. 곧 배달의 '석의'가 저 '주석' '집주' '주소' 따위로 더불어 특히 다른 점은 우리말로써 그 풀기 힘든 곳을 풀이한 '새김'과 한 가지 뜻의 것이다. 그러한즉, '석의'는 토, 구결보다 한문의 배달삼기(조선화)가 한 걸음 더 나아간 것이라 할 만하다"라고 하며 다른 형식의 주석서와 비교했을 때 『경서석의』의 형식이 갖는 특징을 설명하였다. 최현배(1961), 『고친 한글갈』, 서울: 정음사, p.101.

45) 『경서석의』 전체를 다루는 연구는 諺解 연구에 포함되어 국어학적 관점을 중심으로 이루어졌다. 자세한 내용은 다음을 참고. 최현배(1961), 앞의 책, pp.97~103; 이충구(1990), 앞의 논문, pp.29~33, pp.63~66; 심경호(1990), 「退溪 經書釋義의 音注에 관하여」, 『진단학보』 No.70, 진단학회; 서종학(2008), 앞의 논문; 최석기(2014), 앞의 논문.

46) 대표적 연구로는 김진철·정시열(2012)이 있다.

47) 함영대(2008)는 경문의 문세 해석을 훈고학적 접근이라고 하였다. 김진철·정시열 (2012)은 『논어석의』를 분석하면서 그 해석학적 특징의 기반이 전통 소학에 있다고 보았다. 그 근거를 제시하지 않았지만, 성해준(2016) 또한 『맹자석의』를 훈고와 의리가 결합된 주석서로 보았다. 자세한 내용은 다음을 참고. 함영대(2008), 「訓詁의 관점에서 바라본 성립기의 朝鮮 孟子學:『四書釋義·孟子』와 『四書辨疑·孟子』를 중심으로」, 『한자한문교육』 Vol.21, 한국한자한문교육학회, p.484; 김진철·정시열 (2012), 앞의 논문, pp.223~237; 성해준(2016), 「『조선의 『맹자』 수용과 연구상황」, 『퇴계학논총』 Vol.27, 퇴계학부산연구원, p.133.

48) 박소동(1995)은 『경서석의』에 등장하는 문세나 어법 분석을 '훈고'와 분리하여 보았다. 그가 '수사학적 경전 해석'이라고 총칭하지는 않았다는 아쉬운 점이 있지만, '문세 등 어법―文義―에 의거한 해석'과 훈고학적 해석을 서로 별개의 분야로 분리해서 보았다는 점이 유의미하다. 자세한 내용은 다음을 참고. 박소동(1995), 앞의 논문, pp.36~40, pp.78~79.

49) 『경서석의』에 나타난 이황의 해석 태도는 다음을 참고. 가순선(1996), 「이퇴계의 유가 경학에 대한 계승과 발전」, 『퇴계학보』 Vol.90, 퇴계학연구원, p.17.

50) 이황이 경전을 바라보는 관점은 다음을 참고. 김경천(2001), 「퇴계의 경전인식」, 『퇴계학보』 Vol.110, 퇴계학연구원, pp.271~277; 周何 著, 김언종 譯(1981), 「이퇴계의 群經意識」, 『퇴계학보』 Vol.32, 퇴계학연구원, p.94.

51) 자세한 내용은 다음을 참고. 김영호(2001a), 앞의 논문, p.30.

52) 『경서석의』의 기존 연구들은 대체적으로 이황의 경전 해석의 주요 사례 중 하나로 '文勢'를 꼽았으나, 『시석의』 논문에서는 음운에 대한 주석을, 『중용석의』 논문에서는 개념어 설명을, 『논어석의』 논문에서는 소주와의 연관성을, 『맹자석의』 논문에서는 문세나 文義 등 문학적 접근을 특별히 주목하였다. 이러한 연구 내용의 상이점은 각 연구자의 개별 특성이 반영된 결과이기도 하겠지만, 경전의 내용 및 형식상 특징 또한 반영된 결과로 여겨진다.

『시석의』, 『논어석의』, 『중용석의』, 『맹자석의』의 기존 연구는 다음을 참고. 유민정 (2019), 「한·중·일의 수사학적 경전해석:『孟子』 주석서를 중심으로」, 성균관대학교 박사학위논문, pp.160~161.

53) 자세한 내용은 다음을 참조. 이가원(1975), 「맹자가 우리 문학에 끼친 영향의 가지가지」, 『맹자』, 서울: 현암사, pp.543~561.

54) 『맹자석의』의 해석학적 특징을 다룬 것으로는 김진철(2009), 김영호(2006), 박소동 (1995), 함영대(2008; 2013; 2014) 등의 논문이 있다. 김진철(2009)의 연구가 수사학적 주석을 중심으로 가장 상세하게 그 사례를 분석하였다. 김영호(2006)와 박소동 (1995), 그리고 함영대(2008; 2013; 2014)는 해석학적 특징을 대표하는 주요 사례만을 선별적으로 다루었다. 김진철(2009), 「退溪 『孟子釋義』 의 해석학적 특징」, 『퇴계학논집』 Vol.4, 영남퇴계학연구원.

55) 최석기(2005a)와 김진철(2009)에 따르면 『맹자석의』의 형식은 다음 네 종류로 나눌 수 있다. 첫째, 구결:『맹자』의 특정 구절 아래 한 가지 구결만을 제시하고 아무런 언

급이 없음. 둘째, 구결+한문 해설: 한 가지 구결을 제시한 뒤 자신의 의견을 제시한 경우로 거의 대부분 기존의 구결을 비판하지만, 간혹 기존 구결이 적절할 경우에는 '매우 좋다'는 평가를 덧붙이기도 함. 셋째, 두 가지 구결: 본의에 모두 합치할 경우에 두 가지 구결을 제시한 후 아무런 언급이 없음. 넷째, 두 가지 구결+한문 해설: 두 가지 구결을 제시한 후 시비를 논하며 그 이유를 서술함. 『맹자석의』의 형식은 다음을 참조. 최석기(2005a), 앞의 논문, p.112; 김진철(2009), 앞의 논문, p.17.

56) 이충구(1990)는 구결의 문법적 기능을 다음과 같이 말하였다. "구결은 한문을 구두 및 그 이하의 단위로 끊어주고 그곳에 적용되는 국어의 조사·어미를 제시하게 되므로, 각 성분을 알려주는 단서로 작용한다. …… 구결은 한문의 한국적 이해라는 효능이 있다"라고 말하였다. 자세한 내용은 다음을 참고. 이충구(1990), 앞의 논문, pp.123~124.

57) 『맹자석의』의 한국어 번역은 퇴계학연구원에서 1997년에 발간한 『退溪學 譯註叢書』 『退溪全書』卷22를 참고하였다.

58) 전체 내용은 유민정(2019)의 〈부록 2〉 참고. 유민정(2019), 앞의 논문, pp.307~326.

59) 필자가 살펴본 바로는 『맹자석의』는 총 195항목으로 이루어져 있다. 『맹자』의 여러 구절들 중에서 총 195항목에 자신의 해석과 견해를 제시한 셈이다. 그리고 이 중에서 6항목을 제외한 대부분이 '구결'과 연관되어 있다. 한편 필자가 제시한 수(총 195 항목)는 박소동(1995)의 수(184항목)와 차이가 있다. 이는 판본 차이에서 비롯된 결과로 추측된다. 필자는 계명대본(이황(1991), 『退溪學文獻全集』, 서울: 학민문화사)을 사용한 반면, 박소동은 성균관대본(이황(1971), 『退溪全書』, 성균관대학교 대동문화연구원 영인본)을 사용하였다.

『사서석의』의 경서별 구성 내용과 주석의 유형별 세부내용에 관한 자세한 내용은 다음을 참고. 박소동(1995), 앞의 논문, pp.24~27.

60) 다만 이황이 말하는 '문세'와 '어세'는 결이 조금 다르다. 氣의 영역이긴 하지만, 글의 형세 즉 구조적인 측면[法]의 의미도 함께 내포하고 있는 듯하다.

61) 김진철(2009)은 문세 8건과 인용문 5건(이 중에서 두 건은 문세에도 해당됨) 등 이황의 수사학적 주석의 절반 이상을 면밀하게 분석하였다. 한편 김진철·정시열(2012)은 이러한 해석학적 특징을 결론에서 '전통 소학'에 기반한 결과(혹은 실학자로 분류)라고 하였다. 그는 '수사학'을 경학의 한 접근 방법으로 인정하지 않은 것으로 보인다. 자세한 내용은 다음을 참고. 김진철(2009), 앞의 논문; 김진철·정시열(2012), 앞의 논문.

62) 이황이 수사학적 요소를 근거로 주희의 주석과 다른 견해를 제시한 것은 총 세 부분이다. 「공손추」상 2장 "文王何可當也", 「등문공」하 1장 "枉尺而直尋", 「이루」상 1장 "上無道揆"이다. 두 부분에서는 근거로 어세를, 한 부분에서는 어의를 제시하였다. 본서에서는 두 가지 사례(어의: 「등문공」하 1장 "枉尺而直尋", 어세: 「이루」상 1장 "上無道揆")를 다루었다. 한편 그는 글자의 사전적 의미도 주희와 다른 견해를 제시하기도 하였다. 이황의 「진심」상 35장 "執之" 해석 참조.

63) 이황이 주희의 주석과 다른 독특한 창견을 보인 사례는 『논어석의』 연구를 중심으

로 이루어졌다. 『논어석의』에서 이황이 주희의 주석과 이견을 보인 사례에 대한 연구는 다음 논문을 참고. 김언종(2000), 앞의 논문; 김영호(2001b), 「이퇴계 경학사상 연구(2): 『사서석의』를 중심으로」, 『동양철학연구』 Vol.27, 동양철학연구회, pp.240~252; 이영호(2008b), 앞의 논문; 김진철·정시열(2012), 앞의 논문.

64) 이황의 「등문공」 하 1장 "枉尺而直尋" 해석을 분석한 연구로는 박소동(1995), 김영호(2006), 김진철(2009)이 있다. 박소동(1995)은 '而'자 풀이에 초점을, 김영호(2006)는 관본언해와 율곡언해 등과의 공통점에 중점을, 김진철(2009)은 조기와의 비교에 초점을 두었다. 자세한 내용은 다음을 참고. 박소동(1995), 앞의 논문, p.39; 김영호(2006), 앞의 논문, p.311; 김진철(2009), 앞의 논문, p.28.

65) "枉尋直尺而利, 亦可爲與[한 길을 굽혀서 한 자를 펴 이익이 있을지라도 또한 하겠는가?]"를 가리킨다.

66) 『孟子釋義』. "今按, 『集註』有'所屈者小, 所伸者大.'之語, 故釋云云. 然此方說進而施爲之事, 非說已徃見成之效, 則當曰'尺을枉ᄒᆞ야, 尋을直ᄒᆞ다.' 盖中間'而'字, 便是着力爲之之言, 非必然之說也. 惟下文'枉尋直尺'處中, 無'而'字, 可從此釋無妨. 然兩'만,' 亦當去之."

67) 김원중(2013)에 따르면 '而'자 다음 8가지 의미를 갖고 있다. 자세한 내용은 다음을 참고. 김원중(2013), 『한문해석사전』, 파주: 글항아리, pp.1048~1058.

68) 『孟子釋義』. "非也. 此非萬章之言. 乃孟子反詰萬章之辭, 當云'爲ᄒᆞᄂ뇨'."

69) 『孟子釋義』. "非孟子言, 乃萬章答辭, 當云爲'ᄒ앤니이다.'"

70) 『空山堂牛氏全集』卷22, 『孟子論文』卷5, p.18a. "明白了當, 爽暢之極."

71) 『孟子』「公孫丑」上 1章. "曰: '以齊王, 由反手也.'"

72) 『孟子』「公孫丑」上 1章. "今言王若易然, 則文王, 不足法與?"

73) 이황의 「공손추」 상 1장 해석은 박소동(1995)은 현토 문제를, 김영호(2006)는 관본언해와 율곡언해 등과의 비교를, 김진철(2009)은 조기와 초순 주석과의 비교를 다루었다. 자세한 내용은 다음을 참고. 박소동(1995), 앞의 논문, p.43; 김영호(2006), 앞의 논문, p.308; 김진철(2009), 앞의 논문, pp.34~35.

74) 『孟子釋義』. "今按, 此說誤. 當云'文王은엇데可히當ᄒ시리오.' 盖孟子將言, 商先王德厚流長, 文王雖以聖德, 不能王天下之意. 故先以'文王何可當'一句, 發之, 正所謂倒句法也. 『集註』'當, 猶敵也,' 義亦曉然矣."

75) 『孟子』, 「公孫丑」上 1章. "文王, 何可當也. 由湯至於武丁, 賢聖之君, 六七作, 天下歸殷久矣, 久則難變也. 武丁朝諸侯有天下, 猶運之掌也. 紂之去武丁未久也, 其故家遺俗, 流風善政, 猶有存者, 又有微子微仲王子比干箕子膠鬲, 皆賢人也. 相與輔相之故, 久而後失之也. 尺地, 莫非其有也, 一民, 莫非其臣也. 然而文王, 猶方百里起, 是以難也."

76) 이황은 맹자가 도치법을 사용한 의도를 밝혔다는 점에서 이는 '語義' 해석을 겸하기도 한다.

77) 도치법은 논리적으로나 문법적으로 합리적인 문장 서술과 다르게 변화를 주는 방법을 가리킨다. "이리와, 빨리"라는 표현 등과 같이 무언가를 강조하고자 하는 내용이나 행동 등이 있을 때 또한 문법이나 논리를 무시하고 해당 문장을 문단의 맨 앞에 위치시킨다.

78) 『空山堂牛氏全集』卷21, 『孟子論文』卷2, p.1b. "簡括一篇「商本紀」."

79) "文王, 何可當也"는 앞의 내용 혹은 뒤에 나오는 내용을 한마디로 요약했다는 점에서 '괄진법'이라 볼 수도 있다.

80) 이황의 「등문공」 상 5장 해석은 박소동(1995)과 김진철(2009)이 다루었다. 박소동(1995)은 이황의 단어선택법 해설이 분석적이고 주체적이라고 평했으며, 김진철(2009)은 『맹자』의 '勿'자 사용 용례를 분석하여 이황의 해석이 타당성 있음을 증명하였고 조기의 해석과도 일치점을 보인다고 하였다. 자세한 내용은 다음을 참고. 박소동(1995), 앞의 논문, p.81; 김진철(2009), 앞의 논문, p.27.

81) 『孟子釋義』. "按如此, 則當云'勿來,' 今作'不來,' 是孟子絶之以'我且往見,' 於是, 夷子不敢來耳."

82) 「등문공」 상 5장의 수사학적 경전 해석을 살펴보면, 이황은 어의를 겸하고 있지만 자법이라는 구조적 요소에 오히려 방점을 두었다는 점에서 본서는 이 사례를 어법으로 분류하였다.

83) 『孟子集注』, 「滕文公」上 5章. "孟子稱疾, 疑亦託辭以觀其意之誠否."

84) 『空山堂牛氏全集』卷21, 『孟子論文』卷3, p.9b. "數句中, 轉折委婉."

85) 총 7편의 『맹자석의』 논문에서 '語勢'를 논한 논문은 총 다섯 편이다. 김영호(2006)의 경우 「공손추」 상 1장 "文王何可當也"를 다루었다. 함영대(2008; 2009; 2013)는 세 편의 논문에서 모두 「이루」 상 1장 "上無道揆"를 대표적으로 다루었다. 그리고 이를 '훈고'라고 하였다. 김진철(2009)은 『맹자석의』에서 보이는 총 10건의 어세에 관한 주석을 면밀히 분석하였으나, '어세에 관한 챕터'에서는 총 8건의 주석만을 살폈다. 나머지 2건(「고자」 상 4장 "勞力者治於人"과 「등문공」 하 3장 "不敢以祭")은 모두 '曰자의 변석에 관한 챕터'에서 살펴보았다. 이는 '文勢'라는 단어가 직접적으로 언급되었든, 그렇지 않았든 간에, 이황의 해석은 구절의 나뉨과 보다 관련이 높다고 생각하였기 때문으로 보인다.
자세한 내용은 다음을 참고. 김영호(2006), 앞의 논문, pp.308~309; 함영대(2008), 앞의 논문, pp.499~501; 김진철(2009), 앞의 논문, pp.33~47; 함영대(2013), 앞의 논문, pp.208~210; 함영대(2014), 앞의 논문, pp.216~218.

86) 이황의 「공손추」 상 2장 해석은 김진철(2009)과 함영대(2014)가 다루었다. 김진철(2009)은 이황의 주석을 조기와 초순과 비교하며 그 타당성을 검증하였으며, 함영대(2014)는 문의를 통해 의리를 탐구하였다고 하였다. 자세한 내용은 다음을 참고. 김진철(2009), 앞의 논문, p.36; 함영대(2014), 앞의 논문, p.222.

87) 『孟子釋義』. "今按, 當云'義를集ᄒᆞ야.' 養氣者, 固不可先有集合此義, 以生浩氣之心. 然'集義'二字, 實是積累工夫之處, 豈都不容着工, 而義自然來集乎? 正緣諸先

生怕涉計較期待之私, 故不顧文勢義意, 而爲此說耳."

88) 실제로 "是集義所生者"라는 경문 뒤의 앞뒤 문맥을 살펴보면, 義는 하루아침에 갑자기 생겨나는 것이 아닌 꾸준한 노력의 산물임을 알 수 있다. 『孟子』, 「公孫丑」上 2章. "其爲氣也, 配義與道, 無是, 餒也. 是集義所生者. 非義襲而取之也, 行有不慊於心則餒矣. 我故曰: '告子未嘗知義, 以其外之也.'"

89) 『空山堂牛氏全集』卷21, 『孟子論文』卷3, p.5a. "集字襲字字法."

90) 『空山堂牛氏全集』卷21, 『孟子論文』卷3, p.5a. "一句一轉筆筆拗折. ○廻顧告子一筆, 文勢環繞盤旋, 如此結搆乃不散漫."

91) 『存齋集』卷9, 『孟子箚義』. "'襲'字最好看. 氣雖義之自生, 然非是一事之義, 卒地去取他氣也. 今曰'集義所生,' 似是元無氣, 而義然後方生氣. 然義卽是當然之理, 而理與氣元是兩在, 但理得然後氣始壯, 是所謂生也."

92) 이황의 「이루」상 1장 "上無道揆" 해석을 분석한 연구자로는 김진철(2009)과 함영대(2008; 2013; 2014)가 있다. 김진철(2009)은 '문세'를 중심으로, 함영대(2008; 2013; 2014)는 이황의 주석을 통해 유추할 수 있는 정치 · 철학적 사유를 분석하는 것을 중심으로 서술하였다. 자세한 내용은 다음을 참고. 함영대(2008), 앞의 논문, p.500; 김진철(2009), 앞의 논문, p.37; 함영대(2013), 앞의 논문, p.508; 함영대(2014), 앞의 논문, p.216.

93) 『孟子釋義』. "今按, 據『註』文勢, 則似當如此. 然此等處, 不可太拘『註』文. 當平順本文語勢, 云'上이道로揆홈이업ᄉ며下ㅣ法으로守홈이업서.'"

94) 『孟子集注』, 「離婁」上 1章. "由上無道揆故, 下無法守."

95) 앞서 살펴보았듯이, 이황은 양자 사이에 '而'자가 첨가되어 있을 경우 이를 인과관계로 해석하였다.

96) 『孟子集注』, 「離婁」上 1章. "君子 · 小人, 以位而言也. 由上無道揆故, 下無法守, 無道揆, 則朝不信道, 而君子犯義, 無法守, 則工不信度, 而小人犯刑."

97) 『孟子』, 「離婁」上 1章. "上無道揆也, 下無法守也, 朝不信道, 工不信度, 君子犯義, 小人犯刑, 國之所存者, 幸也."

98) 『空山堂牛氏全集』卷22, 『孟子論文』卷4, p.2a. "反煞語脈最緊."

99) 『存齋集』卷9, 『孟子箚義』. "'朝'字 · '工'字妙, 朝不信道, 則工自不信度. 君子犯義, 則小人自犯刑, 上無禮則下自無學. '禮'字 · '學'字, 有無限道理在."

100) 앞서 언급하였듯이, 주희는 의리학적으로 접근하며 "朝不信道"와 "工不信度"는 병렬관계로 본 반면, "朝不信道, 工不信度"와 "君子犯義, 小人犯刑"은 인과관계로 해석하였다. 『孟子集注』, 「離婁」上 1章. "此言不仁而在高位之禍也. 道, 義理也. 揆, 度也. 法, 制度也. 道揆, 謂以義理度量事物而制其宜, 法守, 謂以法度自守. 工, 官也. 度, 卽法也. 君子小人, 以位而言也. 由上無道揆故, 下無法守, 無道揆, 則朝不信道, 而君子犯義, 無法守, 則工不信度, 而小人犯刑. 有此六者, 其國必亡, 其不亡者, 僥倖而已."

101) 이황의 「이루」 하 19장 해석은 박소동(1995), 김영호(2006), 김진철(2009), 함영
대(2014) 등이 분석하였다. 박소동(1995)의 경우 문세 중심의 해석이라고 하며 일
반적인 풀이를 하였고, 김영호(2006)의 경우 관본언해와 율곡언해와의 同異를 살
폈다. 김진철(2009)의 경우 주희 주석의 부연 설명의 성격을 띤다고 하였고, 함영
대(2014)의 경우 문세를 통해 의리를 밝혔다고 하였다. 박소동(1995), 앞의 논문,
p.76; 김영호(2006), 앞의 논문, p.311~312; 김진철(2009), 앞의 논문, p.38; 함영
대(2014), 앞의 논문, p.222.

102) 『孟子釋義』. "今按, 此亦畏涉工夫, 故如此釋以就自然之意, 不顧文勢之倒置義
理之乖舛也. 當云'仁義로由ㅎ야行ㅎ신다라.' 盖『集註』'仁義根於心'云者, 乃先言
聖人之心仁義本具之意, 而係之曰'所行皆由此出,' 是'由此'之'此'字, 正指仁義而
言. 惟其仁義本具於心, 故所行皆由仁義而出, 猶耳目本具於身, 故所接皆由耳目
而視聽也. 故如說'由耳目而視聽,' 當曰'耳目으로말미아마視聽'矣, 豈可曰'耳目이
말미아마視聽'乎? 如說'由仁義而出,' 若曰'耳目이由之,' 則所由以視聽者, 別有他
物, 而非耳目也, 曰'仁義ㅣ由之,' 則是所由以行者, 別有他物, 而非仁義也. 然則
爲此說者, 本欲務避有心工夫之嫌, 而反去仁義而言聖人之所行, 其可乎? 近世諸
公欲精訓說者, 每如此, 不可不察."

103) 『空山堂牛氏全集』 卷22, 『孟子論文』 卷4, p.14b. "止倒一字, 安勉判然."

104) 이는 이황의 수사학적 주석에 문장의 好惡 등 감상평이 없다는 점과 결이 같다.

105) 주희는 유교 경전에 쓰인 문장 표현이나 문장 구조에 대한 감상평을 구체적으로 남
긴 반면, 『퇴계선생문집』이나 『退溪言行錄』에서는 이러한 언급을 찾기 어려웠다. 이
황이 유교 경전의 문장이 각각 어떤 문체적 특징을 지니고 있는지를 서술하지 않았
다는 사실은 주희와 우운진은 물론 위백규와 히로세 탄소와도 다른 부분이기도 하
다. 이는 뒤에서 재론할 것이다.

106) Kornicki(2018)는 "유교 경전을 해석할 때, 한국과 일본은 '입말'과 '글말'의 차이
로 인해 겪는 어려움을 극복하기 위해 자국의 '입말'의 통사구조를 반영한 토속화
된 glossaries(한국은 구결, 일본은 훈점) 등을 발전시켰다"고 하였다. Kornicki, Peter
Francis(2018), 『Languages, Scripts, and Chinese Texts in East Asia』, Oxford, UK:
Oxford University Press, p.329.

107) 위백규의 생애 및 학풍은 다음을 참고. 위백규 著, 하성래 編(1974), 『存齋全書』
上, 서울: 경인출판사, pp.1~4; 이해준(1979), 「존재 위백규의 사회개선론: 18세
기말 향촌의 자율성모색을 중심으로」, 서울대학교 석사학위논문, pp.6~30; 김석
회(1995), 『존재 위백규 문학 연구: 18세기 향촌사족층의 삶과 문화』, 서울: 이회문
화사, pp.27~63; 김석중 外(2001), 『존재 위백규의 사상과 철학』, 서울: 삼보아트,
pp.282~296, pp.301~343; 위홍환(2005), 「존재 위백규의 학풍과 교유관계」, 『한국
시가문화연구』 Vol.15, 한국고시가문학회, pp.227~251; 위정철(2012), 『존재 위백
규와 다산 정약용의 생애와 사상연구』, 파주: 한국학술정보, pp.15~28.

108) 송치규가 쓴 「행장」에 따르면 위백규는 총 90여 권의 저서를 남겼다. 하지만 생가에
현존하는 것은 30여 권이다. 그의 저술에 대해서는 다음을 참고. 魏伯珪 著, 하성

래 編(1974), 앞의 책, pp.2~3; 김석회(1995), 앞의 책, pp.13~22.

109) 『독서차의』는 두 가지 판본이 있다. '필사본 『독서차의』(『존재전서』에 수록)'와 '목판본 『독서차의』(『한국문집총간』243: 『존재집』에 수록)'가 바로 그것이다. 필사본 『독서차의』는 위백규 사후 4년만인 1801년에 아들 道立(1748~1808) 등이 그의 유고를 필사한 것이고, 목판본 『독서차의』는 1875년(고종12)에 목판으로 간행된 初印本이다. 목판본 『독서차의』가 교정본 성격을 띠므로, 본서는 민족문화추진회에서 발간한 『한국문집총간』243: 『존재집』을 대본으로 사용하였다. 필사본 『독서차의』와 목판본 『독서차의』의 자세한 서지정보는 다음을 참고. 유민정(2013), 「存齋 魏伯珪의 『孟子』 해석 研究」, 성균관대학교 석사학위논문, pp.29~33.

110) 『存齋集』 卷16, 「雜著・原類」 「書・二十九」. "天地之全體, 理而已. 原一播萬, 各有當然之則, 是所謂道也. 天下無道外之事, 無道外之物. 聖賢經緯事物之則, 而著之書, 四書五經是也. …… 至于今世, 書自爲一物. 讀書之士, 以天地與人, 事物與書, 離之爲六. 雖讀誦萬卷, 無益於知天修人處事應物."

111) 『存齋集』 卷16, 「雜著・原類」 「書・二十九」. "細而喫飯飮水, 褻而痾屎放尿, 皆爲道中之一事. 況進於此者乎?"

112) 『存齋集』 卷3, 「疏・封事」. "三, 文體之弊. 文體之有關於王化大矣, 觀於『書』之典誥『詩』之風雅可知也. 漢文衰於末, 而爲三國之亂, 晉文過於委靡, 而爲五胡之亂. 唐文爲晩唐, 而爲五季之亂, 宋文極衰於南宋之末, 太學諸生競爲類聚剽竊之文, 遂淪胡元. 然則文體之汚隆, 有國者誠不可不察也."

113) 『存齋集』 卷14, 「雜著・格物說」 「建安七子」. "古文之衰, 自七子始, 其爲詩文, 輕虛浮薄, 大體以悲哀爲主, 華麗而無實, 慫慂以蕩人, 遂爲三國・五胡・五代之亂."

114) 『存齋集』 卷14, 「雜著・格物說」 「建安七子」. "夫文者, 道之英華也. 寫其事跡, 而爲文, 道其情思, 而爲詩."

115) 『存齋集』 卷19, 「雜著・政絃新譜」 「貢擧」. "詩賦雖曰無用, 然亦可以觀其性, 驗其風俗. 卽先王陳詩採謠之遺制, 故不可廢也."

116) 『存齋集』 卷13, 「雜著・格物說」 「事物」. "今之詩賦, 雖不被之聲歌, 然其本, 樂之所由生也. 蓋文體之漸變而汚, 與樂一切相符, 嗚呼! 誰爲我聖朝而返之古哉? 海濱窮措大不勝中夜之感云."

117) 『存齋集』 卷22, 「墓表」 「道峯許公墓表」. "靑燈古騷, 質天爲徒."

118) 『存齋集』 卷18, 「雜著・謚邑中諸生文」. "其餘小小騷家詩家, 無不該觀而習誦, …… 至於小說稗史, 盡爲涉獵, 通其大義."

119) 『存齋集』 卷4, 「書・與金燮之」. "吾輩看書做文, 自古人視之, 甚是沒緊關事. 然今世遐荒寒措大, 所以慰悅老親者, 惟此一事. 其所以不落莫於朋知間者, 亦只是一事. 此正兄我輩所以夙宵矻矻, 如有所不得已者."

120) 『存齋集』 卷16, 「雜著・原類」 「作」. "作之不已, 乃成君子. 自强不息作也, 學而時習作也. 是作也, 自力於變化氣質之功, 强於爲善也. 斯其所以爲君子也, 爲己故也. 有爲人而作者, 修飾邊幅作也, 厭然掩不善作也, 巧言令色作也, 强忍冒羞作也. 是作也, 無忌憚而自欺欺人也."

121) 『存齋集』卷18, 「雜著 · 溪堂學規」. "一, 今時塲屋文, 亦是儒者之事. 世人例皆以放逸誹譏傚之. 然制作之度, 時文之蹊程, 亦非放心者所能省到. 此齋勿遵此習."

122) 과거시험을 위한 문장 공부를 긍정하는 위백규의 논리는 다음을 참고. 유민정 (2013), 앞의 논문, pp.35~39.

123) 『存齋集』卷2, 「疏 · 萬言封事」. "及尋章摘句, 衒時鬪靡之習盛, 則士之實全亡, 末至于今, 士習之渝極矣."

124) 『存齋集』卷19, 「雜著 · 政絃新譜」「貢擧」. "凡文近體皆非, 而表誥尤失其本."

125) 『存齋集』卷4, 「書 · 與金燮之」. "若欲爲文, 則先能善讀古文, 然後方可言之也."

126) 『存齋集』卷18, 「雜著 · 諭邑中諸生文」. "旣以經書爲根本, 又以作者大家爲羽翼, 則發以爲文, 不期美而自美. 便同聖人吐辭爲經, 出口成章. 存於我者旣優, 則雖是變體以合主司之眼, 更不勞力, 而於詩 · 賦 · 疑 · 義 · 表 · 策 · 序 · 記文 · 簡札, 一擧四達. 左右逢原, 如此則何時不合, 何科不得? 文旣到此, 則人自拔萃."

127) 『存齋集』卷4, 「書 · 與金燮之」. "是以欲爲文者, 先知讀書之法."

128) 『存齋集』卷18, 「雜著 · 諭邑中諸生文」. "讀作者之文, 則自『左傳』·『國語』下兼兩漢以及唐宋, 讀其文, 玩其題, 設以身處其地, 理會當時景狀風味曲折, 如見畫工之傳神雕匠之刻像, 許多篇章鋪敍關鎖結束, 妙盡情態, 不啻若自吾口出. 讀莊 · 馬則吾便爲莊 · 馬, 讀韓 · 柳則吾便爲韓 · 柳, 然後可得作者之妙. …… 發迹則自『小學』爲胎, 盡身於『庸』·『學』·『論』·『孟』, 極力於『周易』·『詩』·『書』, 以『疑禮』·『禮記』·『家禮』等書, 助其大用, 汎濫乎莊 · 列 · 班 · 馬 · 韓 · 柳 · 歐 · 蘇諸作者, 該通乎春秋以下至于宋元二十代諸史."

129) 위백규는 "진한 이래의 문장가들이 꿈속에서나마 언제 이런 수준의 문장을 지어보았겠는가?[秦漢以下文章家, 夢裏何曾有此般文字哉?(『存齋集』卷10, 「中庸箚義」)]"라고 하면서, 자신이 이상적이라고 생각하는 문체는 선진양한 텍스트임을 밝혔다.

130) 『存齋集』卷18, 「雜著 · 諭邑中諸生文」. "發迹則自『小學』爲胎, 盡身於『庸』·『學』· 『論』·『孟』, 極力於『周易』·『詩』·『書』, 以『疑禮』·『禮記』·『家禮』等書, 助其大用. …… 世之觀者, 不以其文爲甚陋劣, 稱之爲能文."

131) 『存齋集』卷18, 「雜著 · 諭邑中諸生文」. "今人則自幼時其志已卑, 其識自卑, 讀經書百家之文, 初不玩繹旨意詳味句字. 經書諺解, 皆出先賢大家之手, 毫分縷析如妙畫神工, 而全是慢讀胡誦, 只爲尋摘之用. 故其音吐已不審其如何若何, 況其譯解耶? 初不加意尋妙, 兼以爲聖賢之書, 皆爲理學而設, 而元非科文. 一念橫肚, 見識愈卑. 至於作者之文, 秦漢以上, 有若鳩仰鵬霄, 但自韓 · 柳 · 歐 · 蘇以下, 徇人傳說, 依例課誦, 作者之妙, 何嘗夢中見到也?"

132) 위백규는 작문 공부에 참고한 서적은 경전에서부터 소설패사까지 다양하며, 그 덕분에 과거문장의 여섯 문체를 포함하여 다양한 장르의 문체를 섭렵할 수 있었다고

피력하였다. 중요한 사실은 그가 다양한 장르의 글을 작문 공부에 참고하였다고 하
더라도, 최우선 순위는 '경전'이었다는 점이다. 자세한 내용은 다음을 참고. 『存齋
集』卷4, 「書·與金燮之」. "夫豈如以得失責之於造物, 以工夫責之於吾身, 高其眼
肆其力? 飫『詩』·『書』之膏腴, 體『語』·『孟』之胎髓, 遂御『莊』·『列』之冷風, 泛前秦
戰國之高帆巨艦, 順韓愈·馬遷之長江煙波, 而使屈·宋輩鼓湘瑟而舞馮夷. 其兩
頭之玉簫·金管則李·杜·蘇·黃之騷增鼓吹, 衝波疊浪之出沒閃霍, 則燕齊迂
怪之海上靈槎."

133) 『存齋集』卷4, 「書·與金燮之」. "至如六經, 則先得其氣像之尊嚴正大. 如天子端
拱明堂九陛之上, 而衣冠劍佩肅雍趨蹌, 重門洞闢, 四海顚仰. 至如四書, 則先得
其規模之縝密嚴正. 如大匠構架其太室九層之屋, 而規矩準繩, 各中其度, 門戶
不差, 房堂有序. …… 其下字之不輕, 如逢門彎千斤之弩, 一箭而殪吼象. 其作句
之有法, 如巧婦裂雲錦之幅, 短長而合體度. 其字意之相承, 章法之互轉, 如天梯
石棧, 鉤連於高標回川而通秦塞之人烟. 其語助之點綴斡旋, 如斜柱虛欂, 支吾連
綿, 以成千架大廈, 不可多一而減一."

134) 『存齋集』卷15, 「雜著·格物說」「詩人」. "詩盛於唐, 談者尙之. 自『始音』至『遺響』累
千萬篇, 何處用之? 『詩經』「國風」雖女子閭巷之言, 皆可以觀, 可以言, 可鑑戒, 可
體行者. 唐詩何嘗有是哉?"

135) 『存齋集』卷21, 「跋·書朱子後」. "文書契以來, 作者萬千, 而孟子沒, 文之高者奇
澀傲詭, 汚者卑俚誕褻, 最下委靡殘漏."

136) 『독서차의』에서도 경전의 문체적 예술미를 찬사하였다. 『맹자차의』의 경우 자세한
사례는 다음을 참고. 『存齋集』卷9, 『孟子箚義』. "起頭因王言而先擧利, 結尾因己
言而先擧仁義, 仍以何必利翻蹴了. 口氣英爽, 令人悚悟. 一章之內, 起結分明.
此是後來文章家祖宗."; 『存齋集』卷9, 『孟子箚義』. "曰然之然字, 好."; 『存齋集』
卷9, 『孟子箚義』. "棄寡人之棄字, 可惜可愛. 固所願三字, 令人感淚."

137) 『存齋集』卷18, 「雜著·諭邑中諸生文」. "至於作者之文, 秦漢以上, 有若鳩仰鵬
霄, 但自韓·柳·歐·蘇以下, 徇人傳說, 依例課誦, 作者之妙, 何嘗夢中見到
也?"

138) 아울러 그는 글을 잘 짓는 자신의 노하우를 밝히며 사마천 외에도 "한유·유종원·
구양수·소식 등 여러 문장가들을 두루 섭렵하였다"고 하였는데, 이를 통해 당송고
문가들의 글도 문체 공부에 중요한 교본으로 삼았다는 사실을 확인할 수 있다.

139) 『存齋集』卷14, 「雜著」. "文章家, 韓·杜之興, 如道學之有程·朱. 蓋退之主張聖
道, 子美忠愛君國, 故發爲詩文, 皆有實義, 自超諸子. 其餘人苟經先聖刪定, 非
特三千取三百已而."

140) 『存齋集』卷11, 「雜著·禹貢說」. "字意斟酌卽『堯典』光四表·格上下之義也. 蓋四
表則遠而無外, 故言光. 上下則雖高厚而有限, 故言格. …… 退之「平淮西碑」, 皆
熟讀『禹貢』者也."

141) 『存齋集』卷9, 『孟子箚義』. "降自秦漢, 惟董·韓二子之文可觀, 近理故也."

142) 위백규의 상고주의적 문학관에서 눈여겨볼 만한 점은 한유를 정이천이나 정명도, 그리고 주희가 아닌 공자 및 맹자와 대조시킨 것이다. 위백규는 "아, 兩漢 시대조차도 따라잡을 수 없는데, 더구나 唐虞를 다시 바랄 수 있겠는가. 蕭何, 曹參, 魏相, 丙吉 등도 따라잡을 수 없는데 더구나 皐陶와 棄를 다시 바랄 수 있겠는가. 董仲舒와 韓愈도 따라잡을 수 없는데 더구나 공자와 맹자를 다시 바랄 수 있겠는가. 공자와 맹자 이후 한번 정자와 주자가 나왔지만, 그들 역시 세상에 다스림을 시행할 수 없었다[嗚呼! 兩漢尙不可及, 況復望唐‧虞乎? 蕭‧曹‧魏‧丙尙不可及, 況復望皐‧棄乎? 董‧韓尙不可及, 況復望孔‧孟乎? 孔‧孟以後一遇程‧朱, 而亦莫之試於治也(『存齋集』卷16,「雜著‧原類」)]"라고 말하였다.

143) 『存齋集』卷4,「書‧與金燮之」. "且如韓‧柳之文, 李‧杜之詩, 文非不高也, 語非不深也. 吾輩見之, 皆能知其美, 幾可以忘肉. 而至於近時才子所爲文, 則一讀不知其味, 再讀逐見其非, 三讀逐以覆醬瓴. 以此言之, 文高語深, 方見美於人人之眼也."

144) 『存齋集』卷20,「序‧書二程全書後歸白穩曳鎭恒序」. "學者必博讀旁搜, 體玩心得, 然後可資躬行, 而末弊乃有鑽紙求聖‧析墨認性, 支離於訓詁疏箋. 其書溢宇, 而終無實得者. …… 及至近世, 科學又盛, 則其卑下愚陋, 遠出於訓詁之下. 程‧朱之書, 逐爲屠肆之塵尾, 妓房之丹經, 梓繡卽罕, 寫帙亦絶, 鄕曲之士, 雖欲見之不可得."

145) 훈고학 비판은 다음 문장에서도 보인다. 『存齋集』卷8,「論語箚義」. "自訓詁之學盛, 而讀聖書者, 釋理釋言, 類多細入蚕絲, 妙分牛毛, 而體得躬行之君子, 絶無而僅有矣. 朱子『集註』已極深硏幾, 義理昭晢如日星, 而小註諸家又從而支分節解. 讀者宜開卷瞭然, 聖賢妙旨, 如指諸掌, 而可以感發警省以淑其身."

146) 『存齋集』卷19,「雜著‧政絃新譜」「貢擧」. "經書義致, 先儒注解爛熳無餘. 雖名士數寫, 更別創義. 若杜撰別義, 非徒無用, 亦害人心. 況預定規式, 必欲相似, 安有如此而可解聖經者哉? 無益之甚者, 決不可用."

147) 『存齋集』卷13,「雜著‧格物說」「事物」. "士而不知道, 文章亦不能盡美. 古今文家, 惟退之文爲美, 詩家惟子美詩爲美, 蓋子美自是天姿近道故也. 其餘詩文作者, 雖一切無之可也. 至如揚雄, 文才豈非卓越者哉? 其不善讀尤甚. 夫『周易』‧『論語』, 苟着念讀一百遍, 豈是可擬之文哉? 乃欲擬之, 是不善讀故也. 其所謂『大玄』尤無理, 專以『易』爲葫蘆, 以水墨糢糊畫出, 畫章畫句, 而獨不能畫字. …… 陸象山是所謂豪傑之士也, 乃擧'一陰一陽之謂道,' 曰: '陰陽已是形而上者也.' 若『易』言'一陰一陽謂之道,' 是指陰陽爲道也. 今曰: '一陰一陽之謂道,' 則是指所以一陰一陽者謂道也. 綴文語助法, 尙不能硏其異同, 況妙諦乎? 其不能得於無極太極之義, 無足怪也. 黃山谷不解無極太極, 是詩客不足責也. 至如王弇州, 渠自負何如. 而乃曰:「無極而太極」, 吾不敢從, 其「靜而生陰, 動而生陽」, 吾不敢從,' 其生儘可笑. 以其無方體, 而謂無極, 以其爲頭顱, 而謂太極, 非是太極之上別有一圈子爲無極, 無極之下別有一圈子爲太極. 只是無極底所以爲太極. 所謂太極底只是箇無極, 非無極不足爲太極, 非太極無以見無極. 故曰: '無極而太極,' 這'而'

字天造神斡, 文章至妙處. 奔州不善讀而不能悟, 惜哉! …… 如此輩不求善讀通理自得, 而每欲早立門戶. 一以先入生眼爲主, 而更不疑思, 故終無入道之日矣."

148) 히로세 탄소를 비롯한 일본의 고문사파는 수사학적 접근을 통해 경전을 해석하였다. 그리고 일본의 고문사파는 중국 전후칠자의 영향을 받아 형성된 것으로 전해진다. 위백규가 전후칠자 중 한 명인 왕세정의 문장력을 비하했다는 사실은 그의 수사학적 경전 해석이 왕세정을 비롯한 중국 전후칠자의 영향을 받은 것이 아니라는 사실을 방증한다. 그러므로 위백규의 수사학적 경전 해석은 그의 창견이라 할 수 있다.

149) 『存齋集』券9, 『孟子箚義』. "但今讀者不解文義, 徒誦音釋, 不達於文者, 烏能知義理哉. 欲救今日之弊, 先諭以文義, 使讀者玩味悅繹."

150) 廣瀬淡窓 著, 日田郡教育會 編(1925~1927), 『淡窓全集』上, 大分縣日田郡: 日田郡教育會, pp.2~3; 牛運震(2011), 『史記評注』, 西安: 三秦出版社, pp.19~20.

151) 위백규는 다양한 글에 문학적 비평을 남겼으나, 본 도표에서는 하나의 章에서 하나의 텍스트를 집중적으로 다루는 경우만 포함하였다. 가령 그는 『시경』의 「周南」과 「召南」에도 감상평을 남겼으나, 이는 두어 문장 뿐이어서 도표에 포함하지 않았다.

152) 위백규의 수사학적 사서 해석을 보면, 경전마다 방점을 기울인 지점에 차이가 있었다. 이러한 사실은 그가 의도적으로 특정 수사법에 관심을 기울인 것이 아니라, 『논어』, 『맹자』, 『대학』, 『중용』 등 각 글의 형식에 맞추어 수사학적 해석을 가하였음을 방증한다. 그가 사서를 읽을 때 각 글의 문체상 특징을 그만큼 예의주시하고 있었음을 의미하기도 한다.

153) 위백규는 『논어』의 문체를 다음과 같이 평가하였다. "『논어』의 결사는 어조를 표시하는 허자가 다른 책에 비해 많다. 이는 성인의 말은 박절하지 않지만 그 뜻은 절실해서다. 그렇기 때문에 말 밖의 남은 뜻은 모두 어조사에서 나오니 읽는 자는 마땅히 완미해야 할 것이다.[『論語』結辭語助虛字, 比他書爲多, 盖聖人言雖不迫, 意則切到. 故餘意在言外者, 皆於語助字寫出, 讀者宜玩味(『存齋集』 卷6, 『論語箚義』)]"

154) 『논어차의』에 담긴 수사학적 해석은 다음을 참조. 김성중(1998), 「存齋 魏伯珪의 『論語箚義』 研究」, 고려대학교 석사학위논문; 김성중(2005), 「存齋 魏伯珪의 『論語箚義』에 대한 一考察: 著述經緯와 虛字를 중심으로」, 『대동문화연구』 Vol.50 기념호, 성균관대학교 대동문화연구원; 김성중(2007), 「魏伯珪의 『論語箚義』에 대하여: 修辭 방면의 분석을 중심으로」, 『한국실학연구』 Vol.14, 한국실학학회.
『맹자차의』에 담긴 수사학적 해석은 다음을 참조. 김성중(2002), 「存齋 魏伯珪의 『孟子箚義』 研究」, 『신진문철』, 서울: 월인; 유민정(2013), 앞의 논문; 유민정(2018), 「위백규의 수사학적 경전 해석: 『맹자차의』를 중심으로」, 『퇴계학보』 Vol.143, 퇴계학연구원.

155) 중국은 송대에서 명나라 중기까지 『대학장구』가 찬반 논란에 휩싸였다. 한국에서도 주희의 『대학장구』에 찬반 논란이 있었다. 특히 이언적이 『대학장구』의 일부를 개정한 『大學章句補遺』를 저술한 이후로 더욱 논의가 활발해졌다. 『대학장구』 분절 체계 논의는 최석기(2005b), 『한국경학자료집성』소재 『대학』해석의 특징과 그 연구

방향」,『대동문화연구』Vol.49, 성균관대학교 대동문화연구원, pp.56~59 참조.
이언적의『대학』해석 연구는 다음 논문을 참조. 이동희(1984),「晦齋 李彦迪의 經
學思想:『大學章句補遺』의 分析」,『한국학논집』Vol.11, 계명대학교 한국학연구소;
이지경(2002),「朱子의『大學章句』編次 해석에 관한 이언적의 비판」,『한국동양정
치사상사연구』Vol.1 No.2, 한국동양정치사상사학회; 조창열(2005),「주자·회재의
『대학』주석 비교 연구」,『한문고전연구』Vol.11, 한국한문고전학회; 서근식(2009),
「회재 이언적의『대학』해석에 관한 연구」,『동양고전연구』Vol.34, 동양고전학회.

156) 『存齋集』卷5,『大學箚義』「經·1章」. "晦齋『大學補遺』, 以此二節, 爲格致傳本文.
然若以'知止''能得,' 爲格物之工, 則視程·朱說爲疏漏. 且'近道'下卽接'此謂知之
至也,' 則纔說近而便稱至, 甚齟齬而意不盡. 今不敢極言, 以駁先賢之論. 然程·
朱兩夫子之表章是書也, 懊惜遺亡之心, 豈在後賢下哉! …… 本文雖亡, 朱子所
補, 無少欠缺於格致之工. 二節在此, 義理亦自穩當, 工夫次第, 文理承接, 其妙
無窮. 讀書自得之味, 如程·朱足矣."

157) 『중용차의』연구는, 김형연(1992),「存齋 魏伯珪의 經學思想 硏究:『中庸箚義』를
中心으로」, 전남대학교 석사학위논문.

158) 『존재집』권21에는 발문이 20여 개가 되는데, 이 중에서 특정 학자의 문체가 우수하
다고 칭송하는 경우는 드물다.

159) 『사기』의 문장론에 대한 관심은 본서 Ⅰ장 1절 경전과 수사학 참고.

160) 위백규의 수사학적「백이전」해석의 자세한 내용은 다음을 참고. 이라나(2013),「伯
夷 談論의 義理論과 文章論: 조선 시대 백이 담론의 전개와 분기」, 성균관대학교
석사학위논문, pp.50~59.

161) 한국에는 1403년(태종 3)에 명나라 태감 黃儼이 관복과 비단 그리고『십팔사략』등
을 보내왔다는 최초 기록이 있다. 조선 시대 학자들의『십팔사략』평가는 다음을 참
조. 한국민족문화대백과사전편찬부(1993),『한국민족문화대백과사전』14, 성남: 한
국정신문화연구원, p.222.

162) 『存齋集』卷11,「雜著」「史略說·三皇記」. "竊觀『史略』第一卷, 自黃帝以下, 抄取
『馬史』, 而書法, 簡而盡, 略而該, 甚精妙切至, 有不可以言語形容者. 學文者若
熟讀此一卷, 天下古今之文, 可一以貫之也. 雖然其極妙處, 在有虞以上, 可與『周
易』·『書』典謨『詩』雅頌比竝, 而夏后以下至周赧王次之."

163) 『存齋集』卷13,「雜著·格物說」「事物」. "『論語』之文, 易而嚴, 簡而密, 言近如地,
旨遠如天. …… 雄乃欲以『長揚』·『羽獵』之餘料, 擬而爲之, 由不善讀『論語』故也."

164) 『存齋集』卷13,「雜著·格物說」「事物」. "且善讀者, 取其義不擬其文, 取義則活,
擬文則死. 雄之文全是死文, 字字句句, 抵掌孫叔, 靦然無恥, 斯其所以爲莽大夫
歟!"

165) 이 외에도 위백규는『존재집』권14,「雜著·格物說·尙論」「揚雄」에서 양웅을 비판
하였다.

166) 위백규는『존재집』권21「序·新編十九史略續集大明紀序」에서 역사서의 일부 문

체를 고문으로 바꾸면 오히려 내용 전달에 문제가 있을 것이라고 염려하였다. 또한 『존재집』권13「잡저·격물설」에서 위백규는 양웅의 『법언』이 『논어』의 문장 스타일을 흉내만 내었다고 비판하였다.

167) 『存齋集』卷24,「年譜」. "三十一年乙亥, 先生二十九歲春. 憫一家子弟失學, 會父老定立規畫, 合一村子弟八歲以上, …… 質魯者教止於九九數六甲世系, 其次加以『史略』, 次加『喪禮備要』, 次加『通鑑』. 次加『孟子』或『大學』. 而『小學』則並輪爲晝講."

168) 『存齋集』卷9,「孟子劄義」. "一章之內, 起結分明, 此是後來文章家祖宗. 大凡『孟子』一書, 每章觀軸管鎖, 繼密緊切, 中藏無限造化, 亦文章家豪雄妙絶者也."

169) '언외연의'는 위백규가 『논어차의』 마지막 부분에서 저술 배경을 밝히며 직접 사용한 단어이다.

170) 『孟子』,「梁惠王」上 7章. "否. 今, 恩足以及禽獸, 而功不至於百姓者, 獨何與? 然則一羽之不舉, 爲不用力焉, 輿薪之不見, 爲不用明焉, 百姓之不見保, 爲不用恩焉, 故王之不王, 不爲也, 非不能也. …… 故推恩, 足以保四海, 不推恩, 無以保妻子, 古之人, 所以大過人者, 無他焉. 善推其所爲而已矣. 今, 恩足以及禽獸, 而功不至於百姓者, 獨何與?"

171) 왕이 소를 양으로 바꾸라고 했던 일화를 이야기한 후에 맹자가 "이 마음이면 족히 왕 노릇을 할 수 있습니다[是心, 足以王矣]"라고 말한 것을 가리킨다.

172) 『存齋集』卷9,「孟子劄義」. "齊王所當爲, 只是推吾心固有之仁而已. 上文連說'何與,' 使王十分喫疑, 將說與'推仁.' 而仁莫近於敬親愛子, 則不可不以老老幼幼, 爲自勵之約. 凡事物可與挾山超海, 輕重對擧者, 不啻多矣, 而必以'爲長者折枝'爲言, 誠是意外也. 蓋爲長折枝之易, 是吾心固有之敬也. 若爲吾長則折枝, 而爲他人之長則不折, 是不能推也, 豈是及人之老者哉. 達理之言, 一脉貫穿, 果如是哉. '可運於掌,' 照上'莫之能禦,' 旣言'老老幼幼,' 又繼以刑妻, 儘切己曉人. 而治平之本, 元不外此. 擧'斯心'之'心'字, 是上文'足以王'之心. 回頭明緊, 直證以『詩經』'御于家邦,' 儘名言儘名言. '古之人,' 統說三皇五帝, 而翻切以'今'字, 再問'獨何歟?,' 義理掀飜, 文勢便似八月觀濤也."

173) 『空山堂牛氏全集』卷21,『孟子論文』卷1, p.7a. "疾擒陡喝篇警策處."

174) 『空山堂牛氏全集』卷21,『孟子論文』卷1, p.8a. "複一筆呼應收轉甚緊."

175) 『孟子』,「梁惠王」上 7章. "古之人, 所以大過人者, 無他焉. 善推其所爲而已矣, 今恩足以及禽獸, 而功不至於百姓者, 獨何與."

176) 『存齋集』卷9,「孟子劄義」. "旣說出推字, 因曉以推之之法, 權度卽推之訣也. 雖請度之, 昏王豈能豁然省悟. 遂拖出一端冷說話, 武將抑字爲發語辭.【'王請度之'以上, 證曉王心固有之天理, '抑王'以下, 抉斥王心蔽固之人慾.】興'字'危'字'構'字, 令人心悚, '快'字勒激齊王, 使輸本情. 便是治盜官決案問目."

177) 억양법은 수사법에서 강조법의 일종으로, 처음에는 올렸다가 다음에는 내리거나, 먼저 낮추었다가 나중에 올리는 방법으로 두 사실을 분명하게 대조시킴으로써 강조

한다. 억양법의 정의는 다음을 참조. 고려대학교 민족문화연구원 국어사전편찬실 (2009),『고려대 한국어대사전』, 서울: 고려대학교 민족문화연구원, p.4243.

178) 『空山堂牛氏全集』卷21,『孟子論文』卷1, p.8a. "前文滔滔汨汨, 至此忽作如許峭語, 文情娟媚之極. ○承上起下, 文勢小歇, 所謂遲其聲以媚之也." "此一折又開一大段, 文字所謂水窮雲起."

179) 『맹자차의』는 아니지만 위백규의 수사학적 『맹자』 해석을 보여주는 중요한 사례이기에 본서에 싣는다.

180) 『存齋集』卷16,「原性」. "孟子曰: '其情則可以爲善,' 儘名言也. 雖桀紂生子則知愛, 抶膚則知痛, 當死則知哀, 苟推是心, 仁不可勝用也. 是其情可以爲善者也. 不直曰'性善'而已, 而曰'其情,' 不直曰'其情善,' 而必曰'情則,' 又必曰'可以,' 宛轉立言, 回護慈引, 使人人回認腔子中有天性一線之善也, 初非梗把桀紂之性壓喚爲善也."

181) 『孟子集注』,「告子」上 6章. "乃若發語辭. 情者, 性之動也. 人之情, 本但可以爲善, 而不可以爲惡, 則性之本善, 可知矣."

182) 『空山堂牛氏全集』卷22,『孟子論文』卷6, p.4a. "'乃若'二字起手突兀飄動."

183) 김창협 등의 산문이론 전개는 다음을 참조. 송혁기(2006),『조선후기 한문산문의 이론과 비평』, 서울: 월인, p.240.

184) 『存齋集』卷9,『孟子箚義』. "見梁惠王, 是初出脚, 十分酌義量時而出者也. 記其事爲開卷第一簡, 故特例以五字爲節. 孟子見梁惠王, 方是大端事. …… 與天下同其利, 吾孰與不利, 爲一身而專其利, 人孰與獨擅? 其理甚明, 覺者無幾. 此『孟子』之書開卷第一義, 特揭示人者也."

185) 『論語』,「學而」1章. "學而時習之, 不亦說乎. 有朋自遠方來, 不亦樂乎. 人不知而不慍, 不亦君子乎."

186) 『存齋集』卷9,『孟子箚義』. "爲萬世開羣蒙, 仲尼之大業. 故以'學習朋來, 不知不慍,' 爲『論語』首章. …… 明義利救戰國, 子輿之大功. 故以'何必利有仁義,' 爲『孟』書首章. 此兩書記載者之深意也."

187) 『淡窓全集』上,『讀孟子』, p.1. "梁惠王」上·下篇, 專載告人君之言, 以王政爲主, 孟子遊梁, 在遊齊之後, 今以此章置首. 以其黜利而宗仁義, 爲一部大旨也."

188) 『存齋集』卷9,『孟子箚義』. "是爲書之首卷. 故以見梁惠王起頭, 而以魯平公不果見終之. 豈無深意哉. 蓋天也'二字, 爲決案."

189) 『存齋集』卷9,『孟子箚義』. "『孟子』首末所記, 與『論語』首末, 大體一揆也. 是以末章之上, 以'鄕愿'章爲終, 亦豈無意乎. 與『論語』'堯曰'之上, 記'夫子之得邦家'章一例也. 孟子專以闢楊墨爲事, 則當以楊墨終之."

190) 『孟子』,「盡心」下 26章. "孟子曰: '逃墨必歸於楊, 逃楊必歸於儒, 歸斯受之而已矣. 今之與楊墨辯者, 如追放豚, 旣入其苙, 又從而招之.'"

191) 안향이 북경을 방문했을 때 주희의 저작을 필사해 갔다고 한다. 그런데 어떤 학자들

은 안향이 아닌 그의 제자인 白頤正(1247~1323)이 주자학을 한국에 처음 소개했다고 주장하기도 한다. 한국에 주자학이 소개되는 과정은 다음을 참조. Chan, Wing-tsit(1987), 『Chu Hsi: Life and Thought』, Hong Kong: Chinese University Press; New York: St. Martin's Press, pp.124~125.

192) Michael C. Kalton(1994)은 "조선은 동아시아 국가들에서 최초로 그리고 유일하게 주자학이 우월적인 존재로 군림했던 나라"라 하였다. Kalton, Michael C. et al.(1994), trans., 『The Four-Seven Debate: An Annotated Translation of the Most Famous Controversy in Korean Neo-Confucian Thought』, Albany: State University of New York Press, p. x ix.

193) 『存齋集』卷21, 「跋」「書朱書後」. "至我朱夫子得孟子不傳之統, 其於天下之理, 心得躬行, 無所閡闕. 故發之爲文, 無所事而爲之, 如雲行雨施, 物各成形. 着題如桃紅李白, 脈絡如臟腑寸尺, 關鎖如金緘玉檢, 氣勢如決天河於崑崙. 非特道德紹先聖, 文章誠絶萬古. 然世人每喜柳・蘇以下, 而韓・歐已厭之, 至夫子之文, 永不掛眼也."

194) 『存齋集』卷9, 『孟子箚義』. "蓋無朱子則七聖心法, 六經旨訣, 皆滅裂墜地, 萬古長夜矣. 學者於朱子之說, 不可一字忽略看始得."

195) 『存齋集』卷9, 『孟子箚義』. "若非程・朱子, 則三聖之經, 滅裂委地, 而孟子爲荀卿下流人矣. 嗚呼危哉!"

196) 『存齋集』卷9, 『孟子箚義』. "大凡經書, 朱子分章, 或少而四五字, 或多而四五行, 皆有至妙義諦."

197) 『存齋集』卷5, 『大學箚義』. "此朱夫子所以以傷虎知虎喩之者也. 此是誠意頭工, 其義甚微妙."

198) 『存齋集』卷5, 『大學箚義』. "朱子於篇題, 特稱子程子, 則上子字是一尊丈之子字."

199) 『存齋集』卷10, 『中庸箚義』. "凡八引『詩』皆分節, 末三『詩』不分節, 是朱子見本篇文勢及子思妙思. 到末端會極處, 意快語滑. 輪渦水轉, 初緩漸急, 逐輪益駛, 直到中央極盡處, 回回急急, 有不暇柰何者. 故三引『詩』合爲一節, 使其意逐逐磕着不失, 子思本色十分也. 且子思於上天之載, 不暇稱『詩』云, 朱子又何暇分節? 好好好好."

200) 『存齋集』卷6, 『論語箚義』. "訓詁當對擧兩節而合而一之, 曰: '於彼則不處, 於此則不去,' 朱子亦殆聖矣乎! '然'字以下四句, 非躬行自得, 必不能說盡到此. 所以訓學者, 何等生力? 他人無此四句."

V 일본의 수사학적 경전 해석

1) 일본에 성리학이 소개되는 과정은 다음을 참조. Ivanhoe, Philip J.(2016), 『Three Streams: Confucian Reflections on Learning and the Moral Heart—Mind in China, Korea, and Japan』, New York: Oxford University Press, p.124.

2) 일본에서 주자학의 수용과 비판은 다음을 참조. 이기동 著, 정용선 譯(2003), 『동양 삼국의 주자학』, 서울: 성균관대학교출판부, pp.288~308, pp.347~360, pp.406~415; 임옥균(2012), 『주자학과 일본 고학파』, 서울: 성균관대학교출판부, pp.33~67; 丸山眞男(1958), 『日本政治思想史硏究』, 東京: 東京大學出版會, pp.20~70; 源了圓(1973), 『德川思想小史』, 東京: 中央公論社, pp.13~38; 渡邊浩(1987), 『近世日本社會と宋學』, 東京: 東京大學出版會, pp.3~32, pp.215~252.

3) 『明史』卷286.

4) 왕세정과 이반룡은 비단 일본뿐만이 아니라 조선 문단에도 큰 영향을 미쳤다. 조선 문단에서의 왕세정 열독 현상은 다음을 참고. 진재교(2014b), 「조선조 후기 文藝 공간에서의 王世貞」, 『한국한문학연구』 Vol.54, 한국한문학회, pp.141~167.

5) '방법으로서의 고문사학'은 경전을 해석할 때 경문의 언어 표현을 중시하며, 특히 언어의 시간적 차이—고문과 금문의 차이—를 주안시한다고 하였다. 고문사학의 형성과 특징은 다음을 참조. 이기원(2009), 「오규 소라이의 고문사학」, 『일본사상』 Vol.16, 한국일본사상사학회, pp.127~129; 이규필(2017), 「荻生徂徠의 古文辭學에 대한 반성적 고찰을 위하여」, 『한국한문학연구』 Vol.66, 한국한문학회, pp.72~91; 丸山眞男(1958), 앞의 책, pp.78~94; 源了圓(1973), 앞의 책, pp.70~71; 沢井啓一(1988), 「方法」としての古文辭學」, 『思想』 Vol.766, 岩波書店, pp.116~131.

6) 이토 진사이는 『맹자』를 긍정적으로 평가하며 『논어』의 이해를 돕는 주요한 책이라 하였다. 『맹자』를 항구불변의 경전으로 여기기보다는 『논어』의 주석서로 간주한 셈이다. 오규 소라이의 『맹자』 비판과 이토 진사이의 맹자관은 다음을 참조. 원용준(2010), 「이토 진사이의 『맹자』관에 대한 일고찰」, 『동양철학연구』 Vol.61, 동양철학연구회, pp.139~154.
   일본에서의 『맹자』 수용과 비판은 다음을 참고. 黃俊傑(2008), 『德川日本『論語』詮釋史論』, 上海: 上海古籍出版社, pp.61~91.

7) V장 1절 이토 진사이의 『맹자고의』는 「伊藤仁齋의 수사학적 경전해석: 『孟子古義』를 중심으로」라는 제목으로 『대동문화연구』 Vol.119(성균관대학교 대동문화연구원, 2022.9)에 실린 글을 조금 수정한 것이다.

8) 井上哲次郎 著, 王起 譯(2021), 『日本古學派之哲學』, 北京: 中國社會科學出版社, p.79.

9) 이토 진사이의 문학은 다음을 참고. 이노구치 아츠시 著, 심경호·한예원 譯(2000), 『日本漢文學史』, 서울: 소명출판, pp.312~314.

10) 『童子問』下 40章. "詩起於三百篇, 文本於『尚書』. 詩以言志, 文以明道, 其用不同. 詩作之固可, 不作亦無害. 若文, 必不可不作, 非言無以逃志, 非文無以傳道, 學而

無文, 猶有口而不能言, …… 文以詔奏論說為要, 記序志傳次之. 尺牘之類, 不足
為文, 賦騷及一切間戲無益文字, 皆不可作. 甚害於道. 葉水心曰: '作文不關世教,
雖工無益.' 此作文之律, 亦看文之繩尺也."

11) 『童子問』下 41章. "三百篇之後, 唯漢魏之際, 遺響尚存, 厥後唯杜少陵氏之作, 為
庶幾矣."

12) 『童子問』下 39章. "詩吟詠性情, 作之固好, 不作亦無害. 古人以六藝教人, 甚有意
思. 人而無藝, 必不能成材, 其人亦可知矣. 醫書云: '五菓以為輔,' 然多食必有害.
詩雖藝中之雅甑, 然甚嗜焉, 則必有害. 若夫山林隱士, 遺世無營之徒, 聊脉懷抒
情, 發其幽鬱無聊之心, 固可矣. 公卿將相學士大夫, 身有職務者, 苟溺心於詩, 則
志荒業隳, 可戒."

13) 『仁齋日札』. "觀人之文章, 當併見其至巧者, 與其至拙者. 不硯其至巧者, 則不知其
力量之所造, 不觀其至拙者, 則不知其平生之力量. 韓之「原道」·「師說」, 是其力量
之所造也. 「順宗實錄」, 是平生之力量也. 孝為文者之所當識也."

14) 『古學先生文集』卷1, 「文式序」. "作文, 有儒者之文, 有文人之文. 儒者之文者, 孟
荀董劉, 韓李曾之類是已. 至於文人之文, 顓事瑠續, 輕剽浮華, 不足以登樽組之
間. 昔吾朱文公, 嘗校韓子書, 又深好南豐後山之文, 豈不以其體製之正, 理意之
到, 而動循繩墨, 無一字之散緩乎. 然則文之為文, 可見而已. 然世稱好理學者, 或
棄去文字而不理, 問之, 云是不關吾學也. 嗚呼! 非言無以達其意, 非文無以逑其
言, 讀書而不能為文, 奚以異乎有其口而不能言者也. 故孔子曰: '言以足志, 文以
足言, 言之無文, 行之不遠.' 惟吾邦學者, 大抵無能為文. 蓋天下之學, 必得其門而
後入."

15) 蘭翠(2014)는 한유의 산문뿐만이 아니라 詩歌도 『맹자』의 문체에 직접적인 영향을
받았다고 하였다. 자세한 내용은 다음을 참고. 蘭翠(2014), 『唐代孟子學研究』, 北
京: 北京大學出版社, pp.148~166.

16) 『孟子古義』. "天下之言, 至於約而極矣. 蓋欲造道之極者, 非至約不能得之. 然非
博學之, 則不能詳說之, 非詳說之, 則不能為至約之言. 有至約之言, 而後道之極
可造矣, 非徒博學詳說之為至也. 若孟子之論王道, 橫說堅說, 千變萬化, 出之而
愈不竭. 然而要其歸, 亦不出于一仁字. 斯之謂說約. 後之學者, 動欲以言論著述,
益廣其說, 不亦左乎." 『맹자고의』 번역은 다음을 참조. 이토 진사이 著, 최경열 譯
(2016), 『孟子古義』, 서울: 그린비.

17) 『仁齋日札』. "聖門之孝, 以道德為學問. 非若今人之以道德為道德, 以孝問為學問,
截然分先後本末也. 故孔子曰: '有顏回者好學, 不遷怒不貳過,' 可見聖門以修道德
便為學問也. 蓋人之於學, 甚有等級. 初也, 唯以講明文義為孝, 少進焉則以議論為
孝, 又漸進焉則專以文章為孝, 而大進焉則特以道德為孝, 不屑為向數者焉. 若古
人之孝則不然. 雖專以道德為孝, 然非廢文義·議論·文章而不講, 唯用意在此而
不在彼也. 若夫專以讀書講明義理為孝者, 實童子之學, 不足論也."

18) 『仁齋日札』. "論道者, 當先論其血脉而後其意味. 讀書當先觀其文勢, 而後其在義
理. 蓋意味無形, 不知其合否如何. 義理亦然. 但血脉與文勢, 猶一條路子, 不容一

毫差錯. 故合血脉而後意味得可知, 文勢而後義理可辨. 『語』曰: '回也. 其庶乎. 屢空, 賜不受命, 而貨殖焉. 億則屢中.' 言顔子雖簞食瓢飮, 亦不饒, 近乎飯食不給, 屢空乏者也. 蓋美其貧而能不改其樂也. 舊說以'庶乎屢空,' 爲'近道,' 又能安貧,' 尤不得文勢. 或以'屢空,' 爲'虛中無我,' 是老莊之旨, 非聖門之旨, 亦爲不知血脉也. 而觀其不言'殖貨,' 而言'貨殖,' 則知非豐財之謂, 而貨財自殖焉耳. 觀文勢自可見矣."

19) 『論語注疏』卷11. "空, 猶虛中也. …… 不虛心, 不能知道."

20) 『論語集注』, 「先進」18章. "程子曰: '子貢之貨殖, 非若後人之豐財, 但此心未忘耳. 然此亦子貢少時事, 至聞性與天道, 則不爲此矣.' 范氏曰: '…… 貧富在天, 而子貢以貨殖爲心, 則是不能安受天命矣. 其言而多中者, 億而已, 非窮理樂天者也.'"

21) 『童子問』上 2章. "讀'論' · '孟'者, 若初學固不能去註脚而能曉本文. 苟集註章句, 旣通之後, 悉棄去註脚, 特就正文, 熟讀詳味, 優遊佩服, 則其於孔孟之本旨, 猶大寐之頓寤, 自了然於心目之間矣. 今子所以不免致疑者, 皆爲註脚之所累耳. 天下之理, 到『語』 · 『孟』二書而盡矣. 無可復加焉. 勿疑."

22) 「진심」상 1장의 "盡其心者, 知其性也, 知其性則知天矣."에 대한 장재와 주자의 해석은 다음을 참조. 함영대(2010), 「星湖學派의 盡心 · 知性 · 事天에 대한 해석: 『孟子』「盡心」上 1章의 해석을 중심으로」, 『동양철학』 Vol.33, 한국동양철학회, pp.151∼152.

23) 『孟子古義』. "大凡欲讀『孟子』之書者, 當以孟子之言相證, 不可以已之意解之. 若舊解所說者, 皆臆度之見, 非孟子之本旨也."

24) 『孟子古義』. "聖賢之生, 關係甚大矣. 一出焉, 則雖叔季之世, 可以成唐虞三代之盛. 天苟欲平治天下, 則彼臧氏之徒, 豈得能行其沮乎. 今臧氏之說之行也, 是天未欲平治天下也. 何尤之有. 蓋知命者, 學問之極功, 猶射者之有的也. 故此篇自始至終, 總論王道之要, 而至此特載說天之言者, 『論語』篇末載'不知命無以君子'之語也. 邃哉."

25) 『存齋集』卷9, 『孟子箚義』. "是爲書之首卷. 故以見梁惠王起頭, 而以魯平公不果見終之. 豈無深意哉. 蓋'天也'二字, 爲決案."

26) 『孟子古義』. "先儒做'體段'說, 可謂誤矣. 浩然二字, 旣說體段, 不可復言至剛. 所謂浩然者, 亦唯有盛大之義, 而不見至剛之意. 且與前'難言'者, 自不相合. 旣是至大至剛, 何'難言'之有. 故知是言養氣之法也. 學者見其名義, 自當知之."

27) 『孟子集注』, 「公孫丑」上 2章. "至大, 初無限量, 至剛, 不可屈撓. 蓋天地之正氣而人得以生者, 其體段, 本如是也. 惟其自反而縮, 則得其所養, 而又無所作爲以害之, 則其本體不虧而充塞無間矣."

28) 『孟子』. "敢問, 何謂浩然之氣? 曰: '難言也.'"

29) 『孟子古義』. "境內之事, 其責本在於王, 而不在臣下. 故孟子欲以此諷動之, 而先設上二事以發之. 其爲王之意, 誠爲深切. 而王顧左右而言他, 則見孟子不負王, 而王負孟子也."

30) 『孟子集注』,「梁惠王」下 6章. "孟子將問此而先設上二事, 以發之, 及此而王不能答也. 其憚於自責, 恥於下問, 如此, 不足與有爲, 可知矣."

31) 『空山堂牛氏全集』卷21,『孟子論文』卷1, p.16a. "竟住冷然人妙. ㅇ三則如之何森挺緊切咄咄逼人."

32) 『孟子古義』. "孟子又爲文公畫一策. 蓋其謀不能決, 而設此二端以曉之. 大王之事, 大德之至也, 或人之說, 守國之常法. 或人之說, 夫人可能之, 至於大王之事, 則非大德之人, 不能行之. 孟子以此告文公, 其望之可謂深矣."

33) 『空山堂牛氏全集』卷21,『孟子論文』卷1, p.21b. "語似賓而意則主妙. ㅇ擘分兩策, 卻長短參差, 平中有側, 絶不板執. ㅇ借或曰發論, 亦文家活脫法."

34) 『孟子集注』,「梁惠王」下 15章. "能如大王則避之, 不能則謹守常法, 蓋遷國以圖存者, 權也, 守正而俟死者, 義也, 審己量力, 擇而處之, 可也. ㅇ楊氏曰: '孟子之於文公, 始告之以效死而已, 禮之正也, 至其甚恐, 則以大王之事告之, 非得已也. 然無大王之德而去, 則民或不從, 而遂至於亡, 則又不若效死之爲愈. 故又請擇於斯二者.' 又曰: '孟子所論, 自世俗觀之, 則可謂無謀矣. 然理之可爲者, 不過如此, 舍此則必爲儀秦之爲矣. 凡事求可, 功求成, 取必於智謀之末, 而不循天理之正者, 非聖賢之道也.'"

35) 『孟子古義』. "孟子之言, 每有取於流水, 即夫子亟稱於水之意也. 或以火之始然, 喻四端之心, 或以草木萌蘗, 喻良心之生. 嘗曰'苟得其養, 無物不長,' 其論道論德, 論心論學, 皆莫不由是而出. 而後之諸儒, 或以明鏡止水, 喻聖人之心, 可謂謬矣. 且孟子不曰'進放乎海,' 而必曰'放乎四海', 與所謂'塞于天地'之間意同. 蓋言擴充之功, 不可限量, 不徒盡己之性分而已也. 非後世性理之說之所能盡也."

36) 이토 진사이는 초목의 비유(「고자」상 8장)를 다음과 같이 칭송하였다. 『孟子古義』. "此以山木之生, 喻人之良心. 前後照應, 句句比對, 無復可疑者. 蓋仁義之心存乎人, 山之有草木也. 放其良心者, 猶斧斤之伐木也. 日夜之息, 萌蘗之生也. 旦晝之梏亡, 牛羊之牧食也. 但草木日夜之所息, 自得其養, 而人心則旦晝梏亡之害, 無時休歇. 所以人免於禽獸, 難於山之免濯濯. 故孟子反覆曉喻, 欲使人擴充其良心, 而先以梏亡戒也. 而諸家皆解平旦之氣, 作淸明氣象. 其說出於老莊虛無之旨, 害道尤甚."

37) 『宋元學案』卷15,「伊川學案」上. "曰: '赤子之心與聖人之心若何?' 曰: '聖人之心, 如明鏡止水.'";『朱子語類』卷97,「程子之書」三. "曰: '不雜訓和不得, 可以訓不純. 游定夫云'不乖之謂和', 卻好.' 又問: 「赤子之心」處, 此是一篇大節目. 程先生云: 「毫釐有異, 得爲大本乎?」看呂氏此處不特毫釐差, 乃大段差. 然毫釐差亦不得. 聖人之心如明鏡止水, 赤子之心如何比得?' 曰: '未論聖人, 與叔之失, 卻是認赤子之已發者皆爲未發.' 曰: '固是如此. 然若論未發時, 衆人心亦不可與聖人同.'"

38) 이토 진사이와 주희의 성리설과 사단지심 등을 둘러싼 해석의 차이는 다음을 참조. 이기동(1996),「일본 유학의 기본 성격」,『유학사상연구』Vol.8, 한국유교학회, pp.641~644.

39) 『空山堂牛氏全集』卷22,『孟子論文』卷4, p.14a. "正意只兩句已. ㅇ上節從水跌落出有本, 此節即從無本兜轉, 顚倒回環, 文法最繁."

40) 『孟子古義』. "詩, 「周頌·我將」之篇. 時, 是也. 孟子引之, 以證智者保國之事. ○此孟子引古昔仁者智者之事, 以勸宣王自體古人交鄰之道也."

41) 위 사례 외에도 이토 진사이는 『맹자』 인용법의 목적은 대부분 청자 '스스로의 체득' 또는 '사실을 증명'하는 데 있다고 풀이한 것이 특징이다.

42) 『空山堂牛氏全集』 卷21, 『孟子論文』 卷1, p.12b. "樂天畏天語極厚極奧, 而氣格自爽暢."

43) 『淡窓全集』 上, 『讀孟子』, p.4. "事字以文勢用之. 所謂不以辭害意者. 後人無復是馳騁."

44) 『孟子古義』. "規矩之器甚近, 而在匠人, 則爲一日不可廢之物. 孟子以此喩堯舜之道, 可謂善譬喩矣. 學者苟能達此義, 則知唯堯舜之道, 不高不卑, 實爲天下萬世之法則也."

45) 『孟子集注』, 「離婁」 上 2章. "至, 極也. 人倫, 說見前篇. 規矩盡所以爲方員之理, 猶聖人盡所以爲人之道."

46) 『空山堂牛氏全集』 卷22, 『孟子論文』 卷4, p.2b. "用雙排起, 語平勢側, 節短意長."

47) 『淡窓全集』 上, 『讀孟子』, p.10. "此章, 亦爲不師古者發也."

48) 『孟子古義』. "此章孟子欲因宜王之問以明王道. 故於文王之囿, 不論其有無, 唯說芻蕘雉兎之無禁, 而深青宜王之不然也."

49) 『空山堂牛氏全集』 卷21, 『孟子論文』 卷1, p.3a. "不必辨文囿七十里之有無, 即芻蕘雉兎皆往亦不必定有此事, 妙在就文囿硬派出大小說來, 卻有奇情至理."

50) 『淡窓全集』 上, 『讀孟子』, p.4. "句法比前, 無一雷同."

51) 『孟子古義』. "恒, 常也. 產, 生業也. 恒產, 可常生之業也. 恒心, 人所常有之善心也. 辟, 與僻同. 罔, 猶羅網, 欺其不見而取之也. 甚言不可不反本也."

52) 『孟子古義』. "此章詳述王道之明效. 故以此置之首章之次, …… 至親切矣. 當與下章齊宣王言者參看."

53) 『存齋集』 卷9, 『孟子箚義』. "'罔民'二字, 千古嗚咽, 安得君王心, 化作光明燭?"

54) 『空山堂牛氏全集』 卷21, 『孟子論文』 卷1, p.9b. "前文灝瀚已極, 此下又變爲平恬清暢之音."

55) 이 경우 문장의 기세를 이해하면서 얻어지는 결과이므로 어세의 사례에 포함하였다.

56) 『孟子古義』. "此章舊本連下文爲一章. 今詳文勢, 與上章同意, 而下文別起端, 故分爲別章. 使與前後諸章, 各以類相從, 而不相混云."

57) 이토 진사이는 『맹자고의』에서 "본문 '옛날에'에서부터 '나는 가서 대적한다'까지는 (앞 구절의) '맹시사는 증자를 닮았고'라는 문장 앞에 놓여야 한다. 이렇게 하면 문장이 순조롭고 의미가 분명해진다['昔者'以下至'吾往矣,' 當在'孟施舍似曾子'之上. 若此, 則文順而意明矣]"라고 하였다.

58) 『存齋集』卷9, 『孟子箚義』. "此皆齊東之言, 孟子因以答之何也. 盖舜之所遭, 人倫
之大變, 因此以明處變之道, 爲後世垂敎也. 象憂亦憂之憂字, 當深思. 盖象之憂,
以不得殺舜爲憂者也. 舜之亦憂, 非憂將不得免也, 是號泣旻天之憂也. 虁陶思君
之言, 自其口出, 則是亦天理也. 其兄安得不喜. 一瞬之頃, 一言之是, 面對眞兄弟,
舜安得不喜. ……『孟子』此章, 非聖人不能道也. 以象之不得有爲於其國推之, 帝
堯旣妻之後不得殺舜明矣. 孟子若斥以齊東之言而不答象喜亦喜之義, 後人豈得聞
知哉."

59) 『淡窓全集』上, 『讀孟子』, p.15. "以下至汝其于予治. 古文之存於周季者也, 文辭虁
蒼, 妙不可言."

60) 히로세 탄소의 생애 및 학풍은 다음을 참조. 關儀一郎 外(1922~1930), 『日本名家
四書註釋全書』, 東京: 東洋圖書刊行會, pp.2~3; 三沢勝己(1986), 「廣瀬淡窓の
學統と『読論語』」, 『國史學』 Vol.129, 國史學會, pp.27~31; 田中加代(1993), 『廣
瀬淡窓の研究』, 東京: ぺりかん社, pp.19~22, pp.55~123; 臼井勝美 外(2001),
『日本近現代人名辭典』, 東京: 吉川弘文館, pp.886~887; 川口浩(2004), 『日本の
經濟思想世界: 「十九世紀」の企業者・政策者・知識人』, 東京: 日本經濟評論社,
pp.133~135; 小島康敬(2009), 「히로세 탄소(廣瀬淡窓)와 丁茶山: '以心制心' '以禮
制心' '以天制心'」, 『한국실학연구』 Vol.18, 한국실학학회, pp.534~535.

61) 히로세 탄소의 사상을 과거에는 이노우에 데쓰지로井上哲次郎(1965) 등이 노장학으
로 분류하기도 하였으나, 현재는 가츠미 우스이臼井勝美(2001) 등이 그를 유학자로
분류하고 있다. 井上哲次郎・蟹江義丸 編(1965), 『日本倫理彙編』, 京都: 臨川書
店, p.2; 臼井勝美 外(2001), 앞의 책, p.886.

62) 이노구치 아츠시猪口篤志(1984)는 "히로세 탄소는 규슈 제일의 시인으로 교육자이
기도 하며, 詩敎를 중시하였고 이 때문에 그를 따르는 제자들이 많았다"고 평하였다.
일본 문학사에서 히로세 탄소의 위치는 다음을 참조. 猪口篤志(1984), 『日本漢文學
史』, 東京: 角川書店, pp.385~386.

63) 본 연구는 日田郡敎育會(1925~1927)가 편찬한 『淡窓全集』 上・中・下(大分縣日
田郡: 日田郡敎育會)를 저본으로 하였으며, 일본 국립국회도서관 소장본(http://
dl.ndl.go.jp)을 사용하였다.

64) 일본에서 히로세 탄소 연구는 20세기 초부터 진행되었다. 교육과 한시, 그리고 사상
방면을 중심으로 이루어졌다. 1900~1980년대까지 시대별 선행 연구는 다음을 참고.
田中加代(1993), 앞의 책, pp.27~37.

65) 小島康敬(2009), 앞의 논문; 三沢勝己(1985), 「廣瀬淡窓著『読論語』の諸本につ
いて」, 『史學研究集錄』 Vol.10, 國學院大學大學院 史學專攻大學院會; 三沢勝己
(1986), 앞의 논문.

66) Kassel, Marleen(1990), 「Hirose Tanso(1782~1856): Educational Theory and Practice
in the Late Tokugawa Period」, PhD Dissertation, Columbia University; Kassel,
Marleen(1993), 「Moral Education in Early-Modern Japan: The Kangien Confucian
Academy of Hirose Tanso」, 『Japanese Journal of Religious Studies』 Vol.20 No.4,

Nanzan University; Kassel, Marleen(1996), 『Tokugawa Confucian Education: the Kangien Academy of Hirose Tanso(1782~1856)』, Albany: State University of New York Press.

67) 『淡窓全集』上, 『夜雨寮筆記』卷3, p.37. "凡士君子ノ事業, 內ニシテハ道德, 外ニシテハ經濟, 是其大ナル者ナリ. …… 章句訓詁ノ學, 詩文彫蟲ノ技, 瑣瑣タル末技ノミ, 何レヲカ高シトセン, 何レヲカ卑シトセン?"

68) 『淡窓全集』上, 『六橋記問』卷4, p.36. "問作文之法, 答曰: '製酒之方, 水少米多, 則良醞也. 辭猶水也. 意猶米也. 言簡而意溢, 所謂名文也.'"

69) 『淡窓全集』上, 『讀論語』, p3. "文者, 終身之業."

70) 『淡窓全集』上, 『夜雨寮筆記』卷1, p4. "其儒ヲ學フ者, 唯是訓詁考證ヲ事トスルニ非レハ, 詩賦文章ノミナリ. 中古漢土ト通信ノ事止ミシヨリ, 文學日ニ衰ヘ, 武家起ルニ及ンテハ, 儒術全ク地ヲ拂ヒ."

71) 『淡窓全集』上, 『夜雨寮筆記』卷3, p.37. "予少キ時ヨリ詩ヲ好ム."

72) 『淡窓全集』上, 『夜雨寮筆記』卷3, p.38~39. "或人余ニ問フ, '吾子詩ヲ好ム, 詩何ノ益アリヤ?' 予曰: '吾子酒ヲ好ム, 酒何ノ益アリヤ?' 問者曰: '何ノ益ト云フコトカアラン? 吾性ノ好ム所ナリ.' 予曰: '吾モ亦性ノ好ム所ナリト.'"

73) 『淡窓全集』上, 『夜雨寮筆記』卷3, p.40. "詩文ノ道, 文ハ意ヲ述フルコトヲ主リ, 詩ハ情ヲ述フルコトヲ主ル. 故ニ無情ノ人ハ, 必ス詩ヲ作ルコト能ハス, 作リテモ詩ニナラズ. カクノ如キノ人ハ, 方正端嚴ノ君子ナリト雖モ, 其行事必ス人情ヲ盡サヽル所アリ. 孔子曰: '溫柔敦厚ハ『詩』ノ敎ナリト.' 此四字, 唯一ツノ情ノ字ヲ形容スルノミ. 是シ予カ弟子ヲシテ詩ヲ學ハシムル所以ナリ. 吾子詩ヲ好ムカ故ニ, 談此ニ及ヘリ."

74) 『淡窓全集』上, 『燈下記問』卷1, pp.2~3. "作文之法, 可使趣向促筆, 不可使筆促趣向. 喩之於戰, 筆猶將也, 趣向猶卒也, 趣向未充, 而先下筆, 其文必窮迫固滯, 索然無味, 猶用不欲戰之卒. 若畜趣向於腹中, 養而不用, 則飽滿充實, 數日之後, 使筆不得不下, 則其文縱橫上下, 從心所欲."

75) 『淡窓全集』上, 『六橋記問』卷5, p.42. "勿論經·史·子·集, 雖稗官小說, 亦傳千古者, 以其能寫人情也. …… 善寫瑣屑隱微之情, 後世不能及也."

76) 『淡窓全集』上, 『夜雨寮筆記』卷1, p.6. "六經ハ, 喩ヘハ陳壽カ『三國志』ノ如シ, 佛書ハ, 『水滸傳』·『西遊記』ノ如シ, …… 『三國志』ヲ讀ムトキハ, 一卷未タ終ラサルニ, 欠伸堪ヘス, 二稗史ヲ讀ムトキハ, 殆ト肉ノ味ヲ忘レテ, 手ノ舞ヒ足ノ蹈ムヲモ覺エサルナリ."

77) 『淡窓全集』中, 『迂言』, p.44. "又敎官ニ任スル者ハ, 文學ヲ以テ終身ノ任トスルコトナレハ, 如何ニモ! 手ヒロクモ, 奧深クモ, 穿鑿スヘキナリ. 兵學ハ, 武ニ屬スルコトナレトモ, 兵書ヲ講スルハ, 言語ヲ用フルニ過キス, 經史ノ講說ヲ爲スモ, 同樣ノコトナリ. 故ニ文學ノ一科ニ屬ス."

78) 함의원의 학제를 살펴보면 그가 글쓰기 공부를 강조했음을 곳곳에서 발견할 수 있

다. 히로세 탄소의 교육론과 함의원의 교육제도는 다음을 참고. 『淡窓全集』中, 『迂言』, pp.37~48; 田中加代(1993), 앞의 책, pp.335~351.

79) 『淡窓全集』上, 『六橋記問』卷4, p.36. "孔子云, '三人行必有吾師焉. 擇其善者而從之. 不善者而改之.' 作詩文亦然. 觀其朋輩所作, 善者從之, 不善者自省而已."

80) 『淡窓全集』上, 『夜雨寮筆記』卷4, pp.46~47. "漢土ニテ文ヲ學フ者ハ, 先ツ『檀弓』ヲ諳記シ, 其上ニテ師ヨリ文ヲ作ルコトヲ許ストソ. 我邦ニテハ『檀弓』ニ限ラジ, 手近ク『論語』・『孟子』ナト, 諳記スル程ニ讀ムヘキナリ. 左スレハ, 筆ヲ取ル時, 自然ト其語勢己レカ文ニ見ハレテ, 句法雅馴ナリ. 猶又六經十三家ノ類ヲ熱讀シ. 而後唐宋諸家ノ體ト相合シテ, 文ヲ作ル. 是大成ノ法ナリ, 古ノ名家ハ皆カクノ如シ."

81) 『淡窓全集』上, 『六橋記問』卷4, p.31. "經學者, 各有所專. 猶詩人於諸體, 各有所長. 『詩』・『書』是五古, 『易』是七古, 『禮記』五律, 『儀禮』五言排律, 『周禮』七律, 『學』・『庸』五絶, 『論』・『孟』七絶. 經學者多研四書, 猶詩人務作絶句也."

82) 오규 소라이는 『맹자』를 경전에서 제외하는 등 '經'을 무엇으로 삼는가는 학자마다 차이가 있지만, 고문사파들은 유교 경전을 글쓰기의 전범으로 삼는다는 문학관을 기본적으로 공유하였다. 이러한 문학관의 영향 아래, 히로세 탄소는 '공맹'을 병칭하며 『논어』와 『맹자』의 내용적 측면은 물론 그 문장학적 가치 또한 더욱 강조하였다.

히로세 탄소는 종종 공맹을 병칭하였다. 대표적으로 다음 문장이 있다. 『淡窓全集』上, 『六橋記問』卷5, p.42. "今樂猶古樂, 孟子之構, 信義也. 蓋孔門諸子, 言樂必韶舞而放鄭聲. 孟子乃變舊窠, 忽作此語. 是所以孔孟並稱也."

83) 『淡窓全集』上, 『夜雨寮筆記』卷4, p.47. "孔井德問テ曰: '我邦五六十年以前迄ハ, 古文辭盛ニ行ハレシナリ. 今ハ唐宋ノ體專ラ行ハル. 二ツノ者得失イカン.' 答テ曰: '古文ト云フモノハ, 唐宋明皆是ヲ主トス. 古文辭ト云フコトハ, 定メテ李・何・王・李ノ徒ヨリ唱ヘ出セシコトナルヘシ. 我邦ニテ, 徂徠專ラ其體ヲ好ミシ故, 一旦天下ニ廣マレリ. 畢竟ハ變體ニテ正格ニ非ス. 唐宋ヲ學フニハシカスト思ハル. 但シ唐宋ヲ學フ者亦其弊アリ. …… 唐宋文ノ餘流, 概ネ皆筋露レ骨高クシテ, 古文ノ含蓄ナルニ及ハス. 此處ニ心ヲ用フルコト然ルヘシ."

84) 히로세 탄소가 고문사를 따르지만 한편으로는 회의적인 입장을 갖고 있다는 점은 다음 문장에서도 나타난다. 『淡窓全集』上, 『燈下記問』卷1, p.4. "世所謂古文辭. 予輩亦非不爲也."

85) 『淡窓全集』上, 『六橋記問』卷8, p.86. "就十六人定其次席, 第一位少陵, 二位東坡, 三位靑蓮, 四位淵明, 五位昌黎, 六位樂天, 七位右丞, 八位柳州, 九位放翁, 十位漁洋, 十一位山谷, 十二位忠雅堂, 十三位蘇州, 十四位船山, 十五位襄陽, 十六位誠齋."

86) 『淡窓全集』上, 『六橋記問』卷6, p.56. "孝曰: '韓柳之文似『左傳』.'"

87) 『淡窓全集』上, 『燈下記問』卷2, p.16. "「七月」・「東山」之淡雅. 聖人之詩也. 「象」・「爻」・「繫辭」之淵奧. 聖人之文也."

88) 히로세 탄소가 주장한 일본 유학 변천의 세 시기는 다음을 참조. 渡邊浩(1987), 앞의

책, p.192; 田中加代(1993), 앞의 책, pp.360~361.

89) 『淡窓全集』上, 『六橋記問』卷6, p.55. "諸生喜訓詁, 多喜詩文. 喜詩文, 多於喜義理者. 訓詁非有深味, 唯取其易知處著力耳."

90) 히로세 탄소의 『독맹자』등 경전 주석서를 보면 경문을 수사학적으로 접근한 경우가 많았다. 그 다음이 의리학적 접근이다. 훈고 혹은 고증학적 접근은 그의 주석서에서 드물게 발견된다.

91) 『淡窓全集』上, 『夜雨寮筆記』卷1, p.12. "但シ王學ハ朱學ノ格法ニ泥ミ, 訓詁ニ拘ハルノ弊ヲ矯メタル者ナリ, 是レ其所レ長ナリ. 其學ノ弊ニ至ッテハ, 人ヲシテ讀書ヲ務メス, 古ニ暗カラシムルナリ."

92) 『日本倫理彙編』卷6, 「辨名」下, p.110. "讀書之道, 以識古文辭識古言爲先. 如宋諸老先生, 其稟質聰敏, 操志高邁, 豈漢唐諸儒所能及哉? 然自韓 · 柳出而後文辭大變, 而言古今殊矣. 諸先生生於其後, 以今文視古文, 以今言視古言, 故其用心雖勤, 卒未得古之道." 원문 번역은 다음을 참조. 함영대(2011), 『성호학파의 맹자학』, 서울: 태학사, p.366.

93) 오규 소라이는 경전 이해와 고문 이해 간에 밀접한 관계가 있다고 주장하였으며 이는 다음 문장에서도 보인다. 『徂徠集』卷19, 「譯文筌蹄題言十則」. "中華之與此方, 情態全同. 人多言古今人不相及, 予讀三代以前書, 人情世態與合符契. 以此人情世態, 作此言語, 更何難解之有也."; 『徂徠集』卷23, 「與藪震庵」第1書. "六經之旨, 瞭然如指諸掌矣, 是亦無它, 習乎古文故也."; 『徂徠集』卷27, 「答屈景山」. "古文辭之學, 豈徒讀已邪? 亦必求出諸其手指焉, 能出諸其手指, 而古書猶吾之口自出焉. 夫然後直與古人相揖於一堂上, 不用紹介焉."

94) 『徂徠集』卷27, 「答屈景山」. "夫六經, 皆史也, 皆辭也."

95) 오규 소라이에게 '辭'는 문장의 수식 혹은 수식이 있는 문장을 의미한다. 앞서 Ⅱ장 2절에서 살펴보았듯이, 그는 '사'를 긍정적으로 바라보았다. 오규 소라이의 '사'가 갖는 의미는 본서 Ⅱ장 2절 3) ② 오규 소라이의 논리 참고.

96) 『荻生徂徠全集』卷2, 「譯文筌蹄初編」, p.14. "非修辭, 卽意不得達."

97) 『淡窓全集』上, 『讀論語』, p.27. "詩書禮樂皆文也."

98) 중국의 경우 비슷한 시기에 장학성의 '육경개사'와 원매의 '육경개문'이라는 주장이 있었다.

99) 『淡窓全集』上, 『夜雨寮筆記』卷1, p.8. "聖人ノ道ヲ學ハントセ, 三代ノ書ヲ熟讀スルニ在リト."

100) 『淡窓全集』上, 『夜雨寮筆記』卷2, p.15. "予經ヲ說クニ, 唯本文アルコトヲ知リテ, 註解アルコトヲ知ラス."

101) 『淡窓全集』上, 『六橋記問』卷5, p.42. "問讀書之方, 答曰: '目所視, 口誦之, 口所誦, 心存焉, 則誦一字, 了得一字, 誦一章, 了得一章.'"

102) 『淡窓全集』上, 『讀論語』, p.2. "'仁'字 『論語』第一義. 其義多端, 宜從文解之."

103) 히로세 탄소의 文에 따라 경전을 해석해야 한다는 주장은 다음 글에서도 보인다. 『淡窓全集』上, 『讀論語』, p.5. "德有對刑而言, 此章是也. 有對禮而言, 道之以德是也. 有對力而言, 尙德哉若人是也. 宜隨文解之."

104) 이와 같은 히로세 탄소의 비평 대상 목록은 그가 여타 고문사파와 마찬가지로 "文必秦漢, 詩必盛唐"이라는 중국 전후칠자의 특색을 따르고 있음을 방증한다. 한편 그의 문장관은 특색도 있다. 오규 소라이는 당송고문보다는 명대 이반룡이나 왕세정의 글을 더 선호하였다. 히로세 탄소는 명대보다는 당송고문가의 글을 더 우수한 본보기로 평가하였다.

105) 『독논어』의 특징은 다음을 참조. 田中加代(1993), 앞의 책, pp.292~295.

106) 『淡窓全集』上, 『讀論語』, p.12. "與『大學』末章倂觀."

107) 『淡窓全集』上, 『讀論語』, p.28. "'求'字'待'字輕觀. 不必穿鑿成說."

108) 통경은 유교 경전의 도는 하나로 연결되어 있다는 인식을 가리킨다. 통경 의식을 갖고 있는 경학가들은 대개 경전을 통해 경전을 증명하거나 설명하는[以經證經] 해석 방법을 보인다. 통경의 자세한 정의는 다음을 참조. 최석기(2007), 『鳳村 崔象龍의 學問性向과 經學論』, 『한문학보』 Vol.17, 우리한문학회, pp.617~618.

109) 『淡窓全集』上, 『讀論語』, p.12. "若商鞅爲政是也. 與『大學』末章倂觀."
『대학』의 마지막 장은 이익을 따르는 것의 해로움을 말하였다. 『大學』傳10章. "所謂平天下, 在治其國者, 上, 老老而民, 興孝, …… 此一節, 深明以利爲利之害, 而重言以結之, 其丁寧之意, 切矣."

110) 예를 들면 『논어』의 마지막 장인 「요왈」 3장을 주석하며, 『논어』의 편장 구조를 다음과 같이 평가하였다. "以'天之曆數'起, 以'知命'結, 一篇之起結也. 以'人不知而不慍, 不亦君子乎'起, 以'不知命, 無以爲君子'結. 一部之起結也, 聖學之本旨可見.(『淡窓全集』上, 『讀論語』, p.59)"

111) 『독맹자』의 특징은 다음을 참조. 田中加代(1993), 앞의 책, pp.296~298.

112) 『淡窓全集』上, 『讀孟子』, p.16. "是孔·孟之所以無事業, 然爲萬世師表, 則又何憾哉."

113) 『淡窓全集』上, 『讀孟子』, p.4. "文勢流暢."

114) 『淡窓全集』上, 『讀孟子』, p.15. "造語簡妙."

115) 『淡窓全集』上, 『讀孟子』, p.3. "『孟子』之文, 如乘駿馬降峻阪."

116) 『淡窓全集』上, 『讀孟子』, p.3. "朱注不穩."

117) 『淡窓全集』上, 『讀孟子』, p.14. "朱注不言及此, 疎矣."

118) 『淡窓全集』上, 『讀孟子』, p.15. "朱子以爲怨己, 其見陋矣, 且於文不順."

119) 『淡窓全集』上, 『讀孟子』, p.16. "朱子曰: '因前說而小變之,' 大誤."

120) 『淡窓全集』上, 『讀孟子』, p.27. "朱云, 神者聖之妙處, 非別有神人, 其說極美, 然非孟子本意."

121) 『淡窓全集』上, 『讀孟子』, p.28. "君子云云, 括上文也. 朱注分爲二節, 於文未穩."

122) 『淡窓全集』上, 『讀左傳』, p.6. "簡妙."

123) 『史記』「伯夷列傳」. "顏淵雖篤學, 附驥尾而行益顯."

124) 『淡窓全集』上, 『讀左傳』, p.7. "與『史記』附驥尾, 同語勢."

125) 『淡窓全集』上, 『讀左傳』, p.1. "然至敍事, 則不得不由之. 但其敍事, 亦有附會非眞者, 頗似後世稗官小說."

126) 『淡窓全集』上, 『讀左傳』, p.9. "左氏古之稗官, 於此等人物附會以成其美. 猶『三國演義』之於玄德, 『水滸志』之於宋江, 讀者具一隻眼而可也."

127) 『淡窓全集』上, 『燈下記問』卷1, p.2. "議論學『孟子』·『莊子』, 敍事學『左傳』·『史記』, 文之能事畢矣."

128) 『淡窓全集』上, 『燈下記問』卷1, p.2. "余作雜文, 則務平淡. 至論義理, 則加修飾."

129) 『淡窓全集』上, 『讀孟子』, p.3. "兩譬皆明快, 譬喻之巧, 莫如孟子."; 『淡窓全集』上, 『讀孟子』, p.28. "此巧於說辭者, 所謂近取喻也."

130) 「양혜왕」상 7장을 총평한 것은 제외하였다.

131) 『淡窓全集』上, 『讀孟子』, p.3. "若無罪: 以己心度牛之心, 故下若字, 甚有旨."; 『淡窓全集』上, 『讀孟子』, p.3. "吾力: 戰國之文, 長於譬喻, 可以爲法."; 『淡窓全集』上, 『讀孟子』, p.4. "語人曰: 中間函'語人曰'三字, 極有警策. 上文'有復於王者曰,' 亦是譬喻, 故變文行之."; 『淡窓全集』上, 『讀孟子』, p.4. "終身飽: 終身字高簡不密, 古文之妙也. 左氏爲羈終世, 亦言其久也."

132) 『淡窓全集』上, 『讀孟子』, p.3. "見牛: 一句簡妙"; 『淡窓全集』上, 『讀孟子』, p.4. "王之不王: 一句再拈, 文勢流暢."; 『淡窓全集』上, 『讀孟子』, p.4. "以若所爲: 造語簡妙."

133) 『淡窓全集』上, 『讀孟子』, p.3. "誠有: 鄙之之辭, 猶子誠齊人也."; 『淡窓全集』上, 『讀孟子』, p.4. "殆有甚焉: 承王怪問, 故進一步而說, 聽者聳然."

134) 『淡窓全集』上, 『讀孟子』, p.3. "戰國之文, 長於譬喻, 可以爲法."

135) 『淡窓全集』上, 『讀孟子』, p.3. "比喻之巧, 莫如孟子."

136) 『淡窓全集』上, 『讀孟子』, p.4. "中問函'語人曰'三字, 極有警策. 上文'有復於王者曰,' 亦是譬喻, 故變文行之."

137) 『孟子集注』, 「梁惠王」上 9章. "故古人必由親親推之然後, 及於仁民, 又推其餘然後, 及於愛物, 皆由近以及遠, 自易以及難. 今王反之, 則必有故矣. 故復推本而再問之."

138) 『空山堂牛氏全集』卷21, 『孟子論文』卷1, p.7b. "說喩最奇."

139) 『存齋集』卷9, 『孟子箚義』. "卽當說'恩足以及禽獸, 功不至於百姓,' 而若然則昏王, 何能自反而度其輕重, 擴充吾固有之仁心乎? 將拈出'不爲不能'四字, 使王翻悟, 而不可以平語淡話提起. 故式設冷譬, 以一羽百匀爲諭, 如指告孩兒樣, 打出

'不爲不能'話頭, 使之省悟."

140) 『淡窓全集』上, 『讀孟子』, p.4. "終身字高簡不密, 古文之妙也. 左氏爲羈終世, 亦言其久也."

141) 『左傳』魯昭公 13년 조에 보인다.

142) 『淡窓全集』上, 『讀孟子』, p.4. "一句再拈, 文勢流暢."

143) 『空山堂牛氏全集』卷21, 『孟子論文』卷1, p.7b.

144) 『淡窓全集』上, 『讀孟子』, p.5. "用韻語, 文極奇古."

145) 선진 시대 이전의 방언이나 『장자』와 『논어』 등과 같은 경우는 운어가 많이 사용되었다. 다음은 王力 著, 송용준 譯(2005), 『중국시율학』1, 서울: 소명출판, p.19 참조.

146) 食의 고운은 '船聲職韻'이고 息의 고운은 心聲職韻으로 모두 운부가 모두 직부에 속한다. 이에 압운이 된다. 이에 대한 내용은 다음을 참조. 郭錫良(2010), 『漢字古音手冊』, 北京: 北京大學出版社, p.55, p.75.

147) 『淡窓全集』上, 『讀孟子』, p.10. "以下四句, 皆古書之語, 蓋句句磋韻. 來入聲. 詩中多例. 朱注以爲去聲, 誤矣."

148) 王力 著, 송용준 譯(2005), 앞의 책, pp.19~20.

149) 食의 고운은 '來聲之韻'이다. 郭錫良(2010), 앞의 책, p.126.

150) 職의 고운은 '定聲職韻'이다. 郭錫良(2010), 앞의 책, p.49.

151) 翼의 고운은 '余聲職韻'이다. 郭錫良(2010), 앞의 책, p.65.

152) 德과 得의 고운은 '端聲職韻'이다. 郭錫良(2010), 앞의 책, p.22.

153) 流자와 求자는 모두 운각자이다. 공영달은 운각자와 之자의 쓰임에 대해 다음과 같이 말하였다. "之·兮·矣·也와 같은 부류는 본디 취하여 말을 이루는 것으로 비록 문장 안에 있다고 하더라도 뜻을 이루지는 못한다. 그러므로 문장 끝에 놓이는 것은 모두 그 글자 앞의 운이 된다. '之'자의 경우로 보건대 '물 흐름에 따라 이쪽저쪽에서 따고[左右流之]'와 '자나깨나 생각한다[寤寐求之]'고 한 것과 같은 종류이다[之·兮·矣·也之類, 本全取以爲辭, 雖在句中, 不以爲義, 故處末字, 皆字上爲韻. 之者, '左右流之,' '寤寐求之'之類也(『毛詩正義』, p.29)]"

154) 來자는 之韻이고, 之韻은 平聲이다. 한편 그 외 네 글자 直, 翼, 得, 德은 職韻이며 職韻은 入聲이다. 之韻과 職韻은 韻部가 對轉 관계로 서로 압운이 가능하며, 아울러 평성과 입성 또한 서로 통하게 된다. 來자는 본래 평성이다. 하지만 평성과 입성은 서로 통한다. 한자음은 시대가 지나면서 변하는데 지금의 한자음을 보면 입성(k)이 모두 탈락된 경우가 많다. 그리고 탈락된 운이 모두 유사하다. k가 탈락되고, e로 똑같아진다. 평성이 고대에 입성인 경우가 존재했기 때문에 입성과 평성은 서로 통한다고 보는 것이다. 압운에 대한 내용은 다음을 참조. 郭錫良(2010), 앞의 책, p.5.

155) 위백규의 『맹자차의』와 우운진의 『맹자논문』은 주희의 주석을 따로 언급한 경우가 드물다. 『맹자차의』의 경우 단 한 번뿐이다. 반면 히로세 탄소는 『독맹자』에서 총 12

번 주희 주석의 모순된 지점을 지적하였다.

156) 히로세 탄소의 주자학 비판은 이른바 '三說'이라 불리는『約言』,『義府』,『折玄』 등에서도 보인다. 三說의 내용은 다음을 참고. 田中加代(1993), 앞의 책, pp.264~268.

157) 『孟子集注』,「告子」上 2章. "告子因前說而小變之, 近於揚子善惡混之說."

158) 『淡窓全集』上,『讀孟子』, p.18. "湍水之喩, 言性之變于習也. 朱子曰: '因前說而小變之.' 大誤."

159) 『孟子』,「盡心」下 33章. "動容周旋, 中禮者, 盛德之至也. 哭死而哀, 非爲生者也, 經德不回, 非以干祿也, 言語必信, 非以正行也, 君子行法, 以俟命而已矣."

160) 『孟子集注』,「盡心」下 33章. "細微曲折, 無不中禮, 乃其盛德之至, 自然而中, 而非有意於中也. 經, 常也, 回, 曲也. 三者, 亦皆自然而然, 非有意而爲之也, 皆聖人之事, 性之德也. 法者, 天理之當然者也, 君子行之而吉凶禍福, 有所不計, 蓋雖未至於自然, 而已非有所爲而爲矣."

161) 『淡窓全集』上,『讀孟子』, p.28. "君子云云, 括上文也. 朱注分爲二節, 於文未穩."

162) 주희에게 성인은 법을 행하는 사람이 아닌 법을 만드는 사람이다. 이에 그는 성인과 군자를 기준으로 해당 구절을 두 부분으로 나누었고, 앞의 세 가지 행실은 성인에 해당하고 마지막 법을 행하는 것은 군자에 해당한다고 보았다.

163) 『漢書』「趙廣漢傳」. "京兆政淸, 吏民, 稱之不容口, 長老, 傳以爲自漢興, 治京兆者莫能及."

164) 『淡窓全集』上,『讀孟子』, p.12. "容, 猶『漢書』'稱之不容於口'也. 言死而有餘罪也. 朱子以容爲許, 今言也, 非古言也."

165) 『독맹자』에서 히로세 탄소가 고문을 언급한 사례는 총 5번이다. 주로 고문의 예술미를 호평하였다.(「梁惠王」上 7章 "終身飽", 「梁惠王」下 5章 "可以爰方啓行", 「公孫丑」下 4章 "謂其大夫", 「離婁」上 14章 "罪不容於死", 「萬章」上 2章 "使舜完廩" 등)

VI 결론

1) 같은 나라 안에서도 차이가 있었다. 이황은 주희의 수사학적 역량에 긍·부정을 동시에 보인 반면 위백규는 일관된 자세로 긍정적인 입장을 보여주었다.

2) '상상의 문예 공화국'(진재교, 2014b)은 비단 『맹자』를 두고서 형성된 것만이 아니다. 서론에서 살펴본 것처럼, 『사기』와 『장자』의 문장 예술이라는 논제를 놓고 동아시아 삼국의 지식인들은 '상상속의 문예 공론장'을 형성하여 열띤 논의를 펼친 것을 알 수 있다. '상상의 문예 공화국'의 정의는 다음을 참고. 진재교(2014b), 「조선조 후기 文藝 공간에서의 王世貞」, 『한국한문학연구』 Vol.54, 한국한문학회, p.165~166.

3) 도끼자루의 법칙은 동아시아 유학의 다원적인 모습을 설명하는 것으로도 확대할 수 있다. 한국과 일본은 중국으로부터 유학을 수용한 것으로 알려져 있다. 하지만 받아들일 것인지와 그렇지 않을 것인지의 여부는 사실 각국 지식인들의 손에 달려 있었다. 유학의 수용은 한국과 일본에 의해 선택되어진 것이라 할 수 있다. 어떤 요소를 유학에서 수용하고 또 발전시킬 것인가 또한 각국 지식인들의 몫이었다. 지식인들의 선택과 창조를 통해 한국과 일본은 특수한 유학 전통을 형성해 나갔다고 할 수 있다.

4) 위백규와 주희가 남긴 「양혜왕」 상 1장 "王亦曰仁義而已矣. 何必曰利?"에 대한 수사학적 해석과 이에 담긴 철학적 함의는 다음을 참고. You, Min Jung(2022), 「The Reading of the Mencius by Korean Confucian Scholars: Rhetorical Exegesis and the Dao」, 『Religions』 Vol.13 No.976, Open Access: MDPI, pp.10~11.

5) 이는 다양한 렌즈를 통해 전근대 동아시아 지식인들의 像을 살피는 것이기도 하다. 기존 경학 연구에서는 전근대 이전 동아시아 지식인들의 모습을 놓고 도학가로서의 면모에 관심을 기울여 왔다. 하지만 본서는 경학의 한 방법으로서 '수사'를 보편적으로, 때로는 적극적으로 응용하였다는 사실을 입증하였다. 따라서 본 연구 결과는 문인이자 현실지향인으로서의 지식인의 모습을 재조명하는 학술적 근거가 될 것이다.

6) Philip J. Ivanhoe(2016) 또한 같은 문제의식을 갖고 있다. 그는 "화이트 헤드가 '서양 철학은 플라톤에 대한 각주이다.'라고 한 것처럼, 동아시아 유학[East Asian Confucianism]은 '맹자'에 대한 각주라 할 수 있다"고 하면서, 특히 유학[Confucianism]을 중국의 전유물이 아닌 동아시아의 공유물[East Asian Confucianism]로 보았다. Ivanhoe, Philip J.(2016), 『Three Streams』, New York: Oxford University Press, pp.177~185.

7) 한문학을 'Chinese Literature'로 번역할 경우 영미권에서 한문학은 '중국 문학'으로 이해된다. 반면 'Sinographic Literature'라고 할 경우 한문학은 '동아시아 한문학'으로 이해된다. 'Sinographic'은 한문이 중국의 전유물이 아닌 동아시아의 공통 표기 수단임을 나타내는 용어이다. 이러한 의미에서 'Sinographic Cosmopolis'는 동아시아가 한문을 공유하는 한 하나의 집합체이자 문화권임을 함의하는 용어이다. 'Sinographic'의 자세한 개념은 다음을 참고. King, Ross(2015), 「Ditching Diglossia: Describing Ecologies of the Spoken and Inscribed in Pre-modern Korea」, 『Sungkyun Journal of East Asian Studies』 Vol.15 No.1, CrossRef, pp.1~19.

〈부록〉 청대 수사학적 『맹자』 주석서와 그 목록(총 26종)

1) 이미 선행 연구에서 청대 수사학적 『맹자』 주석의 사례를 소개하였지만 각 연구마다 제시하는 목록이 상이하다. 필자가 2020년에 조사한 바로는 총 16종의 청대 수사학적 『맹자』 주석서를 발견할 수 있었으나, 殷陸陸(2021)의 연구에 당시 다루지 않은 자료들이 적지 않게 눈에 띄어 본 목록에 함께 다루어 소개한다. 아울러 필자는 그 대상을 보다 넓히기 위해 작가가 명대에 출생하였어도 첫 판본 간행이 청대이거나, 분량이 짧더라도 저자가 하나의 표제를 설정하여 『맹자』의 원문에 주석을 한 경우도 '청대 수사학적 『맹자』 주석서'에 포함하여 본 목록에 담았다.

   2020년에 조사한 16종의 청대 수사학적 『맹자』 주석서와 그 자세한 특징은 다음을 참고. 유민정(2020), 「소설 평점비평방법론의 경전으로의 도입: 청대에 출현한 『맹자』 주석서」, 『대동한문학』 Vol.63, 대동한문학회; 殷陸陸(2021), 「淸代 『孟子』 評本硏究」, 陝西師範大學 博士學位論文.

2) 殷陸陸(2020)은 오여륜의 『四書評點』 등 네 가지 서적에서 유대괴의 평점을 인용한 것을 토대로 2천 5백여 글자를 집출할 수 있다고 하며, 이를 바탕으로 『評點孟子』의 특징을 간단히 소개하였다. 자세한 내용은 다음을 참고. 殷陸陸(2020), 「劉大櫆『評點孟子』今存評語考」, 『經學文獻硏究』 Vol.24, 上海交通大學 唐文治經學硏究中心.

| 참고문헌 |

1. 원전 자료 및 번역서

1) 원전 자료

① 한국

權近(1988), 『陽村先生文集』, 『韓國文集叢刊』 5, 서울: 民族文化推進會.

金富軾 著, 李丙燾 校勘(2012), 『三國史記』, 파주: 한국학술정보.

金宗直(1987), 『佔畢齋文集』, 『韓國歷代文集叢書』 63·64, 서울: 景仁文化社.

金昌協(1996), 『農巖集』, 『韓國文集叢刊』 162, 서울: 民族文化推進會.

南龍翼(1994), 『南壺谷聞見別錄』, 『韓國文集叢刊』 5, 서울: 民族文化推進會.

朴世采(1993), 『南溪先生朴文純公文正集』, 『韓國歷代文集叢書』 1138, 서울: 景仁文化社.

徐居正·申龍漑(1975), 『東文選』, 서울: 太學社.

_____(1988), 『四佳集』, 『韓國文集叢刊』 11, 서울: 民族文化推進會.

成均館大學校 大東文化硏究院 編(1989~1994), 『韓國經學資料集成 35~48: 孟子』, 서울: 成均館大學校出版部.

成俔(1988), 『虛白堂文集』, 『韓國文集叢刊』 14, 서울: 民族文化推進會.

安鼎福(1999), 『順菴集』, 『韓國文集叢刊』 230, 서울: 民族文化推進會.

魏伯珪 著, 하성래 編(1974), 『存齋全書』 上·下, 서울: 景仁出版社.

_____(2000), 『存齋集』, 『韓國文集叢刊』 243, 서울: 민족문화추진회.

李珥(1958), 『栗谷先生全書拾遺』, 『栗谷全書』, 서울: 成均館大學校 大東文化硏究院.

李滉(1971), 『(增補)退溪全書』, 서울: 成均館大學校 大東文化硏究院.

_____(1980), 『陶山全書』, 성남: 韓國精神文化硏究院.

_____ 著, 退溪學叢書編刊委員會 編(1989), 『退溪全書』, 서울: 退溪學硏究院.

_____(1991), 『退溪學文獻全集』, 서울: 학민문화사.

鄭道傳(1990), 『三峯集』, 『韓國文集叢刊』 5, 서울: 民族文化推進會.

崔昌大(1997), 『昆侖集』, 『韓國文集叢刊』183, 서울: 民族文化推進會.

洪可臣(1987), 『晩全先生文集』, 『韓國文集叢刊』714, 서울: 民族文化推進會.

洪奭周(1984), 『淵泉全書』, 서울: 旿晟社.

柳希春, 『眉巖先生集』(성균관대학교 존경각본, 분류기호: D03B-0393a).

成俔, 『慵齋叢話』(성균관대학교 존경각본, 분류기호: C14B-0033).

李滉, 『三經四書釋義』(성균관대학교 존경각본, 분류기호: A01-0025).

崔致遠, 「大朗慧和尙白月葆光塔碑」(국립중앙도서관본, 청구기호: 위창고
        2102-50).

② 중국

葛洪 著, 李中華 注譯(1996), 『(新譯)抱朴子』, 臺北: 三民書局.

歐陽修 外(1975), 『新唐書』, 北京: 中華書局.

丘濬(1983), 『大學衍義補』, 『(文淵閣)四庫全書』712 · 713, 臺北: 臺灣商務印
        書館.

金聖歎 著, 林乾 主編(1999), 『金聖嘆評點才子全集』2, 北京: 光明日報出版
        社.

羅大經 撰, 王瑞來 點校(1983), 『鶴林玉露』, 北京: 中華書局.

戴震(1974), 『戴震文集』, 香港: 中華書局.

董仲舒(1989), 『春秋繁露』, 上海: 上海古籍出版社.

茅坤(1993), 『唐宋八大家文鈔』, 上海: 上海古籍出版社.

班固(1996), 『漢書: 宋景祐刊本』, 臺北: 臺灣商務印書館.

蘇洵(1926), 『嘉祐集』, 上海: 上海書店.

蘇轍(1990), 『蘇轍集』, 北京: 中華書局.

十三經注疏整理委員會 整理, 李學勤 主編(1999), 『十三經註疏』, 北京: 北京
        大學出版社.

顔之推(1968), 『顔氏家訓』, 臺北: 臺灣商務印書館.

余允文(1985), 『尊孟辨』, 北京: 中華書局.

黎靖德(2004), 『朱子語類』, 北京: 中華書局.

永瑢(1968), 『四庫全書總目提要』, 臺北: 臺灣商務印書館.

阮元(1984), 『皇淸經解』, 경기도: 삼귀문화사.

王禹偁(1983), 『小畜集』, 『(文淵閣)四庫全書』1086, 臺北: 臺灣商務印書館.

姚鼐(1926), 『惜抱軒文集』, 上海: 上海書店.

牛運震 撰, 崔凡芝 校釋(2012), 『空山堂史記評注校釋』, 北京: 中華書局.

牛運震(2001), 『史記評注』, 西安: 三秦出版社.

袁枚(2010), 『小倉山房文集』, 『清代詩文集彙編』 340, 上海: 上海古籍出版
　　　社.

魏徵(1973), 『隋書』, 北京: 中華書局.

劉知幾(2015), 『史通』, 上海: 上海古籍出版社.

劉向 編, 繆文遠·李萌昀 校注(2019), 『戰國策』, 北京: 中華書局.

劉勰(1930), 『文心雕龍』, 上海: 商務印書館.

劉熙載(1985), 『藝概』, 臺北: 漢京文化事業公司.

李昉 外編(1995), 『文苑英華』, 北京: 中華書局.

張伯行 輯(1985), 『朱子語類輯略』, 北京: 中華書局.

張廷玉 外(1974), 『明史』, 北京: 中華書局.

錢基博(1975), 『韓愈志』, 臺北: 河洛圖書出版社.

程顥·程頤(1983), 『二程遺書』, 『(文淵閣)四庫全書』 698, 臺北: 臺灣商務印
　　　書館.

趙岐(1998), 『孟子章句』, 北京: 中華書局.

趙翼(1965), 『陔餘叢考』, 臺北: 世界書局.

周敦頤(2020), 『周子通書』, 上海: 上海古籍出版社.

朱熹·呂祖謙(1930), 『近思錄』, 北京: 中華書局.

＿＿＿(1983), 『四書章句集注』, 北京: 中華書局.

＿＿＿(1983), 『晦庵集』, 『(文淵閣)四庫全書』 1143~1146, 臺北: 臺灣商務印書
　　　館.

中國科學院圖書館(1993), 『續修四庫全書總目提要: 經部』 上·下, 北京: 中
　　　華書局.

曾國藩(2015), 『經史百家雜鈔』, 上海: 上海書店出版社.

曾棗庄·舒大剛 主編(2001), 『三蘇全書』, 北京: 語文出版社.

眞德秀(1981), 『文章正宗』, 臺北: 臺灣商務印書館.

陳振孫(1968), 『直齋書錄解題』, 臺北: 臺灣商務印書館.

脫脫(1985), 『宋史』, 北京: 中華書局.

韓愈 撰, 馬其昶 校注(1960~1961), 『韓昌黎文集校注』, 臺北: 世界書局.

黃宗羲(1986),『宋元學案』, 北京: 中華書局.

康濬,『孟子文說』(北京大學圖書館 古籍圖書館本, 典藏號: EB/Z121.5/15:158).

高步瀛,『孟子文法讀本』(北京大學圖書館 古籍圖書館本, 典藏號: Y/0969/0223.27).

范爾梅,『孟子札記』(北京大學圖書館 古籍圖書館本, 典藏號: SB/081.57/4414).

蘇洵,『增補蘇批孟子』(성균관대학교 존경각본, 분류기호: A09E-0007a).

孫肇興,『刪補四書約說』(北京大學圖書館 古籍圖書館本, 典藏號: EB/Z121.5/15:164).

楊起元,『四書眼』(하버드대학교 하버드옌칭연구소본, Microfilm: FC55301).

王汝謙,『孟子讀本』(北京大學圖書館 古籍圖書館本, 典藏號: X/096.42/0011).

王又朴,『孟子讀法』(北京大學圖書館 古籍圖書館本, 典藏號: Y/9117/1174/15-20).

王源,『孟子評』(北京大學圖書館 古籍圖書館本, 典藏號: X/418.6/1031).

汪有光,『標孟』(北京大學圖書館 古籍圖書館本, 典藏號: EB/Z121.5/15:157).

王訓,『七篇指略』(北京大學圖書館 古籍圖書館本, 典藏號: Y/0968/1102).

牛運震,『空山堂牛氏全集』(하버드대학교 하버드옌칭연구소본, Offsite Storage: 9117 2531).

李贄,『四書評』(성균관대학교 존경각본, 분류기호: A09A-0031).

蔣汾功,『孟子說文』(北京大學圖書館 古籍圖書館本, 典藏號: NC/0978/4431).

趙承謨,『孟子文評』(北京大學圖書館 古籍圖書館本, 典藏號: X/096.47/4910).

周人麒,『孟子讀法附記』(北京大學圖書館 古籍圖書館本, 典藏號: SB/096.42/7780).

沈保靖,『讀孟集說』(北京大學圖書館 古籍圖書館本, 典藏號: Y/9117/3120/4-5).

③ 일본

關儀一郎 外(1922~1930),『日本名家四書註釋全書』, 東京: 東洋圖書刊行會.

廣瀨淡窓 著, 日田郡敎育會 編(1925~1927),『淡窓全集』上·中·下, 大分縣日田郡: 日田郡敎育會.

藤原惺窩 著, 역외한적진본문고편찬출판위원 編(2014), 『惺窩先生文集』, 『域外漢籍珍本文庫』4, 重慶: 西南師範大學出版社; 北京: 人民出版社.

伊藤仁齋 著, 關儀一郎 編(1926), 『孟子古義』, 『日本名家四書註釈全書』9, 東京: 東洋圖書刊行會.

_____, 井上哲次郎・蟹江義丸 編(1901a), 『童子問』, 『日本倫理彙編』5, 東京: 育成會.

_____, 井上哲次郎・蟹江義丸 編(1901b), 『仁齋日札』, 『日本倫理彙編』5, 東京: 育成會.

林羅山(1979), 『林羅山文集』, 東京: ぺりかん社.

荻生徂徠 著, 吉川幸次郎 外 校注(1973), 『日本思想大系』36, 東京: 岩波書店.

荻生徂徠(1740), 『徂徠集』, 東京: 武江書林.

荻生徂徠(1973~1987), 『荻生徂徠全集』, 東京: みすず書房.

井上哲次郎・蟹江義丸 編(1965), 『日本倫理彙編』, 京都: 臨川書店.

藤原惺窩 著, 吉田素庵 編, 『文章達徳録綱領』, 國立國會圖書館デジタルコレクション.

伊藤仁斎 撰, 伊藤東涯 編, 『古學先生文集』, 國立國會圖書館デジタルコレクション.

林希逸 撰, 小野壹 校, 『莊子鬳齋口義棧航』(하버드대학교 하버드옌칭연구소 본, Offsite Storage: 4421217).

荻生徂徠, 『四家雋』(국립중앙도서관 소장본, 청구기호: 古古5-70-16).

竹添光鴻(1882), 『孟子論文』, 國立國會圖書館デジタルコレクション.

2) 번역서

黎靖德 編, 이주행 譯(2001), 『(소나무판)朱子語類』1~13, 서울: 소나무.

魏伯珪 著, 오항녕 외 譯(2013), 『존재집』, 대구: 흐름출판사.

退溪學研究院(1997), 『退溪學 譯註叢書』, 『退溪全書』22, 서울: 退溪學研究院.

2. 국내 연구 자료

1) 단행본

가스펠서브(2013), 『교회용어사전』, 서울: 생명의말씀사.

고려대학교 민족문화연구원 국어사전편찬실(2009), 『고려대 한국어대사전』, 서울: 고려대학교 민족문화연구원.

김도련(1998), 『한국 고문의 원류와 성격』, 서울: 태학사.

김석중 外(2001), 『존재 위백규의 사상과 철학』, 서울: 삼보아트.

김석회(1995), 『존재 위백규 문학 연구: 18세기 향촌사족층의 삶과 문화』, 서울: 이회문화사.

김성룡(2004), 『한국문학사상사』, 서울: 이회문화사.

김시업 · 마인섭(2005), 『동아시아학의 모색과 지향』, 서울: 성균관대학교출판부.

김원중(2013), 『한문해석사전』, 파주: 글항아리.

김철범(2012), 『한문산문 글쓰기론의 논리와 전개』, 서울: 보고사.

김충열(1984), 『고려유학사』, 서울: 고려대학교출판부.

김풍기(1996), 『조선전기문학론연구』, 서울: 태학사.

김학주(2008), 『중국문학의 이해』, 서울: 신아사.

송혁기(2006), 『조선후기 한문산문의 이론과 비평』, 서울: 월인.

신기철 · 신용철(1981), 『새 우리말 큰 사전』 상, 서울: 삼성출판사.

심경호(2013), 『한문산문미학』, 서울: 고려대학교출판부.

운평어문연구소(1999), 『DESK 국어사전』, 서울: 금성출판사.

위정철(2012), 『존재 위백규와 다산 정약용의 생애와 사상연구』, 파주: 한국학술정보.

이기문(1995), 『동아 새국어 사전』, 서울: 두산동아.

이광호(2013), 『퇴계와 율곡, 생각을 다투다』, 서울: 홍익출판사.

이병도(1987), 『한국유학사』, 서울: 아세아문화사.

이태준(1998), 『문장강화』, 서울: 창작과비평사.

이희승(2007), 『엣센스 국어사전』, 파주: 민중서림.

임옥균(2012), 『주자학과 일본 고학파』, 서울: 성균관대학교출판부.

임종욱(2010), 『중국역대인명사전』, 서울: 이회문화사.

임형택(2009), 『문명의식과 실학』, 파주: 돌베개.

장하늘(2009), 『수사법사전』, 서울: 다산초당.

전수연(1998), 『권근의 시문학 연구』, 서울: 태학사.

정민(1989), 『조선후기 고문론 연구』, 서울: 아세아문화사.

정요일(1990), 『한문학비평론』, 인천: 인하대학교출판부.

진재교 外(2023), 『동아시아 고전학의 안과밖』, 서울: 성균관대학교출판부.

최현배(1961), 『고친 한글갈』, 서울: 정음사.

하지영(2019), 『18세기 진한고문론의 전개와 실현 양상』, 서울: 소명출판.

한국민족문화대백과사전편찬부(1993), 『한국민족문화대백과사전』 14, 성남: 한국정신문화연구원.

함영대(2011), 『성호학파의 맹자학』, 서울: 태학사.

YBM Si-sa 사전편찬실(2009), 『엘리트 국어사전』, 서울: YBM si-sa.

고야스 노부쿠니 著, 이승연 譯(2005), 『동아, 대동아, 동아시아』, 서울: 역사비평사.

束景南 著, 김태완 譯(2015), 『朱子評傳』 上·下, 고양: 역사비평사.

아리스토텔레스 著, 이종오 譯(2007~2008), 『수사학』 1·2·3, 서울: 리젬.

王力 著, 송용준 譯(2005), 『중국시율학』 1, 서울: 소명출판.

이기동 著, 정용선 譯(2003), 『동양 삼국의 주자학』, 서울: 성균관대학교출판부.

이노구치 아츠시 著, 심경호·한예원 譯(2000), 『日本漢文學史』, 서울: 소명출판.

이토 진사이 著, 최경열 譯(2016), 『孟子古義』, 서울: 그린비.

黃俊傑 著, 최영진·안유경 譯(2009), 『동아시아 유교경전 해석학』, 서울: 문사철.

2) 연구 논문

가순선(1996), 「이퇴계의 유가 경학에 대한 계승과 발전」, 『퇴계학보』 Vol.90, 퇴계학연구원.

박경남(2016), 「王世貞의 『史記』 인식과 계승 양상: 16·17세기 조선 문인들의 『사기』 수용과 계승 양상과 관련하여」, 『대동문화연구』, Vol.93, 성균관대학교 대동문화연구원.

김경천(2001), 「퇴계의 경전인식」, 『퇴계학보』 Vol.110, 퇴계학연구원.

김남형(2013), 「申景濬의 『文章準則莊子選』 연구(1): 문헌적 성격을 중심으로」, 『한국학논집』 Vol.51, 계명대학교 한국학연구원.

김성중(1998), 「存齋 魏伯珪의 『論語箚義』 研究」, 고려대학교 석사학위논문.

_____(2002), 「存齋 魏伯珪의 『孟子箚義』 研究」, 『신진문철』, 서울: 월인.

_____(2005), 「存齋 魏伯珪의 『論語箚義』에 대한 一考察: 著述經緯와 虛字를 중심으로」, 『대동문화연구』 Vol.50 기념호, 성균관대학교 대동문화연구원.

_____(2007), 「魏伯珪의 『論語箚義』에 대하여: 修辭 방면의 분석을 중심으로」, 『한국실학연구』 Vol.14, 한국실학학회.

김언종(2000), 「퇴계의 『논어석의』 소고」, 『퇴계학보』 Vol.107, 퇴계학연구원.

김영호(2001a), 「이퇴계 경학사상 연구(1): 『사서석의』를 중심으로」, 『동양철학연구』 Vol.26, 동양철학연구회.

_____(2001b), 「이퇴계 경학사상 연구(2): 『사서석의』를 중심으로」, 『동양철학연구』 Vol.27, 동양철학연구회.

_____(2006), 「이퇴계 경학사상 연구(3): 특히 맹자설과 그 특징을 중심으로」, 『온지논총』 Vol.15, 온지학회.

김월회(2005), 「말 닦기와 뜻 세우기[修辭立其誠]: 고대 중국인의 수사 담론과 그 저변」, 『한국수사학회 월례학술발표회』.

김은혜(1996), 「魏伯珪 詩 研究」, 가톨릭대학교 석사학위논문.

김주한(1987), 「주자와 퇴계의 문학관」, 『인문연구』, Vol.8 No.2, 영남대학교 인문과학연구소.

김진철(2009), 「退溪 『孟子釋義』의 해석학적 특징」, 『퇴계학논집』 Vol.4, 영남퇴계학연구원.

_____ · 정시열(2012), 「退溪의 『論語釋義』에 대한 一考: 『論語』에 대한 해석 방식을 중심으로」, 『한민족문화연구』 Vol.39, 한민족문화학회.

김헌(2004), 「'레토리케'(Rhêtorikê)는 '수사학'(修辭學)인가?」, 『한국수사학회 학술대회』.

김형연(1992), 「存齋 魏伯珪의 經學思想 研究: 『中庸箚義』를 中心으로」, 전남대학교 석사학위논문.

김호(2018), 「林希逸 『莊子口義』在朝鮮的傳播·刊行與其文化內涵」, 『유교문화연구』 Vol.30, 성균관대학교 유교문화연구소.

노경희(2013), 「17세기 전반 조선과 18세기 에도 문단의 明代 前後七子 詩論 수용」, 『고전문학연구』 Vol.43, 한국고전문학회.

박무영(2008), 「경전 패러디와 기호 조작의 세계: 홍길주작, 「皐津經傳」과 「甘誓」, 「武成」의 작품론으로」, 「한문학보」 Vol.18, 우리한문학회.

박소동(1995), 「퇴계『사서석의』의 경학적 특징에 관한 연구」, 성균관대학교 석사학위논문.

박종용(2018), 「퇴계이황의 한문 문장 독법 고찰」, 「대동한문학」 Vol.54, 대동한문학회.

서근식(2009), 「회재 이언적의 『대학』 해석에 관한 연구」, 「동양고전연구」 Vol.34, 동양고전학회.

서세영(2014), 「퇴계 이황의 『중용』 해석」, 「동양고전연구」 Vol.54, 동양고전학회.

서종학(1989), 「經書釋義에 대한 書誌 및 國語學的 考察」, 「인문연구」 Vol.11 No.1, 영남대학교 인문과학연구소.

_____(2008), 「『經書釋義』를 다시 찾아」, 「한민족어문학」 Vol.52, 한민족어문학회.

서주영(2016), 「조선서목서의 『장자』 서목 고찰」, 「중어중문학」 Vol.66, 한국중어중문학회.

성해준(2016), 「조선의 『맹자』수용과 연구상황」, 「퇴계학논총」 Vol.27, 퇴계학부산연구원.

손의군(2018), 「存齋 魏伯珪의 寓言 문학 연구」, 서울대학교 석사학위논문.

송갑준(2008), 「한국논어연구사시론: 16~17세기를 중심으로」, 「대동철학회」 Vol.43, 대동철학회.

심경호(1990), 「退溪 經書釋義의 音注에 관하여」, 「진단학보」 No.70, 진단학회.

_____(1997), 「퇴계의 서발문」, 「퇴계학과 유교문화」, Vol.25, 경북대학교 퇴계연구소.

_____(2005), 「퇴계의 『시경』 해석과 그 특징」, 「퇴계학과 유교문화」 Vol.36, 경북대학교 퇴계연구소.

_____(2006), 「한국유학자의 문학사조와 문학 활동」, 「한국유학사상대계 4: 문학사상편」, 안동: 한국국학진흥원.

_____(2014), 「『시석의』와 퇴계 『시』 해석의 특징」, 「국학연구」 Vol.25, 한국국학진흥원.

안대회(1998), 「조선시대 문장관과 문장선집」, 「한국 고문의 이론과 전개」, 서울: 대학사.

_____(2020), 「조선 후기 『史記』 「貨殖列傳」 주석서의 문헌적 연구」, 『대동문화연구』 Vol.110, 성균관대학교 대동문화연구원.

_____(2021), 「『史記』 「貨殖列傳」 주석서와 그 修辭學的 주석: 18세기 조선의 주석서를 중심으로」, 『대동문화연구』 Vol.113, 성균관대학교 대동문화연구원.

안병걸(1987), 「退溪學派의 四書註說考」, 『안동문화』 Vol.8, 안동대학부설 안동문화연구소.

안병주(1986), 「주자의 '尊孟辨'의 의미: '讀余隱之尊孟辨'을 중심으로」, 『유교문화사상연구』 Vol.1, 한국유교학회.

안세현(2010), 「조선중기 한문산문에서 『장자』 수용의 양상과 그 의미」, 『한국한문학연구』 Vol.45, 한국한문학회.

安贊淳(2012), 「談唐宋古文之稱的緣起問題」, 『중국학논총』 Vol.36, 고려대학교 중국학연구소.

엄석인(2008), 「退溪經學에 대한 연구 현황과 과제」, 『퇴계학논집』 Vol.3, 영남퇴계학연구원.

엄연석(2005), 「退溪의 『中庸』 解釋과 그 특징」, 『퇴계학과 유교문화』 Vol.36, 경북대학교 퇴계연구소.

_____(2014), 「조선전기 『중용』 이해와 퇴계 『중용석의』의 해석 특징」, 『국학연구』 Vol.25, 한국국학진흥원.

원용준(2010), 「이토 진사이의 『맹자』관에 대한 일고찰」, 『동양철학연구』 Vol.61, 동양철학연구회.

위홍환(2005), 「존재 위백규의 학풍과 교유관계」, 『고시가연구』 Vol.15, 한국고시가문학회.

유민정(2013), 「存齋 魏伯珪의 『孟子』 해석 研究」, 성균관대학교 석사학위논문.

_____(2018), 「위백규의 수사학적 경전해석」, 『퇴계학보』 Vol.143, 퇴계학연구원.

_____(2019), 「한 · 중 · 일의 수사학적 경전해석: 『孟子』 주석서를 중심으로」, 성균관대학교 박사학위논문.

_____(2020), 「소설 평점비평방법론의 경전으로의 도입: 청대에 출현한 『맹자』 주석서」, 『대동한문학』 Vol.63, 대동한문학회.

_____(2021), 「주희와 이황의 수사학적 『논어』 해석」, 『퇴계학보』 Vol.149, 퇴계학연구원.

_____(2022), 「伊藤仁齋의 수사학적 경전해석: 『孟子古義』를 중심으로」, 『대동문화연구』 Vol.119, 성균관대학교 대동문화연구원.

이가원(1975), 「맹자가 우리 문학에 끼친 영향의 가지가지」, 『맹자』, 서울: 현암사.

이규필(2017), 「荻生徂徠의 古文辭學에 대한 반성적 고찰을 위하여」, 『한국한문학연구』 Vol.66, 한국한문학회.

이기동(1996), 「일본 유학의 기본 성격」, 『유학사상연구』 Vol.8, 한국유교학회.

이기원(2009), 「오규 소라이의 고문사학」, 『일본사상』 Vol.16, 한국일본사상사학회.

이동희(1985), 「晦齋 李彦迪의 經學思想: 『大學章句補遺』의 分析」, 『한국학논집』 Vol.11, 계명대학교 한국학연구소.

이라나(2013), 「伯夷 談論의 義理論과 文章論: 조선 시대 백이 담론의 전개와 분기」, 성균관대학교 석사학위논문.

이래종(1987), 「용재 성현의 문학론」, 『한문학논집』 Vol.5, 근역한문학회.

이상하(2007), 「관도·재도·도문일치의 상호관계 및 개념·성격 재고」, 『한국한문학연구』 Vol.40, 한국한문학회.

이성규(1992), 「조선후기 사대부의 『사기』 이해」, 『진단학보』 Vol.74, 진단학회.

이영호(2005), 「退溪『論語』解釋의 經學的 特徵과 그 繼承樣相」, 『퇴계학과 유교문화』 Vol.36, 경북대학교 퇴계연구소.

_____(2008), 「이탁오의 논어학과 명말 새로운 경학의 등장」, 『정신문화연구』 Vol.31, 한국학중앙연구원.

_____(2008b), 「퇴계의 『논어』 번역학과 해석학」, 『한문학보』 Vol.18, 우리한문학회.

이용주(2009), 「고전을 '어떻게' 읽을 것인가?: 經學史의 경험을 통해 본 현대 중국의 "讀經 論爭"」, 『코기토』 Vol.66, 부산대학교 인문학연구소.

이우성(2005), 「동아시아와 한국」, 『동아시아학의 모색과 지향』, 서울: 성균관대학교출판부.

이원주(1981), 「退溪先生의 文學觀」, 『한국학논집』 Vol.8, 계명대학교 한국학연구소.

이지경(2002), 「朱子의 『大學章句』 編次 해석에 관한 이언적의 비판」, 『동양정치사상사』 Vol.1 No.2, 한국동양정치사상사학회.

이충구(1990), 「경서언해 연구」, 성균관대학교 박사학위논문.

이해준(1979), 「存齋 魏伯珪의 社會改善論: 18세기말 鄕村의 自律性摸索을

中心으로」, 서울대학교 석사학위논문.

이현호(2011), 「조선 후기 『史記』批評 연구」, 부산대학교 박사학위논문.

이효원(2007), 「許穆과 荻生徂徠의 尙古主義 문학사상 비교연구」, 서울대학교 석사학위논문.

임형택(1984a), 「16세기 사림파의 문학의식: 주로 李珥를 통해서 본 성리학의 문학론 一端」, 『한국문학사의 시각』, 서울: 창작과비평사.

_____(1984b), 「이조 전기의 사대부문학」, 『한국문학사의 시각』, 서울: 창작과비평사.

_____(2009), 「조선경학의 역사적 의미와 그 정리사업」, 『민족문화』 Vol.33, 한국고전번역원.

_____(2018), 「19세기 사상사의 지도와 박규수」, 『환재 박규수 연구』, 서울: 학자원.

전재동(2014), 「퇴계학파 경전주석의 전승과 『논어석의』」, 『국학연구』 Vol.25, 한국국학진흥원.

_____(2016), 「『四書釋義』成書 과정과 관련 자료의 書誌 분석」, 『퇴계학논집』 Vol.18, 영남퇴계학연구원.

정우봉(2003), 「『雪橋藝學錄』의 散文修辭學 硏究」, 『한국한문학연구』 Vol.32, 한국한문학회.

_____(2006), 「한국 수사학사에 있어 수사 담론과 그 맥락」, 『민족문화연구』 Vol.45, 고려대학교 민족문화연구원.

_____(2023), 「『증보소비맹자』의 조선 전래와 『맹자비평』의 편찬」, 『대동문화연구』 Vol.124, 성균관대학교 대동문화연구원.

정재철(2015), 「한유 문 전범의 형성과 인식」, 『한국한문학연구』 Vol.60, 한국한문학회.

조명화(1996), 「論語釋疑補論」, 『중국문학』 Vol.25, 한국중국어문학회.

조지형(2011), 「퇴계 『논어석의』의 편찬 의도와 성격」, 『국학연구』 Vol.19, 한국국학진흥원.

조창열(2005), 「주자·회재의 『대학』 주석 비교 연구」, 『한문고전연구』 Vol.11, 한국한문고전학회.

진재교(2006), 「유교문학사상과 현실비판의식의 문학적 형상」, 『한국유학사상대계 4: 문학사상편』, 안동: 한국국학진흥원.

_____(2009), 「동아시아에서 한국 한문학의 보편성과 특수성」, 『인문연구』 Vol.57, 영남대학교 인문과학연구소.

_____(2013), 「한국한문학 연구와 '동아시아': 동아시아 한문학의 가능성」, 『학문장과 동아시아』, 서울: 성균관대학교출판부.

_____(2014a), 「동아시아 古典學과 한문교육: 그 시각과 방법」, 『한문교육논집』 Vol.42, 한국한문교육학회.

_____(2014b), 「조선조 후기 文藝 공간에서의 王世貞」, 『한국한문학연구』 Vol.54, 한국한문학회.

최석기(1996), 「조선 전기의 경서 해석과 퇴계의 『시석의』」, 『퇴계학보』 Vol.92, 퇴계학연구원.

_____(1997), 「퇴계의 『시석의』에 대하여: 석의 내용을 중심으로」, 『퇴계학보』 Vol.95, 퇴계학연구원.

_____(2005a), 「退溪의 『大學』 解釋과 그 意味」, 『퇴계학과 유교문화』 Vol.36, 경북대학교 퇴계연구소.

_____(2005b), 「『한국경학자료집성』 소재 『대학』해석의 특징과 그 연구 방향」, 『대동문화연구』 Vol.49, 성균관대학교 대동문화연구원.

_____(2007), 「鳳村 崔象龍의 學問性向과 經學論」, 『한문학보』 Vol.17, 우리한문학회.

_____(2014), 「조선전기 경서해석과 이황의 경학: 조식의 경학과 비교를 통하여」, 『국학연구』 Vol.25, 한국국학진흥원.

최원식(1995), 「탈냉전 시대와 동아시아적 시각의 모색」, 『동아시아, 문제와 시각』, 서울: 문학과지성사.

최재목(2003), 「朝鮮時代における林希逸 『三子鬳齋口義』の受容」, 『양명학』 Vol.10, 한국양명학회.

최정이(2013), 「조선시대 道家書 간행 및 版本 분석」, 경북대학교 석사학위논문.

하지영(2015), 「18세기 조선과 일본 문단에서의 상고적 문학론의 배경과 그 추이」, 『고전문학연구』 Vol.48, 한국고전문학회.

_____(2016), 「고문을 회복하는 두 가지 방식: 신유한과 오규 소라이를 중심으로」, 『한국한문학연구』 Vol.61, 한국한문학회.

함영대(2008), 「訓詁의 관점에서 바라본 성립기의 朝鮮 孟子學: 『四書釋義・孟子』와 『四書辨疑・孟子』를 중심으로」, 『한자한문연구』 Vol.21, 한국한자한문교육학회.

_____(2010), 「星湖學派의 盡心・知性・事天에 대한 해석: 『孟子』「盡心」 上 1章의 해석을 중심으로」, 『동양철학』 Vol.33, 한국동양철학회.

_____(2013), 「조선 맹자학의 두 경로, 『孟子釋義』와 『孟子疾書』:『맹자』 해석에 나타난 성호의 퇴계학 수용과 관련하여」, 『국학연구』 Vol. 23, 한국국학진흥원.

_____(2014), 「퇴계의 『孟子釋義』와 조선 전기의 맹자해석: 퇴계의 맹자학의 성격과 지향」, 『국학연구』 Vol. 25, 한국국학진흥원.

허권수(2000), 「퇴계의 중국문학 수용양상」, 『퇴계학보』 Vol. 107, 퇴계학연구원.

_____(2018), 「退溪 李滉의 詩文觀」, 第27次 儒敎思想과 退溪學 國際學術會議, 『儒敎文化의 普遍性과 地域性』, 퇴계학연구원.

홍원식(2005), 「退溪學과 『孟子』, 그리고 孟子」, 『퇴계학과 유교문화』 Vol. 36, 경북대학교 퇴계연구소.

張伯偉(2017), 「東亞視野下的經學與文學: 以『孟子』在中韓歷史上的影響爲中心」, 한중인문학회 국제학술대회.

周勳初(1995), 「淸儒'六經皆史'說 辨析」, 제5회 동양학국제학술회의.

周何 著, 김언종 譯(1981), 「이퇴계의 群經意識」, 『퇴계학보』 Vol. 32, 퇴계학연구원.

黃俊傑(2015), 「동아시아의 '관점'에서 생각하기」, 『동아시아는 몇 시인가?』, 서울: 너머북스.

小島康敬(2009), 「히로세 탄소(廣瀨淡窓)와 丁茶山: '以心制心' '以禮制心' '以天制心'」, 『실학연구』 Vol. 18, 한국실학학회.

2. 중화권 연구 자료

1) 단행본

龔鵬程(2008), 『六經皆文: 經學史/文學史』, 臺北: 臺灣學生書局有限公司.

郭錫良(2010), 『漢字古音手冊』, 北京: 北京大學出版社.

郭紹虞(2011), 『中國文學批評史』 上, 北京: 商務印書館.

金莉 外(2017), 『西方文論關鍵詞』 1, 北京: 外語教學與研究出版社.

納蘭成德 外(1996), 『通志堂經解』, 楊州: 江蘇廣陵古籍刻印社.

東英壽(2005), 『復古與創新: 歐陽修散文與古文復興』, 上海: 上海古籍出版社.

董洪利(1997),『孟子研究』, 南京: 江蘇古籍出版社.

鄧國光(2011),『經學義理』, 上海: 上海古籍出版社.

羅根澤(1984),『中國文學批評史』3, 上海: 上海古籍出版社.

蘭翠(2014),『唐代孟子學研究』, 北京: 北京大學出版社.

馬積高(1989),『宋明理學與文學』, 長沙: 湖南師範大學出版社.

莫礪鋒(2000),『朱熹文學研究』, 南京: 南京大學.

方勇(2008),『莊子學史』, 北京: 人民出版社.

傅道彬(2021),『"六經"文學論』, 北京: 北京大學出版社.

徐泳著(2016),『山東通志藝文志訂補: 經部』1, 濟南: 山東人民出版社.

孫亦平(2014),『東亞道敎研究』, 北京: 人民出版社.

楊海崢(2017),『日本『史記』研究論稿』, 北京: 中華書局.

阮元(1968),『四庫未收書目提要』, 臺北: 臺灣商務印書館.

王晩霞(2018),『林希逸文獻學研究』, 北京: 中國社會科學出版社.

王運熙(2014),『文心雕龍探索』, 上海: 上海古籍出版社.

王志彬 譯注(2012),『文心雕龍』, 北京: 中華書局.

袁行霈(2010),『中國文學槪論』, 北京: 北京大學出版社.

_____ 主編(2014),『中國文學史』1, 北京: 高等教育出版社.

袁暉 外(1990),『漢語修辭學史』, 合肥: 安徽教育出版社.

游國恩(1986),『中國文學史』3·4, 香港: 圖書刊行社.

劉瑾輝(2007),『淸代孟子學研究』, 北京: 社會科學文獻出版社.

劉毓慶(2001),『從經學到文學: 明代『詩經』學史論』, 北京: 商務印書館.

李峻岫(2010),『漢唐孟子學述論』, 濟南: 濟魯書社.

李暢然(2011),『淸代孟子學史大綱』, 北京: 北京大學出版社.

易蒲·李金笭(1989),『漢語修辭學史綱』, 長春: 吉林敎育出版社.

林崗(1999),『明淸之際小說評點學之研究』, 北京: 北京大學出版社.

張岱年(1989),『中國古典哲學槪念范疇要論』, 北京: 中國社會科學出版社.

_____(2017),『中國哲學大綱』, 北京: 商務印書館.

蔣伯潛·蔣祖怡(2011),『經與經學』, 北京: 九州出版社.

張新科(2021),『『史記』文學經典的建構之路』, 北京: 中國社會科學出版社.

張洪海(2018),『『詩經』評點史』, 上海: 上海社會科學院出版社.

錢穆(2011),『朱子新學案』5, 北京: 九州出版社.

丁秀菊(2015),『先秦儒家修辭研究』, 山東: 山東大學出版社.

鄭子瑜(1984),『中國修辭學史稿』, 上海: 上海教育出版社.

鍾雲瑞(2020),『山東『尚書』文獻八種』, 濟南: 山東大學出版社.

朱孟庭(2007),『清代詩經的文學闡釋』, 臺北: 文津出版社.

周淑萍(2007),『兩宋孟學研究』, 北京: 人民出版社.

周振甫(2006),『中國修辭學史』1・2, 南京: 江蘇教育出版社.

陳望道(1997),『修辭學發凡』, 上海: 上海教育出版社.

陳平原(2004),『從文人之文到學者之文: 明清散文研究』, 北京: 生活・讀書・新知三聯書店.

陳必祥(1987),『古代散文文體概論』, 臺北: 文史哲出版社.

蔡振豐(2010),『朝鮮儒者丁若鏞的四書學: 以東亞爲視野的討論』, 臺北: 國立臺灣大學出版中心.

湯一介・李中華 主編(2011),『中國儒學史』4, 北京: 北京大學出版社.

夏長樸(1989),『李覯與王安石研究』, 臺北: 臺灣大學出版社.

何俊(2021),『從經學到理學』, 上海: 人民出版社.

胡適(1989),『白話文學史』, 上海: 上海書店.

黃俊傑(1997),『孟學思想史論』, 臺北: 中央研究院 中國文哲研究所.

_____(2005),『東亞儒學研究的回顧與展望』, 臺北: 臺灣大學出版中心.

_____(2007),『東亞儒學: 經典與詮釋的辯證』, 臺北: 臺灣大學出版中心.

_____(2008),『德川日本『論語』詮釋史論』, 上海: 上海古籍出版社.

井上哲次郎 著, 王起 譯(2021),『日本古學派之哲學』, 北京: 中國社會科學出版社.

2) 연구 논문

江志豪(2004),「牛運震之文章評論學」, 香港中文大學 博士學位論文.

龔剛(2014),「論錢鍾書對'六經皆史'・'六經皆文'說的傳承發展」,『中華文史論叢』Vol.115, 上海古籍出版社.

關愛和(2001),「經學同文學的分野與衝突: 以唐宋與清代古文運動爲例」,『河南大學學報』Vol.41, 河南大學.

瞿林東(2009),「『讀史糾謬』與歷代正史」,『清史研究』Vol.75 No.3, 中國人民大學.

鄧洪秀(2023),「牛運震經學研究」, 山東理工大學 碩士學位論文.

方勇(2008),「『南華真經口義』在國內外歷史上的影響」,『莊學史略』, 四川: 巴蜀書社.

傅道彬(2010),「六經皆文與周代經典文本的詩學解讀」,『文學遺産』Vol.5, 中國社會科學院 文學研究所.

顏世菊(2000),「牛運震和他的學述思想及出版業」,『山東圖書館季刊』Vol.3, 山東省圖書館學會.

若水俊・鍋島亞朱華(2014),「徂徠學中的『詩經』」,『國際漢學論叢』Vol.4, 樂學書局.

楊海崢(2015),「從『史記評林』到『史記讀本』: 作爲教材的『史記』與日本漢學教育」,『文學遺産』Vol.4, 中國社會科學院 文學研究所.

楊昊鷗(2015),「論『史記』文章學經典地位在明代的形成」,『學術研究』Vol.8, 廣東省社會科學界聯合會.

鈴木章伯(2014),「藤原惺窩研究」, 武漢大學 博士學位論文.

倪李鵬(2012),「牛運震『詩志』研究」, 安慶師范學院 碩士學位論文.

吳飛(2024),「經學何爲: 六經皆史・六經皆禮・六經皆文三說辯證」,『現代哲學』Vol.1, 廣東哲學學會.

吳夏平(2016),「試論中唐"六經皆文"觀念的生成」,『文學遺産』No.6, 中國社會科學院 文學研究所.

龍向洋(2002),「"詩"與"經"的張力: 明清之際『詩經』文學評點」, 華東師範大學 博士學位論文.

王建軍・劉瑾輝(2014),「牛運震『孟子論文』探析」,『陽州大學學報』Vol.18, 揚州大學.

王明兵(2010),「藤原惺窩研究」, 東北師范大學 博士學位論文.

王迪(2000),「從書誌考察日本的老莊研究狀況: 以鎌倉・室町時代爲主」,『漢學研究』Vol.18, 漢學研究資料及服務中心.

王豪(2022),「吳見思『史記論文』在日本的傳播與影響考論」,『渭南師範學院學報』Vol.37, 渭南師範學院.

王曉玲(2012),「清代『史記』文學闡釋論稿」, 陝西師範大學 博士學位論文.

柳旻定(2019),「朱熹與經典修辭學解釋: 以『孟子』爲中心」,『朱子學研究』Vol.33, 中國社會科學院 古代史研究所.

劉治立(2021),「『讀史糾謬』對『三國志・諸葛亮傳』的評斷」,『平頂山學院學報』Vol.4, 平頂山學院.

殷陸陸(2020),「劉大櫆『評點孟子』今存評語考」,『經學文獻研究』Vol.24, 上海交通大學 唐文治經學研究中心.

殷陸陸(2021),「清代『孟子』評本研究」, 陝西師範大學 博士學位論文.

李小梅(2015),「牛運震『史記評註』評點研究」, 華中師範大學 碩士學位論文.

李月辰(2020),「『史記評林』及其傳播接受研究」, 陝西師範大學 博士學位論文.

李宗焜(2011),「牛運震『論語注』與『論語隨筆』初探」,『古今論衡』Vol.23, 中央研究院 歷史語言研究所.

李峻岫(2013),「唐宋古文運動及道統說與孟子地位的變遷」,『國學學刊』Vol.3, 國際經學與文學 學術研討會.

李波(2007),「清代莊子散文評點研究」, 華東師範大學 博士學位論文.

任立(2017),「『莊子鬳齋口義』及其在日本的影響」, 武漢大學 博士學位論文.

任曉陽(2013),「『孟子論文』研究」, 廣西師範大學 碩士學位論文.

張紅(2018),「藤原惺窩『文章達德綱領』的文學思想及其杜詩觀」,『中國文學研究』No.1, 湖南師范大學.

井東燕(2007),「牛運震傳略」, 蘭州大學 碩士學位論文.

周策縱(1993),「『易經』修辭立其誠辨」,『中國文哲研究集刊』Vol.3, 臺北: 中央研究院 中國文哲研究所.

陳志峰(2020),「論牛運震『詩志』之評判問題及其對『詩序』之依違與文學詮釋」,『清華中文學報』Vol.23, 國立清華大學 中國文學系.

翟金明(2017),「文本的力量: 以朝鮮漢籍所涉『史記』·『漢書』資料爲基礎的研究」, 中國社會科學院 博士學位論文.

夏長樸(1997),「司馬光疑孟及其相關問題」,『臺大中文學報』Vol.9, 國立臺灣大學出版委員會.

侯江波(2014),「牛運震學术淵源考述」,『德州學院學報』Vol.30, 德州學院.

池田英雄 著, 張新科·朱曉琳 譯(1993),「從著作看日本先哲的『史記』: 古今傳承1300年間的變遷」,『唐都學刊』Vol.4, 西安文理學院.

3. 일본 연구 자료

1) 단행본

高山大毅(2016), 『近世日本の「禮楽」と「修辭」: 荻生徂徠以後の「接人」の制度構想』, 東京: 東京大學出版會.

臼井勝美 外(2001), 『日本近現代人名辭典』, 東京: 吉川弘文館.

堀敏一(2006), 『東アジア世界の形成: 中國と周邊國家』, 東京: 汲古書院.

渡邊浩(1987), 『近世日本社會と宋學』, 東京: 東京大學出版會.

大野出(1997), 『日本の近世と老莊思想: 林羅山の思想をめぐって』, 東京: ぺりかん社.

芳賀幸四郎(1956), 『中世禪林の學問および文學に関する研究』, 東京: 日本學術振興會.

源了圓(1973), 『德川思想小史』, 東京: 中央公論社.

林少陽(2009), 『「修辭」という思想: 章炳麟と漢字圏の言語論的批評理論』, 東京: 白澤社.

日野龍夫(1975), 『徂徠學派: 儒學から文學へ』, 東京: 築摩書房.

猪口篤志(1984), 『日本漢文學史』, 東京: 角川書店.

田原嗣郎(1991), 『徂徠學の世界』, 東京: 東京大學出版會.

田中加代(1993), 『廣瀬淡窓の研究』, 東京: ぺりかん社.

竹内好(1981), 『方法としてのアジア』, 東京: 築摩書房.

川口浩(2004), 『日本の經濟思想世界: 「十九世紀」の企業者·政策者·知識人』, 東京: 日本經濟評論社.

池田知久(2009), 『道家思想の新研究: 「莊子」を中心として』, 東京: 汲古書院.

丸山眞男(1958), 『日本政治思想史研究』, 東京: 東京大學出版會.

2) 연구 논문

近藤正則(1981), 「'讀余隱之尊孟辨'に見える朱子の孟子不尊周への對應」, 『日本中國學會報』Vol.33, 日本中國學會.

大島晃(1999), 「『文章達德綱領』の構成とその引用書: 『文章歐冶』等を中心に」, 『漢文學解釋與研究』Vol.11 No.2, 漢文學研究會.

武内義雄(1978), 「林希逸口義の渡來と流行」, 『武内義雄全集』6, 東京: 角川書店.

白石真子(1998), 「荻生徂徠文論の形成をめぐって: 正徳元年の東野・周南との書簡を中心に」, 『漢文學解釋與研究』 Vol.11 No.1, 漢文學研究會.

三沢勝已(1985), 「廣瀬淡窓著『読論語』の諸本について」, 『史學研究集錄』 Vol.10, 國學院大學大學院 史學專攻大學院會.

_____(1986), 「廣瀬淡窓の學統と『読論語』」, 『國史學』 Vol.129, 國史學會.

揖斐高(2009), 「擬古論: 徂徠・春臺・南郭における摸擬と変化」, 『日本漢文學研究』 Vol.3, 二松學舍大學21世紀COE プログラム.

村山吉廣(1995), 「日本詩經學史」, 『동양학국제학술회의논문집 제5회』, 서울: 성균관대학교 대동문화연구원.

沢井啓一(1988), 「「方法」としての古文辭學」, 『思想』 Vol.766, 岩波書店.

4. 영미권 연구 자료

1) 단행본

Chan, Wing-tsit(1987), 『Chu Hsi: Life and Thought』, Hong Kong: Chinese University Press; New York: St. Martin's Press.

Chang, Carsun(1958), 『The Development of Neo-Confucian Thought』, London: Vision.

Denecke, Wiebke(2011), 『The Dynamics of Masters Literature: Early Chinese Thought from Confucius to Han Feizi』, Cambridge, Mass.: Harvard University Press.

Elman, Benjamin A.(2001), 『From Philosophy to Philology』, Los Angeles: UCLA Asian Pacific Monograph Series.

_____ · John B. Duncan · Herman Ooms, eds.(2002), 『Rethinking Confucianism』, Los Angeles: UCLA Asian Pacific Monograph Series.

Huang, Chun-chieh · Gregor Paul · Heiner Roetz, eds.(2008), 『The Book of Mencius and its Reception in China and Beyond』, Wiesbaden: Harrassowitz.

Ivanhoe, Philip J(2016), 『Three Streams: Confucian Reflections on Learning and the Moral Heart-Mind in China, Korea, and Japan』, New York: Oxford University Press.

Kalton, Michael C. et al.(1994), trans., 『The Four-Seven Debate: An Annotated Translation of the Most Famous Controversy in Korean

Neo—Confucian Thought」, Albany: State University of New York Press.

Kassel, Marleen(1996), 「Tokugawa Confucian Education: the Kangien Academy of Hirose Tanso(1782—1856)」, Albany: State University of New York Press.

Kornicki, Peter Francis(2018), 「Languages, Scripts, and Chinese Texts in East Asia」, Oxford, UK: Oxford University Press.

Li, Wai—yee(2007), 「The Readability of the Past in Early Chinese Historiography」, Cambridge, Mass.: Harvard University Press.

Liu, James J. Y.(1975), 「Chinese Theories of Literature」, Chicago: University of Chicago Press.

Makeham, John(2003), 「Transmitters and Creators: Chinese Commentators and Commentaries on the Analects」, Cambridge, Mass.: Harvard University Press.

Pollock, Sheldon(2015), 「World Philology」, Cambridge, Mass.: Harvard University Press.

Rolston, David L.(1997), 「Traditional Chinese Fiction and Fiction Commentary: Reading and Writing between the Lines」, Stanford, Calif.: Stanford University Press.

Rusk, Bruce(2012), 「Critics and Commentators: The Book of Poems as Classic and Literature」, Cambridge, Mass.: Harvard University Press.

Schaberg, David(2001), 「A Patterned Past: Form and Thought in Early Chinese Historiography」, Cambridge, Mass.: Harvard University Press.

2) 연구 논문

Denecke, Wiebke(2006), 「Disciplines in Translation: From Chinese Philosophy to Chinese What?」, 「Culture, Theory & Critique」 Vol.47 No.1, Taylor & Francis.

Huang, Martin W.(1994), 「Author(ity) and Reader in Traditional Chinese Xiaoshuo Commentary」, 「Chinese Literature: Essays, Articles, Reviews」 Vol.16, Madison, WI: Coda Press.

Kassel, Marleen(1990), 「Hirose Tanso(1782—1856): Educational Theory and Practice in the Late Tokugawa Period」, PhD Dissertation, Columbia University.

_____(1993), 「Moral Education in Early—Modern Japan: The Kangien

Confucian Academy of Hirose Tanso」, 『Japanese Journal of Religious Studies』 Vol.20 No.4, Nanzan University.

Kern, Martin(2001), 「Ritual, Text, and the Formation of the Canon: Historical Transitions of Wen in Early China」, 『T'oung Pao』 Vol.87, Brill.

King, Ross(2015), 「Ditching Diglossia: Describing Ecologies of the Spoken and Inscribed in Pre-modern Korea」, 『Sungkyun Journal of East Asian Studies』 Vol.15 No.1, CrossRef.

Reischauer, Edwin O.(1974), 「The Sinic World in Perspective」, 『Foreign Affairs』 Vol.52 No.2, Council on Foreign Relations.

Weber, Ralph(2014), 「On Comparative Approaches to Rhetoric in Ancient China」, 『De Gruyter』 Vol.68 No.4, De Gruyter.

You, Min Jung(2018), 「New Trends in Commentaries on the Confucian Classics: Characteristics, Differences, and Significance of Rhetorically Oriented Exegeses of the Mengzi」, 『ACTA KOREANA』 Vol.21 No.2, CrossRef.

_____(2022), 「The Reading of the Mencius by Korean Confucian Scholars: Rhetorical Exegesis and the Dao」, 『Religions』 Vol.13 No.976, Open Access: MDPI.

5. 전자 자료

국립국어원(http://www.korean.go.kr)
동양고전종합DB(http://db.cyberseodang.or.kr)
한국경학자료시스템(http://koco.skku.edu)
한국고전종합DB(https://db.itkc.or.kr)

國學大師(http://www.guoxuedashi.com)
文淵閣 四庫全書電子版(http://www.sikuquanshu.com)
百度(https://www.baidu.com)
愛如生-中國基本古籍庫 (http://dh.ersjk.com)
中華經典古籍庫(https://publish.ancientbooks.cn/docShuju/platform.jspx)

日本國立國會圖書館(http://dl.ndl.go.jp)

コトバンク(https://kotobank.jp)

Chinese Text Project(https://ctext.org)
Online Etymology Dictionary(https://www.etymonline.com)
Worldmapper(https://worldmapper.org)

| 찾아보기 |

서명 · 작품명

| 지은이의 글 |

　고전학에 관심을 갖게 된 것은 학부 3학년 때 우연히 임형택 선생님의 수업을 듣고 나서이다. 과제로 어설프게나마 소논문을 제출해야 했었는데, 책상에 자료를 쌓아두고 키보드를 도닥이며 느꼈던 희열은 지금까지도 생생하다. 이후 막연하게 대학원 생각을 하다가 다소 느즈막히 공부를 시작하게 되었다. 다시 돌아온 성균관에서 따스하게 나를 맞아준 진재교 선생님과 선후배들은 대학원 과정 내내 커다란 안식처였다. 학위를 받고 취직을 하며 첫 책을 내기에 이르기까지 언제나 성공만 있었던 것은 아니다. 일전의 수많은 실패 또한 하나의 과정이었다고 생각하며, 도서관에서 청춘을 보낸 20대의 나를 다독여 본다. 덕분에 현재의 내가 있을 수 있었다.

　본서는 전근대 동아시아 지식인들이 경학의 한 방법으로서 '수사修辭'를 사용하였다는 사실을 밝히고, 한·중·일의 대표적인 『맹자』 주석서를 수사학적 시각으로 접근하여 그 해석의 공통점과 차이점을 제시하고자 했다. 토대가 된 것은 저자의 박사학위 논문인 「한·중·일의 수사학적 경전 해석: 『맹자』 주석서를 중심으로」와 네 편의 후속 논문 「일본 에도 시대의 경전 수사학: 후지와라 세이카와 오규 소라이의 논리를 중심으로」(『대동문화연구』 126, 2024), 「이토 진사이의 수사학적 경전 해석: 『맹자고의』를 중심으로」(『대동문화연구』 119, 2022), 「소설 평점비평방법론의 경전으로의 도입: 청대에 출현한 『맹자』 주석서」(『대동한문학』 63, 2020), 「The Reading of the *Mencius* by Korean Confucian Scholars: Rhetorical Exegesis and the Dao」(『Religions』 13.976, 2022)이다.

　본서는 크게 세 부분으로 구성되었다. 첫째, Ⅰ장과 Ⅱ장에서는 문제의식과 함께 경전 수사학의 이론적 토대를 제시하였다. 둘째, Ⅲ장, Ⅳ장, Ⅴ장의 1절에서는 한·중·일의 대표적인 『맹자』 주석서를 대상으로 수사학적 경전 해석의 보편성을 고찰하였다. 셋째, Ⅲ장, Ⅳ장, Ⅴ장의 2절에서는 한·중·일의 대표적인 수사학적 『맹자』 주석서를 대상으로 수사학적 경전 해석의 특수성을 구명究明하였다. 전반적으로 이 세 부분 모두 철학과 문학이라는 서로 다른 분과 학문을 유기적으로 바라보는 것은 물론, 각 나라의 학술 장이 지닌 특징을 객관적인 시각으로 서술하고자 하였다.

그간의 집필 과정을 되돌아보면 '귀동냥 학문'이라는 표현이 떠오른다. 혼자 스스로 터득한 결과물이라기보다는 이곳저곳 국내외는 물론 선후배를 가릴 것 없이 들은 것을 주워 담아서 나름의 생각을 덧붙여 꿰매었다. 선행 연구가 없어서 많이 답답하기도 했지만, 막연한 추측을 하나의 의견으로 다듬어 학회에 발표한 것이 큰 도움이 되었다. 여기저기 부끄러움을 무릅 쓰고 참으로 많이 묻고 다녔다. 『논어』의 "불치하문不恥下問"이라는 구절을 떠올리며, 그나마 자기 위안으로 삼아 본다. 부족한 점은 모두 내 공부가 부족한 탓이다.

국가의 지원 또한 언급하지 않을 수 없다. 본 연구는 한국연구재단 글로벌박사펠로우십의 '17~19세기 동아시아 지성의 『맹자』 해석과 사유의 전환(과제번호: 2014H1A2A1020320)'이라는 과제의 일환이다. 중간 평가에서 긍정적인 평을 받고 글로벌역량강화프로그램의 수혜자로 재선정되어, 미국 하버드대학교와 중국 북경대학교에서 현지 자료 조사를 하고 AAS 등 국제학술대회에 참가하였다. 저자의 역량이 부족한데도 불구하고, 본 연구가 학제간 융복합 연구와 나라간 통합 연구라는 다소 과감한 시도를 하게 된 것은 바로 이 덕분이다.

여러모로 부족한 글이지만 이 책이 완성되기까지 수많은 학은學恩을 입었다. 박사학위 논문을 심사하며 많은 가르침을 주신 임형택 선생님, 김언종 선생님, 진재교 선생님께 깊이 감사드린다. 학위 심사를 넘어 본서를 대동문화연구원의 대동문화연구총서로 출간할 수 있도록 격려해주신 안대회 선생님과 지도교수 이영호 선생님, 그리고 여러 실무진 선생님들께 이 자리를 빌려 감사의 말씀을 드린다. 또한 처음 대학으로 이끌어 주신 중국 절강대학교 역사대학 한국연구소의 여러 교수님께도 감사의 말을 전하고 싶다.

석사 때부터 학문적 계몽에 도움을 준 성균관대 경학연구팀과 거친 원고를 다듬어준 여러 동학에게 고맙다는 말을 남기고 싶다. 국내외 학회에서 만나 자료의 수집과 시야의 확장에 도움을 준 학회 인연들에도 감사하다는 말을 하고 싶다. 졸업 후 좋은 여건에서 공부를 이어갈 수 있게 해 준 중국 복단대학교 하준何俊 지도교수님과 코로나 시절에 타지에서 가족처럼 보살펴준 사문師門에게도 고마운 마음을 전한다.

끝으로 이 자리에 있을 수 있도록 뒷받침해주신 부모님과 할머니, 남동생 내외, 그리고 귀여운 조카에게 이 책을 전하고 싶다. 앞으로 또 어떤 연구를 하게 될지 모르겠지만, 늘 학운學運이 함께 하길 바란다.

2024년 여름
성균관대 호암관에서
유민정 쓰다

경전의 수사학 經典修辭學
Rhetoric in the Confucian Classics

초판 인쇄 2024년 8월 2일
초판 발행 2024년 8월 8일

지은이 유민정
펴낸이 유지범
펴낸곳 성균관대학교 출판부
등록 1975년 5월 21일 제1975-9호
주소 03063 서울특별시 종로구 성균관로 25-2
대표전화 02)760-1253~4
팩스밀리 02)762-7452
홈페이지 press.skku.edu

© 2024, 대동문화연구원

ISBN 979-11-5550-635-6 94150
       978-89-7986-275-1 (세트)

* 잘못된 책은 구입한 곳에서 교환해 드립니다.